HISTÓRIA DA ARTE DESCOLONIAL

UMA INTRODUÇÃO METODOLÓGICA

Carolin Overhoff Ferreira

HISTÓRIA DA ARTE DESCOLONIAL

UMA INTRODUÇÃO METODOLÓGICA

70

Rio de Janeiro, 2025

História da arte descolonial

Edições 70 é um selo da Editora Almedina do Grupo Editorial Alta Books (Starlin Alta Editora e Consultoria LTDA).

ISBN: 978-65-5427-301-5

Impresso no Brasil — 2ª Edição, 2025 — Edição revisada conforme o Acordo Ortográfico da Língua Portuguesa de 2009.

Dados Internacionais de Catalogação na Publicação (CIP)
(BENITEZ Catalogação Ass. Editorial, MS, Brasil)

F383h
1.ed. Ferreira, Carolin Overhoff
História da arte descolonial : uma introdução metodológica / Carolin Overhoff Ferreira. – 1.ed. – Rio de Janeiro : Edições 70, 2025.
416 p.; 15,7 x 23 cm.

Bibliografia.
ISBN 978-65-5427-301-5

1. Arte – Brasil – História. 2. Cultura sociedade. 3. Descolonialismo. I. Título.

04-2025/132 CDD 700.981

Índice para catálogo sistemático:
1. Brasil : História da arte 700.981
Aline Graziele Benitez – Bibliotecária – CRB-1/3129

Grupo Editorial Alta Books

Produção Editorial: Grupo Editorial Alta Books
Diretor Editorial: Anderson Vieira
Editor da Obra: Marco Pace
Vendas Governamentais: Cristiane Mutüs
Gerência Comercial: Claudio Lima

Produtora Editorial: Andreza Moraes
Revisão: Casa de Ideias; Carol Colffield
Diagramação: IO Design
Imagem da capa: Célia Tupinambá, Manto Tupinambá, Bienal de Veneza, 2024. (Fotografia: Carolin Overhoff Ferreira)
Capa: Rita Motta

ALTA BOOKS
GRUPO EDITORIAL

Rua Viúva Cláudio, 291 — Bairro Industrial do Jacaré
CEP: 20.970-031 — Rio de Janeiro (RJ)
Tels.: (21) 3278-8069 / 3278-8419
www.altabooks.com.br — altabooks@altabooks.com.br
Ouvidoria: ouvidoria@altabooks.com.br

Editora **afiliada à:**
abdr
ASSOCIADO CBL

Para o meu filho, Cauã.

AGRADECIMENTOS

Este livro é o resultado de trinta anos de ensino e pesquisa. Ele se dirige a uma nova geração de estudantes para a qual eu gostaria de disponibilizar tudo o que aprendi ao longo destes anos. O livro visa incentivar essa geração a pensar e trilhar caminhos descoloniais na disciplina História da Arte, bem como em outras disciplinas que se dedicam ao estudo das artes, conforme a separação habitual no mundo ocidental (artes cênicas, artes plásticas, cinema, audiovisual, animação, música etc.). As trocas em sala de aula com os meus alunos e minhas alunas tiveram uma grande influência nos meus estudos. Estou profundamente grata pela partilha com a qual aprendi muito e que me enriqueceu. Minhas passagens por congressos, as participações em bancas, em projetos, mesas redondas e outros eventos acadêmicos e artísticos me deram também oportunidades de conversar, discutir e aprender. Sou grata a todos(as) os(as) colegas por tudo que me ensinaram.

Este texto está baseado no meu livro *Introdução brasileira à teoria, história e crítica das artes*, publicado pela Edições 70, em 2019, cuja revisão e ampliação saiu primeiro em alemão com o título *Dekoloniale Kunstgeschichte: eine methodische Einführung* (*História da arte descolonial: Uma introdução metodológica*) pela editora Der Kunstverlag, em 2022, e agora em português. Em razão deste percurso, o presente livro adapta o mesmo título, *História da arte descolonial: uma introdução metodológica*. Agradeço ao meu editor Marco Pace, da Almedina Brasil, por tornar esta publicação possível.

SUMÁRIO

ÍNDICE DE FIGURAS

INTRODUÇÃO

Este livro é o resultado das minhas aulas proferidas na disciplina "Introdução à História da Arte", que comecei a lecionar em 2014, como parte da grade curricular do curso de graduação em História da Arte, na Universidade Federal de São Paulo (Unifesp). Esta edição revisada e ampliada resulta da disciplina opcional na graduação "Arte Descolonial Brasileira", de 2019, e do seminário nos programas de mestrado em História da Arte (PPGHA) e Filosofia (PPGF) "Arte, Cultura, Descolonialidade e Filosofia", de 2021.

▸ COLONIALIDADE E DESCOLONIZAÇÃO

O fator decisivo para escrever este livro foi a constatação de que não havia nenhum texto introdutório no Brasil para os estudos das artes que levava em conta o contexto colonial das Américas, considerava outras epistemologias e problematizava a ocidental. Queria discutir o fato de que o desenvolvimento das disciplinas da estética e dos estudos das artes acompanhou a colonialidade europeia por meio de uma compreensão hierarquizante e eurocêntrica da sua identidade e, portanto, também apoiou o genocídio, o culturcídio e o epistemicídio na África, na Ásia e nas Américas.

Esta nova versão do livro aprofunda a discussão sobre a colonialidade nos estudos das artes e reforça ainda mais a necessidade de sua desconstrução e de um novo caminho descolonial. Além da indispensável desconstrução da epistemologia ocidental, ela dá voz aos "outros" racializados e etnizados. Espero que isso ajude a formular uma base para uma futura história da arte descolonial.

No Brasil utiliza-se muito o conceito do decolonial, mas isso se deve à sua gênese no debate latino-americano em universidades norte-americanas.

Na língua inglesa não existe diferença entre decolonial e descolonial, apenas *decolonial.* Neste livro utilizarei as expressões descolonial, descolonizar e descolonialidade para ressaltar que se trata de um processo. Quando eu citar autores que utilizam a expressão "decolonial", manterei isso. Quando houver referências tanto para "decolonial" como para "descolonial", usarei "de(s)colonial". A possibilidade de alcançar um estado descolonial ou de ter um mundo descolonizado é sem dúvida utópica porque não será possível sairmos por completo da modernidade. Pensar e atuar de maneira descolonial nela consiste em compreender e combater a colonialidade e de encontrar formas reparativas para lidar com seu legado.

A indispensabilidade de descolonizar os estudos das artes, que este livro promove, reside no fato de que, junto à filosofia e às ciências humanas e sociais, especialmente a antropologia e a etnologia, eles reivindicaram uma universalidade que é responsável pela suposta alteridade de sociedades que possuem outras cosmologias, ou, de acordo com a conceituação europeia, culturas (Fanon, 2008; Rodney, 2022; Nascimento, 2016; Dussel, 1993; Wiredu, 1996; Jecupé, 1998; Cusicanqui, 2010; Mignolo, 2011; Mignolo; Vazquez, 2013; Munduruku, 2009; Kilomba, 2019; Gonzalez, 2020; Esbell, 2020; 2021).

É absurdo, mas um fato, que é preciso reivindicar a igualdade das culturas, que são, na verdade, cosmologias ou cosmopercepções (Oyewumi, 2021) colonizadas pelos europeus e cujos representantes foram rotulados como inferiores em nome da visão de mundo judaico-cristã ocidental, possibilitando sua subalternização, opressão, exploração, escravização e destruição. Foram feitas tentativas, muitas vezes bem-sucedidas, de destruir as cosmopercepções dos povos e das sociedades subalternizados, através da instrumentalização da fé cristã. Isso foi possível em razão da influência da filosofia grega na mensagem cristã, o que levou a uma helenização por parte dos pais da igreja (P'Bitek, 2011). Resultou da ideia de uma metafísica teleológica — a introdução de uma esfera superior ao mundo físico — que não existia no ensinamento cristão original.

Por meio da helenização, que também pode ser descrita como a hierarquização do mundo invisível em relação ao mundo visível, resultado da disseminação do pensamento grego na região do Mediterrâneo, a ideia cristã básica foi perdida. Ela partia do princípio que a legislação externa do judaísmo tinha de ser transformada em uma legislação interna. Legislação interna significa que todo ser humano sempre sabe como deve se comportar eticamente, sem que isso tenha de ser imposto por proibições e leis externas. Nas cosmopercepções colonizadas, tanto as africanas, asiáticas como dos povos originários nas Américas, também existe essa compreensão de uma ética vinculativa e universal para a convivência na comunidade (Wiredu, 1996; Jecupé, 1998; Munduruku, 2009; Cusicanqui, 2010; Gonzalez, 2020; Esbell, 2020; 2021). Todavia, a metafísica helenística e sua influência sobre o cristianismo levaram a Europa à suposição do poder do *logos* e, desse modo, à ideia de sua superioridade por meio da racionalidade. A institucionalização dessa ideia como fé pela igreja cristã possibilitou o desenvolvimento de um instrumento político que permitiu e justificou o colonialismo europeu em nome da "doutrina da salvação", propagada como universal, como um mecanismo de subalternização. Depois, sobretudo através da filosofia do iluminismo, o racionalismo o perpetuou.

A Grécia e a Roma antigas já conheciam a opressão e a escravidão de outros povos, o que possibilitou suas práticas imperialistas e colonialistas. Mas a hierarquia e a dicotomia introduzidas pelo cristianismo entre as esferas do visível e do invisível, o mundo físico e o metafísico, que não existem nas cosmopercepções pluriteístas ou não europeias (Jecupé, 1998; Sodré, 2017; Wiredu, 1996), forneceram uma base declarada como universal que sustentou ideologicamente a suposta superioridade moral e religiosa dos europeus, levando à desumanização dos supostos outros de uma forma nunca vista antes da colonização moderna.

O lançamento de categorias de identidade pejorativas foi fundamental para isso. A alteridade dos outros foi introduzida por meio de conceitos étnicos e raciais, como "índios" e "negros", e legitimada pela necessária salvação desses "infiéis" e "primitivos". As reivindicações da universalidade por meio da metafísica hierárquica e da superioridade por meio de categorias de identidade humilhantes tornaram-se componentes elementares do exercício do poder colonial e a justificação da escravidão. A superioridade autodeclarada do Ocidente supostamente racional, mas, em última análise, irracional (Kilomba, 2019), de sua arte e cultura, ainda é um fio condutor dos estudos das artes e das publicações usadas para ensiná-los. Isso também inclui a noção perversa da capacidade de salvar os supostos outros para levá-los ao mesmo nível civilizacional, o que, na verdade, não passa de barbárie (Benjamin, 1994).

Mesmo que tenha havido conflitos entre os países europeus em relação às conquistas das Américas e, mais tarde, da África, Ásia e Oceania, o projeto cristão é, em última análise, paneuropeu, apoiado pela ideia da hegemonia de sua religião, ciência, cultura, e sociopolítica, ou seja, de sua visão de mundo. Curiosamente, a metafísica na qual se baseia a colonialidade não é humanista, pois invoca um Deus como uma instância extra-humana. Essa autoridade superior permite que os europeus afirmem seus costumes como moralmente superiores e os imponham como moralidade a povos com outras cosmopercepções (Wiredu, 2011). Em comparação com as cosmologias monoteístas, as cosmopercepções não europeias ou hegemônicas são mais humanistas porque suas divindades — entidades ou seres são termos mais adequados — são ancestrais e antepassados e, em vista disso, não estão localizadas fora da esfera humana. O conceito de divindade foi adotado no Ocidente, mas em sua maioria não tem equivalência em idiomas não europeus, embora muitas cosmopercepções tenham também deuses ou deusas (muitas vezes sem distinção de gênero porque possuem ambas as qualidades) de origem (Wiredu, 2011). No entanto, os seres humanos não se direcionam sempre a ele ou ela. Em várias cosmopercepções originárias no Brasil, há uma relação genealógica entre todos os seres e nenhuma entidade é superordenada (Jecupé, 1998; Munduruku, 2009).

O problema da metafísica ainda recebe pouca atenção no debate sobre a descolonização, embora forme a base epistemológica da colonialidade por meio de sua hierarquização imanente. Como método científico, a de(s)colonização busca entender, identificar e, se possível, lidar com ou desfazer o impacto contemporâneo do legado colonial (Bernardino-Costa *et al.*, 2019; Bernardino-Costa; Grosfoguel, 2019). Ao fazer isso, ela examina os mecanismos da colonialidade, que consistem em opressão, destruição, assassinato, violência, roubo, sequestro, escravização e desumanização por meio da etnização e do racismo. Os estudos subalternos e pós-coloniais (Said, 2011 Spivak, 1988) que precederam os estudos decoloniais ou descoloniais são agora vistos de forma crítica como parte da epistemologia ocidental (Cusicanqui, 2010; Grosfoguel, 2008). Contudo, a de(s)colonização também permanece frequentemente afetada pelo sistema científico hegemônico (Cusicanqui, 2010). A descolonização, com s, é vista como mais ativa, política e envolvida nas questões sociopolíticas.

A fim de não apenas explicar a colonialidade, mas também pôr um fim à sua continuação, os estudos de(s)coloniais apontam para alternativas epistemológicas. O objetivo é incluir os historicamente subalternizados no diálogo cultural, filosófico e científico, bem como na prática sociopolítica. No Brasil, por exemplo, os povos originários e movimentos afrodescendentes lutam contra o colonialismo há mais de 500 anos e, com base em suas experiências históricas e atuais, têm pouca esperança de que consigam efetivamente alterar o quadro (Nascimento, 2016; Jecupé, 1998; Gonzalez, 2020; Munduruku, 2009; Esbell, 2020; 2021). Por isso, utilizam também o conceito do contracolonial no contexto quilombola (Santos, 2023). No entanto, não estão desistindo da luta de fazer suas epistemologias serem ouvidas e proteger suas práticas cosmológicas, denominadas culturais no Ocidente, contra a opressão e a erradicação. Apesar dos subalternizados terem consciência de que só podem falar se também dominarem a gramática dos "mestres" coloniais, ou seja, sua epistemologia, e puderem se expressar com seus conceitos (Spivak, 1988; 2005).

A arte e os estudos das artes operaram inicialmente com os conceitos de global e pós-colonial para serem mais inclusivos. Contudo, não contribuíram para a superação de sua colonialidade. O conceito de arte global apareceu pela primeira vez no contexto da pós-colonialidade, no fim da década de 1980. Na verdade, expressa apenas um interesse na arte contemporânea de artistas indígenas — ou seja, dos habitantes originários da África, das Américas, da Ásia e Oceania de países anteriormente colonizados — e afrodiaspóricos, pelos quais não havia atenção anteriormente. Em última análise, a arte "global" apenas comprova a inclusão da arte não europeia no mundo da arte ocidental e em seu mercado. Uma vez que as epistemologias não hegemônicas não têm muito a dizer nessa integração, mesmo que se busque certa descentralização e desconstrução.

Além disso, em países colonizados, como na América Latina, os estudos das artes, ao tentarem entender sua própria produção artística, especialmente a arte indígena e afrodiaspórica, têm grande dificuldade em se libertar da perspectiva eurocêntrica dominante e incorporar as epistemologias adequadas. Em vez de reconhecê-las e respeitá-las, elas foram inicialmente patologizadas e folclorizadas (por exemplo, por Rodrigues, 1988) e descritas por conceitos-chave e narrativas ocidentais.

Minha abordagem neste livro não é, portanto, global nem pós-colonial, mas busca desconstruir a epistemologia ocidental que tem sustentado os estudos das artes nos últimos 2.500 anos — mais especificamente, desde a invenção do sistema de escrita alfabética na Grécia antiga. Com base nisso, será possível enfrentar o desafio da descolonização, em termos de integração e melhor compreensão das epistemologias hegemônicas. Minha metodologia se baseia na esperança de que a desconstrução da epistemologia ocidental e a valorização de outras cosmologias e epistemologias possam contribuir para a revisão dos estudos das artes que estão em andamento desde os anos 1970 e que ainda não foi concluída.

O DESCOLONIAL COMO CONCEITO NO CONTEXTO DA ARTE

Para isso, precisamos, acima de tudo, de um conceito mais diferenciado de arte que inclua tanto seu surgimento europeu após o renascimento quanto a produção artística milenar de outros contextos cosmológicos. O conhecimento ou saber e o reconhecimento das epistemologias responsáveis pela produção artística em contextos não europeus ou hegemônicos são indispensáveis para tal. Parto do princípio de que a arte — e, como mostrarei, não podemos realmente evitar o termo — é uma prática universal embora ela tenha uma historiografia ocidental. Usando o conceito de arte para denominar a expressão estética de todos os povos e todas as sociedades reconhece que existem variadas formas de estar no mundo e de pensá-lo — tanto o mundo visível e seus seres vivos, organizados em comunidades de diferentes tamanhos, como o mundo invisível, suas forças e entidades. No caso da arte europeia, bem como na teoria e história ocidentais dela e da não hegemônica, podemos observar um corte a partir da filosofia antiga grega entre mundo visível e mundo invisível, o que tem sido denominado como "cosmofobia" (Santos, 2023). A predominância do termo "cultura" para circunscrever o contexto da arte ocidental revela essa ideia de negação de um ancoramento em uma cosmopercepção espiritualizada, substituída pela ideologia da modernidade colonial-capitalista. A recuperação da arte do medievo pelos estudiosos da imagem (Belting, 2016; Didi-Huberman, 2013) tem procurado lembrar que na Europa não era sempre assim.

Isto posto, partirei da suposição que a arte é uma forma poderosa de comunicação e ação. Foi somente o pensamento hierarquizante europeu que tentou tirar esse poder da arte, instrumentalizando-a ou substituindo-a por seu estudo. No processo, funções foram a ela atribuídas, hierarquias como arte erudita e popular foram estabelecidas, e categorias de avaliação introduzidas, as quais não faziam e não fazem sentido algum em cosmopercepções não europeias ou hegemônicas.

Para definir um conceito de arte válido de modo geral, é preciso reconhecer as diversas epistemologias e cosmopercepções existentes. Além do mais, é necessário compreender os pontos em comum e as diferenças em relação às diversas cosmologias e suas formas de estar no mundo e de relacionar-se com o mundo invisível. Um ponto em comum central é o fato de que em todas as cosmopercepções a arte tem a tarefa de tornar visível o invisível. Entretanto, isso é feito sob diferentes auspícios cosmológicos, que são compreendidos como relações espirituais, hierárquico-metafísicos ou equivalentes.

Ao observar as diferenças, os componentes ideológicos e sociopolíticos devem ser incluídos. Vale lembrar que a arte da corte na África não pode ser comparada à arte da corte na Europa, porque as bases conceituais políticas de governo e comunidade são completamente diferentes. Embora o trabalho artístico esteja sendo feito em todo o mundo e o conceito de artefatos deva ser abandonado para sempre, é importante reconhecer, entender e incluir essas diferenças epistemológicas. Uma vez que, devido às relações de poder causadas pelo colonialismo, elas também persistem na chamada arte global contemporânea, obstruindo uma compreensão informada pelas outras cosmopercepções e pelos modos de estar no mundo.

ARTE NO SINGULAR

Quando comecei a pensar na estrutura deste livro, todas as perguntas básicas sobre arte me vieram à mente: O que é arte? Como e por quem ela foi e é definida? Por que ela é criada? Por que estudamos sua história? Que histórias existem e por quem elas foram e são contadas? Que metodologias e paradigmas foram desenvolvidos, por quem e com que intenção? Quais são os critérios para a crítica de arte? Quem e quando eles foram determinados? Como as metodologias e os critérios mudaram, se é que mudaram? Qual é a relação entre as diferentes artes? Por que as diferentes artes são estudadas separadamente e como isso aconteceu? Como os países que sofreram e ainda sofrem com o colonialismo praticam e estudam a arte?

Responderei a essas perguntas mais ou menos sucessivamente em cada um dos capítulos. Todavia, antes de explicar a estrutura do livro, gostaria de abordar brevemente a questão da pluralidade das artes, pois ela é importante para a concepção descolonial do livro. Em minhas considerações, o fato de não haver uma separação comparável na visão das diferentes mídias na arte da África, Ásia, Oceania e das Américas indígenas e diaspóricas desempenhou um papel importante. Todas as mídias — esculturas de bronze, madeira e pedra, tronos, máscaras, tecelagens, tecidos, penteados, pinturas corporais, músicas, danças etc. — fazem parte do sistema de conhecimento e saberes da respectiva sociedade, expressando sua cosmopercepção e sua espiritualidade.

As diferentes mídias são baseadas em uma codificação que faz declarações sobre os proprietários e portadores dentro da comunidade ou determina suas ações. O significado é conhecido por todos os participantes, relaciona as pessoas com o visível e o invisível e, portanto, com outros tempos e espaços que podem ser paralelos, passados ou futuros. Os ancestrais e os antepassados são sempre considerados, sendo que geralmente não há hierarquia entre humanos, animais e outros seres (forças da natureza). Como já foi mencionado brevemente, o não visível não é sobrenatural no meta-sentido greco-helenístico. Embora os termos religião, mundo espiritual, espiritualidade, sacralidade ou divino sejam usados com frequência hoje em dia, especialmente em contextos não hegemônicos, esses são conceitos judaico-cristãos. A compreensão da complexidade das epistemologias não europeias só é possível com o uso dos termos nos respectivos idiomas, que, por isso, devem ser consultados.

Devido aos sistemas cosmológicos ou epistemológicos que os mantêm unidos, ninguém fora do pensamento ocidental pensaria em ver as diferentes mídias como separadas umas das outras. Pelo contrário. Elas fazem sentido individualmente, mas juntas expressam as diferentes facetas da respectiva cosmopercepção e do sistema de saber. Pensando bem, isso também se aplica à Europa. Os estudos da arte ocidentais, no entanto, fizeram de tudo para criar uma separação entre elas, de modo que a coerência geral se perdeu.

Como veremos, isso faz parte da tentativa de desempoderar a arte ou de instrumentalizá-la para fins ideológicos, colonialistas e/ou imperialistas.

Deve-se ter em mente também que as várias mídias e os gêneros não apenas sempre influenciaram uns aos outros, mas também foram inicialmente pensados juntos, mesmo no contexto ocidental. Foi somente no século XVIII que as ideias acerca da arte foram desenvolvidas em sua singularidade, relacionando-as, comparando-as ou distinguindo-as. Isso geralmente era feito para tornar determinada forma de arte reconhecível como tal ou para enfatizar sua importância em relação a outras artes. Como sempre no pensamento europeu, era uma questão de hierarquização. Mas mesmo quando a especificidade de uma forma de arte ou mídia era discutida, era necessário conhecer as outras para afirmar possíveis diferenças e limites. Nesse contexto, os gêneros artísticos ocidentais, hoje separados por mídias, são, em sua maioria, interconectados, desenvolveram-se historicamente um do outro ou são inerentemente impuros e compostos, como o teatro, a dança, a contação de histórias e os meios audiovisuais.

Não é por acaso que a arte contemporânea tenha feito sua tarefa combinar mídias ou explorar o relacionamento entre elas. Mas o conceito eurocêntrico de arte ainda se refere principalmente às "belas" artes (escultura, pintura, arquitetura), com uma clara exclusão da música, da literatura, da arte não europeia ou hegemônica, mas também de formas contemporâneas de expressão, como fotografia, filme, videoarte, performance ou instalação, que são estudadas nos campos da antropologia, das ciências sociais de modo geral, nos estudos de mídia, teatro e cinema. Embora os campos de conhecimento sobre arte e as epistemologias subjacentes tenham se tornado mais permeáveis, acredito que ainda não consideramos suficientemente como suas teorias, histórias e críticas estão interconectadas e, a vista disso, devem ser estudadas em conjunto, como farei neste livro. Por esse motivo, citarei exemplos de todos os campos artísticos anteriormente mencionados.

A sugestão teórica de que a especificidade de diferentes gêneros artísticos ou mídias é um obstáculo para a cultura ocidental pode ser encontrada no filósofo francês Jacques Rancière (2005). Ele nota que devemos entender todas as artes como parte integrante da mesma história no singular. O artista britânico David Hockney também comenta sobre esse ponto em *O conhecimento secreto* (2001) e, com o historiador da arte Martin Gayford, em *A history of pictures: From the cave to the computer screen* (Uma história das imagens: da caverna para a tela do computador, 2016). Hockney e Gayford tratam de uma dimensão da compreensão do mundo que é específica do Ocidente: o olhar. Eles distinguem entre a observação com olhos humanos e, depois, desde o renascimento, o olhar tecnologizado com o auxílio da câmera obscura de um olho só. Os autores enfatizam o uso de lentes e outras ferramentas óticas e questionam a separação das artes de acordo com a metodologia tecnológica de sua criação (pintura, desenho, mosaico, fotografia, filme, animação, desenho animado, história em quadrinhos, colagem, videogame etc.). Ou seja, eles também pensam a arte no singular e contam a história das imagens criadas no Ocidente pelo ser humano como sendo uma única que segue um desenvolvimento tecnológico de mídia, que é, de forma alguma, evolutiva.

Entender a arte no singular significa entende-la como sendo parte de um único sistema que, nas artes não hegemônicas são cosmopercepções, sem negar as singularidades das mídias em vista das diferentes tecnologias com as quais foram desenvolvidas. A arte no singular vê as singularidades como menos importantes. Isto torna ainda possível entender que as narrativas mestras eurocêntricas nos estudos da arte em termos de sua teoria, história e crítica foram passadas para as disciplinas subsequentes que estudam literatura, teatro, fotografia e cinema, na maioria das vezes sem refletir sobre as relações e seu surgimento.

NARRATIVAS EUROCÊNTRICAS DA ARTE

Há muitos livros de referência da história da arte que ainda têm um alto reconhecimento e divulgação, mas não levam isso em consideração. Todavia, em termos de sua definição de arte — as artes visuais — e de seu recorte — a Europa — eles deveriam ter sido considerados ultrapassados há muito tempo. Um estudo brasileiro intitulado *História da _rte* realizado por Amália dos Santos, Bruno Moreschi e Gabriel Pereira (2016) mostra que tipo de história da arte é ensinada nas universidades brasileiras. Explica, ainda, que os vários programas de bacharelado se baseiam, em sua maioria, em onze livros europeus que nada têm a dizer sobre a arte e as epistemologias das Américas, mesmo quando incluem a arte contemporânea. Sem dúvida, são importantes para se ter uma visão geral da arte europeia, mas deixam claro o cenário excludente da história da arte hegemônica, pois não mencionam a arte não europeia ou brasileira e muito menos as artes indígenas, africanas e afro-diaspóricas. Também mantêm a especificidade das mídias.

O estudo brasileiro nos deixa cientes de que os livros perpetuam não apenas as exclusões nacionais, mas, sobretudo, as exclusões étnico-raciais e de gênero. Além disso, embora existam algumas obras sobre a história da arte brasileira como *História geral da arte no Brasil*, organizado por Walter Zanini (1983), *História da arte no Brasil*, organizado por Myriam Oliveira (2008), *Pequena história das artes no Brasil*, de Duílio Battistoni Filho (2008), e *Sobre a arte brasileira*, organizado por Fabiana Werneck Barcinski (2015), elas dificilmente são encontradas nas listas de livros dos cursos, muito menos possuem textos que debatem as artes afro-brasileira e indígena. A necessidade de uma perspectiva descolonial para esse tipo de ensino, que não pode ser chamado de outra coisa senão colonialista, uma vez que naturaliza o eurocentrismo no Brasil, fica evidenciada no estudo referido.

▸ HISTÓRIA DA ARTE COMO DISCIPLINA

Os estudos das artes começaram a ser fundados como disciplinas na Europa há pouco mais de dois séculos. É instrutivo lembrar rapidamente sua história. Vou me concentrar na primeira disciplina acadêmica, a história da arte, pois ela moldou todas as que se seguiram. Ela surgiu como disciplina acadêmica no final do século XVIII, com a criação de uma cátedra na Universidade de Göttingen. Johann Dominik Fiorillo (1748-1821), um pintor e arquivista de ascendência italiana, foi o primeiro a ocupar essa cátedra de história da arte como professor associado em 1799. Em 1813, tornou-se professor titular. No decorrer do século XIX, as cátedras se multiplicaram nos países de língua alemã com o objetivo declarado de estabelecer a arte como um patrimônio histórico-cultural.

As primeiras cátedras foram ocupadas por Aloys Hirt, na Friedrich-Wilhelm Universität de Berlim em 1810; por Rudolf Eitelberger, na Universidade de Viena, em 1852; por Jacob Burckhardt, no Politécnico de Basel, em 1855; e por Friedrich Salomon Vögelin e Johann Rudolf Rahn, na Universidade de Zurique, em 1870. Berlim criou, em 1875, o primeiro Instituto de História da Arte, que chegou a ser o maior da Europa, na primeira década do século XX. Na França, o Instituto de Arte e Arqueologia foi instaurado em Paris apenas entre 1925 e 1930, derivando da doação da biblioteca do modista e mecenas Jacques Doucet, em 1917. Na Inglaterra, embora existissem disciplinas na escola de Belas-Artes, na Slade School, desde 1870, e uma primeira cátedra a partir de 1920 — ocupada por dois emigrados da Alemanha nazista, Rudolf Wittkower e Ernst Gombrich —, o primeiro curso de história da arte data apenas de 1965 e surgiu no University College, em Londres.

Continuando o teor das palestras de G. W. F. Hegel (1770-1831) sobre estética, dadas entre 1826 e 1829, a história da arte optou por uma abordagem historiográfica. A estética como disciplina havia se desenvolvido inicialmente como uma subdisciplina orientada para o sensível na filosofia, que, seguindo o paradigma racional da modernidade, havia colocado o inteligível em primeiro plano. Entretanto, a atenção da estética acabou se concentrando na percepção e na função da arte, sendo reduzida a conceitos como verdade, beleza e gosto. Embora seguindo os passos de Hegel, a história da arte viu na abordagem historiográfica a possibilidade de se emancipar da estética. Foi Fritz Thausing, professor em Viena, que propôs a separação entre estética e história da arte, escolhendo na historiografia o princípio básico do novo estudo científico quando assumiu a segunda cátedra em 1879. Nas décadas seguintes, diferentes direções metodológicas foram estabelecidas nas universidades de Berlim, Hamburgo, Viena e Munique.

No início do século XX, a jovem disciplina foi fortemente impactada pelo contexto político, e o regime nacional-socialista de Adolf Hitler teve efeitos devastadores na Alemanha e na Áustria, forçando várias figuras importantes, como Ernst Gombrich, Max Friedländer, Oskar Wulff, Otto Pächt, Erwin Panofsky, Nikolaus Pevsner, Ernst Cohn-Wiener e Rudolf Wittkower, a se exilarem a partir da segunda metade da década de 1930. Além disso, o regime fascista teve uma influência direta no ensino e na pesquisa e levou a mudanças na escolha de objetos e na metodologia. A arte que mais tarde seria canonizada como moderna foi desprezada como "degenerada", e o interesse pela arte nacional e regional, por exemplo, a arte medieval alemã, foi promovido. Os acadêmicos que simpatizavam com as políticas de Hitler ou as apoiavam substituíram aqueles cujos interesses multidisciplinares e pela arte não europeia poderiam ter mudado o curso da disciplina.

O impacto da emigração forçada no estudo da história da arte no mundo de língua inglesa não deve ser subestimado, pois os acadêmicos exilados participaram do estabelecimento de importantes instituições na Inglaterra e nos EUA, como o Warburg Institute e o Courtauld Institute em Londres ou os departamentos de história da arte das universidades americanas de Berkeley, Columbia, Princeton, e Stanford, para citar apenas alguns exemplos.

A crítica de arte, por sua vez, desenvolveu-se graças ao crescente interesse burguês pela arte desde a Renascença, e foi inicialmente realizada por meio de resenhas críticas e artigos nos primeiros meios de comunicação de massa para consumo rápido — jornais ou revistas comerciais. Embora nunca tenha havido uma separação completa entre teoria, história e crítica, surgiu uma certa divisão de funções entre filosofia, história da arte e crítica. Isso mudou quando os artistas, cujo papel na sociedade era frequentemente discutido desde a Renascença, começaram a elaborar suas ideias de forma programática em manifestos durante o século XX. Sua crescente influência sobre o discurso artístico também teve um impacto sobre o autoquestionamento da disciplina.

Embora a história da arte tenha tentado transformar sua abordagem historiográfica — primeiro a análise da forma (Wölfflin, 2000) e a iconologia (Warburg, 2015; Panofsky, 1979, depois a história social (Hauser, 1958) como novos métodos — em história cultural (Warburg, 2015), mais tarde ela reformulou sua identidade como disciplina como um todo. O conceito de arte foi substituído pelo de imagem, no intuito de expandir a compreensão do fazer estético humano (Boehm, 1994, 2015; Elkins, 1994; Bredekamp, 2015; Belting, 2016, 1995, 2001; Didi-Huberman, 2013 Mitchell, 1994, 2005).

Devido aos efeitos geopolíticos da emigração de estudiosos, e apesar da complexidade metodológica adquirida nas últimas décadas, a história da arte manteve uma perspectiva historiográfica durante grande parte do século 20. A rigor, ela sempre se baseou em seu interesse original: o estudo do desenvolvimento da arte visual europeia, sua análise, classificação e datação, para garantir sua compreensão como patrimônio cultural. Até trinta anos atrás, a disciplina era quase exclusivamente eurocêntrica e se concentrava quase inteiramente na historiografia da arte ocidental como a única civilização avançada cujo berço é considerado a antiguidade grega.

Somente quando a ideia do fim desse discurso surgiu na década de 1980 é que o paradigma central da época e de seu estilo perdeu sua importância e deu lugar a uma reflexão sobre o futuro da disciplina. Hans Belting declarou o "fim da história da arte" em 1983, e o filósofo americano Arthur Danto o "fim da arte" em 1985. O esgotamento do discurso historiográfico da arte resultou da percepção dos limites das narrativas sobre artistas canônicos e suas obras, das limitações do paradigma das épocas e de seus estilos, das diferenças de gênero, mídias e de métodos como a análise da forma e a iconografia.

Tanto Belting quanto Danto, embora um sob a perspectiva do fim da disciplina e outro sob a perspectiva da pluralidade de estilos artísticos, tentaram ampliar o enquadramento geográfico e temporalmente definido da arte ocidental e abrir o campo de estudos para outros objetos, incluindo as mídias de reprodução e de massa. No entanto, isso só aconteceu teoricamente, já que a ampliação do escopo da arte não pôs fim às noções profundamente arraigadas de centralidade e superioridade da arte ocidental, bem como aos métodos estabelecidos, e não houve uma reformulação de abordagem clara que tivesse mudado profundamente, muito menos descolonizado, os estudos das artes.

Declarar o fim da arte tem uma tradição na filosofia alemã e ajudou a criar a história da arte e, posteriormente, os estudos das artes. A ideia dessa declaração era reduzir a arte ao seu estudo a fim de diminuir seu potencial sensível e entendê-la apenas como um bem cultural morto. Quando Hegel (2001) emitiu pela primeira vez um atestado de óbito para a arte, já existia essa pauta. No início do século 19, o influente filósofo afirmou que a arte do romantismo, que lhe era contemporânea, não era mais capaz de revelar a verdade da sociedade, como havia acontecido, em seu entender, apenas no caso da arte grega clássica. Hegel achava que fazia mais sentido não considerar a arte como uma parte essencial da sociedade, para, a partir de então, avaliá-la apenas intelectualmente, ou seja, estudá-la como um objeto e lhe tirar assim o seu poder. Isso estava relacionado à autocompreensão ocidental que havia surgido durante a colonização das Américas e culminou no sujeito transcendental de Immanuel Kant (1724-1804). Conforme Kant, o sujeito transcendental europeu tinha acesso à moralidade universal por meio da arte e da natureza, o que significava não apenas um afastamento da religião cristã, mas também uma afirmação da superioridade da racionalidade ocidental.

As críticas à disciplina na década de 1980 questionaram o conceito de arte, que o seu suposto primeiro historiador, o artista e escritor italiano Giorgio Vasari (1511-1574), ainda não havia usado. Por outro lado, havia participado em criar o status dos artistas, estabelecendo uma oposição aos artesãos. Essa importância do artista foi então ancorada tanto na estética de Kant quanto na de Hegel na ideia do gênio. Todavia, a valorização desmedida dos artistas era, na verdade, o início de sua desvalorização. A partir de então, eles eram os escolhidos, mas sua atividade à margem da sociedade e da razão tornou-se perigosa para eles mesmos. De forma geral, a arte (e quem a produzia) perdeu seu poder porque passou a ser vista apenas como um objeto de coleção e contemplação (Agamben, 2012).

As biografias de Vasari (2011) dos mais ilustres pintores, escultores e arquitetos da renascença, publicadas em 1550, foram o primeiro ataque à arte e aos artistas. Paradoxalmente, o livro imortalizou os artistas para a posteridade e, assim, procurou exorcizar a vida da arte pela primeira vez. Após a declaração da morte da disciplina no século 20, que se desenvolveu com base na tentativa constante de destruir a vida na arte, estudiosos americanos, alemães e franceses, como Hans Belting, Horst Bredekamp, Gottfried Boehm, W. J. T. Mitchell e Georges Didi-Huberman, para citar apenas alguns, procuraram desenvolver uma nova disciplina, a ciência (ou estudos) da imagem, no início da década de 1990. As tentativas de Belting, Mitchell e Boehm, em particular, consistiram em dar novamente vida à arte com o conceito da imagem. Não obstante, a compreensão da vivacidade das imagens (ou da arte em um sentido mais amplo), em contextos cosmológicos não europeus, não foi alcançada com isso.

Outro fator importante levou a uma reorientação da história da arte, nomeadamente à multidisciplinaridade imposta por outras disciplinas. As artes foram sempre também do interesse de outras áreas de conhecimento, mas, no século 20, esse interesse intensificou-se, levando disciplinas como antropologia, sociologia e psicologia a debruçarem-se sobre elas. As novas denominações para a disciplina demonstram que a história da arte não só fora incorporada por estudiosos das ciências humanas e sociais, mas que os próprios historiadores da arte estavam absorvendo havia tempos metodologias antropológicas, psicológicas, sociológicas, feministas e fenomenológicas, entre outras, ampliando assim o enquadramento dos estudos das artes e da própria arte produzida com novas mídias e tecnologias, a cultura popular e de massa, e sua produção imagética e sonora.

Ainda hoje alguns cursos chamam-se história da arte, mas encontramos cada vez mais a denominação mais aberta de estudos da arte (*Kunstwissenschaft*, ou seja, ciência da arte) ou, para apontar melhor o interesse nas imagens, estudos ou ciência da imagem, artes visuais, estudos visuais, cultura visual etc., dependendo do enfoque pretendido. Enquanto o nome estudos da arte contempla a ideia de arte mesmo que investigada por meio de metodologias que excedem o histórico, os estudos da imagem já assinalam que os objetos de investigação evitam uma diferenciação e hierarquização entre arte e cultura popular, abordando desde pinturas rupestres até imagens publicitárias.

No Brasil, o ensino da arte era realizado até muito recentemente apenas no contexto das escolas de belas-artes. Em seu *site*, a Universidade Estadual do Rio de Janeiro (UERJ) declara, por exemplo, como origem de seu bacharelado em História da Arte, que data de 2007, o curso do Instituto de Belas-Artes da Secretaria de Cultura do Estado da Guanabara, lecionado a partir de 1957 e incorporado à UERJ em 1978. Hoje, a história da arte pode ser estudada como curso de bacharelado na Universidade Federal de São Paulo (Unifesp), onde leciono, e ainda na Universidade Federal do Rio de Janeiro (UFRJ), no curso História, Teoria e Crítica da Arte na Universidade Federal do Rio Grande do Sul (UFRGS) e no curso Teoria, Crítica e História da Arte na Universidade Federal de Brasília (UnB). Cursos de pós-graduação existem nessas instituições e também na Universidade de São Paulo (USP) e na Universidade de Campinas (Unicamp), além de instituições de ensino superior privadas. Apenas dois cursos de graduação já trazem em seu nome a complexidade da área de estudo que também abordarei neste livro — teoria, história e crítica —, contemplando assim o fato de que, no Brasil, a disciplina entrou tarde nas faculdades de ciências humanas. Como mencionado anteriormente, a necessidade de descolonizar e a particularidade do caso brasileiro será lembrada e levada em consideração ao longo deste livro, cujo conteúdo passo agora a apresentar, começando pela estrutura da obra.

CONTEÚDO DOS CAPÍTULOS

No primeiro capítulo, pergunto por isso: O que é descolonialidade e qual é sua importância para os estudos das artes? Para responder, apresento primeiro a definição de de(s)colonialidade, bem como os estudos de(s)coloniais e sua diferença em relação aos estudos pós-coloniais e subalternos, sua história e autores (Joaze Bernardino-Costa, Enrique Dussel, Franz Fanon, Ramón Grosfoguel, Walter Mignolo, Anibal Quijano, Walter Rodney etc.). Argumento que o conceito de descolonialidade adota uma abordagem política mais ampla do que a pós-colonialidade porque é analítico e programático. Contudo, observo que, em última análise, somente os pensadores não hegemônicos abrem novos caminhos. É por isso que apresento autores africanos, afrodiaspóricos e indígenas (Silvia Rivera Cusicanqui, Jaider Esbell, Lélia Gonzalez, Kaká Werá Jecupé, Grada Kilomba, Daniel Munduruku, Abdias Nascimento, Okot P'Bitek, Kwasi Wiredu etc.), que lutam contra a violência colonial contemporânea e a pretensão de universalidade do Ocidente, e tornam reconhecível a irracionalidade colonial, explicando cosmologias e epistemologias não europeias ou hegemônicas e apelando para elas. Sugiro que, sem uma compreensão dessas epistemologias, não podemos descolonizar os estudos das artes, que foram e continuam sendo uma parte essencial da colonialidade.

No segundo capítulo coloco duas questões fundamentais: por que estudamos as histórias da arte e por que produzimos arte? Apresento as respostas em cinco passos. O primeiro consiste em uma discussão da ideia de pessoas históricas e a-históricas por meio do filme *A caverna dos sonhos esquecidos* (Werner Herzog, 1994), que analisa as pinturas rupestres em Chauvet, na França, consideradas até pouco tempo atrás as mais antigas obras de arte existentes no mundo. Como o Ocidente perdeu a chave, ou seja, o conhecimento para compreendê-las, agora procura entendê-las. No segundo passo, apresento alguns autores ocidentais e não ocidentais que, sob a perspectiva atual, tratam das motivações que levam as pessoas a produzirem arte. Faço uma distinção entre as abordagens indígenas e ocidentais, discutindo o perspectivismo indígena e o antropocentrismo. Mostro que as teorias contemporâneas da imagem estão comprometidas com a ideia ocidental de individuação e que, consequentemente, não revelam novas formas de entender a produção estética humana. Defendo, em um terceiro passo, um conceito ampliado e universal de arte. Em seguida, retomo as explicações sobre o porquê da produção de arte e apresento um caleidoscópio histórico de respostas que vão desde o desejo de se conectar, conhecer e comunicar até achatar a realidade e lembrar. Por fim, no quinto passo, abordo a questão da mídia, já que as diferentes formas de codificação fornecem mais compreensão sobre as razões do fazer artístico. Discuto o significado de imagens, textos e códigos tecnológicos com a ajuda de alguns estudiosos da mídia e autores indígenas.

O terceiro capítulo pergunta: como a arte se relaciona de modo geral com outras formas de conhecimento e que potencial ela tem? Essa seção consiste em duas partes. Primeiro, utilizo o livro *As palavras e as coisas*, de Michel Foucault, que usa uma obra de arte — *As meninas,* de Diego Velázquez — para mostrar quando e como a Europa começou a organizar o conhecimento hierarquizante do mundo, primeiro analiticamente e depois de forma historicizante. Aponto as limitações da análise de Foucault, pois ela não considerou a relação com o colonialismo. Para ilustrar como funcionava o pensamento interpretativo cristão que precedeu o analítico-historicizante, mais próximo de epistemologias não europeias, apresento a interpretação de Didi-Huberman da *Anunciação* de Fra Angélico. Em seguida, exploro seu eurocentrismo com um exemplo africano, uma escultura congolesa Nkisi. Depois, seguindo Foucault, discuto o pensamento historicizante com a ajuda de uma obra de arte — a versão de Pablo Picasso de *As meninas*, da década de 1950. Na segunda parte, analiso as versões de René Magritte de *A chave dos sonhos*, da década de 1930, pois elas demonstram a capacidade da arte de interrogar a relação analítica-historicizante entre o significante e o significado, e, desse modo, a epistemologia ocidental. As imagens destacam o potencial da arte de articular saberes em contraste com outros campos do conhecimento. Para explorar ainda mais o problema do potencial da arte, discuto as tentativas de vários filósofos de reduzi-la (Platão, Aristóteles) ou enfatizá-la (Martin Heidegger, Peter Sloterdijk).

O quarto capítulo aborda o problema da arte como epistemologia e discute seu potencial ameaçador para as outras em três etapas. A questão central é: qual é a relação entre a filosofia ocidental, as teologias monoteístas e a arte? Primeiro, abordo como esses dois representantes mais antigos do conhecimento da cultura da escrita são apresentados em termos de seus muitos medos e poucas esperanças com relação ao poder da arte. Ao fazer isso, mostro como a filosofia e a teologia judaica, cristã e islâmica influenciaram a formação de teorias e conceitos de arte, principalmente para limitá-la. Descrevo a maneira cristã de contornar as limitações da representabilidade do sagrado, inventando imagens "divinas" não feitas pelo homem, os *acheiropoieta*. Em seguida, entro em detalhes sobre a iconoclastia, que pode se basear em ressentimentos religiosos, políticos ou estéticos. Contrasto essa prática com visões não europeias da arte, que a veem como um caminho para o invisível. Na segunda etapa, seguindo a linha do tempo cronológica desde a Grécia antiga até o romantismo, mostro como a filosofia ocidental tentou dominar o sensível por meio do inteligível, discutindo Platão, Aristóteles, Kant e Hegel. Ao fazer isso, explico como a colonialidade foi um motivo importante para a formulação da estética, do sujeito transcendental, da moralidade universal e de outros conceitos que visavam excluir as sociedades e a arte não europeia ou hegemônica. Com Agamben, trago ainda outro motivo para limitar o poder da arte: a paixão por colecionar e a fundação do mercado de arte no mundo moderno-capitalista. Na última etapa, discuto a descoberta da ideia de um potencial emancipatório da arte na filosofia ocidental por Schiller, Schelling, Nietzsche e Rancière.

No capítulo cinco, descrevo detalhadamente, em três subcapítulos, a relação entre arte, história e estudos das artes. Pergunto: qual é a relação entre os diferentes modelos de história, a arte e seus estudos? Primeiro, apresento a historiografia e seus modelos e métodos mais importantes. Seguindo o historiador E. H. Carr e o filósofo Walter Benjamin, esclareço os conceitos de positivismo e historicismo, bem como os modelos evolutivo-teleológico e circular do tempo e suas origens. Enquanto o modelo evolutivo é uma invenção ocidental e se baseia na ideia de progresso e declínio, o modelo circular se refere tanto ao ciclo da natureza quanto à crítica do modelo político ocidental de poder. No segundo subcapítulo, mostro como os modelos da história entram em cena no drama, no cinema, no teatro, na performance e na arte contemporâneos. No último subcapítulo, analiso como os estudos de história da arte, cinema, mídia e teatro adotaram e depois problematizaram o modelo evolutivo em suas historiografias.

O sexto capítulo é dedicado à crítica. Ele tem duas partes: o que é crítica da arte? e das metodologias da crítica. Primeiro, ofereço uma visão geral do desenvolvimento da crítica desde a Grécia antiga até o iluminismo. Destaco como os critérios avaliativos criados determinaram a canonização de obras, épocas e estilos de arte. Esboço um panorama desde a *Poética* de Aristóteles e sua influência na tradição retórica latina de Plauto até os escritos renascentistas de Jean Chapelain. Na segunda parte, discuto três metodologias diferentes de crítica: as abordagens enciclopédicas e biográficas — especialmente as de Plínio, o Velho,

Giorgio Vasari e Pierre Daniel Huet; os manuais de arte orientados para a prática de Polykleitos, Vitruvius, Leon Battista Alberti e Albrecht Dürer. Com base em seus escritos, analiso a elaboração do antropocentrismo e da virtualização cosmofóbica. Por fim, descrevo como, a partir do século 18, artistas como John Richardson, Denis Diderot e Gotthold Ephraim Lessing começaram a estabelecer as diferenças entre as artes para determinar suas especificidades, avançando assim a divisão dos estudos das artes em diferentes mídias. Observo que os critérios de avaliação não têm sentido para a arte não hegemônica e expressam, assim, o projeto ideológico de hierarquização no Ocidente.

No sétimo capítulo, pergunto: como a arte é estudada como um disciplina científica? Em três partes, comento os métodos abrangentes, mas não tão diversos, dos estudos das artes. Como base para minha discussão crítica, primeiro apresento dois conceitos da filosofia ocidental da ciência: paradigma, de acordo com a definição proposta por Thomas Kuhn, e indisciplinaridade, conforme definido por Jacques Rancière. Argumento que nenhum dos métodos aplicados tem qualquer significado para a arte não europeia. Na segunda etapa, apresento o paradigma central da história da arte, o estilo de época, que foi de grande importância para a identidade europeia e seu colonialismo supremacista. Estudo alguns exemplos famosos: Johann Joachim Winckelmann sobre a antiguidade grega e seu questionamento por Cheik Anta Diop e John Jackson, que descreveram o Egito como o berço da humanidade; Jacob Burckhardt sobre o renascimento; Émile Mâle sobre o gótico; Clement Greenberg sobre o modernismo; Rosalind Krauss sobre o pós-modernismo; e a análise formal de Heinrich Wölfflin que contrasta renascimento e barroco. Em seguida, discuto o questionamento do paradigma por meio das ideias de pluralismo estilístico e trans-história. Discorro sobre a variante do estilo de época como estilo autoral em estudos cinematográficos e literários, destacando especialmente as tentativas de desconstrução de Roland Barthes e Michel Foucault. A terceira parte aborda os métodos com maior inter e multidisciplinaridade. Explico em detalhes a iconologia de Erwin Panofsky, os conceitos centrais dos estudos culturais de Aby Warburg, e a virada icônica ou pictórica para os estudos de imagem de Gottfried Böhm e W. T. J. Mitchell. Embora sejam aplicados também a imagens não europeias ou hegemônicas, mostro suas limitações.

O último capítulo é inteiramente dedicado aos estudos das artes no Brasil, com algumas breves referências à situação em outros países da América Latina. Pergunto: o que é arte brasileira e como ela é estudada? As respostas são apresentadas em cinco subcapítulos. Começo com a discussão sobre a colonialidade do Brasil nos estudos cinematográficos e literários. Mostro que essas reflexões são incapazes de pensar fora de uma dialética com a Europa e, por conseguinte, ignoram as cosmopercepções e as artes indígena e afrodiaspórica ou afro-brasileira. Para evocar uma nova perspectiva, apresento autores afro-brasileiros ou autodominados negros e indígenas. Em seguida, analiso o eurocentrismo acadêmico na história da arte brasileira, que adotou a narrativa principal europeia de periodização — arte pré-colonial, colonial e brasileira — e inventou dois mitos de origem: o surgimento da primeira academia de arte no Rio de Janeiro, em 1816, e a Semana de Arte Moderna, de 1922. No terceiro subcapítulo, sugiro que o eurocentrismo e o nacionalismo são onipresentes na arte brasileira hegemônica, pois foram usados como expressão de uma agenda ideológica da burguesia branca e para encobrir ou negar o colonialismo. Em seguida, realço que a arte nunca teve um lugar de destaque no Brasil, mesmo que os estudiosos da arte afirmem o contrário. Por fim, apresento publicações como manuais, críticas de arte e as publicações mais importantes da história da arte, bem como algumas exposições nacionais e internacionais que moldaram a visão da arte no Brasil. Argumento que, embora sempre tenha havido uma conscientização nos estudos das artes sobre a necessidade de discutir a relação entre o Brasil e o resto do mundo, isso nunca levou à descolonização. Dessa maneira, a arte africana produzida no Brasil por escravizados, a arte afro-brasileira ou negra e a indígena nunca foram entendidas como parte da arte nacional, apenas como capítulos à parte, e suas cosmopercepções e epistemologias não são consideradas ou compreendidas de fato.

▶ DESCOLONIZAÇÃO DA ARTE E DOS ESTUDOS DA ARTE

Ao escrever este livro, fiquei honestamente surpresa ao ver como certas noções de arte na epistemologia ocidental nunca mudaram muito nos últimos dois milênios e meio. A tentativa de controlar a arte e subordiná-la ao inteligível, bem como o impacto da difamação da arte não europeia ou hegemônica, corre como um fio vermelho na epistemologia da arte ocidental. Embora os estudos da imagem tenham oferecido certa redefinição, ela não representa uma ruptura real com a epistemologia ocidental. Não é de surpreender que o controle ocidental da arte por meio de seu estudo, especialmente por meio da escolha de objetos, metodologias e valores, tenha sido adotado em países colonizados, como o Brasil. Essa dinâmica da colonização da arte pode ser observada particularmente bem, tanto no que se refere à arte eurocêntrica quanto à arte indígena e afrodiaspórica ou afro-brasileira/negra.

No entanto, autores indígenas e afrodescendentes têm se manifestado nos últimos anos, abrindo outras perspectivas sobre a arte, mesmo que não sejam utilizadas, no caso indígena, as palavras para isso em seus idiomas e suas cosmologias, e a história da arte brasileira colonial ainda coloque dificuldades em termos terminológicos. Eles possibilitam compreender a complexidade da necessidade da descolonização dos estudos tanto da arte hegemônica ocidental quanto da não hegemônica. Em última análise, a primeira foi instrumentalizada na política, na filosofia, na teologia e nas ciências, e a segunda foi subalternizada.

A importância da arte como uma visualização do invisível, ou seja, da conexão das pessoas com seu mundo ancestral e seus saberes coletivos, foi quebrada na Europa e quase destruída no contexto não europeu, no qual ela exibia uma forte conexão com esse mundo, que era e é visto como ameaçador no contexto ocidental. Como a arte é uma epistemologia humana elementar que dá sentido à vida, o impacto da repressão da arte por meio de sua colonização foi devastador. A entrada de artistas indígenas e afrodescendentes, e autodenomeados negros na arte contemporânea na última década ampliou e enriqueceu significativamente o debate no Brasil e pôde ajudar a chamar a atenção para isso. Como a arte não hegemônica no Brasil tem forte conexão tanto com o cotidiano como com o invisível, ou debate a marginalização e o racismo vivenciados por pessoas racializadas ou etnizadas, os artistas e suas obras agora possibilitam uma melhor compreensão do impacto colonial sobre seu mundo e o mundo ocidental. Ao fazer isso, eles destacam a urgência de finalmente descolonizar os estudos das artes e desenvolver um conceito universal de arte.

Esse conceito de arte deveria reclamar a importância da arte para a criação de significado na vida humana e convidar as pessoas a agir contra as limitações de sua potência. Não é segredo que isso encontrará resistência.

Tampouco dispomos ainda de métodos para examinar a arte não europeia ou hegemônica, pois as epistemologias necessárias para isso ainda são pouco conhecidas. Contudo, é hora de finalmente tornar conhecido o conteúdo colonial da epistemologia ocidental da arte, bem como afirmar claramente que ela foi criada principalmente para estabelecer primeiro a Europa e depois os EUA como uma potência colonial imperialista. Isso se aplica, como dito, tanto à arte ocidental hegemônica quanto à arte não hegemônica.

Para isso, são necessárias duas abordagens: uma é a desconstrução da colonialidade dos estudos das artes em geral em todos os campos e disciplinas que lhe dizem respeito. Isso deveria incluir o exame da arte ocidental e seu conteúdo colonialista. A segunda precisa estudar a arte não hegemônica e suas cosmopercepções e epistemologias, inclusive a arte de ímpeto descolonial, para mostrar que ela é capaz de dar sentido à existência humana, o mesmo sentido que lhe foi e está sendo negado no Ocidente ao insistir em sua limitação por meio de sua política, filosofia, teologia e ciência colonial-capitalista. Os debates recentes sobre a restituição de arte saqueada também devem ser intensificados, pois podem lançar luz sobre ambos os debates.

Para essa dupla descolonização, é indispensável recorrermos a outras cosmologias e epistemologias que nos podem ajudar a entender o que a arte — em um sentido universal que se aplica a todos os povos e cosmopercepções — realmente é: a criação de significado, saberes e conhecimento sobre nossa existência humana. Somente assim poderemos compreender o potencial da arte em toda a sua amplitude e eliminar sua subalternização. Precisamos estar alertos à tradição ocidental de desempoderamento da arte em geral por meio da filosofia, das ciências humanas, das ciências sociais e dos estudos das artes, mas especialmente à supressão da arte não hegemônica. O objetivo deste livro é dar um passo decisivo nessa direção.

CAPÍTULO 1

O QUE É DESCOLONIZAR E QUAL É A SUA IMPORTÂNCIA PARA O ESTUDO DA ARTE?

Descolonizar é um ato de resistência. Refere-se à necessidade de expor padrões de pensamento, conceitos e discursos coloniais que ainda hoje existem, bem como as estruturas e práticas de poder que deles resultam, sejam elas culturais, psicológicas, sociopolíticas, econômicas ou ecológicas. A descolonização consiste em pretender compreender, tomar consciência e combater os mecanismos hierarquizantes e subalternizantes que fundamentam a colonialidade, afirmando como iguais cosmopercepções e suas epistemologias não hegemônicas que até agora foram suprimidas, combatidas e marcadas como "outras" pelos discursos ocidentais. A artista e psicóloga portuguesa de ascendência santomenha Grada Kilomba (2019, p. 238) resume a descolonização como o momento em que "nós nos tornamos sujeitos". É uma tentativa de enfrentar séculos de alteridade. Cabe lembrar que para alcançar um mundo decolonial é necessário primeiro descolonizar.

Para compreender melhor o ato de descolonizar e seu significado para a arte, vale explicar primeiro a gênese histórica e geográfica do termo, apresentar suas definições e metodologias mais recentes, bem como seus autores. A luta contra o colonialismo, a violência colonial contemporânea e a reivindicação da suposta universalidade da epistemologia ocidental que a torna possível precisam ser levados em consideração. A epistemologia europeia, ou seja, a sua maneira de perceber e estar no mundo e consequente forma de produzir conhecimento instrumentalizou conceitos como racionalidade, moralidade, povo, história, cultura e arte, para tornar os supostamente outros controláveis através da etnização e da racialização filosófica, científica e cultural. É preciso estar consciente dessa abordagem colonialista europeia que se torna evidente ao trazer perspectivas não hegemônicas de contextos colonizados que, com base em suas próprias formas de estar no mundo e de pensá-lo, expõem sua enganosidade e se posicionam contra ela.

Em termos do envolvimento da arte no discurso colonial, a dicotomia entre arte europeia e não europeia (ou ocidental e não ocidental) é infelizmente aquela que está no mundo e, portanto, precisa ser utilizada para ser descolonizada. Uso, por isso, também os conceitos arte hegemônica e arte não hegemônica para diferenciar entre arte europeia (ou brasileira) colonial e arte que não participa do projeto colonial. Isso alberga muitos problemas. Vale lembrar que a arte europeia tem sido às vezes tão suprimida, instrumentalizada e mal compreendida quanto a arte não hegemônica, sobretudo quando não participa do projeto colonial. Por isso, utilizarei o termo arte europeia ou hegemônica indicando aquela que participa do projeto da colonialidade.

Parto também do princípio de que a arte não hegemônica sempre faz parte de uma cosmopercepção, ou seja, de um sistema complexo de compreender, expressar e comunicar-se com o mundo visível e o mundo não visível. A arte europeia que é instrumentalizada pela colonialidade é, por sua vez, como essa cosmofóbica, ou seja, ela se afasta da ideia do ser humano estar ligado ao mundo invisível. A cosmofobia está ligada ao projeto moderno colonial-capitalista, associado à subalternização, ganância, exploração de mão de obra e de recursos, monocultura, violência etc.

SOBRE A GÊNESE DO CONCEITO DO DESCOLONIAL

O descolonial como conceito para a arte surgiu pela primeira vez na África nos anos 1980 após o estabelecimento dos novos estados-nações que se seguiram às guerras e declarações de independência. Dependendo do país, da região e do domínio colonial, estes tiveram início nos anos 1950. A euforia inicial sobre os processos de descolonização política havia desaparecida e seu fracasso tornou-se óbvio (Wiredu, 1996, p. 5), precisando ser nomeado, representado e enfrentado por intelectuais, políticos, cientistas e artistas.

Após a mudança de paradigma geopolítico, que se seguiu à Segunda Guerra Mundial e tornou o imperialismo europeu insustentável, já haviam sido feitos muitos esforços na África e no Caribe para exigir igualdade política (Fanon, 2008; Nyerere, 1966; Cabral, 1967; Nkrumah, 1965), étnico-racial (Césaire, 1950; 1987; Fanon, 2006; Senghor, 1963) e cultural (Jackson, 1939; 1974; Diop, 1974). Mahatma Gandhi foi provavelmente a figura mais influente na Ásia em termos de autodeterminação e emancipação do poder colonial. Todavia, o termo descolonial não foi utilizado.

Com relação à África e à América Latina, o conceito participa de uma longa luta, de vários séculos, contra o domínio colonial e a escravidão, primeiro travada tanto pelos reis e líderes africanos conquistados como pela população indígena e suas lideranças por meio de resistência diplomática, guerras, insurreições, motins, fugas etc. A história da resistência ao colonialismo e à escravidão é ou silenciada, como observa o historiador haitiano Michel-Rolph Trouillot (1995), ou de forma incompleta, como aponta o historiador bissau-guineense José Lingna Nafafé (2022). Os documentos que comprovam essas resistências são desconhecidos ou apenas mencionados aqueles que servem à narrativa europeia para ofuscar a história colonial. É por isso que o fim da escravidão é atribuído principalmente aos abolicionistas brancos das antigas colônias e das potências coloniais. Não obstante, tem sido exigido ativamente por líderes, reis e aristocratas na África e nas Américas desde pelo menos o século 16. Levou a um processo criminal contra as casas reais portuguesa e espanhola perante a Cúria Romana no século 17, mas foi perdido em segunda instância (Lingna Nafafé, 2022).

A necessidade de descolonizar a mente devido à imposição da visão de mundo eurocêntrica e colonialista, e a construção de novas relações imperialistas de dependência (Rodney, 2022) rapidamente se tornou reconhecível como um desafio central após a descolonização política. Foi intensamente discutida por estudiosos africanos em relação a várias artes, como literatura e cinema (Wa Thiong'o, 1986), e em relação a disciplinas científicas como antropologia, filosofia, estudos religiosos etc. (Mudimbe, 1988; P'Bitek, 2011; Wiredu, 1996; 2011). Desse debate surgiram os estudos pós-coloniais e de subalternização tanto no continente africano (Said, 1990; 2011) quanto no asiático (Spivak, 1988; 2005).

No final dos anos 1980 e 1990, houve um renascimento do conceito de de(s) colonalidade por estudiosos latino-americanos (Cusicanqui, 2010; Mignolo, 2011; Quijano, 2006). Não por acaso surgiu principalmente, mas não exclusivamente, em universidades norte-americanas, dado o potencial político maior como resultado do movimento de direitos civis negros, reprimidos nos países da América Central e do Sul pelas ditaduras militares. Esses estudos de(s)coloniais tentaram aprender com os erros dos estudos pós-coloniais e subalternos, mas queriam, sobretudo, descobrir a diferença da colonialidade no contexto latino-americano, encontrada na colonização anterior — desde o final do século 16 —, nos genocídios quase completos da população original e nos culturicídios associados, bem como nas independências políticas e na formação de estados de acordo com o modelo ocidental no século 19, pouco antes do início do assalto europeu à África.

DAS DEFINIÇÕES CONTEMPORÂNEAS DE DESCOLONIALIDADE E DOS SEUS AUTORES

A de(s)colonização latino-americana baseia-se numa reavaliação da modernidade, que é entendida na sua agressiva dimensão subalternizadora colonial-capitalista. A crítica da epistemologia ocidental eurocêntrica que a permitiu e justificou desempenha um papel decisivo no processo de descolonizar. A cientista política brasileira Luciana Ballestrin (2013) resume seus princípios centrais da seguinte forma:

1. O início da modernidade situa-se na conquista das Américas e no controle do Atlântico pela Europa entre o final do século 15 e o início do século 16, portanto, não iniciou a partir do iluminismo ou da revolução industrial;
2. A estruturação do poder por intermédio do colonialismo e a dinâmica constitutiva do sistema mundial moderno/capitalista e as suas formas específicas de acumulação e exploração à escala global precisam ser enfatizadas;
3. A modernidade é um fenômeno planetário constituído por relações de poder assimétricas produzidas na Europa e mais tarde alargadas ao resto do mundo;

4. A assimetria das relações de poder entre a Europa e os países colonizados constitui uma dimensão constitutiva da modernidade e, por conseguinte, implica necessariamente a subordinação das práticas e subjetividades dos povos dominados;
5. A subordinação da maioria da população mundial baseia-se em dois eixos estruturais: o controle do trabalho e o controle da intersubjetividade; e
6. O eurocentrismo é uma forma específica de produção de conhecimento e subjetividade na modernidade.

O cientista social peruano Aníbal Quijano (2006) é para muitos o pai do pensamento de(s)colonial latino-americano, devido ao seu conceito de "colonialidade do poder", que se desdobrou sobre a persistência das estruturas de poder colonial após as independências e as fundações dos estados-nações. Tal como o filósofo mexicano Enrique Dussel, ele compreende o colonialismo como um projeto europeu global capitalista. Para Dussel (1993, p. 9), o fator decisivo da modernidade é seu caráter dialético por meio do qual os europeus se afirmaram como o "centro da história mundial", apresentando-se ao resto do mundo como representantes de uma emancipação racional.

O nascimento da modernidade em 1492, por meio da "descoberta" da América — embora o continente já fosse habitado e conhecido por africanos, chineses, japoneses, vikings etc. — foi, no entendimento de Dussel (1993), caracterizado por excessiva violência e arrogância. A nova religião do capitalismo tornou-se possível graças à degradação dos outros não europeus como seres "imaturos" e "menores", segundo a formulação de G. W. F. Hegel, que os baniu da história mundial (Dussel, 1993, p. 18). Contudo, uma vez que este é um "mito irracional", Dussel (1993, p. 9) propõe a superação da modernidade por meio de uma transmodernidade.

Rotulados como primitivos e pagãos pelos cristãos supostamente civilizados, os povos conquistados foram forçados a entrar na modernidade, e suas estruturas espirituais, sociopolíticas, econômicas e ecológicas, em harmonia com as suas cosmopercepções e seus estilos de vida, destruídos ou fortemente afetados. Os seus complexos sistemas sócio-político-espirituais baseavam-se no respeito pela natureza e pelos seus recursos, que começaram a ser explorados pelos europeus de forma excessiva. As relações interpessoais eram reguladas pela ideia de senioridade e comunidade e, muitas vezes, de forma horizontal pela atuação de conselhos de anciãos e anciãs.

O preço do colonialismo foi o subdesenvolvimento da maior parte do planeta, sua marginalização e a criação de dependências dos países colonizadores (Rodney, 2022; Quijano, 2006), a destruição das estruturas comunais tradicionais e funcionais à medida que os povos eram colocados no caminho do suposto progresso (Jecupé, 1998, Fu-Kiau, 2001; Wiredu, 1996; Munduruku, 2009). Nesse processo, a Europa cristã usou a sua religião como legitimação e, ao universalizar a sua moralidade (Wiredu, 1996), assumiu que não podia aprender nada com outras cosmologias e sociedades, como Hegel brutalmente afirmou (Dussel, 1993, p. 22). Os saberes e conhecimentos dos nativos dos países colonizados consiste, por outro lado, no acréscimo de conhecimento, sendo os próprios saberes transmitidos sobretudo, mas não exclusivamente, oralmente e são resultado do contato com a ancestralidade.

Embora o pós-modernismo e o pós-estruturalismo tenham elaborado questionamentos sobre essa maneira de pensar, dificilmente encontraremos pensadores ocidentais que formularam suas dúvidas sobre o prestígio e a centralidade intelectual europeus de modo que restaurassem outras epistemologias e visões de mundo, inferiorizadas ao longo de séculos. O filósofo afrodescendente Muniz Sodré (2017, p. 51) menciona apenas os alemães Friedrich Nietzsche, Martin Heidegger, o austríaco Sigmund Freud e os franceses Jacques Derrida e Gilles Deleuze, mas com reservas. É significativo que nenhum deles tenha considerado o colonialismo em suas reflexões. Dussel (1993, p. 25) lembra-nos que o respeitado filósofo alemão Jürgen Habermas ignorou completamente em seus famosos textos o fato de que a "descoberta" da América era constitutiva da modernidade. É por isso que o filósofo congolês Valentin-Yves Mudimbe (1988, p. 23) cita apenas os estudiosos franceses Claude Lévi-Strauss e Michel Foucault como vozes críticas europeias, porém igualmente com reservas.

De fato, somente pensadores não europeus apontam novos caminhos para sair do pensamento colonial, pois estão bem conscientes dos mecanismos do colonialismo persistente. Vale lembrar que todas as filosofias não hegemônicas foram excluídas da filosofia universal, sendo consideradas apenas em capítulos à parte, como, por exemplo, a "filosofia africana". Sodré (2017, p. 12) argumenta que a filosofia deve ser compreendida como uma paixão de pensar inerente a todos os povos, paixão essa que procura dar dignidade à vida e sentido à existência. Consequentemente, não faz sentido separar filosofias por regiões ou continentes. A filosofia também não se faz apenas com a cabeça, podendo ser um processo corporal, como no candomblé afro-brasileiro (Sodré, 2017, p. 107). Nele, como em muitas outras epistemologias não hegemônicas, os saberes são incorporados, em vez de adquiridos como conhecimento como acontece no caso ocidental, puramente racional. Isto porque o conhecimento é entendido como algo coletivo, presente *a priori*, e que se manifesta de forma intuitiva nos corpos.

Curiosamente, a ideia de *a priori* permeia a filosofia ocidental igualmente de Platão a Foucault. Immanuel Kant (1724-1804) via na arte e na natureza um caminho pelo sublime à moral superior, existente *a priori*. Mas o conhecimento é formulado de maneira abstrata e tão racional como moral. Vale ressaltar e lembrar que a filosofia ocidental é cosmofóbica e, por isso, não inserida em uma cosmopercepção que reconhece outras forças além da racionalidade.

As cosmologias não ocidentais, por sua vez, apresentam muitos caminhos ao saber ou conhecimento, que se baseiam no respeito à tradição, transmitida de diversas maneiras. O conhecimento ou, melhor, os saberes são passados dos mais velhos aos mais novos em momentos específicos que pontuam o aprendizado. Os caminhos podem ser de forma oral (contos, músicas) ou por escrito, sobretudo por grafismos nas mais diversas superfícies (pele, metal, madeira, tecidos, cabelo, cerâmica etc.). A pontuação ocorre em ritos de passagem (nascimento, infância, puberdade, idade adulta, morte), festas (casamento, morte, semear e colher) e cultos (contato com o mundo não visível). Outras formas de adquirir ensinamentos é por meio dos antepassados e ancestrais em transes ou por meio da ingestão de plantas medicinais, tais como Ayahuasca, *Echinopsis pachanoi*, *Hyoscyamus niger*, Leshoma etc., que oferecem visões, ou ainda em sonhos. Todos eles podem revelar mitos também. No entanto, muito do conhecimento, em forma de saberes, provém do mundo espiritual ou não visível. O estudioso congolês Kimbwandende Fu-Kiau (2001, p. 37) resume a ideia de conhecimento, captada no termo *kundu*, no contexto da filosofia Bantu-Congo:

> No mundo espiritual, o *kundu*, *kindoki* é o elemento central e o mais importante de um mundo insondável. Este elemento consiste nas experiências, o *bibulu*, isto é, o povo, o *simbi*, isto é, os antepassados, e o *mpève*, isto é, a alma-espírito.

Os pensadores ocidentais arranharam um pouco o verniz da racionalidade europeia como origem de conhecimento, mas nunca assumiram uma ligação radical entre racionalidade e colonialidade, razão pela qual a sua crítica da razão não contribuiu para explicar ou aceitar a história da opressão moderna. Na sua palestra de abertura no Humboldt Forum em Berlim, a escritora e feminista nigeriana Chimamanda Ngozi Adichie (2021) afirmou apropriadamente: "A Europa conta a história colonial de uma forma que apaga essa história". Uma vez que conhecimento é poder, e para o mundo ocidental o monopólio sobre o poder é adquirido pela racionalidade. Consequentemente, saber não é visto como poder.

Para contrariar essa tendência de silenciar o colonialismo, Quijano fundou nos anos 1990 o grupo de investigação "Modernidade-Colonialidade/Decolonialidade", com a participação de intelectuais latino-americanos como Arturo Escobar, Ramón Grosfoguel, Catherine Walsh e Edgardo Lander, entre outros. O argentino Walter Mignolo emergiu como a figura mais conhecida. Também porque lançou o projeto de arte "Estética Decolonial" com o teórico de arte colombiano Pedro Pablo Gómez. Essas estrelas acadêmicas da de(s)colonização são fortemente criticadas pela socióloga boliviana Silvia Rivera Cusicanqui (2010, p. 58), que as vê como parte de um "império dentro do império" conceitual. Em sua opinião, esse novo império acadêmico avança o colonialismo interno. Defendendo a necessidade de descolonizar não apenas na academia, mas também na prática, Cusicanqui é agora vista como a mãe de uma teoria descolonial militante. De fato, os princípios acima referidos e as obras dos autores mencionados carecem de conhecimento e de experiências com outras epistemologias. Também não demostram urgência em integrá-las e implementá-las ativamente para além do discurso crítico. Cusicanqui (2010, p. 56-60), que se entende como mestiça boliviana-mapuche e constrói a sua teoria tanto sobre epistemologias ocidentais como indígenas, sublinha a despolitização inerente nos textos de Quijano e Mignolo. Os vê como representando apenas uma visão teórica marxista que não serve à América Latina. Como homens brancos de classe média, os autores por ela criticados não têm pontos de contato com as classes sociais mais baixas ou subalternizadas. É por isso que ela denuncia a insistência deles no multiculturalismo e a sua falta de compromisso com os grupos excluídos, especialmente os camponeses e trabalhadores indígenas.

Seguindo o raciocínio de Cusicanqui, a descolonialidade hoje em dia tenta não apenas distanciar-se das teorias pós-coloniais e pós-modernas, mas também fazer uma correção mais radical que deve incluir outras perspectivas epistemológicas para que elas possam ser aplicadas na prática. O porto-riquenho Ramón Grosfoguel (2008, p. 117) resume isso assim:

> 1) uma perspectiva epistêmica descolonial exige um cânone de pensamento mais amplo do que o cânone ocidental (incluindo o cânone ocidental de esquerda);
> 2) uma perspectiva descolonial verdadeiramente universal não pode basear-se num universal abstrato (um particular que ascende a desenho — ou desígnio — universal global), antes teria de ser o resultado de um diálogo crítico entre diversos projetos críticos políticos/éticos/epistémicos, apontados a um mundo pluriversal e não a um mundo universal; e
> 3) a descolonização do conhecimento exigiria levar a sério a perspectiva/cosmologias/visões de pensadores críticos do Sul Global, que pensam com e a partir de corpos e lugares étnico-raciais/sexuais subalternizados.

É precisamente a inclusão de cosmologias e suas respectivas epistemologias não hegemônicas que tem sido até agora a questão mais difícil de realizar no projeto descolonial, uma vez que até os intelectuais burgueses que nela trabalham não estão, em sua maioria, realmente conscientes delas ou têm experiências existenciais com elas.

A possibilidade de contrariar a epistemologia ocidental e ampliá-la com as posições de artistas, ativistas e cientistas indígenas (em sentido amplo de todos os continentes), afrodiaspóricos ou mestiços é geralmente limitada, uma vez que estão representados na cultura, ciência e política apenas através de uma modesta minoria. É-lhes negada a entrada devido ao racismo estrutural e institucional, ou, como diz Muniz Sodré (2023), pela forma social do racismo, ou são ativamente impedidos na sua articulação, pois os seus interesses abalariam os privilégios estabelecidos. Como resultado, as intenções da de(s)colonização acadêmica muitas vezes são apenas bem-intencionadas, mas de fato problemáticas porque em sua maioria inconsistentes, por vezes até hipócritas, uma vez que só têm em mente a fama acadêmica individual, como Cusicanqui observa. Para que o conceito de de(s)colonalidade, que está em voga na arte, cultura, política e academia, não degenere numa palavra da moda, deve não só ser definido com cuidado enfocando a pluralidade de experiências de estar no mundo, mas sobretudo aplicado. Caso contrário, será degradada à fachada sem convicção de um "império dentro do império" que só existe para esconder a colonialidade atrás de uma máscara pouco consistente.

▸ SOBRE A LUTA CONTRA A VIOLÊNCIA COLONIAL E SEUS SÍMBOLOS NOS ESTADOS NACIONAIS DE HOJE

Jaider Esbell, ativista indígena brasileiro, artista e curador, desencarnou em novembro de 2021. Sua curta história de vida diz muito sobre os lados sombrios das tentativas de descolonização que acabamos de mencionar. Mostra como é difícil romper com a pretensão do Ocidente à universalidade, firmemente ancorada na ideia do Estado-nação e de seu sistema jurídico de exclusão. Sua decisão de sair deste mundo deixa claro como é espinhoso, se não impossível, para cosmopercepções e suas epistemologias não hegemônicas afirmar ou suportar seu lugar dentro dele.

Esbell (2020, 2021) cunhou dois termos importantes dentro do que agora é oficialmente discutido como arte global, conceito pouco consistente, pois excludente em sua atitude universalista: artivismo (arte ativista) e arte indígena contemporânea (em vez de arte contemporânea indígena). Desta forma, ele expressou que a arte indígena é sempre militante porque descolonial, e que a arte indígena não deve ser integrada na arte contemporânea como uma novidade, pois sempre foi arte e nunca artefato. Seu colega e amigo Denilson Baniwa (2021) vê sua integração com o selo de célebre artista descolonial e curador no mundo da arte branca como razão pela qual ele se retirou da vida.

Um texto do blog de Jaider do ano anterior à sua morte expressa o significado político das performances descoloniais como uma transgressão da ideia do nacional e aponta os perigos que elas possuem para ativistas e artistas, por eles serem sempre entendidos como se posicionando contra o estado. No espírito do poder colonial remanescente, o estado-nação moderno cumpre com sua tarefa de suprimir permanentemente ou erradicar completamente outras subjetividades e modos de vida (Esbell, 2020):

> Essa forma de pensar o meu trajeto pode evidenciar a importância de se conhecer diversas trajetórias. Também pode servir de elemento encorajador para sujeitos em processo de afirmação de identidade. Rastrear suas raízes mais profundas é um exercício que se faz quando se decide pela hora de enfrentar de fato as camadas de soterramento que a tentativa de apagamento depositou sobre os corpos coletivos. A afirmação de uma performance descolonial no todo envolvente prescinde que estejamos conscientes de que nossa forma de desenvolver as nossas relações sociais e políticas são pautadas em valores que antecedem o estabelecimento do Estado. Assim, certamente teremos embates constantes com a questão legal, sendo muitas das vezes tidos como rebeldes e antinacionalistas quando não criminalizados e punidos.

Por meio da gravação em vídeo de mais de oito minutos do assassinato de George Floyd, racializado como negro, por policiais norte-americanos em um smartphone em maio de 2020, esse tipo de exclusão do e perseguição pelo estado nacional que ameaça a vida dos assim excluídos foi inequivocamente levado à atenção de todo o mundo. Embora um cidadão como qualquer outro, a cor de pele de Floyd e seus traços faciais o levaram a ser tratado como um inimigo do estado, sendo linchado em público pelas autoridades dele e diante das câmeras.

Embora esta seja infelizmente uma prática comum dos estados modernos "pós-coloniais" contra suas populações não brancas, a gravação suscitou pela primeira vez protestos em todo o mundo. A revolta contra a brutalidade dos representantes do estado norte-americano irrompeu em ações iconoclastas, especialmente contra estátuas de famosas figuras da história colonial. Nos EUA e em vários estados da América Latina, entre outros, o "descobridor" da América, Cristóvão Colombo (1451-1506), foi tirado dos pedestais. Em São Paulo foi incendiada a estátua em madeira do bandeirante Manuel Borba Gato (1649-1718), esculpida pelo artista Júlio Guerra e erguida em 1960 em homenagem aos 400 anos de Santo Amaro. Borba Gato escravizou indígenas e tornou acessível o interior do Brasil para exploração. Enquanto em Bristol, na Inglaterra, a estátua de bronze do comerciante de escravizados britânico Edward Colston (1636-1721), realizada pelo artista também britânico

John Cassidy (1860-1939) e erguida em 1895, foi pichada, tirada e atirada ao porto de Bristol durante uma manifestação de *Black Lives Matter* que ocorreu em resposta ao assassinato de Floyd em junho de 2020. Vale lembrar que Bristol foi o porto escravagista britânico mais importante a partir de 1730. Escravizados irlandeses e ingleses já haviam sido vendidos ali no século 11 (Dresser, 2024). O fato de que mais de meio milhão de africanos escravizados foram embarcados desumanamente a partir do porto de Bristol, em cuja entrada se encontrava a estátua de Colston, não é lembrado em nenhum registro no local.

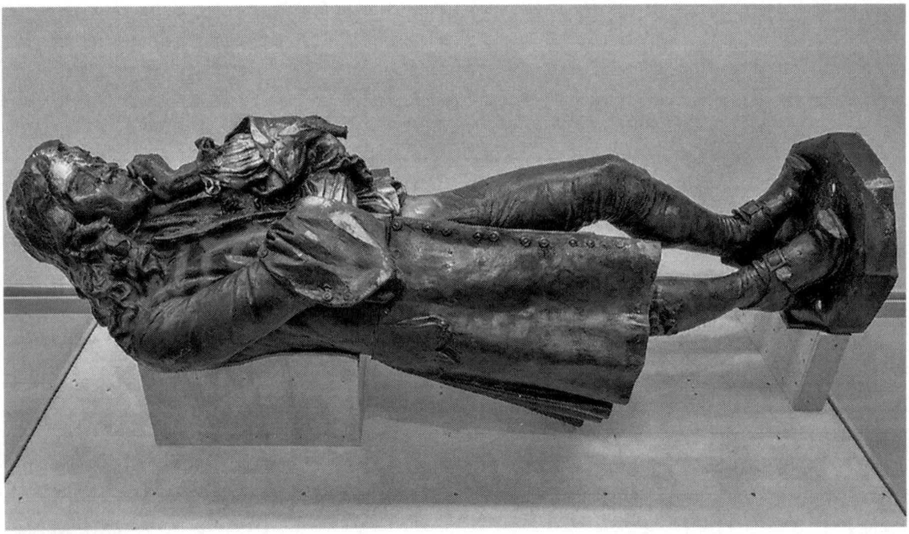

Figura 1

Edward Colston, John Cassidy, 1895.
Estátua pichada por ativistas, 2021. MShed, Bristol.
(Fonte: Fotografia da autora).

Não há, portanto, nenhum lembrete do abuso e da origem da riqueza da cidade em qualquer lugar dela. Ruas, prédios, *pubs* e estátuas, por outro lado, ostentam orgulhosamente o nome do comerciante de escravizados Colston. Quatro jovens brancos de classe média, incluindo estudantes, dos quais a polícia tinha a evidência mais clara da demolição da estátua, foram absolvidos em um processo judicial por um júri quase todo branco em janeiro de 2022. A estátua pichada com spray havia sido declarada anteriormente uma obra de arte e agora está exposta deitada no museu MShed, de propriedade da cidade de Bristol.

Figura 2

Borba Gato, Júlio Guerra, 1960, Santo Amaro.
Fotografia da estátua incendiada em julho 2021.
(Fonte: Wikimedia Commons).

O grupo que botou fogo na estátua de Borba Gato um ano depois dos acontecimentos de Bristol, em julho de 2021, é o coletivo Revolução Periférica de uma favela paulista. Quando se renderam voluntariamente à polícia, os dois principais protagonistas foram presos e depois detidos durante um mês sem julgamento, sendo o espaço de tempo maior do que o legalmente permitido. Entretanto, os empresários da região angariaram fundos para restaurar a estátua. Honrando um assassino e escravizador de indígenas, a estátua ainda se encontra com 13 metros de altura na sua localização original.

As diferentes formas pelas quais essas ações contra as estátuas foram punidas ajudam perceber as atitudes políticas em relação aos legados coloniais e a relação entre o ativismo descolonial e a arte nos diferentes lugares, isto é, na Europa colonizadora e na América-Latina colonizada. Torna-se evidente a diferença entre os países colonizados e as potências coloniais, mesmo que a ambiguidade dessas diferenças não seja óbvia e, por isso, tenha que ser analisada cuidadosamente.

Na rica cidade britânica que não se lembra dos seus crimes de escravatura, os jovens brancos de hoje saem impunes quando confrontam a sua história colonial. O seu ativismo conduziu a um debate público liberal e a estátua foi reclassificada como obra de arte depois de ter sido pichada e arrancada de seu lugar original. Numa cidade igualmente rica da antiga colônia portuguesa, uma ação semelhante que envolveu incendiamento foi considerada vandalismo antiestatal e os responsáveis, racializados como negros, embora se declarassem apenas artivistas, foram considerados marginais e punidos por isso, desrespeitando as leis vigentes. Realizou-se uma discussão altamente conservadora na esfera pública, na qual os danos à propriedade pública e o perigo para a população foram as questões chaves. A história colonial foi ignorada no debate. Estará então a Inglaterra mais avançada na sua discussão descolonial do que o Brasil? O que teria acontecido se os ativistas na Inglaterra, como no Brasil, tivessem pertencido a um grupo social desfavorecido e de pele mais escura e traços africanos? Não sabemos. A única coisa que se pode afirmar é que na Inglaterra foi utilizado um momento mediático para criar uma autoimagem positiva, aparentemente descolonial que não condiz com o racismo fatual e o limitado debate sobre o passado colonial no Reino Unido.

Tirar estátuas como ato político de libertação foi bastante comum na Europa após o fim do Bloco de Leste. Em tempos de *Black Lives Matter*, um ato semelhante contra o colonialismo, também sobretudo simbólico, mas sem dar qualquer protagonismo às pessoas racializadas, foi bem-vindo na Grã-Bretanha. Por outro lado, o ativismo descolonial perpetrado pelas pessoas afetadas é perseguido no Brasil, onde a discussão pública ignorou totalmente a história colonial. Essa repressão da colonialidade diz muito sobre o *status quo*. A Europa se dá ao luxo de deixar a classe média branca rebelar-se contra uma história que não a afetou diretamente. A rebelião é rapidamente reintroduzida no discurso dominante, porque estetizada, ou seja, integrada em uma instituição sancionada publicamente: um museu. No Brasil, ativistas são criminalizados e as discussões sobre colonialidade são reprimidas como sempre foram.

Uma vez que o estado-nação moderno apenas protege certas identidades — a população branca — e combate maciçamente outras — os cidadãos racializados e etnicizados —, a tentativa de dar poder às chamadas minorias — que são a maioria no Brasil — na vida quotidiana, na política e na arte é uma luta constante e desigual que torna visível a extensão da opressão histórica.

Jaider Esbell sabia que, mesmo como artista e curador reconhecido no Brasil, acabaria sempre por permanecer um inimigo do Estado. É indicativo que quando foi incorporado no discurso oficial eurocêntrico, tal como a estátua de Colston agora reinterpretada, alcançando fama e sucesso, ele já não estava disposto a agir como figura de proa descolonial e preferiu retirar-se da vida.

Isto é ainda mais alarmante quando se considera que criminalização e patologização foram formas comuns no Brasil após a independência em 1822 e aquando da fundação da Primeira República em 1889. Procurou-se manter sob controle a população subalternizada libertada da escravidão em 1888, e excluí-la da sociedade. Não por acaso, uma das principais contribuições para a introdução das ideias eugenistas originalmente europeias foi um médico, Nina Rodrigues (1957). Ele descreveu os corpos descendentes de africanos como inferiores e conduziu estudos antropológicos da arte e cosmologias africanas e afrodescendentes no Brasil para estigmatizá-las (Rodrigues, 1988). Sendo ele mestiço, é ainda mais surpreendente ver como seu emaranhado pseudocientífico de biologia, criminalidade, arte e cultura perpetuou a hierarquização arbitrária e eurocêntrica entre racionalidade e irracionalidade da era colonial. Por parte do Estado, o objetivo declarado era assegurar os privilégios de alguns poucos brancos e forçar o branqueamento da população para desenvolver uma identidade quase europeia. Para o ativista afrodescendente, artista, político e estudioso Abdias Nascimento (2016), as políticas eugenistas desenvolvidas e apoiadas por Rodrigues equivalem a um genocídio contra a população racializada como negra.

A Europa desenvolveu de fato uma narrativa quase imbatível que, baseada na "etnização do pensamento" (Sodré, 2017, p. 8), da religião e das atividades supostamente civilizatórias, tornou sua hegemonia assassina inatacável. Os principais mecanismos para garantir isso foram a filosofia, a religião, a ciência e a arte. Sodré (2017, p. 9) lembra como a filosofia grega desenvolveu a partir de Platão uma base política que estava claramente ligada a um interesse imperialista, apontando assim para projetos políticos futuros. Ao longo dos séculos, esse pensamento filosófico-político básico, que partiu da exportação de uma civilização construída sobre a ideia da racionalidade total, foi refinado e naturalizado (Sodré, 2017, p. 8). Tornou-se tão impactante porque a filosofia usou a ideia de que a linguagem é *logos*, capaz de criar por meio da nomeação não apenas ela mesma, mas um império.

DO SOM DAS PALAVRAS INDÍGENAS, DO *LOGOS* CRISTÃO, E DA SUPOSTA E REAL UNIVERSALIDADE

O poder da palavra também é importante nas cosmologias e epistemologias indígenas, mas sem que se insista em sua racionalidade ou se tente convencer outros de sua capacidade civilizacional superior. Kaká Werá Jecupé, do povo Tapuia, afirma que nas cosmopercepções indígenas milenares cada palavra é portadora de uma essência:

> Para os indígenas, cada palavra tem uma alma. Um nome é uma alma com um lugar, dizem na língua ayvu. É, em certo sentido, uma vida entoada. A vida é alma em movimento. Alma para o povo indígena é silêncio e som. O som de quietude tem um ritmo, um tom, seu corpo é sua cor. Quando a alma é entoada, ela se torna, ela é, ou seja, possui um som. Antes da palavra "indígena" para nomear todos os povos indígenas, já havia a alma indígena, que se espalhava em vários tons (Jecupé, 1998, p. 15).

Pelo poder da palavra não se trata de criar um mundo ou um império, mas de fazer soar a alma e conectar-se com o mundo (visível e invisível). Os sons são, por exemplo, os nomes dos diferentes povos, tais como Guarani, Kaingang, Kalapalo, Kamayurá, Krahô, Tupi, Tupinambá, Tapuia, Xavante, Yanomami, Yawalapiti etc., que os povos indígenas se deram ou receberam de outros povos para expressar seu ser. Esses nomes não denotam clãs, tribos, raças, nações ou etnias — todos termos ocidentais — mas são "as memórias vivas da época em que os seres humanos viviam com a floresta, os rios, as estrelas e as montanhas em seus corações e praticavam o fluxo do eu" (Jecupé, 1998, p. 19).

O silêncio e o som estabelecem contato com a alma, mas também com o mundo, com a Mãe Terra e outras forças existentes da natureza e da ancestralidade. As palavras estão lá para fazer a alma vibrar, mas de forma alguma para subjugar outros. Tudo pode soar: "pedras, plantas, animais, pessoas, céu, terra" (Jecupé, 1998, p. 18). O nome do povo Tupi, por exemplo, dá expressão à sua alma com o significado "som dos pés" (tu-py), que se concretiza na estampagem dos pés na dança.

Os sons estabelecem conexões, e, por isso, nas cosmpercepções não hegemônicas não existe a ideia de religião no sentido de um *re-ligare*, uma retomada da conexão. A conexão é sempre dada e só é preciso fazer ela vibrar através de palavras, canções e danças. Os xamãs que ajudam com doenças e crises são conscientizados de sua conexão mais forte com o mundo invisível por meio de sonhos e, depois de a perceberem, são treinados para transmitir mensagens e curar doenças (Kopenawa; Albert, 2015, p. 92-93). Cerimônias, danças e canções são realizadas para marcar momentos importantes na vida. São expressões de gratidão à Mãe Terra, à natureza e às entidades protetoras, que incluem os primeiros ancestrais, antepassados e seres da natureza, mas também para afastar os seres maus (Jecupé, 1998, p. 14).

A grande ruptura que a filosofia grega realizou direcionou a conexão dos seres humanos com os seres não humanos para novos rumos e a colocou sob a orientação da racionalidade. Os filósofos não queriam mais se conectar com a alma-mundo, mas criá-la eles mesmos. Em vez de entoar um continuum alma-corpo existente em estreita conexão com a natureza, ocorreu a separação dela e, assim, a possibilidade de criar um mundo próprio, ancorado apenas na criação literal, por meio do *logos*. Como mencionado, aconteceu no contexto da expansão imperialista e do progressismo.

O cristianismo, em seu esforço como religião estatal para fixar o poder no invisível, assumiu a ideia criadora grega do *logos* por meio do conceito de um Deus criador hierarquicamente superior. O estudioso e escritor ugandense Okot P'Bitek (2011, p. 39) chamou isso de helenização dos ensinos de Jesus, cuja filosofia central era originalmente a empatia. Nesse processo, o cristianismo substituiu a alegria como manifestada nas cosmologias indígenas e de matriz africana com o amor (Sodré, 2017, p. 149). O *logos* como base do cristianismo — criação através da palavra ao invés de conexão através do som — foi depois desenvolvido pelos padres da igreja no medievo (P'Bitek, 2011, p. 40). A supremacia da racionalidade, agora como poder criativo humano, primeiro na filosofia e depois na forma helenizada de religião, levou Hegel, a fim de manter o poder da filosofia, a afirmar que ela sustentava a verdadeira religião (Sodré, 2017, p. 11). A helenização é até mais antiga, pois teria sido iniciada pela helenização do judaísmo por Alexandre, o Grande.

A conclusão lógica do enfoque na racionalidade absoluta era de que a Europa foi berço e preservador do poder criativo e, consequentemente, o único lugar capaz de filosofar e criar o mundo. Seguindo o raciocínio dessa visão dicotômica, os chamados outros foram degradados a seguidores da irracionalidade e da superstição. Desde a renascença, o humanismo serviu como uma fachada ideológica perfeita, e foi ainda mais retocada durante o iluminismo para criar um novo mundo por meio da palavra. Não é surpreendente que isto tenha acontecido no exato momento em que um suposto "novo" mundo havia sido "descoberto". Partindo da ideia do *logos*, o emergente mundo moderno capitalista-colonialista se concedeu o direito de saquear outros continentes e escravizar ou exterminar seus povos a fim de explorar seu trabalho e seus recursos minerais para sua construção. Supostamente para salvá-los de sua irracionalidade e superstição.

O racismo foi usado como instrumento central dessa empreitada, estando, de fato, muito longe de qualquer racionalidade. Grada Kilomba (2019, p. 40) descreve a irracionalidade do racismo como responsável pelo "contato traumatizante com a violenta barbárie do mundo branco". Desenvolvendo as teses do psiquiatra e filósofo político da Martinica Frantz Fanon (2008), ela mostra como a infantilização, a primitivização, a animalização e a erotização dos outros, especialmente de pessoas e povos racializados como negros, são apenas projeções dos próprios medos e sentimento de culpa e vergonha (Kilomba, 2019, p. 44). O sujeito, assim degradado a objeto, não apenas foi profundamente traumatizado pelo mundo branco por meio da barbárie da escravidão, mas também continua sofrendo com a negação de uma autoimagem digna.

Universalidade, racionalidade e objetividade são as armadilhas com as quais a Europa tem trabalhado para diminuir os outros durante milênios. É por isso que, para o filósofo ganense Kwasi Wiredu (1996, p. 5), a descolonização conceitual consiste sobretudo em desmascarar a universalidade fingida da ética ocidental, uma vez que ela não merece este nome. Ele adverte que a adoção de conceitos ocidentais, que não existem em línguas africanas, muitas vezes leva à perpetuação da mentalidade colonial, especialmente entre os autores africanos. Portanto, é necessário um duplo trabalho filosófico: o questionamento de conceitos e o questionamento de seu significado no contexto africano.

A tese de Wiredu (1996, p. 6-20), baseada na filosofia Akan, assume que toda a humanidade compartilha uma única moralidade universal e que as particularidades culturais são bastante acidentais. Eles só se aplicam a determinados contextos, mas nunca devem colidir com a máxima moral básica. Wiredu argumenta convincentemente que todos os seres humanos compartilham não apenas uma identidade biológica, mas também esta universalidade normativa, que ele define, variando o "imperativo categórico" de Kant, como "imparcialidade compassiva" ou "neutralidade empática" (Wiredu, 1996, p. 29). Kant formulou a famosa máxima, já existente há milênios, de que você nunca deve fazer a ninguém o que não gostaria que fosse feito a você. Entender isso como empatia desinteressada respeita e honra o outro ser humano mais do que a limitação de ações vistas como mal intencionadas.

Este princípio, normativo e moral, é bem conhecido por todas as culturas, religiões e espiritualidades, isto é, por todas as cosmopercepções e religiões, e, mais recentemente no mundo industrializado, pela psicanálise. Ele foi complementado por costumes que fazem sentido em diferentes contextos sociopolíticos, mas devem ser sempre questionados quando violam esta regra geral. É óbvio que o princípio de imparcialidade compassiva, construído sobre a empatia com os outros, não permite genocídio, escravidão, culturcídio e outras formas de violência. Entretanto, o Ocidente sempre quebrou o princípio em seu projeto colonial. Para entender como os autoproclamados guardiões da moral europeus eram capazes de tais atrocidades, é esclarecedor olhar para a interpretação de Wiredu (1996) da ética cristã, que ele descreve como uma mistura da moralidade pura (a neutralidade empática), mas também de costumes e tabus.

Para o filósofo, os costumes são também regras, mas adaptam-se a contextos diferentes e, consequentemente, nunca são universalmente válidos. De particular importância aqui é a observação de Wiredu (1996, p. 30), que durante a colonização (e ainda hoje) os europeus exageraram os seus próprios costumes não vinculativos em universalidade moral. Usaram a religião cristã para criar com essa moral nada ortodoxa uma hierarquização entre crente e pagão, civilizado e incivilizado, racional e irracional, primitivo e desenvolvido. Isso tornou possível a opressão intercultural do colonialismo porque, embora violasse a máxima de neutralidade empática, havia sido criada a ideia da moral europeia única e vinculativa. Isto foi possível porque o cristianismo, por meio da sua helenização, construiu um Deus criador sobre-humano e transcendente e emitiu a doutrina de redenção da igreja como o incontroverso e único dogma. Foi esta autoridade que foi forçosamente imposta a todos os colonizados para a suposta salvação das suas almas. Para quem não a aceitasse, de acordo com a presunçosa conclusão, merecia ser escravizado para ser salvo ou, se não quisesse, não viver de todo.

Ao contrário do cristianismo, na cosmopercepção Akan, como em outras cosmologias "indígenas", a moralidade não está ligada a um ser superior como Deus (Wiredu, 1996, p. 47). Pelo contrário. Não existe um conceito de poderes ou forças transcendentes e sobrenaturais. Estes pertencem ao mundo não visível, mas não estão acima da natureza, senão parte dela. Os seres extra-humanos — quer sejam arquitetos do universo, ancestrais, antepassados ou espíritos da natureza — não precisam de reverência, uma vez que já são perfeitos. A pessoa é respeitosa ou grata para com eles, mas não os adora, pois não precisam disso. Longe disso, a relação com eles é de respeito secular, o que permite o pedido de ajuda e proteção. A ideia do sobrenatural ou da transcendência é incoerente porque a ideia de ir para além da natureza não existe.

Como disse anteriormente, os próprios seres não humanos participam na natureza ou são natureza. Todos estão no mesmo universo, que, no entanto, tem muitas camadas, porém nem todas são visíveis e inteligíveis (Wiredu, 1996, p. 48). Nas visões de mundo tradicionais na África e nas Américas, embora o conceito não exista desta forma, Deus não tem uma influência direta na vida cotidiana. Se há figuras que foram elevadas ao estatuto de divindades, isso resultou da influência ocidental. Sodré (2017, p. 85) lembra ainda que na região asiática também encontramos cosmologias sem Deus ou deuses, como o budismo, que emergiu do hinduísmo. Em todas as cosmopercepções, porém, existe uma fase da criação do mundo que é atribuída aos ancestrais, aos antepassados ou às forças cósmicas. As figuras criadoras são por vezes um homem, por vezes uma mulher, muitas vezes chamada avó ou avô, ou não possuem sexo. Já se reformaram depois de criar ou depositar no mundo os antepassados que, por sua vez, são responsáveis pela criação dos seres humanos. Na Yorubalândia, e não somente, o nome desta figura criadora não tem gênero (Oyewumi, 2021), sendo esta distinção geralmente inexistente nos iorubás. No caso, a figura divina abrange ambos os gêneros, sendo tanto masculino como feminino.

Atualmente, a literatura produzida por indígenas e africanos fala de mundos e seres espirituais. Estes termos são, no entanto, ocidentais e não existem nas línguas dos diferentes povos apesar dos autores estejam utilizando-os. A ideia de uma superioridade divina representando o bem também não é conhecida, uma vez que o mundo humano não é inferior, no sentido de uma hierarquia ou uma separação entre secular e sagrado, mas igual (P'Bitek, 2011, p. 30).

Note-se que o que é sagrado refere-se, sobretudo em contextos não europeus, a um lugar ou uma prática que pode fazer contato com o invisível. Não há necessariamente um juízo no final dos tempos, embora essa ideia exista desde a antiguidade egípcia. Para os povos originários no Brasil, por outro lado, mas também noutros contextos tradicionais, encontra-se a ideia de uma terra sem males onde habitam os antepassados falecidos. Jaider Esbell retratou-a em suas pinturas que seguem a cosmologia Macuxi. Os diferentes antepassados podem residir em lugares diferentes, dependendo da tradição e do povo (Jecupé, 1998, p. 31). Na África, certos povos, como os Balanta da Guiné-Bissau, pensam que eles vivem nas montanhas, nas florestas, no subsolo, nos rios etc.

Importante ressaltar que fora do cristianismo ninguém precisa ser salvo. As pessoas só devem seguir regras morais e costumes nas suas vidas para atingirem o seu potencial pleno. É assim que os Akan (Wiredu, 1996) e os Bantu-Congo (Fu-Kiau, 2001) entendem o desenvolvimento humano. O mal contradiz o bem-estar humano e comunitário, e é por isso moralmente condenado. Todavia, não é uma entidade demoníaca, mas parte do comportamento humano que precisa ser controlado (Wiredu, 1996, p. 47-51). Algumas cosmologias asiáticas, por sua vez, têm por objetivo quebrar o ciclo de causa e efeito, o que se chama carma. As pessoas também só se podem redimir aprendendo a dominar as suas emoções e ações.

Figura 3

Na terra sem males, Jaider Esbell, 2021. Acrílico sobre tela. Acervo Centro George Pompidou, Paris. (Fonte: *Deutsche Welle*).

O contato com o quase-material ou invisível — traduzido como espiritualidade, embora esta palavra nem sequer exista na língua Akan, por exemplo — é direto em cosmopercepções não hegemônicas (Wiredu, 1996, p. 53). Para estabelecer esse contato, é necessário maior sensibilidade aos aspectos sensíveis da existência humana, tais como a possibilidade de perceber seres quase-materiais que não são visíveis para todos, como espíritos da natureza, ancestrais e antepassados. Pensando bem, no Ocidente eles existem da mesma forma: os espíritos da natureza são conhecidos como fadas, trolls e gigantes, e os ancestrais são chamados de anjos, ao passo que os antepassados são chamados de santos.

Desde que a igreja cristã construiu Deus como um criador sobre-humano e transcendente comprometido com o *logos*, os colonizadores interpretaram a falta de uma figura tão omnipotente e omnipresente em cosmologias não europeias como imaturidade espiritual e intelectual. Exige-se reverência porque, ao contrário dos humanos, o Deus cristão representa o bem puro. Desse modo, o discurso arrogante da salvação do paganismo — em termos do dogma cristão da salvação — tornou-se um instrumento de autodeterminação incrivelmente poderoso para os europeus convencerem a si próprios e aos outros da sua suposta missão superior (Wiredu, 1996, p. 48-49). Nessa lógica, a dicotomia entre o racional e o irracional, o material e o não material, um espaço secular e outro transcendente só se resolveria após o juízo final. Ao colocar a humanidade cristã sob a pressão de uma culpa sempre existente, a possibilidade de subjugar os chamados primitivos e descrentes era fácil e, como mencionado, de inestimável importância para o colonialismo.

O juízo final pode, no entanto, ser interpretado de outras formas. No pensamento cristão original, era sobretudo uma avaliação da vida após a morte. A ideia dessa avaliação existia já no antigo Egito, onde foi descrito no *Livro dos Mortos*, datando do terceiro milênio a.C. Desse modo, o tribunal egípcio dos mortos julgaria os feitos em vida e decidiria se a alma pudesse entrar na comitiva do deus sol Re. Estas e quase todas as outras ideias da cosmologia egípcia foram adotadas pelo cristianismo: o 25 de Dezembro como aniversário de Jesus/Osíris, sendo esse o dia do solstício de inverno que substitui o período dos dias escuros pelo período da luz; a mãe virgem/Ísis e a ideia de um filho de Deus (de fato, um conceito muito comum em sociedades africanas que compreendem o sêmen apenas como alimento do óvulo que é dado por Deus); os quatro apóstolos correspondentes aos pontos cardeais do céu; morte e ressurreição coincidindo com a nova vida após o inverno etc. (Jackson, 2015, p. 7-9).

Paradoxalmente, partindo de uma ética que tem em mente a vida após a morte, o cristianismo subjugou logo aqueles cuja moralidade e imaginação é moldada pelo invisível e, por conseguinte, mais humano porque conecta o secular e o sagrado (Wiredu, 1996, p. 54). O cristianismo, na reformulação da sua intenção original, desenvolveu um sistema desumanizado a partir de um Deus remoto, apesar de bom e amoroso. Fê-lo, postulando uma moral para o mundo visível, mas, na realidade, desestabilizando-o completamente. Sequestros, escravidão, violência e assassinatos de milhões de pessoas foram sancionados durante o colonialismo e ainda hoje com o argumento da necessidade de conversão. Tudo isso para satisfazer a ganância por bens materiais e a exploração da mão de obra num mundo que só aparentemente se esforça pela transcendência. Em relação à África e às Américas, essa exploração foi apoiada pela igreja Cristã, ratificada e permitida pelas bulas papais de 1496, 1542 e 1565 (P'Bitek, 2011, p. 2).

▶ RESISTÊNCIA À DESTRUIÇÃO DE PROJETOS HISTÓRICOS, IRRACIONALIDADE OCIDENTAL E PATRIMÔNIO CULTURAL COLONIALISTA

A irracionalidade do colonialismo e sua hipocrisia foram reconhecidas desde cedo e conscientemente denunciadas e combatidas pelos povos indígenas, nas Américas e na África. Há um arquivo gigante de cartas de lideranças que comprovam isso (Lingna Nafafé, 2022; Cusicanqui, 2010). O mais impressionante caso, esquecido ou silenciado, foi um caso judicial criminal, organizado transnacionalmente contra a escravidão no Vaticano, o centro do cristianismo, no século 17. O príncipe do Ndongo (hoje Angola) Lourenço Mendonça da Silva mostrou que as casas reais espanhola e portuguesa, como o conhecimento da Cúria Romana violavam todas as leis existentes: a lei divina, civil, humana e natural (Lingna Nafafé, 2022). Todavia, o caso foi perdido em segunda instância porque não havia vontade política para acabar com os negócios lucrativos dos europeus e de admitir sua crueldade. Isto é ainda mais chocante porque grande parte dos escravizados já eram cristãos, organizados em Irmandades de Homens Pretos da igreja Católica em África, nas Américas e na Europa, e apresentaram um dossiê dos abusos. Mesmo assim, todos os fundamentos humanos e teológico-legais, bem como a moralidade universal da "neutralidade empática" foram ignorados e substituídos pela aparente universalidade da doutrina cristã de salvação que justificava os atos de barbárie. O mundo cristão suspendeu, assim, suas próprias regras da maneira mais desumana e em nome de um Deus desumano. Não surpreende que a história do processo criminal promovido na Cúria Romana tenha sido esquecida e só agora esteja sendo lembrada novamente.

Junto com a filosofia e a religião, a arte e a ciência foram instrumentos importantes na construção da alteridade e da superioridade ocidental. Expor sua "linguagem ofensiva" e sua "fofoca suja" (P'Bitek, 2011, p. 11) é a tarefa da descolonização. Pois as imagens e os textos antropológicos ou etnográficos estão longe de serem estudos científicos objetivos, racionais e muito menos perspicazes. Eles eram e são ferramentas para adquirir conhecimento sobre os supostos outros, a fim de poder controlá-los e explorá-los (Mudimbe, 1988). Não é à toa que os primeiros antropólogos eram padres e missionários enviados pela igreja Católica para aprender línguas indígenas e estudar as cosmologias superficialmente, apenas para traduzir e transmitir suas próprias ideias de forma mais ou menos bem lograda (Wiredu, 1996).

A fim de deixar clara a dimensão inteiramente fantástica da visão europeia de outras cosmopercepções, necessária para fazer passar o colonialismo como um processo de civilização, os livros dos autores com perspectiva que podemos chamar de descolonial dos anos 1980 e 1990 têm títulos inconfundíveis: *A Invenção da África* (Mudimbe, 1988) ou *Da Invenção da América à Descoberta do Outro* (Dussel, 1993). Em ambos os casos o foco está na análise do discurso por antropólogos e historiadores ocidentais e na apresentação de contradiscursos, tais como o movimento da negritude. Apoiando-se nas teses de Michel Foucault, Mudimbe (1988, p. 25) discute a episteme colonialista utilizada para que os europeus pudessem construir sua autoimagem, que foi imposta como norma: "O africano tornou-se não só o outro que é todo mundo, mas também eu, mas também a chave que, em suas diferenças anormais, determina a identidade do mesmo".

Práticas artísticas, embasadas em cosmologias não cristãs, foram categoricamente depreciadas por meio de termos pejorativos e absurdos, principalmente antropológicos, como fetichismo, animismo ou artefato. Enquanto a ideia de fetichismo só foi introduzida quando o comércio de escravos aumentou (Mudimbe, 1988, p. 31), P'Bitek (2011, p. 27) é categórico: "não há animistas na África". A noção de artefato também não faz sentido porque, ao contrário da ideia de um objeto de estudo etnográfico, a arte não hegemônica e europeia não só tem, como observa Alfred Gell (2018), uma intenção concreta de agir (agência), mas porque seus diversos meios — escultura, pintura corporal, vime, trabalho em barro, tecelagem, dança, música etc. — fazem parte de um complexo sistema de significados e comunicação da respectiva cosmopercepção (Jecupé, 1998; Munduruku, 2009; Esbell, 2020).

A brutal arrogância europeia nos discursos filosófico, religioso, antropológico, etnológico e pseudobiológico é contraposta pela argentina Rita Segato (2012), representante de uma antropologia por "demanda". Ela propõe substituir o conceito de cultura pelo de projeto de uma história. Desse modo, a autora entende a história como o projeto coletivo de um povo e o colonialismo como a tentativa de sabotar este projeto:

> Afinal o que é um povo? *Um povo é o projeto de ser uma história*. Quando a história tecida coletivamente, como os pontos de uma tapeçaria onde os fios desenham figuras, às vezes aproximando-se e convergindo, às vezes distanciando-se e seguindo em direções opostas, é interceptada, interrompida pela força de uma intervenção externa, este sujeito coletivo pretende retomar os fios, fazer pequenos nós, suturar a memória e continuar. Nesse caso, deve ocorrer o que podemos chamar uma *devolução da história*, uma restituição da capacidade de tecer seu próprio caminho histórico, retomando o tramado das figuras interrompidas, tecendo-as até o presente da urdidura, projetando-as em direção ao futuro (Segato, 2012).

A proposta é muito válida, porém poderia contemplar também a questão da cosmologia, que está na base da opressão e do projeto histórico. Para todos os povos que entraram em contato com o colonialismo, o impedimento de desenvolver suas próprias histórias baseadas em suas cosmopercepções foi fatal. Se o epistemicídio não destruiu completamente suas estruturas, elas foram pelo menos questionados e atacados e a realização de seu próprio projeto cosmológico e, assim, histórico, tornou-se impensável. Após a descolonização política, os danos são irreparáveis devido ao conflito e as contradições entre as formas ocidentalizadas e tradicionais. Nunca foi um projeto encontrar um equilíbrio entre ambas. Nas Américas, onde os estados-nações foram criados seguindo o modelo europeu, isso nunca foi sequer desejado. Como vimos no exemplo da ação contra a estátua de Borba Gato, ações desse caráter ainda estão sendo entendidas como antiestatal.

Após as formações dos estados-nações que seguiram as independências na África não foi diferente. Fu-Kiau (2001, p. 26) dá um bom exemplo da destruição do projeto histórico dos Bantu, especialmente em relação à sua compreensão de justiça e da responsabilidade social. O sistema filosófico desse grupo de 400 povos diferentes na África Central, Oriental e Austral é, como muitas cosmopercepções não europeias, baseado na convivência na comunidade. Não há governantes no sentido ocidental, mas conselhos que apoiam uma figura de liderança, muitas vezes eleita. A ideia básica é que a comunidade e seus indivíduos cresçam juntos para amadurecerem até alcançarem seu potencial pleno.

A convivência na comunidade é exemplificada pelo conceito legal de que não há culpabilidade individual por crimes, pois todos são sempre responsabilizados quando alguém faz algo proibido. É por isso que não se diz "cometer um crime", mas "carregar um crime" (Fu-Kiau, 2001, p. 69-70). O grupo em que algo criminoso acontece tem responsabilidade conjunta. Há punição individual, mas depois são realizados conselhos para chegar ao fundo do que é visto como uma ofensa sintomática e realizar as mudanças necessárias para eliminá-la (Fu-Kiau, 2001, p. 73-74). Nenhum sistema é perfeito, pois as pessoas são sempre falíveis, mas é um mecanismo que compreende o comportamento de um indivíduo que ameaça o bem-estar da comunidade como parte de um grupo e pune, em vez de condenar, a pessoa responsável, e depois a readmite.

Como essa era a estrutura social pré-colonial (no sentido temporal de antes da colonização), Fu-Kiau (2001, p. 46) considera que o sofrimento da África hoje nas mãos de seus chefes de estado corruptos é o resultado do domínio colonial. O colonialismo substituiu a boa governança da comunidade pelo interesse próprio. Como resultado, hoje existem apenas governantes tolos que agem contra seu próprio povo porque adotaram a desumana jurisprudência ocidental que não faz nenhuma conexão entre comunidade e crime. Pelo fato de os antigos mestres coloniais europeus terem deixado os jovens estados descolonizados dependentes deles, as sociedades continuam a ser exploradas e estão longe de recuperar a soberania para seus projetos histórico-cosmológicos (Fu-Kiau, 2001, p. 52).

Nem todos os autores africanos compartilham o ponto de vista de Fu-Kiau. O filósofo camaronês Achille Mbembe (2018; 2019) é conhecido pelas suas reflexões sobre necropolítica e sua crítica — seguindo Kant — da "razão negra". Embora suas contribuições à biopolítica contemporânea — um conceito de Foucault que desenvolveu de forma convincente no contexto do racismo — e à escravização da população mundial no modelo colonial sejam relevantes, Mbembe comete dois erros em suas teses na *Crítica da Razão Negra*. Em primeiro lugar, ele ignora o projeto histórico em relação aos povos africanos. Em vez disso, procura colocar a culpa — o conceito central do cristianismo colonialista —, como sempre foi o caso no Ocidente, sobre os próprios africanos. Isto significa, em segundo lugar, que ele é historicamente impreciso, porque, mais uma vez, responsabiliza os africanos por sua participação no colonialismo e na escravidão.

A recente pesquisa de José Lingna Nafafé (2022) mostra por meio de rigoroso estudo de documentos que os africanos subsaarianos de fato não praticavam escravização. Escravizar era um projeto europeu e, mais tarde, árabe, com o qual os portugueses chegaram ao Reino do Congo no final do século 15, como o rei português declarou de forma aberta na carta apresentada na altura. O exemplo da conquista europeia de Ndongo, hoje Angola, um vassalo congolês, que começou com comércio e a construção de igrejas e escolas no Reino do Congo, é representativo da história da colonialidade europeia. Rapidamente foram realizadas raides para sequestrar e escravizar pessoas e, por meio da introdução de um novo sistema legal e social, houve interferência na eleição dos governantes e constantes guerras de conquista. A partir de então, as leis afirmavam que uma guerra era justa se ela fosse travada contra infiéis, que poderiam ser escravizados. Em pouco tempo, os reis e aristocratas do Ndongo, que haviam sido conquistados para sua surpresa, viram-se pressionados a enviar seu povo, muitas vezes já batizado, à escravidão pela força das armas e com base na exigência de uma lei, o *baculamento*, que obrigava os reis e sobas a pagarem 100 escravizados como imposto por ano a partir de 1611 (Lingna Nafafé, 2022, p. 12).

A estudiosa norte-americana Nell Irvin Painter (2010) apresenta e comprova em seu livro *The History of White People* (A história dos brancos) que a escravidão foi de fato um projeto europeu. Tratar os outros seres humanos como mercadoria foi um proposito desenvolvido na Grécia e na Roma antigas aquando da introdução da racionalidade da filosofia e como base do sistema imperialista. Depois foi avançado sistematicamente em escala global nos tempos modernos para os motivos capitalistas da Europa.

É verdade que os árabes praticavam o tráfico de escravizados no norte da África. Mas ao sul do Saara havia apenas o conceito de servidão temporária, tanto para prisioneiros de guerra quanto para devedores. Era um sistema sofisticado com regras bem estabelecidas. As pessoas que tinham dívidas ou eram capturadas em guerras eram integradas na família, ou eram considerados súditos do rei/da rainha que eram responsáveis pelo seu bem-estar. Caso fugissem e retornassem para o seu lugar de origem, eram considerados livres. De qualquer forma, não havia desumanização ou exploração violenta, e os servos ficavam apenas por um período, no máximo sete anos, ou eram integrados como membros válidos na comunidade.

A insinuação de que os africanos sempre haviam praticado a escravidão e, portanto, cooperado imediatamente com os europeus, pode ser refutada pelas cartas acima mencionadas que os reis africanos escreveram indignados a seus equivalentes europeus ou ao Papa, bem como pelas muitas guerras que ocorreram já nos séculos 16 e 17 contra a conquista (Lingna Nafafé, 2022). O suposto, mas inexistente, comércio de escravizados africanos sempre foi um argumento essencial para justificar e apagar a barbárie dos europeus. Para isso, a insinuação da escravidão africana, que não pode ser substanciada, foi colocada no mundo.

Mbembe, como muitos outros autores africanos, continua a jogar nas mãos dos europeus com suas reivindicações não empíricas e sua falta de conhecimento histórico. Ele não ataca a narrativa central da Europa, mas a confirma:

> Se existe um pequeno segredo da colônia, é certamente a sujeição do nativo por seu desejo. No palco colonial, é essa sujeição pelo desejo que, afinal, leva o colonizado para "fora de si", iludido pela vã quimera da imagem e do sortilégio (Mbembe, 2018, p. 211).

Sugerir que os reis e outros líderes africanos, muitas vezes extraordinariamente ricos, teriam se deixado deslumbrar pelas commodities europeias — embora estivessem comercializando sal, ouro e marfim com eles por pelo menos dois milênios — é abstrusa. Os reis africanos no Congo e em Ndongo tinham interesses diplomáticos, políticos e educacionais. Enviaram seus filhos para estudar em Portugal e, de repente, foram informados de que tinham dívidas que deviam pagar em escravizados. Ademais, a grande maioria dos escravizados no primeiro século da escravização resultou de raides devido ao poderio de armas. Para tal, os europeus intervinham na política interna. Seria muito mais importante ressaltar que os portugueses não apenas subjugaram reis, mas forneceram armas para aqueles que nunca teriam sido eleitos como chefes, mas que assim encontraram um caminho para o poder.

Com suas afirmações, Mbembe também se envolve no que Adichie chama de apagamento da história colonial europeia, participando do erudito "império dentro do império" e da perpetuação do apagamento do projeto histórico-cosmológico dos povos africanos. O que Mbembe não vê é que os africanos, ao contrário dos europeus, acreditavam que poderiam aprender com os outros (Lingna Nafafé, 2022). O que eles não podiam prever era que sua hospitalidade e interesses diplomático e educacional poderiam ser brutalmente explorados, e que os líderes ilegítimos aproveitariam a oportunidade para participar dos jogos de poder e do projeto de escravidão dos europeus.

Fu-Kiau, ao contrário de Mbembe, sabe que houve e há formas de organização social na África que foram e são muito mais adequadas aos seus povos, senão moralmente superiores aos europeus porque respeitam a lei de ouro da neutralidade empática. De acordo com o pensamento africano, Europa é em última instância responsável pelo comportamento corrupto e negligente dos políticos que agora governam na África. Para que o sistema colonial-capitalista moderno funcionasse, foi inventada a ideia de que as culturas europeias estavam mais bem organizadas para a realização de seu projeto histórico e tinham estruturas sociopolíticas e religiosas que serviam melhor a seus povos.

Parece grotesco que se tenha de insistir em um fato tão banal como a igualdade da organização sociopolítica de diferentes povos. Mas a necessidade de fazê-lo só torna ainda mais claro como o discurso ocidental de superioridade tem sido e ainda está sendo adotado de forma irrefletida. É por isso que Rivera Cusicanqui está insatisfeita com o relativismo cultural e com o conceito de multiculturalismo porque não ajuda aos subalternizados a reivindicarem seus direitos. Além disso, não desfaz a injustiça e a subjugação cometidas.

A questão do multiculturalismo e da pluralidade de cosmopercepções e de suas epistemologias é complexa. Ao expor a epistemologia colonial ocidental como opressiva, a descolonialidade precisa exigir mais do que apenas um reconhecimento da diferença. Entretanto, se pensarmos de forma realista, o reconhecimento da pluralidade já é um passo à frente no contexto da colonialidade em vigor. Contudo, precisa ser um reconhecimento de outras cosmologias e de suas epistemologias. Por essa razão, o questionamento da normatização de todas as áreas do conhecimento pelo Ocidente, formulado por Walter Mignolo e Rolando Vazquez (2013), e a reivindicação da pluralidade devem ser brevemente mencionados.

Os autores entendem a estética ocidental como mecanismo de opressão, que chamam *aestheSis* (estétiCa) para enfatizar sua origem grega/romana. Seu objetivo é evidenciar que existe uma multiplicidade de maneiras de se conectar com o sensível e que a estética ocidental é apenas uma delas. Os autores a descrevem, consequentemente, como uma das muitas áreas da vida humana que, ao postular a perspectiva ocidental como norma, privou outros povos de sua visão de mundo e de seu modo de vida específicos. A ideia da universalidade da racionalidade ocidental e da superioridade espiritual os destruiu (Mignolo; Vazquez, 2013):

> Assim, para além das palavras específicas ou da linguagem que falamos, é essencial dizer que "estética" se tornou a norma ocidental, mas cada sociedade do mundo tem a sua própria noção de estética, do sensato, do belo... O mesmo se pode dizer dos direitos humanos que se tornaram a norma ocidental, mas cada sociedade do mundo tem a sua própria noção de justiça. O mesmo se pode dizer da ideia de progresso que se tornou a norma ocidental, mas cada sociedade do mundo tem a sua própria ideia de boa vida. O mesmo acontece com a ideia de capitalismo que se tornou a norma ocidental, mas todas as sociedades do mundo têm a sua própria ideia de troca, de economia. O mesmo acontece com a ideia de educação que se tornou a norma ocidental, mas todas as sociedades do mundo tiveram a sua própria ideia de aprendizagem. O mesmo para a natureza, gênero, democracia e assim por diante [...].

No sistema museológico atual, existem tendências descoloniais para fazer justiça às diferentes estéticas e de exibi-las como arte. Mas se formos honestos, elas estão subordinadas à noção de arte contemporânea. A arte não hegemônica é rara e timidamente incorporada. Não se trata dc conhecer outras epistemologias, mas principalmente de expor e comprar os chamados artistas globais cujas obras podem ser inseridas.

O problema da ignorância e do desinteresse por outras visões e modos de vida no mundo pode ser observado particularmente na discussão sobre coleções antropológicas e etnográficas, bem como em relação à restituição de arte roubada da África, Ásia, Oceania e das Américas. Ainda assim, como Chimamanda Ngozi Adichie tão bem aponta, apenas parte da história colonial é contada. A questão do pertencimento dos tesouros artísticos roubados, sendo os bronzes beninenses o caso mais famoso, mostra claramente a arrogância e a política no interesse próprio da Europa. Sempre se interroga o que aconteceria com a arte se retornada. Essa pergunta nunca seria feita em relação a obras europeias se elas tivessem sido roubadas. Elas teriam que ser devolvidas, não importando qual seria o seu destino. É por isso que, na opinião de Adichie, é preciso reunir coragem para contar toda a história colonial.

Foi somente no final do século 20 que houve as primeiras tentativas de pensar a arte não hegemônica. Na verdade, foram iniciativas sem convicção, embora a própria arte europeia tenha se renovado na vanguarda histórica através do contato com a arte não europeia. Afinal, essas tentativas só manifestaram mais uma vez o pensamento ocidental hierarquizante e seu intuito de demonstrar superioridade. Na exposição "Primitivismo no século XX" no Museu de Arte Moderna de Nova York (Moma), em 1984, o título em si é indicativo. A exposição de uma máscara Mbulu-ngula na mesma sala com a famosa pintura *Les Demoiselles d'Avignon* (1907) de Pablo Picasso (1881-1973) levou a uma discussão sobre arte e artefato. Foi decidido em favor da arte europeia, já que nenhum outro horizonte de interpretação era concebível, diminuindo a arte não europeia a meros artefatos.

Deve-se ter em mente que precisamente quando a arte não hegemônica é exposta de forma hegemônica na Europa, existem duas formas de violência: por um lado, muitas coleções são em grande parte resultado de saques e, por outro, ao exibir um objeto de uma "cultura diferente" de forma supostamente científica. O apagamento e a negação da colonialidade, além da descontextualização do objeto da sua cosmopercepção são evidentes. A presença de urnas e de outros objetos que representam ou possibilitam o contato com ancestrais perturbam a paz e a memória dos antepassados, deslocando-os dos santuários onde devem estar.

Apenas muito lentamente a compreensão da arte de povos não europeus está sendo integrada no pensamento patrimonial ocidental, por exemplo, através do conceito de patrimônio cultural imaterial, que leva em conta a oralidade e outras formas de expressão, como, por exemplo, a pintura corporal. No Brasil, não é por acaso que a maior parte do patrimônio cultural designado pela Unesco consiste principalmente em obras criadas pelos conquistadores. Na maioria dos casos, trata-se de arquitetura colonial — edifícios, praças e igrejas — que foram instrumentos centrais no genocídio e no culturcídio. Apenas dois dos dezessete sítios brasileiros designados pela Unesco não foram construídos pelos colonizadores. São as pinturas rupestres milenares da Serra da Capivara, feitas pelos ancestrais da população indígena de hoje (seus avôs e avós), e o Cais do Valongo, no Rio de Janeiro, antigo porto onde foram desembarcados milhares de escravizados africanos que acabaram de chegar ao Brasil e morreram devido às dificuldades da travessia nos navios negreiros. No futuro, seria importante ver os locais coloniais designados como patrimônio cultural da Unesco não como realizações estéticas, mas no contexto dos genocídios e epistemicídios cometidos, reconsiderando, assim, seu reconhecimento.

O que se coloca é a questão do patrimônio e do cânone, e sua importância central para o entendimento colonial ocidental da arte. O exemplo da estátua de Colston mostra que a Europa não tem dificuldade em reinterpretá-la, desde que isso seja feito por representantes da própria hegemonia. A estátua permanece dentro do cânone, mas agora como um símbolo de engajamento crítico com a colonialidade, factualmente perpetuada porque não se debate com o racismo institucionalizado e sistemático, ou a sua forma social no Reino Unido. A resistência contra a descolonização é maior no Brasil, onde o cânone eurocêntrico continua a ser afirmado e as tentativas de mudar as relações de poder são severamente punidas. Isto posto, a reivindicação descolonial deste livro consiste em apresentar a história, a teoria e a crítica da arte no Ocidente em sua colonialidade, e de entender a arte, suas cosmopercepções e epistemologias não europeias, hegemônicas ou monoteístas em pé de igualdade.

▸ BREVE CONCLUSÃO

Gostaria de resumir as seguintes respostas à minha pergunta sobre o que é descolonização e qual o seu significado para o estudo da arte:

1. Descolonizar é um ato de resistência. O conceito é usado para identificar padrões de pensamento, conceitos e discursos coloniais remanescentes, bem como as estruturas e práticas de poder sociopolíticas, econômicas, ecológicas, culturais e psicológicas baseadas neles (Dussel, Grosfoguel, Mignolo, Mudimbe, P'Bitek, Quijano, Wiredu e Wa Thiong'o). O objetivo da descolonização é aumentar a conscientização sobre os mecanismos responsáveis pela subalternização de supostos outros e da racialização e etnizicação. A descolonização também busca integrar epistemologias não hegemônicas ao discurso acadêmico e à prática política, seja como alternativas à ocidental ou, pelo menos, como equivalentes (Esbell, Jecupé, Gonzalez, Kilomba, Munduruku, Nascimento, Cusicanqui, Wiredu).
2. A descolonização além da política apareceu pela primeira vez na África na década de 1980, após a implementação das novas formações de estados-nações que se seguiram às guerras e declarações de independência a partir da década de 1950 (P'Bitek, Wiredu e Wa Thiong'o). Essa foi uma extensão de uma luta de séculos contra o escravagismo (Lingna Nafafé). Desde a década de 1950, tem-se buscado a igualdade política (Fanon, Nyerere, Cabral e Nkrumah), étnico-racial (Césaire, Fanon, Senghor), e cultural (Jackson e Diop). A descolonização foi inicialmente aplicada em relação à literatura e ao cinema (Wa Thiong'o) e para questionar as disciplinas científicas como antropologia, filosofia, estudos religiosos etc. (Mudimbe, P'Bitek e Wiredu). Esses debates iniciais foram seguidos pelos estudos pós-coloniais e subalternos, que se envolveram criticamente com a epistemologia ocidental (Said, Spivak).
3. De(s)colonizar no contexto latino-americano busca redefinir a modernidade. Situa seu início na conquista das Américas e no controle do Atlântico pela Europa entre o final do século 15 e o início do século 16. Sua dinâmica constitutiva é vista no sistema de mundo e de valores moderno/capitalista. A modernidade é, assim, entendida como

um fenômeno planetário baseado em relações de poder assimétricas que levaram à subordinação das práticas e subjetividades dos povos dominados.

4. As figuras fundadoras dos estudos de(s)coloniais na América Latina foram Quijano e Dussel na década de 1990. Ambos entenderam o colonialismo como um projeto europeu global de capitalismo. Essa ideia foi adotada por outros autores (Escobar, Grosfoguel, Walsh, Lander e Mignolo). Como membros da classe média branca, Rivera Cusicanqui os vê como parte de um "império dentro do império" porque não possuem compreensão mais profunda das cosmopercepções e epistemologias não hegemônicas e não têm compromisso político suficiente.
5. Ideias e conceitos como racionalidade, moralidade, povo, história e cultura foram instrumentalizados pela epistemologia ocidental para rotular os povos não europeus como outros. Os principais mecanismos para garantir isso foram e são a filosofia, a religião, a ciência e a arte. O colonialismo adquiriu sua riqueza por meio do subdesenvolvimento, da marginalização e da dependência do Outro (Rodney e Quijano), destruindo estruturas cosmológicas e comunitárias, pois elas eram um obstáculo ao progresso ocidental (Jecupé, Fu-Kiau, Wiredu e Munduruku).
6. Há vários pensadores ocidentais que desafiaram a hegemonia da racionalidade e praticaram a crítica da razão (Nietzsche, Lévi-Strauss, Foucault, Heidegger, Freud, Derrida e Deleuze). Entretanto, eles não levaram em conta o colonialismo. Os pensadores não hegemônicos, por outro lado, apontam para novas direções, pois entendem a filosofia também como um processo corporal, ou mostram que o conhecimento é algo coletivo, que pode se manifestar intuitivamente nos corpos (Sodré). Os sonhos e a ingestão de plantas medicinais também propagam saberes e conhecimentos ancestrais.
7. Ainda hoje, povos, autores e artistas não hegemônicos não são vistos como parte dos estados-nações que possuem histórias coloniais e enfrentam perseguição e opressão. Protestos, como o ativismo descolonial contra as estátuas dos traficantes de escravizados Colston e Borba Gato no contexto do *Black Lives Matter*, demonstram o liberalismo branco na Europa e a opressão conservadora na América Latina.

8. O cristianismo em sua forma helenizada (P'Bitek) foi um mecanismo central da colonialidade por meio de sua pretensão de universalidade. Embora exista uma moral universal válida para todos os seres humanos, parte dos costumes europeus foram declarados como moralidade (Wiredu). A ideia de um Deus não humano onipotente e onipresente foi usada para primitivizar, animalizar e infantilizar outros povos e suas cosmopercepções que não tinham esse tipo de Deus. No processo, seus projetos históricos (Segato) foram impossibilitados e sua arte, que serve, entre outras coisas, para tornar visível o invisível, foi degradada a artefatos. Uma nova definição de arte, assim como a de moralidade, deve ser universal.
9. As cosmologias e suas epistemologias não europeias ou hegemônicas têm estruturas sociopolíticas baseadas na ideia de comunidade. Mas elas foram destruídas pelo Ocidente (Fu-Kiau). Houve muitas formas de resistência, mas elas não são lembradas (Lingna Nafafé, Trouillot). Existem formas diferentes e mais adequadas de sensibilidade, justiça, vida correta, economia, aprendizado etc. para diferentes povos (Mignolo e Vazquez).
10. Uma compreensão descolonial da arte não deve fazer distinção entre arte e artefato. Todos os povos produzem arte conforme suas cosmopercepções. No caso da arte hegemônica, existe por causa do enfoque na racionalidade uma certa cosmofobia e a arte é instrumentalizada por perspectivas ideológicas, sobretudo no caso da arte produzida no contexto colonial. A compreensão da arte também não deve ser reduzida à ideia de uma arte global que tenha apenas uma orientação contemporânea, mas deve ser estendida de modo geral à produção simbólica de todos os povos e suas cosmopercepções e epistemologias. Logo, a questão do cânone e do patrimônio de uma suposta herança cultural mundial deve ser reconsiderada.

CAPÍTULO 2

POR QUE ESTUDAMOS ARTE E POR QUE A PRODUZIMOS?

Para entender a origem de nosso interesse em estudar obras e práticas que são o resultado da vontade de compreender, relacionar-se, comunicar-se e expressar nossos mundos internos e externos, visíveis e invisíveis, continuo com uma pergunta fundamental: por que as pessoas no Ocidente estudam arte (e por que as cosmopercepções não europeias e suas epistemologias, em sua maioria, se abstêm de fazê-lo)? Ligada a essa questão está uma segunda, mais universal: por que fazemos arte?

Respondo a ambas as perguntas em cinco etapas. Abordo a primeira pergunta com a ajuda de um filme contemporâneo sobre arte rupestre paleolítica. Em seguida, discuto perspectivas dos estudos de imagem que buscam substituir o conceito de arte pelo de imagem. Em terceiro lugar, apresento várias explicações para a produção de arte que são informadas tanto por desejos quanto por ansiedades acerca da nossa existência humana. Em quarto lugar, reflito sobre um conceito universal de arte. Por fim, volto às motivações para a criação da arte discutindo o surgimento de algumas mídias selecionadas e suas possíveis diferenças: imagens, textos e códigos tecnológicos.

▶ DO SER HISTÓRICO E DO SER A-HISTÓRICO

Meu ponto de partida para a questão de por que se estuda arte no Ocidente é *A caverna dos sonhos esquecidos*, um filme realizado em 2010 pelo diretor Werner Herzog. Ele foi feito a convite do governo francês para apresentar os desenhos da caverna de Chauvet, na França, descobertas em 1994. Na época, eram consideradas as mais antigas imagens feitas pelo ser humano, com cerca de 36.000 a 42.000 anos de idade.

Atualmente, sabe-se que os desenhos mais antigos podem ser encontrados na Caverna de Blombos, na África do Sul. Durante uma escavação realizada em 2002, foram encontradas pedras com desenhos abstratos e gravuras com idade entre 73.000 e 100.000 anos. Em contraste com a Europa, muitas pinturas rupestres na África, o berço da humanidade, foram expostas ao vento e ao clima e poucas sobreviveram. Blombos indica, no entanto, que a narrativa existente de que os desenhos rupestres mais antigos podem ser encontrados na Europa não é correta. Para ter um parâmetro de comparação, no Brasil foram encontrados desenhos e inscrições no Parque Nacional da Serra da Capivara, no Piauí, em mais de 1.300 sítios arqueológicos, realizados entre 12.000 a.C. e 6.000 a.C. (Martins; Kok, 2014, p. 15) Todavia, foram também achados instrumentos realizados pela mão humana que têm cerca de 100.000 anos de idade. Isso indica que houve migração de barco do continente africano e não apenas pelo estreito de Bering.

Usando a mais recente tecnologia 3D, Herzog permite em *A caverna dos sonhos esquecidos* um encontro direto com os impressionantes desenhos. A descoberta da caverna foi uma sensação que correu o mundo, e ela foi rapidamente declarada Patrimônio Mundial da Unesco. O governo francês imediatamente vetou a gruta ao público, a fim de proteger essa "[...] maior descoberta na história da cultura humana [...]", como Herzog denomina suas imagens no filme. Foi contratada uma equipe multidisciplinar de pesquisadores de uma variedade de campos científicos — arqueologia, antropologia, paleontologia, história da arte, geologia e outros — para estudar a caverna e seu conteúdo, além de um cineasta mundialmente conhecido para divulgar esse achado.

Perante a descoberta extraordinária, nos primeiros dez minutos de *A caverna dos sonhos esquecidos*, o cineasta já tece respostas à pergunta de por que (além do como) estudamos arte. De fato, Herzog inicia seu filme com imagens da equipe multidisciplinar que se encontra a caminho da caverna. Enquanto eles se aproximam da porta selada, o diretor oferece todos os detalhes e dados acerca do histórico do descobrimento e explica em pormenor as atenções dadas ao estudo e à preservação das pinturas em voz *over*. Vemos e ouvimos declarações minuciosas sobre os muitos cuidados que as equipes de filmagem e pesquisa precisam tomar para não as danificar e garantir sua sobrevivência: utilizar sapatos esterilizados, usar pouca luz, ficar pouco tempo na caverna para não expor o conteúdo ao hálito e assim às bactérias humanas etc. Evidentemente, o governo francês não teve dúvidas em relação ao elevado valor das obras rupestres para a humanidade atual, reconhecendo-as rapidamente como tesouro cultural.

Figura 4

A caverna dos sonhos esquecidos, Werner Herzog, 2010, filme. Cartaz. (Fonte: Divulgação).

Nas entrevistas aos cientistas, percebemos esse apreço por meio de expressões como "grandes obras de arte" e elogios à "qualidade" e "beleza" das pinturas, bem como à sua "magia". Os diferentes elementos da equipe, a despeito de seu campo de conhecimento, também afirmam que as pinturas são únicas e originais, considerando, como Herzog menciona nos primeiros minutos, que havia suspeita de que fossem falsas. Mas uma vez que sua verdadeira idade fora descoberta mediante datação com carbono, não eram medidos esforços para sua proteção e estudo.

Figura 5

Estudo de cavalo, Leonardo da Vinci, 1482. Metalpoint em papel preparado acinzentado. Royal Library, Castelo de Windsor, Inglaterra. (Fonte: Royal Library).

O simples fato de que as imagens foram realizadas pela espécie humana há milênios e que seu frescor tenha sido mantido pelo encapsulamento como se tivessem sido pintadas ontem, transformou-as em patrimônio e em objetos dignos de estudo. A "originalidade" e "beleza" atribuídas a elas derivam, por outro lado, de sua semelhança com obras que procuram a verossimilhança e que têm sido admiradas e valorizadas desde a antiguidade grega, mas, sobretudo, a partir do renascimento — como os desenhos de Leonardo da Vinci (1452-1519).

Nos comentários dos pesquisadores, os homens das cavernas surgem como grandes artistas, e suas obras dignas de apreciação, investigação e preservação. Mas o que o primor dos desenhos revela é, na verdade, algo que esse mesmo discurso quase nos impossibilita de perceber: "A arte não evolui", como resumem Hockney e Gayford (2016, p. 25) de forma curta e precisa. E acrescentam: "Algumas das melhores imagens foram as primeiras".

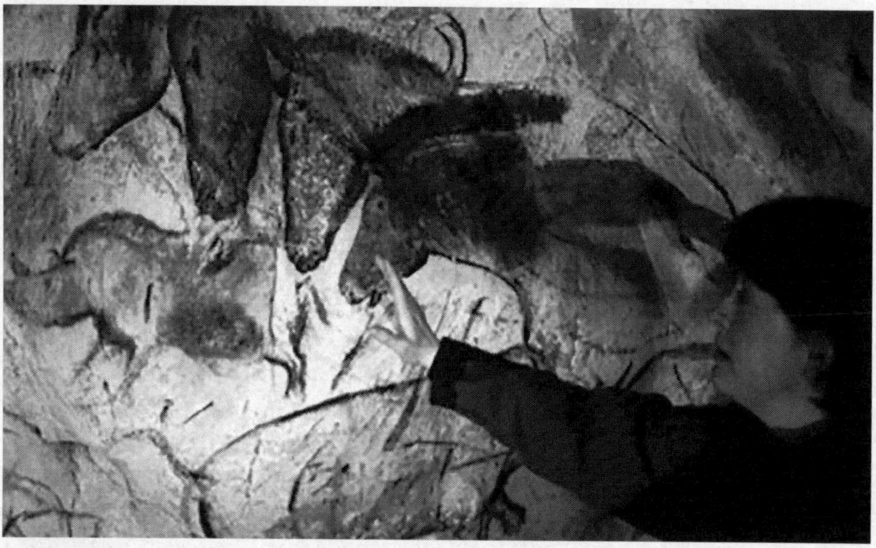

Figura 6

A caverna dos sonhos esquecidos, Werner Herzog, 2010, filme.
Fotograma de historiadora da arte.
(Fonte: Fotografia da autora).

Vale lembrar que, quando surgiu como disciplina, a história da arte não reconhecia imagens rupestres como obras de arte. Elas eram consideradas primitivas, porque se partia do princípio de que faziam parte de uma evolução no domínio da representação da natureza. Seguindo esta lógica, o historiador de arte austríaco Ernst Gombrich (1995) entendeu que o conceito "arte" poderia ser aplicado somente a partir da antiguidade. Seu critério foi o interesse dos gregos em solucionar a representação do corpo humano e do espaço em esculturas, na arquitetura e em pinturas, e a vontade de narrar histórias por meio da criação de um mundo de fantasia nas epopeias. Para ele, ambos são selos de aprovação da arte ocidental. Não é à toa que Gombrich (1995, p. 75) fala de um "grande despertar" e de uma "revolução" na antiguidade grega. Que já havia uma longa tradição de narração oral e representação do mundo foi suprimido nesse mito fundador da história da arte. O fato de que havia outras soluções estéticas importantes além da imitação da natureza, e que essa hierarquização era arbitrária, teria frustrado seus planos de destacar a posição central da Europa. Voltarei ao efeito e à repetição dessa narrativa nos próximos capítulos e, como os comentários de Hockney e Gayford indicam, mostrarei que se trata de um discurso de poder.

O historiador da arte e filósofo francês Didi-Huberman, igualmente insatisfeito com este tipo de perspectiva, sugere que a arte como conceito foi uma invenção de Giorgio Vasari no renascimento, como resultado da vontade tanto de valorizar os artistas de seu próprio tempo como de salvá-los e as suas obras da mortalidade. A ligação entre a invenção do artista como figura-chave na sociedade, da arte como prática imprescindível dessa relação em forma de obras, e da criação da história da arte como disciplina é, nas palavras do autor, tão

> [...] constitutiva que não se sabe mais muito bem se a noção de renascimento é o fruto de uma grande disciplina chamada história da arte, ou se a possibilidade e a noção mesmas de uma história da arte não seriam senão o fruto histórico de uma grande época da civilização chamada (por ela mesma) o renascimento [...] (Didi-Huberman, 2013, p. 70).

Nos depoimentos e metodologias dos estudiosos da caverna de Chauvet está presente essa mesma definição tradicional da história da arte, porém ela é questionada pelo cineasta ao longo do filme, que procura apontar seus limites para trilhar outro caminho: aproximar-se do pensamento dos seus pintores. Além da pergunta por que as pinturas rupestres são estudadas, Herzog também aborda os problemas que esse estudo acarreta.

As perguntas lançadas aos pesquisadores servem a esse propósito. O depoimento mais instigante provocado pelo entrevistador é de um jovem arqueólogo. Ele responde a uma pergunta de Herzog sobre a utilidade do escaneamento de toda a caverna com tecnologia de ponta. Esse mapeamento milimétrico é comparado pelo cineasta de forma irônica com a criação de uma lista telefônica: milhões de entradas, mas nenhuma história, ou seja, uma abordagem científica que carece de qualquer relação com a dimensão humana, os sonhos e os desejos dos seres que viviam na caverna ou a utilizavam, isto é, com a sua cosmopercepção.

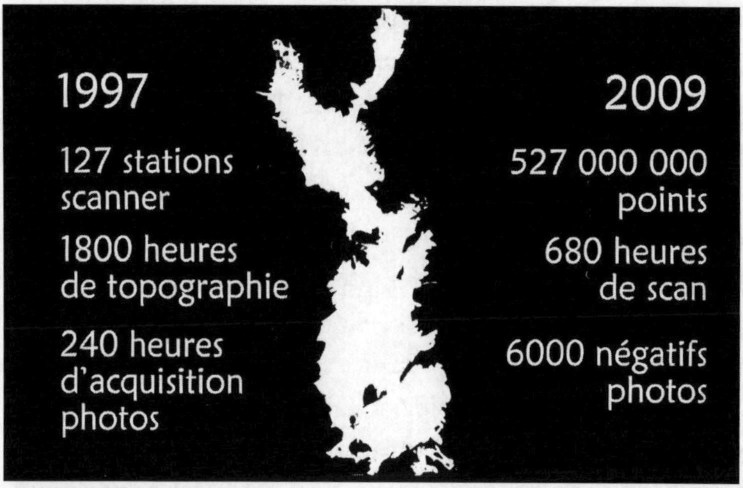

Figura 7

A caverna dos sonhos esquecidos, Werner Herzog, 2010, filme.
Fotograma da medição da caverna.
(Fonte: Fotografia da autora).

O arqueólogo — que era acrobata de circo antes de se dedicar à investigação acadêmica — confirma a impossibilidade de deduzir algo acerca do que acontecera na gruta por meio dos dados colhidos, resumindo que "O passado está realmente perdido".

Essa breve conversa entre o arqueólogo-artista e o cineasta-arqueólogo acena a duas questões fundamentais sobre o estudo da arte. Primeiro, a de que nossa interpretação do passado é limitada: no caso da caverna de Chauvet, ao tratar-se de imagens tão remotas, todos os dados reunidos pela equipe multidisciplinar nunca reconstituirão as circunstâncias nas quais surgiram. Mas essa é precisamente a razão pela qual elas são estudadas: Não se sabe mais seu significado porque se desconhece sua cosmopercepção.

Para os povos indígenas que não estudam arte, o significado seria óbvio porque eles percebem os desenhos paleolíticos como expressões ancestrais e parte de uma tradição milenar (Esbell; Berbert, 2020). Sendo assim, é uma arte que ainda se comunica com eles. Não requer nenhum tipo de estudo. Todavia, o conhecimento epistemológico para sua compreensão não está sendo aproveitado pelo Ocidente, embora o arqueólogo aponte que os aborígenes australianos poderiam ser usados como uma possível fonte. Os arqueólogos brasileiros Alberto Martins e Glória Kok (2014, p. 33) observam que alguns petróglifos na Amazônia, especialmente perto da cachoeira Tipiaka, no rio Caiauri-Uaupés, mostram máscaras que ainda hoje são usadas pelos Kobeua, que agora vivem na mesma região. O Ocidente aprenderia muito se os perguntasse.

Os artistas indígenas Jaider Esbell e Daiara Tukano em conversa com Paula Berbert (2020) também relembram a arte de seus ancestrais e se inserem em sua tradição. Embora tenham sido chamados a fazer arte contemporânea para ser exibida em museus e galerias, sua arte se aproxima do Ocidente apenas na técnica, mas não na função cosmológica. Entretanto, devido à história colonial e sua ideia de superioridade, o Ocidente nem sequer pensa em perguntar àqueles que têm o conhecimento necessário. Prefere confiar em métodos científicos que nada mais fazem do que tatear no escuro na respectiva disciplina.

Além disso, as teses desenvolvidas dependem da formação disciplinar — como arqueólogos, historiadores da arte, paleontólogos etc. — e das metodologias que aplicam — por exemplo, o escaneamento da caverna. Não é por acaso que um arqueólogo que foi artista de circo nos lembra que devemos estar cientes de que possuímos sentimentos e emoções que não devem ser esquecidos quando nos defrontamos com algo tão distante do nosso tempo. Observa que embora o nosso inconsciente coletivo da assim chamada pré-história ainda possa ressoar em nós, também por meio de sentimentos e emoções.

Ao desviar o foco do inteligível para o sensível, Herzog chama a atenção para os limites dos métodos científicos — uma observação importante que lembrarei várias vezes neste livro. Outra tentativa de ir além dos métodos científicos convencionais no filme é simular a experiência estética das imagens na época dos homens das cavernas e, assim, tornar possível vivenciá-las sensorialmente de novo. Para isso, os refletores do filme assumem a tarefa de imitar a luz de tochas em uma sequência.

O cineasta usa este procedimento para sugerir que as imagens de alguns animais com múltiplas pernas ou chifres não fazem apenas parte da história da arte. Herzog os integra também na história do cinema, caracterizando-as de "protocinema", porque sugerem movimento. Assim, ele constrói uma história das imagens e não da arte, em um gesto que integra todas as artes em uma só. Como vimos na introdução, o filósofo francês Jacques Rancière (2005) fala da "arte no singular". Os estudos da imagem se debruçam sobre todas elas como equivalentes, opondo-se a uma divisão em artes plásticas, cinema, fotografia, escultura, arquitetura etc. O filme de Herzog procura, no meu entender, o mesmo. Ou seja, ao propor que as imagens fazem também parte da historiografia do cinema, elas acabam participando da história de todas as artes e de todas as imagens.

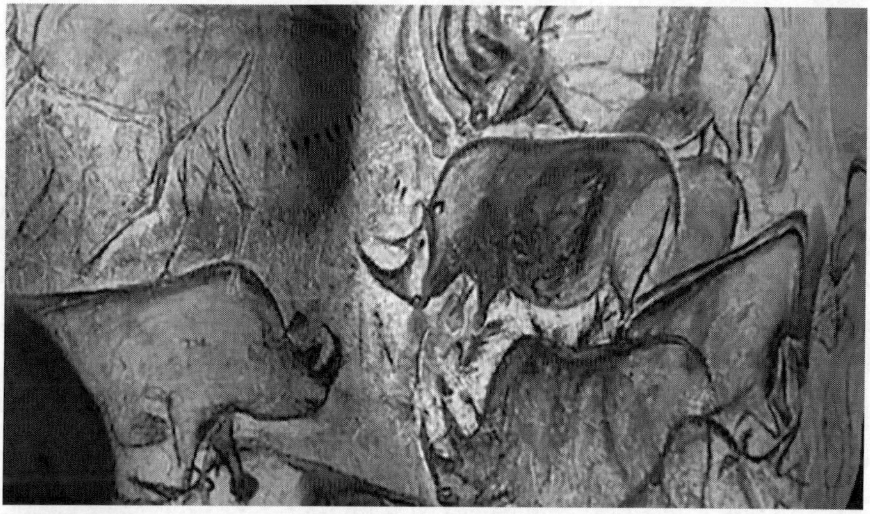

Figura 8

A caverna dos sonhos esquecidos, Werner Herzog, 2010, filme.
Fotograma de pinturas de rinocerontes.
(Fonte: Fotografia da autora).

Mas Herzog distingue claramente entre os seres humanos da época paleolítica e os seres humanos ocidentais contemporâneos quando observa um pouco mais tarde que algumas pinturas rupestres foram realizadas ao longo de um período de cinco mil anos, porque os pré-históricos pintavam no mesmo local ao longo de milhares de anos. Se isso acontecesse hoje, seria como fazer um grafite em cima dos afrescos pintados no Vaticano pelos artistas mais aclamados do renascimento, como Michelangelo (1475-1564), Rafael (1483-1520), Gian Lorenzo Bernini (1598-1680) e Sandro Botticelli (1445-1510). Para os pintores e pintoras da caverna, a prática de suas pinturas e a capacidade de decodificá-las tinham permanecido as mesmas ao longo de muitos milênios. Em outras palavras, não houve mudança na escolha dos objetos (os animais), na execução técnica das pinturas (desenhos) e no significado (que desconhecemos). Com base nisso, Herzog conclui: "Nós estamos trancados na história e eles não o eram".

Essa conclusão é de suma importância para as nossas perguntas, porque nela encontramos a seguinte resposta: o mundo ocidental se dedicou ao estudo da arte e a considera digna de preservação porque os ocidentais são seres históricos que querem entender a arte para a qual perderam o conhecimento cosmológico necessário. Isso porque sua epistemologia, supostamente baseada no logos, não compreende mais as motivações da produção artística em outras épocas. É um paradoxo, porque o *logos* cortou a conexão com esse conhecimento e o que resta é o desejo de entendê-lo, de saber de onde realmente se vem. Nos contextos indígenas, o conhecimento é transmitido oralmente e, portanto, é acessível. Ele se baseia no respeito à ancestralidade e na compreensão do mundo como um composto de todos os seres, inclusive os dos estratos quase materiais ou não visíveis (Jecupé, 1998, p. 26). Nesse contexto, a "invenção do tempo", no sentido da história ocidental e de seus seres históricos, que nada tem a ver com o projeto histórico, só começou de forma sustentada com a colonização (Jecupé, 1998, p. 27). E esse é outro paradoxo, porque por meio da opressão de seres não históricos, o conhecimento sobre o passado foi bloqueado à força.

O pensamento ocidental é histórico e busca estudar o passado a fim de restaurar a conexão perdida consigo mesmo e com o mundo, sendo, ao mesmo tempo, impossível. São desenvolvidas teorias sobre práticas passadas, mas elas acabam sendo inadequadas, independentemente dos supostos especialistas e da tecnologia de ponta. Como resultado, os estudos teóricos e históricos, bem como as análises críticas, são sempre dominados por um paradoxo: apesar do desejo de reconstruir e explicar o passado, as tentativas estão fadadas a permanecer insatisfatórios porque o conhecimento do significado simbólico ou mesmo prático foi perdido e aqueles que têm acesso a ele são subalternizados.

Os povos colonizados por europeus e suas cosmopercepções, quando não foram completamente destruídas, foram atacadas e difamadas. Isso também significou que eles foram forçados a integrar o pensamento historicizante ocidental. Embora tenham tentado preservar suas cosmologias e práticas artísticas, eles foram profundamente influenciados pelo pensamento histórico. O Brasil é um exemplo da natureza paradoxal desse empreendimento. Para entendê-lo melhor, gostaria de acrescentar brevemente as reflexões do filósofo da mídia e imigrante brasileiro de origem judaico-tcheca, Vilém Flusser (1998), sobre o pensamento histórico e a-histórico.

Ao estudar a particularidade do povo brasileiro em sua *Fenomenologia do brasileiro*, o autor propõe que grande parte do nosso planeta ainda vive de forma a-histórica, inclusive no Brasil. Com essa afirmação, Flusser, que chegou com 19 anos ao Brasil, atualiza o pensamento hegeliano de que certos continentes, sobretudo a África, não possuem historicidade. Sem embargo, a ideia de Flusser diverge da de Hegel, pois não diz respeito a uma visão racista acerca da inexistência de um pensamento metafísico ou de desenvolvimento histórico, mas à dimensão como agente no teatro político mundial.

Uma vez que viver de forma histórica significa que um povo possui certo grau de decisão e realiza atos influentes. Por isso, são poucos os povos que exercem essa influência, e o espaço temporal no qual o ser humano tem vindo a realizar esses atos é igualmente restrito:

> A história enquanto soma dos atos decisivos (*res gestae*), e não enquanto também soma de sofrimentos, se tem desenvolvido até agora (isto é: nos últimos 8.000 anos, aproximadamente) em larga faixa que cinge o globo entre os graus 25 e 60 do Hemisfério Norte. Não se trata de um período muito amplo, já que perfaz apenas 2% da existência do homem na Terra (Flusser, 1998, p. 27).

Flusser não é totalmente preciso aqui, pois não leva em conta o Egito antigo, que, como veremos, não está apenas localizado no continente africano, mas também tem raízes etíopes. Mas ele provavelmente fez isso porque não era um império no sentido grego ou romano. Também não explica por que indica 8.000 anos.

Viver historicamente significa, à vista disso, dominação, opressão, colonialidade e imperialismo. Em relação ao Brasil, Flusser é da opinião que a ditadura militar tentou impor entre 1964 e 1985 o pensamento histórico à força por meio da industrialização do país. Quando ele constata que o Brasil "[...] pensa a-historicamente, até e especialmente se se interessa por história [...]" (Flusser, 1998), o autor vê isso como uma possibilidade de o país desenvolver seu verdadeiro potencial se conseguir não mais imitar os desejos de dominação do Ocidente. Hoje, poderíamos colocar a questão da seguinte forma: o Brasil se aproximaria mais de sua identidade se se descolonizasse em todas as áreas e se tornasse mais consciente de sua fundação a-histórica, não europeia, sobretudo indígena e africana, e se libertaria do pensamento predatório de progresso e da subalternização que o acompanha.

DE PERSPECTIVISMO E ANTROPOCENTRISMO, TEORIAS DA IMAGEM E SISTEMAS SIMBÓLICOS

O pensamento histórico ocidental está na origem dos estudos da arte. Ele quer entender o passado e o esquecido, mas ao mesmo tempo o oprime. Pode-se dizer que ele leva ao esquecimento porque quer dominar os outros. Passo agora à segunda pergunta: por que as pessoas fazem arte? Para muitos, essa pergunta é irrelevante porque a arte é uma parte orgânica do tecido social e de sua cosmologia. É uma forma de comunicação e conhecimento. O Ocidente parece ter se esquecido disso também, e é por isso que essa pergunta tem sido feita por muitos acadêmicos ao longo dos séculos. Como a questão da compreensão da arte, ela também é marcada pelo paradoxo, pois é acompanhada pela contenção de seu poder. Entretanto, isso mudou nas últimas décadas, como veremos em breve.

A questão do porquê da arte foi levantada novamente desde o final do século 20, quando procurou-se desenvolver uma nova perspectiva por meio de uma nova abordagem epistemológica. Os estudos da imagem, responsáveis por isso, podem ser descritas como uma tentativa de entender melhor o arquivo humano milenar de imagens, no sentido de sua produção estética. Logo, foram feitos esforços para substituir o estreito conceito europeu de arte pelo conceito de imagem. O objetivo consiste em ir além de seu eurocentrismo e de sua estrutura histórica estrita e desenvolver uma teoria universalmente válida. Além disso, os estudos da imagem também tentam produzir novas metodologias para entender a criação estética. Tratarei do primeiro aspecto agora, enquanto o segundo só nos interessará a partir do quinto capítulo.

Embora os estudos da imagem tenham como objetivo redefinir o campo de pesquisa e seus métodos e fornecer uma teoria universal, e embora ofereçam algumas interseções com epistemologias não hegemônicas, mostrarei que eles permanecem quase totalmente presos à epistemologia ocidental. Levando em conta autores indígenas, antropólogos e arqueólogos brasileiros, sugiro que, para o desenvolvimento de uma nova teoria da imagem, seria necessário incluir o pensamento a-histórico. Pois os estudos das artes só se renovarão se aprenderem com outras epistemologias, pensarem e trabalharem de forma descolonial.

A principal limitação das reflexões ocidentais sobre a criação de imagens é o antropocentrismo. Ele pressupõe a centralidade dos seres humanos no mundo, enquanto as cosmopercepções e suas epistemologias indígenas os entendem como parte do mundo e vivem em estreita conexão com seu ambiente — natureza, animais, o mundo invisível (Kopenawa, 2013; Krenak, 2019). A prática estética está presente na vida cotidiana, nos rituais e nas cerimônias. Ela se expressa na estetização de objetos cotidianos tecidos, esculpidos, trançados ou feitos de cerâmica, mas também em performances com máscaras, vestimentas, joias e pinturas corporais, na dança e na música. Seu objetivo é honrar e contactar os ancestrais e os antepassados dos mundos espiritual, humano e animal, bem como a natureza (Jecupé, 1998; Munduruku, 2019; Esbell, 2020; 2021). A epistemologia ocidental, baseada na racionalidade, tenta explicar a criação de imagens sobretudo por meio da distinção entre humanos e animais e, em vista disso, separa as diferentes práticas umas das outras. Concentra-se ainda na visualidade por meio do conceito de imagem, que é usado para estabelecer conexões dentro do arquivo imagético existente, mas não leva em conta sua relação funcional, por considerar as diversas manifestações artísticas materiais e imateriais separadamente.

Essa abordagem está enraizada na visão das ciências humanas e sociais ocidentais, que pressupõem que, como diz Eduardo Viveiros de Castro (2015, p. 52), "um sujeito é um objeto a ser estudado". O pensamento a-histórico indígena tem a visão oposta, ou seja, que "um objeto é um sujeito incompletamente interpretado" (Castro, 2015, p. 52). O sujeito interpretado é uma ideia analítica. Eu substituiria a expressão por sujeito compreendido, pois ela é multifacetada.

Dois termos foram criados para entender o pensamento indígena: perspectivismo e multinaturalismo por Castro (2015, p. 52). Devido ao seu perspectivismo, os povos indígenas não assumem uma diferença entre humanos, animais e seres cósmicos, porque todos são iguais. Em contraste com o multiculturalismo ocidental, no pensamento indígena, os animais e os seres humanos têm os mesmos ancestrais e diferem apenas em sua forma, de fato, os animais são ex-humanos. O multinaturalismo indígena ainda vê os animais como seres humanos, pois possuem apenas outra forma. Castro sugere que no mundo indígena as pessoas não se afastaram da natureza para a cultura, mas a natureza se afastou da cultura:

> Assim, se nossa antropologia popular vê a humanidade como erguida sobre alicerces animais normalmente ocultos pela cultura — tendo outrora sido "completamente" animais, permanecermos, "no fundo", animais —, o pensamento indígena conclui ao contrário que, tendo outrora sido humanos, os animais e outros existentes cósmicos continuam a sê-lo, mesmo que de uma maneira não evidente para nós (Castro, 2016, p. 60).

Contudo, nas cosmologias indígenas o conceito da cultura não existe. Há um convívio de diferentes existências que estão interligadas, sem hierarquia.

Nas teorias ocidentais da imagem desenvolvidas por Gottfried Böhm, Horst Bredekamp, Marie-José Mondzain e Emanuele Coccia, entre outros, a ideia de hominização, a diferenciação do ser humano em relação ao animal, é decisiva. As imagens surgiram porque o ser humano se distanciou do animal e depois expressou sua subjetivação partindo do princípio de que o ser humano está no centro. As definições de arte formuladas por escritores e artistas indígenas contemporâneos, por outro lado, enfatizam a criação de uma conexão com o invisível e a conexão total com a natureza e todos os seres (Jecupé, 1998; Munduruku, 2019; Esbell, 2020; 2021).

O historiador da arte alemão Gottfried Boehm fala na "diferença icônica" (Boehm, 2015, p. 28) para demarcar o que distingue os humanos dos animais. Ele argumenta que a hominização, o surgimento do ser humano, esteve ligada ao desenvolvimento de práticas visuais. Por isso, Boehm (2015, p. 27) denomina o ser humano de *homo pictor*, baseando-se na ideia de que antes de inventar a linguagem, o ser humano já teria feito uso de gestos e de imagens. O ato de diferenciação — a realização de imagens — consiste, para Boehm (2015, p. 27), em três passos por meio dos quais ele elabora sua teoria da imagem: primeiro, ela é encarnada em um material; segundo, isso faz emergir alguma coisa no campo visual; e terceiro, um espectador é mobilizado por essa imagem. Os dois últimos aspectos deixam claro que a teoria de Boehm não é universal, pois a referência ao não visível é central em contextos não hegemônicos (Jecupé, 1998; Munduruku, 2019), em que também não há espectadores, mas participantes.

Boehm (2015, p. 28), apesar de seus esforços teóricos, está ciente das limitações do *logos* nos estudos das artes: "As imagens são frágeis, não é o caso de fazer com elas uma ciência" (Boehm, 2015, p. 26). O autor destaca que o habitual enfoque no *logos* da linguagem, quer dizer, no propósito do discurso que ele permite, implicou que a força na e pela imagem não tenha sido contemplada. Agora estaria na hora de reconhecer que a imagem possui igualmente uma lógica. Para Boehm (2015, p. 31), ela se caracteriza em subtrair e acrescentar algo às possibilidades da linguagem:

> [...] as imagens são, portanto, ao mesmo tempo mais e menos do que a linguagem discursiva. Menos, porque elas não podem pretender a generalização descontextualizada da linguagem. Mais, porque elas tornam evidente uma lógica que não é mais restrita à dimensão opositiva dos signos. Operando por ligação e conjunção, a imagem nos carrega em direção ao sentido primeiro da palavra *logos*: "légein", ligadura, ligação, laço. Pensar a imagem significa, na minha opinião, pensar a unidade sempre em tensão entre o olho, a mão e a boca.

Embora enfatizar a unidade entre ver, sentir e falar possa significar uma nova perspectiva no Ocidente, em contextos não europeus o corpo inteiro faz parte dela. Isso mostra novamente que nenhuma teoria universal foi desenvolvida aqui.

A teoria da filósofa francesa Marie-José Mondzain (2015) encontra-se na mesma tradição. Mondzain parte da conexão dos seres humanos com o mundo e usa a pintura rupestre de uma mão negativa da caverna Chauvet para enfatizar ainda mais do que Boehm a criação da subjetividade humana por meio da criação de imagens. Ela também descreve a diferença entre humanos e animais como uma separação:

> A mão negativa é o primeiro autorretrato, autorretrato não especular, sem espelho, do homem que é um sujeito que só conhece de si e do mundo o traço deixado ali por suas mãos. A imagem de si é uma prova da separação, a instauração de um regime de separação e de uma subjetividade desatada (Mondzain, 2015, p. 42).

Para Mondzain (2015, p. 43), a existência humana só começa com um "[...] sujeito imaginante, quer dizer, contranatureza [...]" porque "[...] toda operação imaginal e icônica são expressões de maturidade humana e procura de liberdade". A essência do pensamento ocidental — o sujeito se torna um objeto — fica clara aqui. Entretanto, esse pensamento é exclusivamente o de uma pessoa histórica. Mondzain também não explica melhor a ideia de liberdade, que está relacionada à situação contemporânea e não à paleolítica. Assim, ela perde o importante detalhe que seus artistas pensavam de forma a-histórica e se viam como parte de um universo de seres iguais, e não como indivíduos.

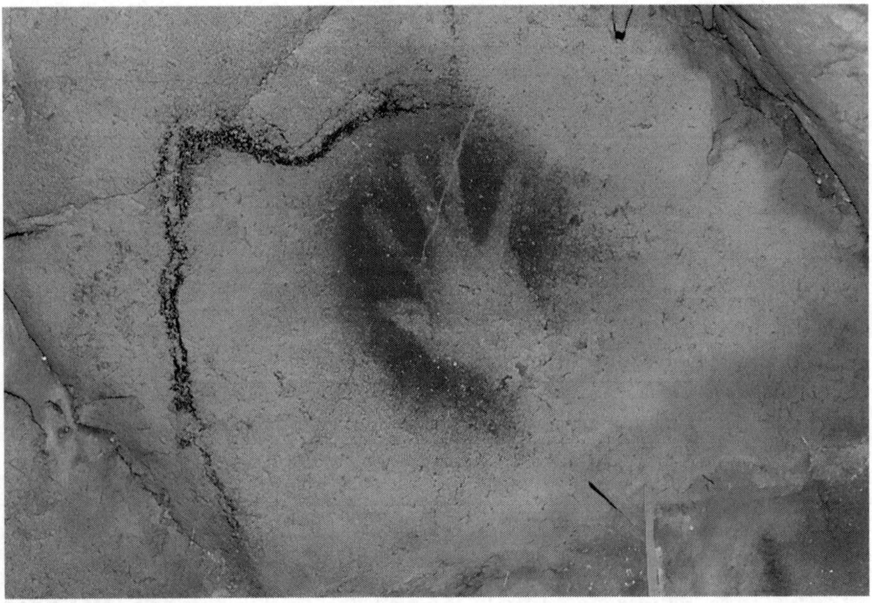

Figura 9

Mão negativa, anônimo, 36.000-40.000 a.C.
Pintura rupestre. Caverna de Chauvet, França.
(Fonte: Archeologie Culture).

Se lembrarmos das cosmopercepções indígenas (Jecupé, 1998; Kopenawa, 2013; Munduruku, 2019; Krenak, 2019; Esbell, 2020; 2021), é possível interpretar a mão de uma maneira completamente diferente. Importante ressaltar que sempre são muitas mãos e não uma individual. Assim, é uma referência ao grupo ou a comunidade e não ao indivíduo. Além disso, poderia ser um lembrete da conexão entre todos os seres e elementos, pois estabelece contato entre os humanos e a face da rocha. Os pigmentos usados, que foram soprados na mão, também são de origem mineral. Isso também poderia se aplicar às imagens dos animais. Em vez de pensar em retratos, elas poderiam nos lembrar da origem comum e da conexão de todos os seres, dos animais como sendo ancestrais. O poder desses animais também poderia ser visto como proteção ou como forma de tornar sua força acessível aos seres humanos, como acontece nas esculturas africanas ou durante o uso de máscaras.

O filósofo italiano Emanuele Coccia, ao cunhar o conceito terceiro espaço, oferece uma perspectiva muito mais preocupada com a dimensão sensível do que com o logos e a função subjetivadora das imagens. De acordo com seu argumento, imagem e sensível são termos intercambiáveis que pertencem a um terceiro espaço fora do espaço das coisas — objetos cotidianos — e do espaço do conhecimento — o inteligível. Eles devem, consequentemente, ser pensados como estando além do corpo e da mente: "O sensível (o ser das imagens) é geneticamente distinto tanto dos objetos conhecidos quanto dos sujeitos do conhecimento" (Coccia, 2015, p. 79). O terceiro espaço das imagens é extraespiritual e extraobjetivo: "Esse reino intermediário, esse inconsciente não objetivo ou conhecimento não psíquico, não é antropológico, nem cultural, nem natural" (Coccia, 2015, p. 85). Pois o sensível não existe nem como matéria/objeto, nem em nossa alma/subjetividade. Em vez disso, "é o lugar para o qual a natureza e a cultura, a vida e a história são banidas" (Coccia, 2015, p. 85). Assim, Coccia vê o terceiro espaço como uma bacia de captação e a criação de algo totalmente novo. Ele não explica por que isso é entendido negativamente como banimento. Embora sua proposta vá mais longe do que a de Boehm e Mondzain, ela permanece estranhamente vaga. Ele também exclui objetos do cotidiano que têm grande significado como arte nas cosmopercepções chamadas indígenas.

Para podermos falar de todas as artes, englobando aquelas que usam a escrita — textos dramáticos, poesia, literatura etc. —, vale a pena incluir ainda dois autores cuja compreensão do fazer humano está mais ligada à semântica e ao simbólico: Horst Bredekamp e Mircea Eliade. O filósofo romeno Mircea Eliade (1959 p. 95), por exemplo, nos define não como *homo pictor,* mas como *homo symbolicus*, seres propensos a desenvolver sistemas de significação. Os sistemas mais importantes para ele são a atividade religiosa e a criação de objetos e imagens de culto. A ideia de Eliade baseia-se no texto de Aristóteles (2013) *Da interpretação*. Seguindo o autor, Eliade define a escrita como um símbolo da linguagem falada, o que é uma hierarquização clara, já que a escrita é considerada mais importante do que a tradição oral. Eliade (1995, p. 95) também compartilha com os teóricos da imagem mencionados acima a convicção antropocêntrica de que só nos tornamos seres humanos por meio de atividades simbólicas. Entretanto, é possível concordar com ele no que diz respeito à invenção dos sistemas de signos, pois eles são universais.

Embora o historiador de arte alemão Horst Bredekamp (2015, p. 36) cite o conceito de "diferença icônica" de Boehm, ele também está próximo de Eliade, que descreve a imagem como uma forma semântica. Além disso, ele expande a definição do que deve ser entendido como imagens e amplia o período de sua existência. Isto posto, sua contribuição consiste, acima de tudo, em situar o surgimento da "imagem diferenciada", como ele a chama, muito antes do que geralmente se supõe, já que Bredekamp associa as imagens à produção de armas pelo *homo sapiens*. Para desenvolver sua teoria, ele aponta para a existência de um interesse estético em um machado que tem uma concha decorativa, datado entre 100.000 e 10.000 a.C.

Figura 10

Machado de Acheulean, anônimo, 100.000-10.000 a.C.
Machado cortado ao redor de um fóssil de concha. Museu de Arqueologia e Antropologia (MAA), Cambridge, Inglaterra. (Fonte: MAA).

Mas Bredekamp tem o cuidado de salientar que muitas vezes é impossível saber qual era a finalidade dos objetos. Todavia, essa distinção não existe nas cosmopercepções indígenas, pois todo objeto cotidiano não é apenas usado, mas também sempre estabelece uma relação com o mundo não visível, lembrando-o e honrando-o. Esse é o contraste entre o pensamento histórico e o a-histórico, o antropocêntrico e o perspectivismo, embora esse último não seja usado nas reflexões de Bredekamp.

Consequentemente, o autor denomina objetos perfurados e gravuras em pedras, realizadas há 75.000 anos, também como imagens, considerando essa criação imagética (Bildschöpfung) um ato simbólico. Assim sendo, Bredekamp (2015, p. 36) vê no ser humano nem um *homo pictor* nem um *homo symbolicus*, senão, para realçar a criação de quaisquer tipos de imagem, um *homo faber*. Ele enfatiza que as pessoas inicialmente buscavam controlar seu destino e seu meio ambiente por meio do uso de ferramentas, o que, mais uma vez, é uma ideia muito ocidental que, como veremos, parte do medo do seu ambiente e não, como no pensamento indígena, de uma conexão com ele.

▸ DA CIÊNCIA EUROCÊNTRICA E DA ABSTRAÇÃO UNIVERSAL

Mesmo usando o conceito de imagem para todo tipo de produção, Bredekamp (2015, p. 39) adverte que esculturas figurativas propriamente ditas somente foram realizadas pela primeira vez na ocasião das pinturas rupestres. Com base nessa afirmação, é possível colocar duas outras questões importantes da criação de imagens: o eurocentrismo científico no estudo das obras e a abstração universal na produção estética. No que diz respeito ao eurocentrismo, a Vênus de Willendorf e a Vênus de Galgenberg, encontradas na Áustria, são as figuras mais conhecidas. Como no caso das pinturas rupestres, elas fazem parte da narrativa de que a Europa é o berço da civilização. No entanto, existem esculturas africanas muito mais antigas que não são mencionadas nas publicações relevantes. São elas a Vênus de Tan-Tan, do atual Marrocos, e a Vênus de Berekhat Ram, do atual Israel. Elas são datadas de entre 300.000 e 230.000 anos de idade, refutando assim a teoria de Bredekamp sobre a origem tardia da figura.

Figura 11

Vênus de Willendorf, anônimo, 29.500 a.C.
Escultura em pedra calcária;
Vênus de Galgenberg, anônimo, 36.000 a.C.
Escultura em pedra verde de serpintinito.
Museu de História Natural, Viena, Áustria.
(Fonte: Naturhistorisches Museum).

As arqueólogas brasileiras Pessis e Martin questionam as tentativas de valorizar algumas proveniências mais do que outras e fazem uma dura crítica à ideia europeia, local de origem dos estudos arqueológicos e da história da arte, de estabelecer um centro — a Europa — e uma periferia — por exemplo, o Brasil: "O difusionismo e o egocentrismo europeus, no momento de discutir as origens da arte pré-histórica, estão descartados, pois a arte rupestre nasce quase simultaneamente em diversos lugares da Terra" (Pessis; Martin, 2015, p. 25). Ao fazer isso, elas desafiam a tentativa de atribuir um valor mais alto a determinadas imagens, especialmente as da Europa.

Figura 12

Vênus de Tan-Tan, Maroccos, anônimo, 300.000 a.C. Escultura de seixo de quartzito. Museo de la Evolución Humana, Burgos, Espanha, e *Vênus de Berekhat Ram*, anônimo, 280.000-230.000 a.C. Escultura de seixo de escória. The Israel Museum, Jerusalém.
(Fonte: Wikimedia Commons).

As mãos negativas, por exemplo, que já conhecemos da ideia de subjetivação de Mondzain, foram feitas em diferentes momentos históricos ao redor do mundo, por exemplo na Argentina, na Indonésia e na já mencionada caverna de Chauvet, na França. No mundo inteiro, todos os povos se manifestaram assim.

Além do mais, as autoras observam, em sintonia com Werner Herzog, que as tentativas de interpretar hoje as obras rupestres estão condenadas ao fracasso e alertam para "[...] análises, fantasiosas na maioria das vezes, desprovidas de lógica e fundamento científico [...]" (Pessis; Martin, 2015, p. 28). De acordo com Bredekamp e Boehm, elas propõem também uma "tendência humana de fazer imagens" como parte da evolução humana (Pessis; Martin, 2015, p. 28). Todavia, em vez de se concentrarem na hominização, elas ligam o desenvolvimento de habilidades cognitivas à tendência à abstração como resultado da interpretação do mundo. Ao fazer isso, as autoras apontam para a diversidade da produção de significados, já que desenhos abstratos paleolíticos semelhantes, como espirais, círculos, figuras de raios e linhas onduladas paralelas, têm significados específicos que variam dependendo do grupo que os fez.

Figura 13

Mãos negativas, anônimo, 7.000 a.C. Pintura soprada. Cueva de las manos, Argentina. (Fonte: Fotografia da autora).

Para entender a arte paleolítica, bastaria descartar a epistemologia ocidental e a crença de que não se pode aprender nada com outros povos, e então perguntar às pessoas certas, já que a produção de significados semelhantes pode ser observada na pintura corporal ainda praticada hoje.

Mais uma vez fica claro como muitas das práticas contemporâneas foram transmitidas e sua compreensão, ao contrário da afirmação de suas limitações, é de fato acessível em outras epistemologias. Deve-se observar que, embora esse acesso ao conhecimento exista, a multiplicidade de significados da produção de imagens não deve ser esquecida. Os vários padrões geométricos dos Kayapó-Xikrin fazem referência à flora e à fauna: borboletas, o casco de uma tartaruga ou partes de uma palmeira. Os sistemas de outros grupos podem ser formalmente semelhantes, mas se referem a outras coisas ou seres com padrões comparáveis.

Em geral, os grafismos indígenas nos permitem levantar a questão fundamental da abstração para o estudo das imagens, que é abordada apenas por Bredekamp. Conforme observado anteriormente, nenhum dos grafismos tenta representar ou imitar o mundo. Em vez disso, eles fazem parte de um sistema de comunicação que se refere à natureza, mas se abstrai dela.

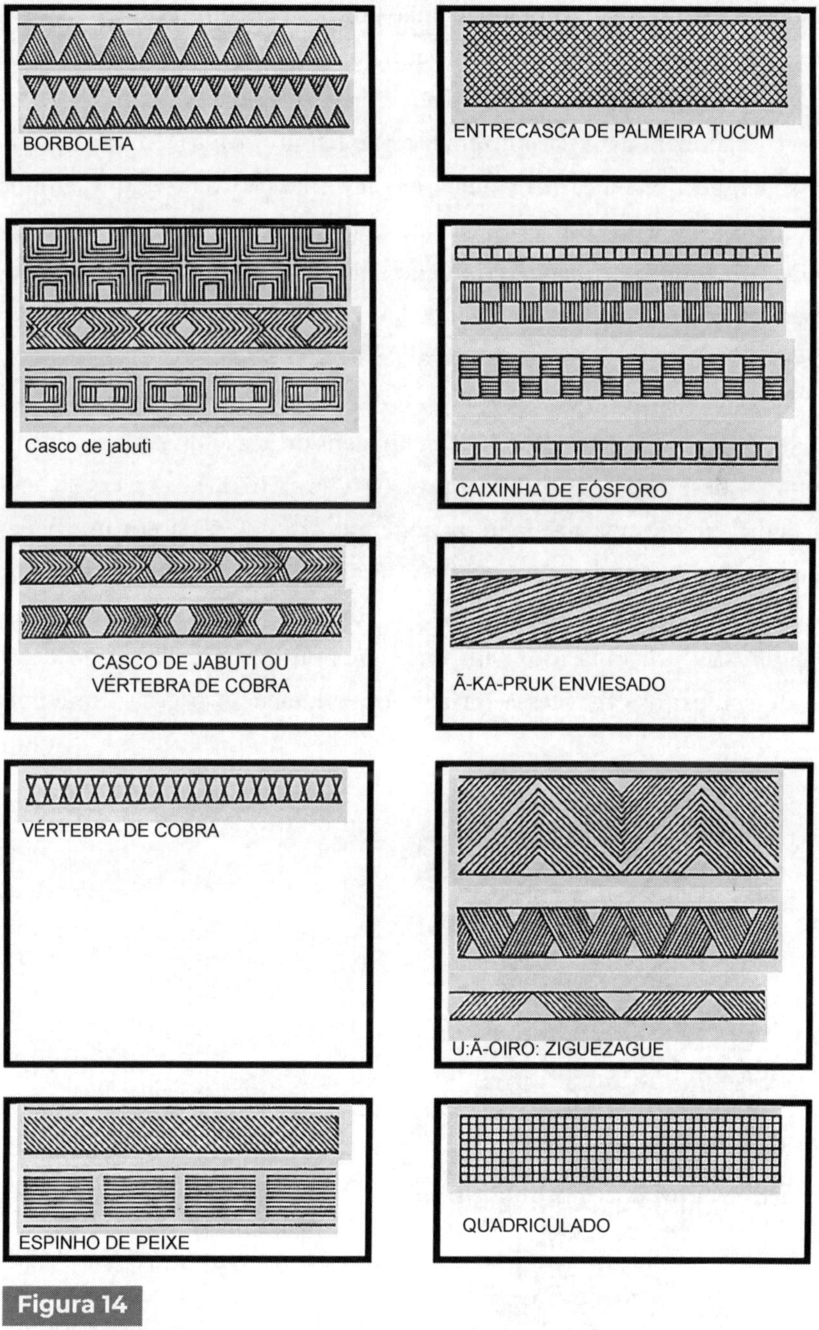

Figura 14

Grafismos para face, Kayapó-Xikrin, anônimo, s.d. Desenhos.
(Fonte: Vidal, 1992, p. 151).

Embora a epistemologia ocidental não possa saber com certeza o uso e o significado das Vênus paleolíticas — mesmo que essas figuras de fertilidade ainda existam em contextos chamados indígenas na África e nas Américas —, está claro que elas também não reproduzem o corpo feminino, mas têm formas abstratas. Isso também se aplica aos animais das cavernas de Chauvet, que, embora se aproximem à natureza, estão organizados lado a lado e podem ser vistos como resultado de uma abstração. Certamente, não se tratava de imitar a natureza. Consequentemente, o conceito ocidental de representação deve ser considerado inadequado para um conceito universal de arte.

A ideia de abstração também é encontrada no comentário de Bredekamp (2015, p. 42) sobre as *gongshi* chinesas, imagens do acaso ou pedras dos sábios. Elas foram desenvolvidas durante a dinastia Tang (618-907) e consistem em uma pedra encontrada na natureza, que é então colocada em um pedestal. As pedras dos sábios são um exemplo interessante para demonstrar a ideia de abstração da natureza que está por trás de toda manipulação estética. Pois as *gongshi* são, por um lado, natureza e, por outro, uma abstração dela por meio de sua exposição. Dessa forma, elas evidenciam o gesto fundamental

Figura 15

Gongshi (Pedra do sábio chinesa), anônimo, século XVIII.
Pedra calcária cinza e pedestal de madeira. Metropolitan Museum of Art (MMA), Nova York, EUA.
(Fonte: MMA).

de abstração, que consiste em tirar algo de um contexto para inseri-lo em um novo. A relação com ambos permanece.

Ao retirar algo da natureza, abrem-se novas possibilidades de significado, que ainda estão relacionadas ao contexto anterior, mas também vão além dele. Isso cria uma extensa rede de relacionamentos entre as pessoas que realizam o gesto de criá-las e os possíveis significados da imagem criada. A natureza é literalmente colocada em um pedestal nessas obras de arte chinesas. No processo, a proximidade e a veneração da natureza se tornam tão claras quanto a tendência humana de estabelecer uma relação simbólica com o poder invisível na natureza. Isso acontece por meio da abstração, aqui não traduzida em novos símbolos, mas por meio da elevação da natureza a um símbolo.

A abstração feita por mãos humanas, como constituição do sensível, torna-se reconhecível na citação de Bredekamp das pedras dos sábios como uma parte central de todo comportamento estético. É importante enfatizar que isso não depende do pensamento histórico ou a-histórico, mas é universal. E apesar do fato de que, como mostrarei, a teoria da arte ocidental sempre ter colocado a imitação da natureza no centro por motivos de subjetivação e antropocentrismo. Em geral, pode-se observar que, para a questão do porquê da produção da arte ou das imagens, as várias teorias da imagem se baseiam principalmente na ideia de separação da natureza, enquanto na prática a-histórica, paleolítica, indígena e oriental encontramos a ideia de conexão, ideia essa que ainda não foi suficientemente teorizada.

DO CONCEITO ARTE

Faz algum sentido, então, substituir o conceito de arte pelo de imagem? Oferece uma melhor compreensão do porquê a fazemos? É possível incluir outras cosmopercepções e epistemologias no estudo da imagem? Minha discussão até agora produziu, em sua maioria, respostas negativas a essas perguntas. O antropocentrismo foi mantido e não foi criada uma compreensão maior da arte paleolítica ou não hegemônica. Somente a janela de tempo maior de Bredekamp, a importância da abstração e a inclusão de objetos mais antigos abrem um pouco para novas perspectivas.

Como vimos, autores e artistas indígenas (Jecupé, 1998; Munduruku, 2009; Esbell, 2020, 2021; Esbell e Berbert, 2020) aceitam o conceito ocidental de arte e o adotam para o trabalho simbólico de seus ancestrais desde a época paleolítica, mas também para sua arte contemporânea. Entretanto, eles definem a arte como maneira de tornar o invisível visível. O Ocidente, por outro lado, há muito tempo pratica a exclusão de povos e cosmopercepções não europeus. Para explorar a necessidade de descolonizar o conceito de arte e, com ele, a questão da criação de arte, parece útil refletir brevemente sobre as artes indígena e africana. Uma preocupação central da antropologia e da etnologia era, inicialmente, conforme descrito no primeiro capítulo, afirmar a alteridade da arte não europeia ou hegemônica com termos como artefato, fetiche, animismo etc. e, desta forma, desacreditá-la. Hoje, o quadro mudou. Els Lagrou (2009, p. 18), uma antropóloga belga que vive no Brasil, bem como o britânico Alfred Gell (2018), estabeleceram a diferença entre a arte indígena e a ocidental em sua agência e em seu valor produtivo. Isso é importante porque mostra que qualquer obra indígena perde seu significado quando é exposta em um museu, a menos que tenha sido pensada para tal. Mas ainda não explica que todos os elementos da arte indígena são parte de um sistema sofisticado que expressa uma cosmopercepção.

Várias formas de expressão e movimentos artísticos ou obras de arte do século XX, como *fluxus*, *performance art*, *body art*, *happening* etc., tentaram recuperar o valor produtivo ou de ação também para a arte ocidental. Na vanguarda histórica e desde a década de 1960, eles reconectaram o mundo da arte com a vida cotidiana. Por esse motivo, Lagrou (2009, p. 13) compara as obras de arte indígenas com a arte conceitual:

> Se objetos indígenas cristalizam ações, valores e ideias, como na arte conceitual, ou provocam apreciações valorativas da categoria dos tradicionais conceitos de beleza e perfeição formal como entre nós, por que sustentar que conceitualmente esses povos desconhecem o que nós conhecemos como "arte"?

Na verdade, deveria ser o contrário e a arte conceitual deveria ser comparada com a arte indígena. Jaider Esbell deixou isso claro com seu conceito de arte indígena contemporânea, uma vez que a arte indígena já existia antes e nunca perdeu sua função de ação, seus valores e suas ideias, além de seu entrelaçamento com objetos do cotidiano. Contudo, o cotidiano está sempre conectado como o mundo espiritual. É significativo que, nas Américas, somente nos últimos anos o conceito de arte tenha sido usado por historiadores e curadores de arte brancos, bem como por artistas indígenas. Os museus estão agora criando as chamadas alas americanas, seções com arte indígena ou, como na Pinacoteca em São Paulo, comprando e exibindo arte contemporânea indígena e afrodiaspórica.

No que diz respeito à arte africana, Carl Einstein foi o primeiro europeu, no início do século passado, a romper com a ideia de que não havia arte na África. Em 1915, em seu livro com o título que expressa a racialização de seu tempo, *Negerplastik* (Escultura negra), ele questionou a abordagem europeia preconceituosa que negava aos africanos qualquer capacidade de criação artística e, portanto, vontade estética:

> Não há, talvez, nenhuma outra arte que o europeu encare com tanta desconfiança quanto a arte africana. Seu primeiro movimento é negar a própria realidade de "arte" e exprimir a distância que separa essas criações do estado de espírito europeu por desprezo tal que chega a produzir terminologia depreciativa. Essa distância e os preconceitos decorrentes tornam difícil — e mesmo impossível — qualquer juízo estético, pois tal juízo supõe, em primeiro lugar, certa familiaridade (Einstein, 2011, p. 31).

A nobilização de Einstein não foi realmente aceita no Ocidente até o final do século 20, pois ainda em 1984, na exposição "Primitivismo no século XX" no Museu de Arte Moderna de Nova York, houve, como mencionado, uma longa discussão que levou ao reforço do conceito de artefato. Einstein, por outro lado, estava escrevendo em um momento em que os artistas europeus estavam interessados na arte paleolítica, japonesa, oceânica e africana e, embora entendida como arte primitiva, estavam integrando-a à sua própria arte para renovação estética formal. O que distingue Einstein é que ele não apenas buscou uma compreensão das formas africanas, mas também desenvolveu uma tese sobre sua função. De fato, o autor usou seu estudo para atacar a arte ocidental, especialmente a arte cristã da contrarreforma.

A escultura e a pintura barrocas foram comparadas por ele com a arte africana, que considerava muito mais "transcendental". Assim, Einstein permaneceu ligado a um conceito ocidental, mas o utilizou para valorizar supostos artefatos que, de outra forma, seriam considerados retrógrados. Isso porque ele via o barroco como uma tentativa de manipular o espectador, ao passo que ele encontrou o que chamou de verdade religiosa na escultura africana. Einstein chegou a essa conclusão por meio da análise de suas formas cúbicas fechadas. Ressaltou sua concentração formal de contrastes, integração e intensidade sobre as quais refletiu extensivamente e em linguagem expressionista. Em sua opinião, a escultura "é" em vez de simbolizar algo. Ao mesmo tempo, Einstein estabeleceu critérios para sua análise, referindo-se à arte contemporânea da sua época, o cubismo. Ao fazer isso, ele contradizia a ideia de abstração:

> A obra, fruto do trabalho do artista, permanece independente, transcendente e desprendida de qualquer ligação. A essa transcendência corresponde uma visão do espaço que exclui toda função do espectador; é preciso oferecer e garantir um espaço do qual se esgotem todos os recursos, um espaço total e não fragmentado. O espaço fechado e autônomo não significa aqui abstração, mas sensação imediata. Esse fechamento é garantido quando o volume estiver plenamente realizado, quando nada mais for possível acrescentar (Einstein, 2011, p. 42).

Essa visão europeia, à qual Einstein também sucumbiu, é contrariada por Okot P'Bitek (2011) e Kwasi Wiredu (1996). Eles criticam o fato de o Ocidente ver tudo na África como religioso e denunciam que isso se baseia em um julgamento e uma tradução equivocados de termos e práticas. Embora Einstein tenha observado que pouco se sabia sobre a arte africana em sua época, ele também cometeu o erro de presumir que as esculturas eram para adoração:

> A transcendência da obra é determinada e pressuposta pela religião. A obra é criada na adoração, no temor a deus, e provoca efeitos iguais. Artesão e adorador são, a priori, psiquicamente idênticos, em sua própria essência; o efeito não reside na obra de arte, mas em seu caráter divino posto como hipótese é incontestado (Einstein, 2011, p. 42).

Para questionar a falsa noção de transcendência na arte africana, como a vemos também em Einstein, Wiredu (1996, p. 59) explica que a relação com as figuras é de respeito. Não há temor, pois a única função das cosmologias africanas é estabelecer um equilíbrio social. Por exemplo, podemos citar uma Nimba (grande alma) dos Bagu (Nalu) da atual Guiné-Bissau. Trata-se de uma figura de fertilidade com uma função cerimonial específica. Ela existe não apenas como escultura, mas também como máscara que é usada no início da temporada de plantio para garantir uma boa colheita e, assim, a saúde do povo. Ela também é utilizada como expressão de gratidão e em funerais. Não é por acaso que ela lembra as várias figuras de Vênus paleolíticas.

Figura 16

Nimba, Nalu e Baga (atual Guiné-Bissau), anônimo, s.d.
Escultura em madeira.
(Fonte: Einstein, 2011, p. 153).

Além do equívoco em relação à dimensão "transcendental" da arte africana, Einstein já presumia, assim como os autores indígenas citados, como Jecupé, Munduruku e Esbell, que as esculturas e máscaras tornam o invisível visível, ou seja, lembram-se dele ou fazem contato com ele. Einstein também aborda a transformação do eu para o bem da comunidade em sua discussão sobre tatuagens e máscaras. A insistência do autor no religioso pode ser atribuída, como observado, à sua crítica à contrarreforma. Além disso, o texto de Einstein abre perspectivas mais profundas sobre a arte africana do que autores contemporâneos como Frank Willet (2017), que ainda estão comprometidos com um olhar distintamente etnográfico, mas são considerados referências devido à falta de publicações sobre o assunto.

Podemos resumir que tanto o conceito de imagem quanto o conceito de arte sempre carregam a história colonial ocidental de exclusão, mesmo que os estudos das artes e a antropologia estejam agora trabalhando a favor da integração, mas sem refletir sobre sua base cosmológica e epistemológica. Essas são articuladas, por exemplo, por artistas contemporâneos indígenas que adotaram o conceito europeu de arte. Devido à aceitação no campo da arte contemporânea, com todos os seus problemas, parece não haver maneira de contornar o conceito de arte. Entretanto, ele teria de ser redefinido como um conceito pluriepistemológico. Volto agora à questão das motivações da criação de imagens ou arte.

DA VONTADE DE CONECTAR, SABER, COMUNICAR, ACHATAR E REGISTRAR

Além dos estudos visuais e da antropologia, encontramos em outras disciplinas, como na filosofia, nos estudos de mídia e na psicanálise, várias explicações para as motivações humanas para criar arte e expressá-la em diferentes mídias. Os mundos indígena, africano, asiático e oceânico veem na arte, como já disse, acima de tudo uma possibilidade de agência e conexão, tanto com o mundo visível e suas várias camadas, quanto com o mundo que às vezes é chamado de invisível, ou espiritual. Assim, a arte é compreendida como uma expressão dos saberes e conhecimentos e do contato com os ancestrais e outros espíritos, por exemplo, da natureza.

Jaider Esbell (2021, p. 37) resume as diferentes mídias e suas funções na arte indígena da seguinte forma: "Porque nós, os indígenas, viemos de uma tradição muito oral, muito visual, com menos estabelecimento de linguagens específicas. É uma tradição muito sensitiva e espiritual". Há alguns anos, a arte indígena contemporânea vem abrindo novos caminhos no mercado de arte ocidental e no sistema de museus, pois continua conectada a esse caminho espiritual. Ela também sempre pressupõe um contato direto entre o homem e a natureza:

> E a arte indígena contemporânea tem essa força de trazer toda essa expectativa de atendimento dessas outras demandas para os outros sentidos, especialmente o mais sutil que é essa questão da espiritualidade, de ser espiritualizado (Esbell, 2021, p. 46).

Em seguida, Esbell se refere ao senso de comunidade como um elemento central na prática artística indígena. Mesmo quando os artistas indígenas adotam a ideia ocidental de arte e participam do mercado de arte, sua produção, disseminação e comercialização se baseiam na ideia de que isso é feito para a comunidade.

Reflexões sobre a função da arte de estabelecer contato com o mundo invisível ou espiritual, ou de se referir ao contato com ele, também podem ser encontradas no pensamento ocidental. No século XX, houve várias tentativas teóricas nesse sentido. Gostaria de lembrar um texto do filósofo alemão Martin Heidegger (1889-1976), *A Origem da Obra de Arte*, de 1936, cuja definição teve uma forte influência, embora não reconhecida, no pensamento contemporâneo nos estudos da imagem. Pode-se dizer que o conceito de terceiro espaço de Coccia tem sua base na declaração de Heidegger (2007) de que a obra pertence apenas ao reino aberto por ela mesma.

No texto heideggeriano encontramos uma proposta que afasta a obra (que não possui uso cotidiano) da coisa (o material em si), e do apetrecho (que tem uso cotidiano). Filho dos tempos modernos e da industrialização, Heidegger fez esse raciocínio porque queria livrar a obra de arte de uma definição que ele considera influenciada demais pelas noções associadas à coisa e ao apetrecho. Para lembrar que antes das primeiras teorias estéticas desenvolvidas pelos filósofos idealistas alemães no século 18, os antigos gregos não diferenciavam o artista do artesão, todos eles eram *technites*. Por isso, o autor usa para o fazer artístico o conceito *techné* (τέχνη), cuja tradução seria "vontade de saber". Desenvolvendo sua argumentação de que a obra de arte é uma expressão dessa vontade de saber, Heidegger inicia com a pergunta: "Em que se distingue o produzir, enquanto criação, do produzir no modo da fabricação?" Ele responde:

> Os grandes artistas têm na maior estima o saber-fazer de manufatura. São os primeiros a exigir o seu cultivo cuidadoso a partir do pleno domínio. São eles, mais do que todos os outros, que se esforçam por um sempre renovado aperfeiçoamento da manufatura. Já se fez suficiente alusão ao fato

> de os gregos, que percebiam alguma coisa de obras de arte, usarem a mesma palavra [*techné*], para designar a manufatura e a arte, e chamarem com o mesmo nome *technites* ao artesão e ao artista (Heidegger, 2007, p. 47).

Heidegger queria evidenciar que na antiguidade grega não havia a ideia de arte, senão a valorização do saber fazer, associado ao querer saber por meio da realização de uma obra. Isso mostra que a ideia de um conhecimento preexistente, presente em contextos indígenas (Jecupé, 1998; Munduruku, 2009), africanos (Wiredu, 1996; P'Bitek, 2011) e afrodiaspóricos (Sodré, 2017), também existe na Europa. No entanto, Heidegger conceituou esse conhecimento na tradição ocidental como uma compreensão do próprio ser, ou seja, do ente. A motivação de toda obra de arte seria revelar isso. Digo deliberadamente "revelar" porque a helenização do pensamento — a introdução de uma esfera transcendental hierarquicamente superior — foi o passo logocêntrico que se afastou do saber na obra de arte para o conhecimento pelos filósofos:

> A palavra τέχνη quer dizer muito mais um modo do saber. Saber quer dizer: ter visto, no sentido lato de ver, que indica: apreender o que está presente enquanto tal. A essência do saber repousa, para o pensar grego, na αλήθεια, a saber, na desocultação (*Entbergung*) do ente. [...] é um produzir do ente [...] (Heidegger, 2007, p. 47).

O saber é *alḗtheia*, ou seja, verdade. É interessante ver, e em última análise uma contradição, como a teoria de Heidegger foi influenciada pelo helenismo — na medida em que ele falou da obra de arte como portadora do saber e, portanto, da verdade, que só é revelada nela. Isso apesar de ele ter apontado que o conceito de arte não existia dessa forma e que o artesanato e, com ele, os objetos utilitários ou de uso — basta pensar nos vasos gregos — também eram portadores de significado e de saber e, consequentemente, de verdade de um modo específico de estar no mundo.

Heidegger realiza uma mudança de enfoque do fazer (e da consequente análise formal introduzida na história da arte depois de Hegel) de uma obra para algo mais complexo, o saber do ente. Nisso, ele é ocidental, pois o saber é sobre o ser humano, seu ser. Além disso, o autor descreve o saber como resultado de um conflito entre desocultação e ocultação, ou seja, de uma dialética. A obra de arte seria motivada tanto pelo saber fazer como pela produção de saber, sendo esse saber relacionado ao nosso ser como um todo. A representação dessa dinâmica não está longe da ideia de tornar o invisível visível por meio da abstração, mas carrega a ideia ocidental de uma luta para tornar perceptível o significado da dificuldade de revelação.

A teoria de Heidegger é próxima do pensamento indígena no que diz respeito ao acesso ao mundo invisível. De fato, o retorno de Heidegger para a definição grega de *techné* apresenta uma tentativa de ressacralizar a arte nos tempos modernos. Existe um *a priori* que se revela apenas na obra e não são ideias, mas a verdade. Heidegger foi mais sistemático do que Friedrich Nietzsche (1844-1890) em sua insistência na sua sacralidade em relação à tragédia grega. Ambos os autores reagiram ao idealismo alemão e sua dessacralização, embora, ao tornar a arte mero objeto de estudo e contemplação, ela tenha ganhado a aura de "[...] veneração quase religiosa [...]" (Lagrou, 2009, p. 12), afastando-a de ser fonte de sabedoria e conhecimento. Essa capacidade foi transferida para a estética como subdisciplina da filosofia. O conceito do terceiro espaço proposto por Coccia relembra essa relação, mas o autor se afasta da ideia da obra de arte — agora entendida como devedora do pensamento renascentista — para abranger todos os mundos sensíveis que vão além do objeto e da psique.

Como já observado, a diferença em relação à teoria de arte indígena é tanto a exclusão de Heidegger das coisas (objetos do cotidiano) quanto a ideia de um conflito necessário para a arte revelar o invisível. Enquanto Jecupé, Munduruku e Esbell falam apenas em tornar visível o invisível, Heidegger considera uma resistência embutida, uma recusa em revelar-se. Isso, por sua vez, está enraizado na helenização e na ideia hierarquizante de uma esfera divina inacessível, o que torna impossível a ideia de que há acesso livre de conflitos ao conhecimento e à verdade. O conceito de verdade também é, em última análise, helenístico.

Além da ideia de que a arte é uma expressão de saber (e não de conhecimento no sentido ocidental científico) e verdade, e uma visualização do invisível, eu gostaria de apresentar algumas perspectivas ocidentais e, assim, culturalmente mais pessimistas sobre a motivação para a criação de arte. A primeira, devido à sua contemporaneidade, permite a inclusão de novas tecnologias, como a internet. A filósofa alemã Sybille Krämer (2016) não fala em um mundo de imagens ou do sensível, senão utiliza os conceitos de "gramática" e "diagramática".

Por meio deles, sua leitura situa o ser humano mais próximo do animal do que os autores apresentados anteriormente, ou Heidegger com sua nobre ideia do saber. Para ela, as gramáticas e diagramáticas são o resultado de um instinto de transformar a vida incontrolável — que desperta ansiedades — em um ambiente de maior controle — sobretudo em termos espaciais. Krämer é mais cética em relação à produção imagética, pois sugere que o ser humano possui menos a vontade de fabricar mundos, ou desocultar conhecimento, do que de achatar o mundo, seja nos primeiros grafismos paleolíticos, seja na internet:

> A interseção entre "gramáticas" e "diagramática" resulta do fato de que escrever, gráficos e diagramas são técnicas culturais que possibilitam achatamento. A descoberta de que achatar é um meio de representação foi, antropologicamente falando, um momento decisivo. O nosso corpo e sua divisão em parte superior e inferior, frente e verso, direita e esquerda apresenta a nossa primeira referência para orientação no mundo real e tridimensional. Isto implica, contudo, a existência de uma zona invisível e incontrolável "por trás" e "em baixo". Com a criação de superfícies bidimensionais nas quais podemos inscrever palavras e imagens, produzimos um espaço especial, completamente visível e — mais importante — controlável, no qual o "por trás" e "em baixo" são eliminados. Eu acredito que a descoberta de uma superfície inscritível para palavras e imagens causou a mesma mobilidade e criatividade em nossas mentes como a invenção da roda gerou no que diz respeito às nossas capacidades físicas. Talvez devêssemos ver a internet, potencialmente, como um meio gigantesco de achatamento, uma vez que organiza milhares de atividades diferentes em uma representação alinhada, bem-organizada e acessível. Por conseguinte, será que podemos interpretar a vigilância maciça pelos serviços secretos, como uma forma radicalizada de maximizar a nossa técnica cultural de achatamento, com o objetivo de acabar com o invisível em favor de uma ordem bem-organizada? (Krämer, 2016).

Curiosamente, é justamente o invisível, aqui literalmente, mas também figurativamente, que desencadeia a inquietação e o medo. Mais uma vez, podemos ver que essa é uma teoria ocidental caracterizada pela separação da natureza e por um grande medo dela.

O pai da psicanálise, o austríaco Sigmund Freud (1856-1939), foi o primeiro a formular psicologicamente o medo existencial que está na base do homem ocidental, impulsionando assim a pesquisa do subconsciente no final do século

19 e início do século 20. Em seu livro *O mal-estar na civilização*, publicado em 1930, Freud (2010) procurou entender o mal-estar com a cultura (ou a civilização na tradução em português), nomeadamente com sua incapacidade de combater o sofrimento humano. Esse sofrimento resultaria de três fontes: do próprio corpo e de sua decadência, do mundo exterior e de suas ameaças — foco de Krämer — e das complicadas relações humanas. Perante esse cenário avassalador, a psique procuraria encontrar maneiras de aliviar o sofrimento das mais diversas formas, que oscilariam entre o aumento do prazer e sua negação: satisfação dos desejos, recusa dos desejos por meio de isolamento, intoxicação, recusa aos instintos por meio de trabalho intelectual e artístico, experiência estética etc. Para o célebre psicanalista, tanto a produção como a recepção da arte seriam apenas mecanismos da psique para lidar com o sofrimento causado pela vida. Ou seja, Freud e Krämer partem do princípio de que o ser humano procura defender-se da vida para garantir sua sobrevivência. Uma perspectiva que deixa claro o quanto a civilização ocidental está doente, tendo perdido em grande parte sua conexão com a natureza e o mundo invisível. Como a crítica freudiana também se estendia às religiões e à filosofia, nas quais ele não via nada mais do que tentativas infantis e ilusórias de explicar a existência humana, qualquer dimensão espiritual da vida humana era questionada por ele. Para Freud, o que restava era apenas a psique humana, cuja análise científica era o foco de sua preocupação. Essa era sua maneira de lidar com o sofrimento do mundo.

A tese de Krämer é ainda mais radical, porém novamente focada nos fazeres simbólicos do ser humano. Abre mão não só de um eventual impulso espiritual, mas também das necessidades psicológicas. Seu olhar é mais frio do que o freudiano ao focalizar a vontade do ser humano de se autoaniquilar na tecnologia. Seja como for, a tese de Krämer chega aos seus limites quando voltamos ao filme de Herzog e sua questão de que o ser histórico nunca consegue desvelar o significado das pinturas rupestres. Mesmo que não façamos as perguntas certas, como qual é o significado dos animais, é óbvio que a tese mostra suas fraquezas nesse exemplo: ao observar as pinturas rupestres, a intimidade com os leões e outros animais é muito mais clara do que o suposto banimento do perigoso mundo paleolítico. O ponto central aqui é a incapacidade de ver a natureza como uma parceira. Ou, como no pensamento perspectivista indígena e multinaturalista, não fazer distinção entre humanos, animais e espíritos.

A fim de abrir para mais uma dimensão da motivação humana para fazer arte, falta mencionar o primeiro autor que se perguntou sobre a consciência temporal: Santo Agostinho de Hipona (354-430). Em suas *Confissões*, escritas nos anos 397 e 398, debruçou-se sobre a existência das categorias passado, presente e futuro, afirmando que nenhuma delas era estável. Pelo contrário, para Agostinho (1980), nem passado nem futuro existiam, e o presente, no momento de nomeá-lo, já tinha escapado também, embora pudéssemos saber do passado, viver o presente e pensar no futuro. O que nos restava era apreender o passado em nossas memórias.

De uma perspectiva a-histórica, a ideia de tempo, uma vez que não é linear como na cultura da escrita de Agostinho, é muito mais complexa. Por um lado, ela está ligada à natureza, com seu constante ciclo de transformação e desaparecimento. Por outro lado, ela entrelaça passado, presente e futuro de uma forma mais complexa. Cusicanqui (2015, p. 11) cita um provérbio aimará que expressa essa complexidade das relações humanas com o tempo: "Se olharmos para trás e para frente (para o futuro-passado), poderemos caminhar no presente-futuro". O presente é sempre o futuro (Agostinho também sabia disso, mas o avaliou negativamente) e ao olhar para o passado deve-se pensar no futuro. Cusicanqui (2010, p. 54) explica: "O retrocesso ou o progresso, a repetição ou a superação do passado estão em jogo em todos os momentos e dependem mais de nossas ações do que de nossas palavras". Não há antes ou depois, não há desenvolvimento, mas círculos e espirais. Em contraste, Agostinho já presumia o desenvolvimento linear e não podia mais pensar nessa simultaneidade, razão pela qual ele a simplificou e viu a fugacidade do passado, do presente e do futuro não como um potencial, mas como um problema.

Mesmo assim, vale sublinhar que o teólogo usou o conceito de "imagem" para explicar como a memória deixou registros do passado em nossa mente: "[...] mas sim as palavras concebidas pelas imagens daqueles fatos, os quais, ao passarem pelos sentidos, gravaram no espírito uma espécie de vestígio [...]" (Agostinho, 1980, p. 269).

Agostinho foi um africano da cultura escrita cristã. Sua ideia de memória amplia a sugestão de Krämer de que o mundo codificado resulta principalmente de nossos medos de perigos externos, pois o registro de imagens materiais, em qualquer mídia, também surge do desejo de registrar e lembrar nossa existência.

Esse registro, no entanto, é refletido de forma escrita e, assim sendo, ressoa com ceticismo. A citação de Cusicanqui demonstra que todos os tempos são sempre acessíveis e devem ser pensados juntos para seguir um caminho para o futuro. Esse projeto histórico, entretanto, como Segato (2012) afirma de forma enfática, foi interrompido pelo colonialismo para a maioria dos povos.

▸ DE IMAGENS, TEXTOS E CÓDIGOS TECNOLÓGICOS

Agostinho reconheceu muito claramente os problemas causados pela cultura escrita e sua linearidade. Para concluir minhas observações sobre as razões pelas quais estudamos arte e a produzimos, gostaria de apresentar alguns estudiosos da mídia e um xamã yanomami que se debruçaram sobre esse tópico em detalhes.

O mundo codificado: Por uma teoria do design e da comunicação é uma obra de Vilém Flusser (2007), de quem já conhecemos as reflexões sobre o homem brasileiro e sua historicidade. O livro traz duas metodologias que costumam permear todo tipo de estudo da produção e do saber humanos: a periodização e a diferenciação das artes conforme suas mídias. Ambas as metodologias são tentativas de organização científica para compreender o desenrolar da atividade humana. Apresentarei brevemente o que o autor diz acerca das mídias humanas, as quais ele periodiza conforme seu desenvolvimento histórico: primeiro a imagem, depois a escrita e, por fim, o código tecnológico, do qual fazem parte os dispositivos mecânicos, eletrônicos e digitais, como a câmera obscura, a lanterna mágica, a fotografia, a gravação de som e de filmes, o vídeo, a internet etc.

Com relação às imagens, a teoria de Flusser (2007) parte da ideia de que, ao longo de milhares de anos, foram uma maneira de entender o mundo por meio do acúmulo de cenas. Assim como Boehm, Bredekamp, Mondzain e Coccia, Flusser também vê na codificação de imagens a possibilidade de separar o ser humano do animal, o que, no entanto — seguindo o ceticismo de Krämer e as reflexões de Eliade —, acaba por torná-lo apenas um animal simbólico. Em vez de apontar para a conexão entre olhar, falar e fazer, para a criação da subjetividade ou para um espaço extrapsíquico e extraobjeto, Flusser queria entender a codificação do mundo como uma possibilidade de interpretá-lo. Nesse sentido, ele foi mais pragmático do que Heidegger com sua vontade de saber e mais imaginativo do que Krämer em seu desejo de achatar ou do que Agostinho e seu registro do passado. Entretanto, a ideia de contato com a natureza ou com o mundo invisível, conforme formulada por Jecupé, Munduruku, Kopenawa, Krenak e Esbell, não lhe ocorreu. Era laico demais para isso.

Figura 17

Cena de caça, anônimo, s.d.
Pintura rupestre. Tassili n'Ajjer, Argélia.
(Fonte: Wikimedia Commons).

Para Flusser, a base da codificação era a imaginação humana e a capacidade de resumir o mundo ao redor em cenas e, assim, formular informações sobre ele. Essa codificação corresponde à criação de um mundo próprio no sentido de mapas. Flusser não especificou se eles eram reais ou se registravam nossos medos e desejos. Por exemplo, o desenho rupestre em Tassili n'Ajjer, no Saara da Argélia, que tem cerca de 12.000 anos, poderia se referir a uma caça passada, a atividade em sim ou ao desejo de sucesso em uma caçada futura. Não ocorreu a Flusser que poderia ser um agradecimento, um reconhecimento ou, de forma bastante pragmática, uma indicação de um bom lugar de caça. Ele apenas afirmou que era impossível — e nós já conhecemos essa afirmação — saber as razões dessa cena imaginada. De qualquer forma, ela era o resultado de uma imaginação codificada e, portanto, uma abstração.

Flusser interessava-se sobretudo pela dimensão temporal implícita na explicação do mundo que ela oferece. Ele sugeriu que a imagem era resultado e afirmação de um pensamento mítico-mágico que, lembrando seu outro texto, seria comparável ao pensamento a-histórico. Esse pensamento se revela mediante dois passos de leitura: primeiro, uma leitura sincrônica da cena que capta todos os elementos no mesmo instante e possibilita perceber que se trata de uma caça; segundo, uma leitura diacrônica, que é analítica ao procurar um significado da cena por meio da observação de todos seus elementos em detalhe. É nessa segunda leitura, que examina os elementos de forma sucessiva — Flusser fala no deambular do olhar pelos caçadores, as flechas e os animais —, que o tempo é introduzido. Esse tempo não remete a um modelo linear — com início, meio e fim —, senão a um modelo cíclico, de acordo com a circularidade da natureza e seus eternos retornos: vida e morte, dia e noite, semear e colher.

A mudança que marcou a passagem do modelo cíclico para o modelo linear do tempo, e que coincide com a passagem da pré-história para a história, foi para Flusser a invenção da escrita. Em geral, isso está associado ao surgimento das primeiras civilizações, que trocaram o nomadismo por assentamentos e iniciaram o processo de urbanização, o que, por não viverem mais no contexto da natureza, supostamente mudou a noção de tempo. Todavia, esquece-se que as primeiras cidades sempre foram moldadas pela agricultura e, destarte, eram dependentes do pensamento cíclico. Deve-se observar também que os assentamentos mais antigos são todos de origem etíope. Pelo menos é assim que explicam John J. Jackson (1939; 1974) e Cheikh Anta Diop (1974), que consideram a migração dos etíopes para os vales dos rios no Egito, na Mesopotâmia e na Índia, onde fundaram cidades entre 10.000 e 7.000 a.C., como o início de toda a civilização urbana.

Flusser (2007, p. 136) valorizava mais as imagens do que a escrita e acreditava que somente elas permitiam uma leitura mais complexa do mundo. O meio da escrita, que resultou do posicionamento diacrônico das imagens, havia levado a uma primeira revolução midiática com consequências graves e redutoras. Podemos ver, por exemplo, nos hieróglifos da tumba de Seti em Tebas, no Egito, que a escrita é o resultado da decomposição de imagens em linhas. É notável como os hieróglifos sintetizaram e alinharam imagens para expressar a mediação do mundo por meio de novos códigos.

Figura 18

Hieróglifos egípcios, anônimo, 13.000 a.C. Tumba de Seti, Tebas, Egito. Pintura de parede. The British Museum, Londres, Inglaterra. (Fonte: Wikimedia Commons).

Flusser (2007, p. 139) observou que, ao substituir os elementos da cena por símbolos, a leitura se tornou mais analítica já nessa primeira etapa. A digressão do olhar foi substituída por uma leitura linear que suprimiu o fluxo livre, e a ideia de eterno retorno por meio de um procedimento progressivo. Essa profunda mudança levou o autor a acreditar que a causalidade da existência começou a moldar a ideia de uma existência histórica. Em outras palavras, o mundo começou a ser explicado e, em vista disso, construído de uma maneira diferente.

De fato, a partir do surgimento de textos e, sobretudo, das Escrituras Sagradas, a imagem foi fortemente atacada, como veremos no próximo capítulo. Ocorreram proibições e atividades iconoclastas, até destruições de imagens para inibir seu poder. Por outro lado, houve idolatria, propaganda e veneração de imagens para usá-las na elaboração de uma comunicação mais incisiva. Flusser interpretou, efetivamente, a escrita como uma invenção contra a idolatria que já estava em curso. Além de iconoclasmo e idolatria, despontaria também a ideia, que será primeiro formulada por Platão, de que a imaginação é apenas alucinação, sendo que o famoso filósofo negou às imagens a capacidade de mediar entre o ser humano e o mundo.

Em sua sociologia da imagem, Cusicanqui (2015) trabalha exatamente contra essas dimensões políticas e, em última análise, colonialistas da escrita. Ela distingue seu próprio método da antropologia visual ocidental e explica isso dizendo que não está tentando entender o desconhecido do outro, mas tornar estranho o que é conhecido: "a sociologia da imagem busca alienar, distanciar-se do extremamente conhecido, do rotineiro e do familiar" (Cusicanqui, 2015, p. 21). No contexto da Bolívia, as imagens que ela analisa — fotografias, filmes e uma carta de 1.180 páginas, *El primer nueva corónica y buen gobierno* (O primeiro [volume de] nova crônica e bom governo), de Felipe Guamán Poma de Ayala ao rei espanhol Phillip III, do início do século 17, mostrando os abusos do colonialismo e contrastando a cosmologia inca — são uma forma de mostrar como elas se opõem criticamente à escrita e expressam o conhecimento reprimido.

É exatamente a dimensão do tempo que é capturada nas imagens da carta de Poma de Ayala. Por meio delas, ele comunica a opressão e a exploração dos

Figura 19

Corregimiento, in *El primer nueva corónica y buen gobierno*,
Felipe Guamán Poma de Ayala, 1615.
Desenho.
(Fonte: Ayala, 1615, p. 509).

quéchuas na época da destruição do Império Inca pelos espanhóis. As imagens expressam a consciência inca do tempo cíclico e sua coexistência harmoniosa com a natureza na agricultura, rituais e cerimônias, o que é contrário à exploração espanhola e seu pensamento linear do tempo.

Há imagens que denunciam a cultura egoísta de pilhagem dos espanhóis, cuja vida em abundância levou à fome da população indígena. Por outro lado, as imagens são poderosas testemunhas do justo governo inca, cuja cosmologia foi construída com base no interesse da comunidade e consistia em cultivar a terra e estruturar o ano por meio do trabalho, ações de graças e festivais coletivos. As imagens demonstram que o equilíbrio social da vida em harmonia com o ciclo da natureza foi interrompido pelo colonialismo ganancioso. Os colonizadores são atacados por seu governo explorador, como no desenho em que um pequeno indígena — o tamanho aqui expressa a hierarquia — vai de mãos vazias à mesa ricamente posta do conquistador, na qual um mestiço e um "mulato", bem como o inca conquistado, estão sentados como convidados. O resultado da colonização — o deslocamento das pessoas para a mendicância — é registrado de forma pictórica.

Depois dessa breve excursão à realidade colonial da resistência por meio de imagens — uma dimensão que não recebe atenção nas teorias ocidentais —, volto à apreciação das mídias óticas. Junto com Rivera Cusicanqui e Flusser, ela é compartilhada pelo americano Marshall McLuhan (*apud* Kittler, 2015, p. 33), que vê nelas a possibilidade de autoconhecimento por serem capazes de criar "[...] um milagre pentecostal de comunicação e harmonia universais [...] tendo em vista uma consciência cósmica geral [...]". Seu otimismo não é compartilhado por Friedrich Kittler (2015), estudioso alemão da história das mídias, que questiona essa dimensão e a considera metafísica.

Na esteira de autores como o francês Paul Virilio (2005), Kittler realça a natureza técnico-bélica das mídias óticas, bem como a capacidade das artes e mídias de enganar os órgãos sensoriais. Acaba resumindo a história das mídias como uma "história do desaparecimento" (Kittler, 2015, p. 45), no sentido de que elas tenham encerrado o "postulado do visível" — aquilo que se manifestava ao olho —, postulado esse somente em vigor até o renascimento. Depois, com base em uma visão cultural-pessimista, haveria acontecido uma matematização e virtualização da realidade.

Ao contrário de Heidegger, que acredita na desocultação do conhecimento e da verdade pela arte, ou Cusicanqui, que ressalta o potencial de resistência descolonial das imagens, Kittler, citando o americano Claude Shannon, sugere que as verdades eternas — expressas somente na matemática e nas religiões — não precisavam de mídias. Estas, tendo como função arquivar, transmitir e processar dados, "[...] se despedem de toda e qualquer crença da linguagem cotidiana [...]" (Kittler, 2015, p. 53). Em outras palavras, para Kittler, a vontade de saber foi substituída pela vontade de esquecer e desaparecer no Ocidente desde o século 16 com as mídias óticas.

Encontramos uma visão semelhante no pensamento descolonial de Davi Kopenawa (2015), que, no entanto, refere-se apenas à mídia escrita. Juntamente com o antropólogo francês Bruce Albert, Kopenawa escreveu um livro sobre a cosmologia dos Yanomami e sua história como xamã e líder político, para que os brancos pudessem conhecer melhor a posição indígena. Ao fazer isso, ele apresenta uma crítica robusta à escrita, enfatizando o fato de que a tradição oral milenar dos Yanomami, com a qual todo o conhecimento é transmitido, nunca dependeu da escrita. Ele usa o termo "peles de imagem" para a mídia livro, demonstrando que em sua língua a palavra imagem existe, mas não a palavra escrita. Os brancos, por outro lado, estariam totalmente dependentes de suas "linhas" e, sem elas, perderiam seu conhecimento já limitado, que, colocado no papel, conteria apenas palavras confusas:

> Nossos pensamentos se expandem em todas as direções e nossas palavras são antigas e muitas. Elas vêm de nossos antepassados. Porém, não precisamos, como os brancos, de peles de imagens para impedi-las de fugir da nossa mente. Não temos de desenhá-las, como eles fazem com as suas. Nem por isso, elas irão desaparecer, pois ficam gravadas dentro de nós. [...] O pensamento dos brancos é outro. Sua memória é engenhosa, mas está enredada em palavras esfumaçadas e obscuras. O caminho de sua mente costuma ser tortuoso e espinhosos (Kopenawa; Albert, 2015, p. 75).

O único meio adequado para os saberes e conhecimentos é a palavra. Kopenawa também questiona a subjetividade ocidental como fonte de conhecimento, já que em sua cosmopercepção as palavras vêm de Omama, o criador do mundo, ou dos xapiri, os espíritos ou ancestrais, que são transmitidos aos xamãs em transe. A palavra transmite o saber, o corpo e as visões internas podem recuperá-lo, os objetos podem absorvê-lo e, nos rituais, ele é lembrado e transmitido. Como já mencionado, os artistas ocidentais também têm tentado retornar ao corpo como uma mídia desde o início do século 20. Esse retorno, sem embargo, é moldado pelas experiências da modernidade, do capitalismo e do colonialismo. O ponto de vista de Kopenawa tem uma interseção com Kittler, que adverte contra a paradoxalidade da mídia. Mas Kittler pensa em termos europeus e vê isso como uma distração de nossa verdadeira autocompreensão. Ele também escreve com base na perspectiva do cansaço da civilização, ao passo que Kopenawa fala com base no contato com a natureza e com todos os seres cuja existência é ameaçada pelo tempo linear e, consequentemente, pela ideia de progresso expressa na escrita.

Ao contrário de Kittler e Kopenawa, a crítica de Flusser (2007, p. 150) à mídia terminou com uma nota de esperança, pois ele viu um novo tipo de imaginação com grande potencial nos códigos tecnológicos. Sua esperança era exclusivamente filosófica, pois não refletia uma dimensão cosmológica ou ecológica. Para Flusser, as imagens tecnologicamente calculadas não representavam uma matematização, mas um avanço, pois expressavam um mundo que já havia sido analisado por seus criadores. As imagens tecnológicas hipoteticamente teriam, assim, um potencial analítico porque a presença de um intermediário — o aparato técnico — concede a possibilidade de transcender o mundo linear das explicações escritas. Por conseguinte, os códigos são potencialmente imagens de compreensão, uma vez que, para produzir uma imagem técnica, é preciso primeiro entender o mundo para depois codificá-lo tecnicamente.

Entretanto, a etapa analítica que Flusser associou à nova mídia não faz sentido, porque mesmo alguém que desenha ou pinta deve primeiro pensar sobre o mundo e seu meio de expressão. O exemplo de Cusicanqui sobre os desenhos de Felipe Guamán Poma de Ayala pode ser citado aqui como um de infinitos exemplos. Também é preciso enfatizar que o audiovisual, como qualquer outra mídia, é apenas um potencial e não uma garantia para imagens conceituais, pois pode ser usado para qualquer ideologia. Mas a tese de Flusser sobre o potencial dos códigos tecnológicos também anima o filme de Werner Herzog. No caso dele, pode-se até falar de uma confirmação do potencial. Com base nas imagens das cavernas, o cineasta cria imagens mediadas, por exemplo, quando brinca com os holofotes, faz comentários em voz *over* e realiza entrevistas nas quais provoca. Ao fazer isso, ele constrói uma densa rede de referências audiovisuais que procura ir além da interpretação do significado dos desenhos pré-históricos para o mundo atual.

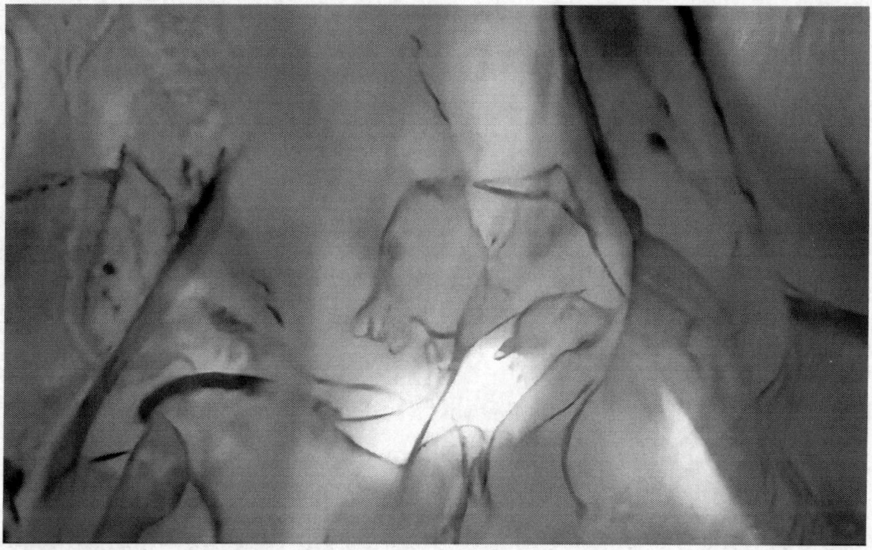

Figura 20

A caverna dos sonhos esquecidos, Werner Herzog, 2010, filme.
Fotograma de jogo de luzes nas pinturas rupestres.
(Fonte: Fotografia da autora).

Argumentei que Herzog se empenha no estudo das imagens paleolíticas e de suas motivações e, ao mesmo tempo, questiona essas tentativas expondo suas limitações. Isso é possível precisamente por meio de seu uso de códigos tecnológicos. Dessa forma, o filme vai claramente além dos métodos dos vários especialistas que trabalham na caverna. Usando tecnologia 3D de última geração, Herzog lida com a impossibilidade de entender os desenhos com base em uma perspectiva histórica. De fato, *A caverna dos sonhos esquecidos* baseia-se em uma interpretação — um conceito — desenvolvida em relação às imagens encontradas e ao seu estudo, e depois as traduz em imagens e sons de maneira a desafiar a capacidade ocidental de decifrá-las.

Tanto o entusiasmo de Flusser pela tecnologia quanto a fobia de Kittler pela tecnologia devem ser vistos com cautela. As mídias são formas de comunicação e expressão. Por meio delas é possível se comunicar com o mundo visível e não visível, estabelecer conexões com o mundo e com todos os seus seres, suprimi-los ou resistir à supressão. A escrita certamente expressa principalmente o pensamento linear, mas também pode ser usada, como mostram Kopenawa e outros autores indígenas, para transmitir outras epistemologias. Hierarquizar a mídia como uma resposta à logofilia ocidental faz pouco sentido.

▸ BREVE CONCLUSÃO

Para concluir as reflexões sobre o porquê do interesse ocidental em estudar a arte e as motivações que levam o ser humano a fazer arte, gostaria de resumir as seguintes respostas:

1. Os seres humanos ocidentais se entendem e agem como seres históricos (Herzog e Flusser). Eles não sabem mais os motivos pelos quais os povos antigos produziam imagens ou arte, como viviam e pensavam. É por isso que tentam encontrar a chave perdida para acessar seu significado. As pessoas não históricas não precisam analisar o que hoje é chamado de arte. Elas têm o conhecimento necessário porque ele lhes é transmitido oralmente (Jecupé, Munduruku e Esbell). Mesmo que não exista um conceito de arte, eles entendem as formas de expressão tanto milenares de seus ancestrais, como contemporâneos e, portanto, poderiam esclarecer a arte paleontológica.
2. Os povos que realizam *res gestae* (Flusser), ou seja, ações que intervêm no destino de outros povos, como, por exemplo, por meio da colonização, são considerados históricos. O pensamento de povos a-históricos não tem essa dimensão de poder e violência. Todavia, devido ao colonialismo o pensamento a-histórico foi fortemente influenciado pelo pensamento histórico e sua ideia de progresso e, por conseguinte, foi absorvido ou assimilado por obrigação. Por outro lado, o pensamento a-histórico tem o potencial de se opor ao pensamento histórico opressivo (Cusicanqui, Esbell, Jecupé, Kopenawa, Munduruku, P'Bitek e Wiredu).

3. Os estudos de imagem ocidentais (Boehm, Bredekamp, Coccia, Mondzain etc.) buscam substituir o conceito historicamente limitado de arte, que só se desenvolveu após o renascimento e foi usado para excluir outras cosmopercepções. No pensamento ocidental e nas recentes teorias da imagem, a criação de imagens é explicada pela hominização e subjetivação. É por isso que o *homo sapiens* também é entendido como criador de imagens, *homo pictor* (Böhm), criador, *homo faber* (Bredekamp), ou ser simbólico, *homo symbolicus* (Aristóteles e Eliade). O pensamento indígena é baseado no perspectivismo e no multinaturalismo (Viveiros de Castro) e vê os seres humanos, os animais e os seres invisíveis (forças da natureza, ancestrais e antepassados) como iguais (Jecupé, Munduruku, Esbell e Wiredu). A arte torna visível o invisível, comunicando o saber ancestral. Algo parecido é vislumbrado no início do século 20 no Ocidente (Heidegger), porém de forma dialética.
4. Há diferentes suposições sobre quando a consciência estética humana e a produção de arte surgiram. É possível situar o início da criação de imagens há pelo menos 200.000 anos (Bredekamp). As imagens se originaram na África e se espalharam por todos os continentes por meio da migração. Há imagens semelhantes, como a mão negativa, que foram criadas em momentos diferentes em todo o mundo. Portanto, não faz sentido reivindicar um centro na Europa. A criação de imagens ou arte também deve levar em conta a abstração subjacente, que é mais universal do que a suposta imitação da natureza no conceito ocidental de arte. A abstração é encontrada em todas as criações pictóricas e formas de arte, mesmo quando se procura a proximidade com a natureza.
5. O conceito de imagem e arte são ambos baseados na epistemologia ocidental. O conceito de imagem não abre necessariamente uma nova perspectiva, especialmente se entendermos a ideia de hominização como limitada ao Ocidente. O conceito de arte foi aplicado a diferentes épocas e contextos cosmológicos, tanto no início do século 20 (Einstein) quanto no início do século 21 (Lagrou). Os artistas indígenas contemporâneos adotaram o conceito de arte por questões políticas, e é por isso que ele continuará sendo mais influente do que o conceito de imagem.

6. Há várias interpretações ocidentais para explicar as razões do surgimento da arte: hominização, ou seja, a diferenciação e a separação do animal (Boehm, Mondzain e Bredekamp), a afirmação da subjetividade (Mondzain), vontade de achatar e, assim, controlar um mundo percebido como perigoso e ameaçador (Krämer), como fonte de alegria (Freud), como desejo de reconhecer e revelar o saber e a verdade (Heidegger), como uma forma de capturar nossa existência temporal (Agostinho), como resistência à colonização e representação das próprias cosmopercepções (Cusicanqui), ou para entender a si mesmo como parte do todo, para se conectar com o mundo invisível e se lembrar dele (Jecupé, Munduruku e Esbell). O estudo da arte no Ocidente é tão paradoxal quanto a sua produção, uma vez que o estudo resulta do esquecimento e do anseio por conhecimento do passado, enquanto a criação de arte resulta da supressão do poder espiritual da arte.
7. A ideia de que as pessoas são artistas só se desenvolveu após o renascimento, quando o pensamento histórico se expressou na memória de grandes mestres (Vasari) que precisavam ser imortalizados. Antes disso, mesmo no Ocidente, não havia distinção entre artesãos e artistas, como o termo *technitēs* na Grécia antiga ou artífices no medievo e no renascimento na Itália demonstram.
8. Enquanto as pessoas a-históricas usam principalmente, mas não exclusivamente, seus corpos, suas vozes e seus objetos como mídia (Kopenawa) para tornar os saberes acessíveis, as pessoas históricas desenvolveram diversas formas de expressão — imagens, escrita, códigos tecnológicos — que são avaliadas como um afastamento do saber (Kopenawa e Kittler), como resistência (Cusicanqui) ou como um potencial para acessar o saber e a verdade (Heidegger e Flusser). Especialmente a escrita, que é entendida como uma expressão da transição do pensamento a-histórico-cíclico para o histórico-linear, sendo que este último está ligado à violência e à exclusão de outros por meio da colonização, é fortemente criticada (Flusser, Kittler e Kopenawa). Os autores oscilam entre a esperança e o cansaço da civilização ocidental, o entusiasmo pela tecnologia e a tecnofobia (Flusser e Kittler).

CAPÍTULO 3

COMO A ARTE SE RELACIONA COM OS OUTROS SABERES E QUAL É SEU POTENCIAL?

Neste capítulo ainda não está em pauta como as diversas áreas do conhecimento — da filosofia às ciências humanas — têm definido e, consequentemente, estudado arte. As diferentes metodologias, desenvolvidas na modernidade e durante o capitalismo colonialista, o papel atribuído à arte, as restrições impostas a ela e as análises e interpretações realizadas serão apresentados a partir do quarto capítulo. Antes disso, gostaria de aprofundar as questões discutidas no capítulo anterior em relação ao pensar histórico do ser humano e às motivações que o levam a produzir arte.

Isso me leva às seguintes perguntas: como a arte se relaciona com as ciências ocidentais? Qual é o seu potencial? Elaboro as respostas em três etapas. Primeiro, apresento a tese de Michel Foucault em *As palavras e as coisas*, de 1964, sobre as duas revoluções no pensamento ocidental que, na opinião do autor, transformaram as pessoas ocidentais em seres analítico-históricos. Começo com a análise de uma pintura (*As meninas*, de Diego Velázquez, 1656) que é vista como tendo o potencial de explicar o ponto de virada para essa nova episteme — o pensamento clássico-analítico. Em seguida, acrescento mais duas pinturas (*A anunciação*, de Fra Angélico, 1400–1441, e *As meninas*, de Picasso, 1957), nas quais encontro potencial semelhante para representar o pensamento não científico anterior e o pensamento historicista que, de acordo com Foucault, segue o pensamento clássico-analítico. Uso uma escultura congolesa *nkisi* para ilustrar a diferença entre recepção e veneração. Argumento que o pensamento não europeu está próximo do pensamento não científico do medievo europeu e que Foucault desconsiderou o contexto colonial da justificação epistêmica, embora a imagem que ele usou se refira claramente a ele. É por isso que também destaco as referências coloniais em *As meninas*, de Picasso. Em seguida, discuto a relação entre arte e produção de conhecimento por meio de imagens modernistas (*A chave dos sonhos*, de René Magritte) e mostro como a arte ocidental também desafia o pensamento histórico-analítico. Por fim, apresento artistas e filósofos ocidentais que, nos séculos 20 e 21, problematizam a possibilidade de preencher com conhecimento a abertura de um espaço entre coisas e palavras observada por Foucault. Na mesma etapa, discuto os limites da filosofia e o potencial da arte em comparação com outros campos do conhecimento.

DA FORMAÇÃO DO SABER HISTÓRICO

Precisamos, primeiro, analisar o surgimento do conhecimento ocidental na modernidade colonialista-capitalista. Foucault tentou fazer isso em seu livro *A palavra e as coisas*. Conforme, ele não queria contar a história das ideias de grandes pensadores, mas desenterrar as epistemes históricas mais importantes do conhecimento para entender o processo desse surgimento. A palavra episteme geralmente denota um sistema. No caso de Foucault, ela significa sobretudo um *a priori*, ou seja, a base que torna o pensamento possível em determinados momentos históricos. Para enfatizar a dificuldade de identificar essa base, que não é reconhecível à primeira vista, ele chamou seu método de arqueologia (Foucault, 2000).

O autor partiu da ideia de que a condição das pessoas no ocidente como seres históricos é uma "invenção recente" (Foucault, 2000, p. 537). Todos os estudos históricos seriam resultado de duas grandes mudanças na maneira de pensar no mundo ocidental: primeiro, o pensamento clássico, e segundo, o pensamento oitocentista que levou ao pensamento moderno historicizante. A definição do ser humano ocidental como sujeito e a ideia da existência de enigmas a seu respeito — presentes, por exemplo, na arte — existiriam há pouco mais de quatrocentos anos.

Figura 21

As meninas, Diego Velázquez, 1656. Óleo sobre tela.
Museo do Prado, Madri, Espanha.
(Fonte: Wikimedia Commons).

Curiosamente, e importante para nós, Foucault constatou e descreveu a primeira mudança a partir de uma obra de arte, o quadro *As meninas*, que Diego Velázquez pintou em 1656. Nela o filósofo encontrou a base para reconstruir de forma arqueológica o momento histórico em que o ser humano ocidental teria iniciado o processo que o tornou tópico principal de seu pensamento. Importante lembrar que Velázquez havia recebido a encomenda de retratar o rei espanhol Felipe IV com sua família, mas acabou realizando um autorretrato com a infanta e a corte. De fato, o rei está quase ausente na pintura, a não ser por seu reflexo no espelho ao fundo do quadro. Ou seja, a duplicação do rei ocorre somente na imagem espelhada dele. Foucault concluiu disso que teríamos pela primeira vez um objeto ausente — o soberano — embora todos os olhares e toda a atenção dos olhares estejam focados nele: os do pintor, da princesa, de algumas damas da corte e de um homem ao fundo.

Conforme Foucault, a ausência do objeto da imagem estaria em sintonia com um novo tipo de pensamento, o pensamento analítico, ao colocar em evidência um jogo das representações — o desdobramento de uma "coisa" (Foucault, 2000, p. 3). Para compreender melhor a dimensão revolucionária no pensamento humano, lembro novamente Eduardo Viveiros de Castro (2015, p. 52) e sua afirmação de que o pensamento ocidental, ao contrário do indígena, baseia-se na ideia de que "um sujeito é um objeto insuficientemente estudado". Exatamente nisso — no sujeito tornando-se objeto — consistiria o grande lance perceptível no quadro, pois daria destaque ao espaço da representação que ele cria: "[...] a representação pode se dar como pura representação [...]" (Foucault, 2000, p. 21). Em vez de mostrar a identidade das coisas — a imagem de um soberano —, veríamos agora a relação exterior entre o soberano e sua representação. Isso proporcionaria uma mudança para o espectador, que estaria chamado a preencher — ao olhar para o quadro da representação do soberano ausente — o lugar que ficou vazio entre a "coisa" e sua representação. Logo, o ser humano — o espectador — acabaria ocupando o ponto de vista desde o qual é possível analisar as representações, que podem ser idênticas com o objeto — quando o soberano observa o quadro e se reconhece no espelho — ou diferentes — quando é um espectador ou estudioso qualquer que ocupa o lugar de analisador (Foucault, 2000, p. 424).

Ao colocar o espectador nesse novo papel, Velázquez tornaria visível a duplicação da representação típica do pensamento clássico: o representado separado de sua representação. Não obstante, o ser humano ainda não existiria, aqui literalmente, mas estaria sendo representado por um vão: um ponto de vista analítico. Seria o primeiro passo na direção das ciências humanas, cujos objeto e sujeito não seriam mais as representações, mas o próprio ser humano — o que ele é e o que ele é capaz de saber.

É fascinante ver que Foucault encontrou em uma pintura a imagem de uma mudança radical, para não dizer revolucionária, no pensamento humano ocidental. Não se trata da ilustração desse pensamento, senão da possibilidade de vislumbrar em uma imagem a base sobre a qual seria construída a maneira de pensar e a produção do conhecimento ocidental. *As meninas* tornaram para Foucault uma episteme invisível visível. Um indício claro do poder da arte.

Foucault partiu da ideia de que no mundo pré-clássico ocidental as interpretações resultaram de um sistema de signos que traduziam as coisas em palavras como correlação imediata e representativa desse mundo. A palavra "rei", por exemplo, era a representação direta do rei e não havia dúvida acerca daquilo que ela implicava. O pensamento clássico, que Foucault encontrou manifesto no quadro de Velázquez, rompe essa relação supostamente estreita entre as representações e as coisas: "A profunda interdependência da linguagem e do mundo se acha desfeita" (Foucault, 2000, p. 59). Trata-se de uma reorganização da cultura, para não dizer da cosmopercepção. O espaço analítico aberto agora faz o enfoque cair sobre a *relação* entre as representações e as coisas. O mundo foi desencantado.

Assim, a partir do século 17, teria surgido uma nova relação entre o significante e o significado, sendo que a identidade entre palavras e coisas teria sido abolida. Um rei agora estaria escondido nos olhares dos outros e no reflexo embaçado de um espelho. As comparações e diferenciações entre os dois, separados apenas por um vazio, teriam levado à formação de uma *mathesis*, um campo ordenado de todas as representações. Todo o mundo empírico — tudo o que era percebido, ou seja, o sensorial — teria participado da criação desse campo de conhecimento. E sua análise — o que poderia ser dito sobre ele, ou seja, o inteligível — teria se tornado um método supostamente universal. Livros teriam deixado de ser sagrado e se tornado um objeto de estudo que poderia ser comparado com outros objetos e, assim, classificado e diferenciado. Quando ver começa a significar analisar, as áreas de conhecimento teriam mudado. Para Foucault (2000, p. 89), a separação entre coisas e palavras foi acompanhada pela separação entre história e ciência.

Anteriormente, a história no Ocidente teria sido interpretada aditivamente de acordo com o pensamento interpretativo cristão pré-clássico, poderíamos também dizer, a-histórico. A nova forma de pensamento, que contempla a diferença, passa a ordenar tudo de forma hierárquica. O comentário de textos, nomeadamente das escrituras sagradas, que diziam a verdade ao interpretarem a semelhança das coisas, teria sido substituído pelo juízo e a crítica, que visam agora a análise das representações.

Foucault considerou que por meio dessa revolução profunda o mundo deixava de ser um espaço aberto, sagrado e misterioso para assumir a forma de um *tableau*, organizado por meio de uma ciência de signos. Poderíamos dizer que aqui iniciou a cosmofobia devido ao pensamento científico. René Descartes afirmou que a dúvida levava via o pensamento diretamente ao ser — *dubito, ergo cogito, ergo sum* —, sendo que o mundo em que o ser humano possuía finitude era agora visto como parte de um pensamento sem fim (Foucault, 2000, p. 429). O ser humano não dependia mais de Deus e do rei, mas teria começado a existir por meio do pensamento analítico e do conhecimento assim produzido. O que Foucault não levou em consideração foi que essa nova relação de poder entre conhecimento e hierarquia selou a subordinação e exploração dos outros. Suas vidas e mortes agora dependiam da ciência e de seus discursos degradantes sobre sua primitivização, animalização, exotização etc. Nas epistemologias africanas, por outro lado, não existe o *cogito, ergo dubito, ergo sum*. A expressão equivalente seria o lema *ubuntu*, "nós somos, portanto eu sou", porque a comunidade sempre vem em primeiro lugar.

Foucault pode ser usado para explicar a extensão da opressão colonialista moderna, pois sua tese atesta quando, por que e como o pensamento histórico do qual Herzog trata em *A caverna dos sonhos esquecidos* foi estruturado como ciência na Europa. Por mais convincente que seja o relato de Foucault sobre a primeira virada no pensamento ocidental, ocultou exatamente essa dimensão central. É até curioso que o colonialismo, que foi a força motriz por trás da reestruturação do pensamento ocidental, tenha sido deixado de fora do estudo de Foucault. Apesar de ele estar tão visível no quadro de Velázquez quanto à introdução da análise hierárquica, como mostrarei daqui a pouco.

Além do mais, a hierarquização que Foucault observou no século 17 já estava em andamento. Portanto, esse não era o início, mas o ponto final de um desenvolvimento. Em termos da história da arte, a hierarquização foi introduzida pelo menos desde o famoso livro de Vasari sobre os artistas renascentistas em 1550 e, no que diz respeito à visão de mundo ocidental em geral, desde o projeto de expansão marítima europeia apoiada pela bula *Romanus Pontifex* do Papa Nicolau V em 1455.

Nessa bula, o papa concedeu ao rei português Afonso V não apenas o monopólio do comércio com a África, mas também o direito de invadir, escravizar e tomar as propriedades dos sarracenos, pagãos e outros inimigos do cristianismo. Os portugueses também receberam o direito exclusivo de reivindicar novos territórios e conquistas ao sul do Cabo Bojador. Embora Foucault tenha refletido sobre a mudança na episteme do conhecimento, a vontade de conquista da Europa, encoberta pela cristianização do mundo em nome da Cúria Romana, não pode ser separada dessa mudança nem sequer foi mencionada por ele.

Os efeitos da colonização são um tema central em *As meninas*. Uma donzela da corte entrega à princesa um jarro vermelho, o chamado *búcaro*. O historiador de arte Byron Ellsworth Hamann (2010) descobriu que ele se originou em uma colônia espanhola, em Guadalajara, no México, e estava muito na moda nos círculos aristocráticos europeus da época. A mistura de ervas adicionada a uma argila especial fornecia vários efeitos quando o pote era consumido. Ela deixava a pele muito branca, o que era um desejo estético da época. Pode-se suspeitar aqui dos primeiros sinais de hierarquização étnico-racial, já que pessoas de outras cores de pele circulavam cada vez mais entre a África, a Europa e as Américas, tanto por causa da conquista da Espanha pelos árabes no século 8 quanto, principalmente, por causa do florescente comércio de escravizados desde o século 16.

Além disso, o *búcaro* ajudava a controlar o peso e, o mais importante, mudou o estado de consciência. Não é coincidência que a princesa tenha uma cor branca quase fantasmagórica e lance um olhar intenso sobre o observador, como se seu estado de consciência estivesse alterado. Hamann (2010) também descreve a centralidade da princesa na pintura e como a sombra sob seu vestido dá a impressão de que ela esteja flutuando, o que ele interpreta como uma indicação de percepção alterada. O autor coloca ainda o casal real nesse contexto, descrevendo-o como aparições fantasmagóricas e não como o resultado de um vazio entre a representação e o representado.

A cor vermelha do jarro também é a cor que encontramos nos pincéis de Velázquez, na cruz em seu peito, na cortina do espelho com o casal real e nas roupas da princesa e de uma das damas da corte. Tanto o pequeno jarro quanto a bandeja de prata vieram das colônias e foram feitos por mãos indígenas (Hamann, 2010, p. 6). Essa clara referência ao império espanhol levanta questões: Qual é o significado da cor vermelha, que lembra o sangue? Qual é o seu caráter simbólico (vida, morte, ambos)? O que realmente está acontecendo na pintura? Qual é o efeito das colônias conquistadas sobre a Europa que a imagem está capturando? O que significa a presença de uma epistemologia não europeia e ignorada por Foucault sendo que ele estava interessado apenas na ocidental? Qual é a relação entre a expansão da consciência da epistemologia indígena e a epistemologia ocidental que supostamente transforma os espectadores em analistas?

Foucault focou apenas na questão da visibilidade e da epistemologia europeia e, dessa forma, despolitizou a imagem, porque não lembrou seu contexto sociopolítico e sua dimensão colonial. Considerando que Foucault é tido como um dos pensadores ocidentais mais importantes e politizados do século 20, isso é preocupante porque sua argumentação é um sintoma claro da omissão já observada da história colonial. Mais do que isso, mostra como essa omissão do colonialismo é um mecanismo profundamente arraigado que permitiu aos filósofos europeus manterem, além da dimensão desconstrutiva de seu pensamento, o apagamento da história colonial, conforme denuncia Adichie. Poderíamos argumentar que — surpreendentemente — a imagem de Velázquez não apenas torna visível a mudança no pensamento ocidental, mas também aponta para uma epistemologia diferente e seu efeito no Ocidente. Será que Velázquez torna visível algo reprimido em sua arte? Pois fora da arte, na filosofia e nas ciências, as epistemologias indígenas estão sendo suprimidas e reprimidas até hoje. Diria que este é o potencial da arte ocidental que Foucault ignorou.

Mas voltando à tese de Foucault. Para explicar melhor sua gênese do pensamento clássico em relação ao pensamento ocidental pré-clássico e para tornar ainda mais claro o potencial da arte em relação a ele, gostaria de usar uma imagem estudada por Georges Didi-Huberman. Ela nos mostra que no Ocidente, antes dessa virada para o pensamento histórico-analítico, o acesso ao não visível estava tão comum quanto nos povos e nas cosmopercepções não europeus. Na arte, eu diria, e *As meninas* é um bom exemplo, ainda é assim, uma vez que podemos ver que ela sempre possui essa dimensão, muitas vezes até mesmo a canonizada ocidental.

Didi-Huberman se refere a um afresco do medievo para revelar — usando a terminologia de Foucault — a estreita relação que existia naquela época entre coisas e palavras: antes de serem separadas pelo espaço vazio do pensamento colonialista, que Foucault chama de clássico. A análise do autor tem dois objetivos: por um lado, ressaltar a dimensão complexa das imagens, e por outro, sugerir que a história da arte, ao estudá-las, restringe o "imbróglio de saberes" nelas numa incompleta semiologia. Advoga que o estudo da arte pelos especialistas reduziria tudo à transmissão de saberes visíveis e legíveis.

No entanto, Didi-Huberman não supõe que, como na arte não hegemônica, haja uma codificação que possa ser lida por todos por meio dos saberes que foram transmitidos. Talvez o conceito do imbróglio de saberes seja um pouco infeliz, porque obviamente o não visível que as imagens tornam visível pode ter várias camadas. O que é decisivo para o autor é, entretanto, a dimensão da fé cristã, cuja epistemologia ele não discute.

Figura 22

A anunciação, Fra Angélico, 1440-1441. Afresco. Convento de San Marco, Florença, Itália. (Fonte: Wikimedia Commons).

Didi-Huberman estuda a *A anunciação* de Fra Angélico, do Convento de San Marcos, de 1400-1441, como exemplo, utilizando-a para sugerir que olhássemos para imagens de maneira não analítica, com o intuito de nos abrirmos para aquilo que não sabemos. O autor procura incentivar o observador e eventual analista da imagem a desenvolver uma atenção flutuante antes de levar sua análise a uma interpretação. Essa "metodologia" busca voltar para o espaço aberto, sagrado e misterioso do qual também Foucault fala em relação ao medievo. Espaço esse que antecedeu as revoluções no pensamento humano, que forjou um ser histórico à procura de diferenças e significados. Na época em que foi pintada, a imagem da *Anunciação* não era reduzida pelos seus contemporâneos — e não precisa ser hoje — a um tema ou um conceito, mas foi e poderia ser vista como "uma matriz misteriosa, virtual, de acontecimentos inumeráveis" (Didi-Huberman, 2013, p. 24). Assim, Didi-Huberman problematiza o suposto conhecimento analítico-histórico e, ao mesmo tempo, destaca a capacidade de Fra Angélico de abrir caminhos desconhecidos de saberes com sua imagem:

> Aceitaríamos imaginar, com o simples anteparo do nosso pobre saber histórico, como um dominicano do século XV chamado Fra Angélico podia em suas obras fazer passar a cadeia do saber, mas também rompê-la até desfiá-la completamente, para deslocar seus percursos e fazê-los significar noutra parte, de outro modo (Didi-Huberman, 2013, p. 24).

A proposta de Didi-Huberman de uma atenção flutuante tenta se conectar com a perspectiva cristã do medievo, mas também com o fato de que as imagens são sempre mais do que o dizível e o inteligível. Ele parece presumir que uma visão aberta só pode ser revivida no Ocidente se alguém ousar abrir a visão que a história da arte e suas metodologias obscureceram. De acordo com essa leitura pós-estruturalista, que trabalha contra a ideia de um único significado, e como essa é uma imagem ancorada na epistemologia cristã, *A anunciação* de Fra Angélico não conhecia o espaço vazio para análise que Foucault identificou na pintura de Velásquez.

A explicação de Foucault para o surgimento do pensamento clássico e sua visão analítica do mundo reside, no entanto, precisamente no fato de que as pessoas tinham o desejo de afirmar essa existência porque tinham medo de ficar à mercê do juízo final cristão. Para escapar desse medo — mostrarei em detalhes que Foucault pensa de forma semelhante a Krämer e Kittler nesse ponto — houve um afastamento do pensamento espiritual do medievo. Se levarmos em conta a dimensão colonial, houve também uma demonização de outras epistemologias que entendem o contato com o invisível como evidente e sem a dimensão da culpa.

As ideias de uma observação flutuante e de um imbróglio de saberes como metodologia não podem ser transferidas indiscriminadamente para outras cosmopercepções. A diferença pode ser esclarecida com o termo fetiche. Este termo demostra que não há abertura de significado nas epistemologias africanas, mas sim funções definidas e linguagens formais. É claro que há alguma aproximação, mas o místico na recepção de Didi-Huberman do medievo é bem diferente. Fetiche vem do português feitiço e resulta de uma interpretação errônea das obras de arte africanas e de sua epistemologia subjacente. A antropologia procurou sugerir falsamente que os africanos adoravam esculturas porque atribuíam a elas habilidades sobrenaturais. Contudo, não há nem a ideia do sobrenatural nem a veneração de esculturas, como já mostrei com Wiredu. Há comunicação com o invisível e a possibilidade de pedir ajuda aos ancestrais.

Isso acontece, por exemplo, com as figuras congolesas *nkisi*, cujo significado é remédio, pois as esculturas geralmente contêm plantas medicinais em pequenos compartimentos e sua função geral é curar. Às vezes, *nkisi* também é traduzido como espírito ao se tratar de entidades ou ancestrais. As figuras são feitas de madeira e os pregos são martelados nelas para ativar a energia que pode ser acessada por meio da representação de um ancestral ou animal. As esculturas possibilitam a formulação de pedidos que podem ser atendidos por meio da liberação dessa energia, como a energia de cura para os doentes. O corpo do ancestral é representado de forma abstrata e cubista, pois não se trata de um indivíduo, mas da energia dos ancestrais em geral.

Figura 23

Nkisi nkondi, anônimo, século 19. Escultura em madeira com pregos. Brooklyn Museum, Nova York, EUA. (Fonte: Wikimedia Commons).

É ainda preciso conhecer a segunda grande mudança da qual Foucault fala para entendermos por que, no mundo ocidental, passamos primeiro de intérpretes das representações a estudiosos da duplicação das representações, e depois a seres históricos que estudam a história das coisas, inclusive das artes para afirmar a própria existência. Enquanto a filosofia pensava na separação entre coisas e palavras em geral e introduzia a teoria do conhecimento e o pensamento analítico — *dubito, ergo cogito, ergo sum* —, a primeira ciência organizava as coisas em três amplas áreas: história natural (todas as coisas), gramática geral (todas as palavras para as coisas) e riqueza (coisas criadas pelo ser humano).

De acordo com Foucault (2000), isso mudou no limiar do século 18 para o século 19, quando o espaço vazio que havia sido preenchido com a ordem da *mathesis* foi substituído pela história. A ciência emergente desenvolveu então disciplinas específicas — filologia, biologia e economia nacional — porque, em vez de analisar e explicar os objetos, passou a considerar suas circunstâncias. Por esse motivo, Foucault sugeriu que não houve uma maior racionalização do conhecimento, como se costuma dizer em relação ao pensamento do século 19, mas que um mundo fora das representações foi descoberto em suas circunstâncias, ou seja, a dimensão histórica de toda a vida.

Embora Foucault não tenha usado uma obra de arte como ponto de partida ou para uma explicação mais precisa do pensamento oitocentista, usarei uma imagem de Pablo Picasso, que realizou 58 trabalhos a partir de *As meninas*, em 1957, ou seja, trezentos anos depois de Velázquez. Na pintura de Picasso, podemos, de fato, observar exatamente isso na ausência de figuras e olhares individualizados. Os rostos com múltiplas perspectivas ou máscaras não se referem a um jogo de representações, mas são apenas uma referência ao original histórico. O quadro anterior é reduzido a uma paleta de cores em preto e branco, como se fosse uma fotografia antiga. O espaço vazio entre as coisas e suas representações foi substituído pela imagem anterior e suas circunstâncias, às quais o artista se refere como uma referência histórica externa. É importante enfatizar que o contexto histórico do colonialismo, a disputa pela África, que foi ignorado por Foucault em sua descrição da segunda revolução, está presente no interesse de Picasso pela arte não europeia na imagem.

Figura 24

As meninas, Pablo Picasso, 1957. Óleo sobre tela.
Museo Picasso, Barcelona, Espanha.
(Fonte: Wikimedia Commons).

A partir de 1907, Picasso se envolveu com a arte africana, traduzindo seu cânone de formas ao reinterpretar sua função no que ele chamou de sua "fase africana". Sua descrição de uma visita ao *Museé de l'homme* em Paris (Museu do homem), depois que Henri Matisse (1869-1954) o apresentou à escultura africana, é reveladora:

> Mas me forcei a ficar para examinar essas máscaras, todos esses objetos que as pessoas haviam criado com um propósito sagrado e mágico, para servir como intermediários entre elas e as forças desconhecidas e hostis que as cercavam e, dessa forma, tentar superar seus medos, dar-lhes cor e forma. E então entendi o que realmente significa pintar. Não se trata de um processo estético. É uma forma de magia que se interpõe entre nós e o universo hostil, um meio de tomar o poder, impondo uma forma tanto aos nossos medos quanto aos nossos desejos. No dia em que compreendi isso, encontrei meu caminho (Picasso *apud* Meldrum, 2006).

O entendimento de Picasso sobre a arte é claramente ocidental porque, assim como a teoria contemporânea da imagem e da mídia, suas considerações são baseadas no medo do ser humano e não em sua conexão com a natureza e o invisível, que vimos na figura de *nkisi* como exemplo. De maneira tipicamente eurocêntrica, ele também descreve sua autodescoberta e subjetivação como artista em contato com a "outra" arte. A historicização do conhecimento com a qual Foucault se preocupou, embora tenha se voltado para este mundo, tem origem exatamente na mesma visão de mundo, ou seja, no medo que Picasso chama de "universo hostil" e "forças desconhecidas e hostis". Embora a arte africana não nasça do medo, mas da conexão e do respeito, a arte de Picasso ganha um novo poder que — como a pintura de Velázquez — vem do encontro com outras epistemologias, embora mal interpretadas.

A versão de *As meninas* de Picasso revela não apenas o contexto colonial, mas também a externalidade histórica na qual o pensamento moderno se concentrou. De agora em diante, sugere Foucault para o século 19, as ciências examinariam tudo de fora e em termos do passado: o trabalho, de acordo com a produção, a natureza, de acordo com a experiência objetiva do ser, e a linguagem — inclusive a arte —, de acordo com sua forma. A filosofia e a ciência ocidentais do século 19 estabeleceram, assim, de um lado, a importância da experiência empírica — nenhum conhecimento a precede — e, de outro, a ideia de um sujeito transcendental — cujo conhecimento precede o mundo das coisas. Ambos são o resultado de uma externalização. O quadro de Picasso mostra que essa episteme ainda era atual em meados do século 20, pois elabora sobre as circunstâncias da história das imagens, nas quais ele próprio se comporta como um sujeito transcendental. Na verdade, mantém-se atual.

Foucault (2000, p. 301) viu na guinada que o novo pensamento deu na filosofia a criação de um espaço precisamente para esse sujeito transcendental. Toda experiência é conhecida *a priori* por esse sujeito, de modo que a ciência também cria um espaço transcendental quando se refere ao mundo empírico do trabalho, da cultura e da vida. Olhando para a pintura de Picasso com esse modo de pensar analítico-histórico, podemos perceber que o espaço transcendental é a história da arte, que não é apenas externa, mas precede o artista transcendental.

Comparando as pinturas de Velázquez e Picasso, vemos que Picasso reinterpretou a pintura anterior para expressar o conhecimento transcendental de sua própria historicidade. Essa abordagem permitiu que ele fizesse um número infinito de versões — no caso de *As meninas*, ele fez 58 —, dependendo do aspecto que o artista queria tratar na obra de arte que o precedeu.

Figura 25

Sobreposição As meninas, Velázquez e Picasso.
(Fonte: Montagem da autora).

As epistemologias não europeias também sabem do *a priori*. Entretanto, ele não precisa ser elaborado analiticamente, mas é transmitido como saberes e invisível pelos ancestrais, tornado acessível oralmente ou visível na arte e nas cerimônias (Wiredu, 1996; Jecupé, 1998).

Com sua tese de revoluções no pensamento ocidental, Foucault substituiu a explicação usual para o interesse na história desde o século 19 por uma nova interpretação. Ele não via a mudança motivada pelo desejo da burguesia de se afirmar como classe política e de demonstrar sua vitória por meio da representação de sua ascensão histórica. Para ele, o oposto era o caso. No pensamento clássico, os objetos de conhecimento foram em princípio liberados do fardo do modelo teleológico da história associado ao juízo final, apenas para serem substituídos no final do século 18 pela historicidade de todas as coisas, afirmando assim a transcendência do sujeito. Nesse processo, a concepção judaico-cristã da história deu lugar a uma concepção leiga, que supostamente era menos ameaçadora por ser externa:

> As coisas receberam primeiro uma historicidade própria que as liberou deste espaço contínuo que lhes impunha a mesma cronologia que aos homens. De sorte que o homem se achou como que despojado do que constituía os conteúdos mais manifestos de sua História: a natureza não lhe fala mais da criação ou do fim do mundo, de sua dependência ou de seu próximo julgamento; ela só fala de um tempo natural; suas riquezas não mais lhe indicam a antiguidade ou o retorno próximo de uma idade de ouro; elas só falam das condições da produção que se modificam na História; a linguagem não traz mais as marcas de antes de Babel ou dos primeiros gritos que teriam ressoado na floresta; ela traz as armas de sua própria filiação. O ser humano não tem mais história: ou antes, porque fala, trabalha e vive, acha-se ele, em seu ser próprio, todo imbricado em histórias que não lhe são nem subordinadas nem homogêneas (Foucault, 2000, p. 510).

O Ocidente havia transcendentalizado o invisível na metafísica, primeiro na filosofia grega e depois no cristianismo, apenas para substituir o espaço considerado sagrado pelo sujeito transcendental e sua historicização nas revoluções de pensamento descritas por Foucault. Dessa forma, o medo do sagrado ou do invisível parecia ter sido banido para um formato menos ameaçador. Essa eliminação e esse antropocentrismo foram paralelos à desumanização dos supostos outros por meio do colonialismo e da escravidão moderna, com os quais os europeus se afirmaram à força como sujeitos histórico-analíticos, oprimindo e explorando aqueles que, em seu modo de vida voltado para este mundo e para a natureza, também se conectavam facilmente com o invisível. Variando Foucault, pode-se dizer que uma visão de mundo aparentemente transcendental, obcecada com a história e preocupada com o medo, desde então subalternizou os destemidos — que vivem em harmonia com a natureza — com crueldade desumana em nome de uma religião de cujo ponto final declarado, o juízo final, o Ocidente procurou se proteger por meio do pensamento.

DO VISÍVEL E DO DIZÍVEL

Gostaria de examinar ainda mais de perto a questão da arte e sua relação com a produção de conhecimento ocidental, bem como o seu potencial ou poder. Já vimos seu potencial nas várias obras que foram usadas para explicar epistemes. Usando o artista belga René Magritte (1898-1967) como exemplo, gostaria de mostrar que a arte ocidental participou ativamente do questionamento da epistemologia histórico-analítica que acabei de apresentar, antes que os filósofos e estudiosos da arte começassem a pensar sobre o assunto. Como este capítulo trata de estudos ocidentais, vou me concentrar principalmente no visual. Muitas outras cosmopercepções, por meio de sua tradição oral, são muito mais ou pelo menos igualmente focadas no auditivo. Na Europa, como Flusser observou com muita propriedade, isso se perdeu em grande parte por meio da escrita.

O artista e crítico britânico John Berger (1999) em *Modos de ver*, publicado em 1972, usou a série de pinturas *A chave dos sonhos* como exemplo para discutir o descompasso entre o visível e o dizível. Por meio dessas pinturas, Berger enfatiza a profunda diferença entre ver as coisas e descrevê-las, diferença essa que ele considera impossível de ser superada porque condenada à instabilidade. Berger (1999, p. 9) tem a convicção de que nunca conseguiremos ultrapassar o lapso entre ambos:

> Mas existe ainda outro sentido no qual ver precede as palavras: o ato de ver que estabelece nosso lugar no mundo circundante. Explicamos esse mundo com palavras, mas as palavras nunca poderão desfazer o fato de estarmos por ele circundados. A relação entre o que vemos e o que sabemos nunca fica estabelecida. A cada tarde, *vemos* o Sol se pôr. *Sabemos* que a Terra está se movimentando no sentido de afastar-se dele. Todavia, o conhecimento, a explicação quase nunca combinam com a cena. Magritte, o pintor surrealista, comentou a respeito desse abismo sempre presente entre as palavras e o que se vê numa obra intitulada *A chave dos sonhos*.

Em uma versão inglesa d'*A chave dos sonhos* de 1935 há apenas uma coincidência entre objeto pintado e palavra pintada. É o caso da mala. Nos outros três casos — cavalo e porta, relógio e vento, jarro e pássaro — não há sincronia.

Figura 26

A chave dos sonhos, René Magritte, 1926. Óleo sobre tela. Coleção privada. (Fonte: Berger, 1999, p. 10).

Nos outros três objetos — cavalo, relógio e jarro — não há sincronia entre o significante e o significado. Assim, a imagem abre para um entendimento que vai além do da filosofia e das ciências naturais, já que obviamente não está interessada em classificar as coisas ou estudar sua externalidade. A lacuna entre as imagens e as palavras não parte de um espaço analítico, como sugeriu Foucault em relação à pintura de Velázquez, nem é preenchida com circunstâncias históricas, como no caso de Picasso. *A chave dos sonhos* se abre para um espaço indefinido que, por meio de seu título, refere-se ao inconsciente, permitindo associações fora do domínio da razão. Pode-se dizer que a pintura de Magritte demonstra o absurdo do pensamento histórico-analítico, pois somos confrontados com o que a filosofia ocidental e a história da arte sempre combateram: o potencial da arte para transmitir saberes e conhecimento.

O primeiro a formular a desconfiança perante a arte foi o filósofo Platão em seu texto sobre o estado perfeito, *A república* (380 a.C.), na *Alegoria da caverna* do sétimo livro, e na *Alegoria da linha*, no final do sexto livro.

Depois, a concepção platoniana da arte como mero simulacro foi substituída pelo conceito da mimesis — ou seja, da imitação — elaborado por Aristóteles na *Poética* (335 a.C.-332 a.C.), para fazer frente à suposta simulação das artes. Essa segunda interpretação do papel da arte procurava atribuir à tragédia, à pintura, à música, à poesia e à dança uma dimensão social.

Platão é hoje tido como o maior responsável por um olhar receoso sobre o papel da arte na sociedade — tendo reconhecido assim, como nos lembra Horst Bredekamp (2015, p. 45), ao mesmo tempo, seu poder — quando expressou desconforto acerca da capacidade dela de apresentar a verdade. Platão defendeu, por isso, que a arte era incapaz de qualquer verdade efetiva. Mais do que isso: a verdade era-lhe exterior porque tinha somente a aparência da verdade, ou seja, era pura ilusão. Somente nas ideias, isto é, na dimensão cognitiva, o ser humano era elevado à dimensão metafísica e ao conhecimento.

Figura 27

Antrum platonicum, Jan Saenredam, 1604. Gravura.
The British Museum, Londres, Inglaterra.
(Fonte: Wikimedia Commons).

Na gravura do holandês Jan Saenredam (1565-1607), que data de 1604, as famosas sombras na caverna, meramente imagens refletidas, mostram o que seria análogo a essas aparências enganosas. O grupo de homens à esquerda são os conscientes que discutem sobre elas, enquanto os verdadeiros sábios já saíram da caverna e se encontram na luz das ideias.

Com base em Platão, estabeleceu-se uma dicotomia entre a compreensão sensível do mundo por meio da arte — considerada limitada — e a compreensão inteligível do mundo por meio da filosofia — considerada completa e verdadeira. A helenização que P'Bitek observou em relação à religião cristã levou depois a uma hierarquização duradoura entre o sensível e o inteligível. Essa foi a base de toda a opressão em termos políticos e, mais tarde, cosmofóbicos.

O filósofo francês Alain Badiou (2002) considera a dicotomia entre aparência e verdade um dos legados mais incisivos que Platão deixou, nomeadamente pela insistência na mimesis não do mundo — como pensava Aristóteles —, senão da verdade:

> O cerne da polêmica platônica relativa à mimesis designa a arte não tanto como imitação das coisas, mas como imitação do efeito de verdade. E essa imitação extrai seu poder de seu caráter imediato. Platão sustentará então que ser cativo de uma imagem imediata da verdade desvia do desvio. [...] Exige-se, portanto, que se denuncie a pretensa verdade imediata da arte como uma falsa verdade, como a aparência própria do efeito da verdade. E é esta a definição da arte e só dela: ser o encanto de uma aparência de verdade (Badiou, 2002, p. 12-13).

Dessa forma, Badiou (2000, p. 12) classifica o "esquema" de Platão como didático, porque reduziria a arte a uma função educativa (através da aparência das ideias), que teria resultado na ansiedade de controlá-la. A arte, que antes da filosofia grega tinha a tarefa de estabelecer uma relação com o invisível, agora era denunciada como uma pura quimera. Veremos no próximo capítulo como a campanha da filosofia contra a arte continuou ao longo dos séculos, levando à compartimentalização da arte ocidental nos estudos das artes e, na antropologia e na etnografia, à degradação da arte não europeia ou hegemônica.

Aristóteles, discípulo de Platão e junto com este uma das mais influentes figuras do pensamento ocidental, resolveu o problema da verdade ao sugerir que a *mimésis* proporcionava a *kátharsis*, isto é, o descarregamento das emoções. Possibilitou, assim, nas palavras de Badiou (2002), que a arte surgisse como terapêutica e benéfica para a saúde da pólis. A arte como terapia constituiria o segundo legado da filosofia grega e um tratado de paz entre elas.

A chave dos sonhos de Magritte lida com ambas as perspectivas. Estamos perante um desafio à razão, ao inteligível, porque a relação imagem e palavra faz colapsar a ideia de a arte ser tanto aparência como imitação da verdade. Antes disso, o quadro questiona qualquer relação direta entre o dizível e o visível. A coincidência entre objeto pintado e palavra pintada aparece como exceção, e não como regra, despontando apenas como uma possibilidade entre outras. O artista estabelece, assim, por um lado, uma nova ordem das coisas — a chave dos sonhos é o descompasso —, e convida-nos, por outro, a experimentar a relação entre o significante e o seu significado — o objeto a que se costuma referir, mas que aqui é um objeto pintado, isto é, uma imagem.

Consequentemente, o quadro nos faz ver de uma nova maneira tanto a imagem e sua verdade — independente do seu significado e de seu significante — quanto a verdade própria da palavra, além de seu significado. As verdades do significado e do significante surgem tanto separadas como relacionadas nesse jogo de associações livres, libertando a arte da ideia de reprodução, representação ou imitação. A imagem mostra seu potencial de revelar a discrepância entre coisa e palavra para apontar para algo invisível, o saber de uma complexidade maior.

Apontar essa libertação, bem como o restabelecimento da arte como sendo capaz de "pôr-em-obra" a verdade, era o objetivo de Martin Heidegger no já mencionado texto *A origem da obra de arte*, escrito, talvez não por acaso, uma década depois da pintura de Magritte. No entender do filósofo, a definição da verdade precisava ser mais rigorosa para não a confundir, de forma neoplatoniana, com o verdadeiro. Heidegger discordava da produção de conhecimento sobre arte — seja na estética, no mercado de arte ou nos estudos das artes. Achava que esse conhecimento ou se afastava da obra de arte, ao estudar suas propriedades, ou se aproximava demais dela, concentrando-se em suas impressões sensoriais, ou transformava a arte em uma coisa, atribuindo importância excessiva à relação entre matéria e forma (Heidegger, 2007, p. 39-40). Para resistir a esses métodos — que conheceremos mais adiante — e para salvar a arte dos especialistas e comerciantes, era necessário protegê-la deles. Heidegger via a filosofia como salvação, pois somente ela estava à altura da tarefa de salvaguardar a obra de arte.

A ideia de salvaguarda está sobretudo associada ao papel do filósofo, que é considerado aquela pessoa capaz de realizar essa tarefa. Com efeito, Alain Badiou (2002, p. 17-18) vê na proposta de Heidegger outro esquema, o romântico. A hermenêutica alemã faria parte da glorificação da verdade, da arte e do gênio artista ao estender o papel de filósofo-artista, inaugurado por Friedrich Nietzsche, para o de poeta-pensador heideggeriano.

Ao contrário de Heidegger, que via a arte como lugar do saber e capaz de desocultar a verdade, o filósofo alemão Peter Sloterdijk (2014, p. 478) criticou recentemente a aptidão da filosofia de participar da tarefa de explicar a arte. O autor ressalta, de fato, que nunca encontraremos uma resposta definitiva à causa da indispensabilidade da experiência estética, ou seja, da importância da arte, porque tanto o pensar filosofante quanto a escrita filosófica revelariam apenas seus limites quando tentam formulá-la:

> A resposta para isso é tão elementar e a exigência desse elementar é tão radical que ambas, resposta e exigência, não podem ser formuladas em termos filosóficos, porque o pensamento filosófico não é suficientemente elementar nem radical para estar à altura da resposta (Sloterdijk, 2014, p. 478).

A importância da arte não só era incalculável, mas o que ela proporcionava não poderia ser resumido em palavras.

Embora tenha havido mudanças no pensamento ocidental sobre arte no século 20, seu potencial de revelar saberes sempre vai além da linguagem discursiva que tenta descrevê-la. A arte não europeia ou hegemônica compartilha isso, porém no caso dela nunca se questionaria o fato de a arte construir uma ponte entre o visível e o invisível para acessar os saberes dos ancestrais.

Vale ressaltar que ao longo do século 20 a própria arte procurou demonstrar seu potencial, ao mesmo tempo sensível e inteligível. A ideia de uma arte conceitual — cunhada pela primeira vez em 1961 por Henry Flynt, porém aplicável também à vanguarda histórica, sobretudo às obras de Marcel Duchamp —, apesar de se inspirar no inteligível, expressa bem o novo papel que o artista deveria assumir em relação aos outros saberes. Em 1969, Joseph Kosuth teorizou essa importância do artista no texto "A Arte Depois da Filosofia", afirmando seu espírito inquisitivo: "[...] ser um artista hoje significa questionar a natureza da arte" (Kosuth, 2006, p. 217). Dito de outro modo, o papel do artista consistiria agora em acrescentar algo à concepção da arte, em sugerir a ela novos propósitos e em tornar essa capacidade em critério de avaliação. Ao constatar o esgotamento da filosofia e da religião, Kosuth (2006, p. 225) concluiu: "Nesse período [da história] do homem, depois da filosofia e da religião, a arte talvez possa ser um esforço capaz de preencher aquilo que outra época chamou de necessidades espirituais do homem". Foi nada mais nada menos do que uma tentativa de desfazer 2.500 anos de helenização das reflexões sobre arte.

Curiosamente, Sloterdijk (2014, p. 478) é o primeiro filósofo a fazer essa reivindicação na disciplina do pensar. Todavia, para ele a indispensabilidade da experiência estética é somente eventual porque depende do envolvimento do espectador e da potência de cada obra de arte. Mesmo assim, ele não tem dúvida sobre o potencial da arte estar acima da filosofia, dispensando assim a definição dela como didática, terapêutica ou capaz de desocultar a verdade.

Para se chegar a esse ponto foi preciso que, no final do século 20, o filósofo francês Gilles Deleuze e o psiquiatra Félix Guattari (1992, p. 13) declarassem a igualdade entre filosofia e arte. Após um século inspirando-se nela, a filosofia finalmente reconheceu a arte como capaz de pensar, capacidade essa que não lhe foi atribuída por Kosuth (2006), visto que ele encontrava sua singularidade na total falta de aplicabilidade. Deleuze e Guattari, por sua vez, realizaram primeiro uma inversão a fim de aproximar as outras áreas do saber à arte, para, em seguida, elevá-la ao alto pedestal da filosofia. Com esse intuito, partiram do princípio de que todas as disciplinas ou campos do conhecimento seriam criativos. Em seu segundo passo argumentativo, os autores insinuaram que a arte era tão reflexiva quanto a filosofia e as ciências, apesar de se articularem de formas diferentes: "A arte não pensa menos que a filosofia, mas pensa por afectos e perceptos" (Deleuze; Guattari, 1992, p. 88). Assim, os autores alteraram o ponto de vista, encontrando a contribuição da arte para o conhecimento, compreendido como pensamento filosofante. Concluíram, assim, as reflexões abertas por Heidegger (2007) acerca da vontade de saber na arte e sua capacidade de desocultar a verdade.

Sloterdijk (2014) deu mais um passo, trazendo finalmente para a filosofia o que Kosuth (2006) já tinha defendido décadas antes: que a arte era mais potente do que a filosofia, e que essa potência nunca poderia ser explicada pela filosofia. A arte ocidental demorou mais de dois milênios e meio para alcançar esse reconhecimento e para se livrar de sua helenização. A valorização da arte por Sloterdijk (2014, p. 478-479) consiste na declaração da experiência estética como indispensável, porque só ela nos permitiria um estado que ele denomina de "presença de espírito".

Presença de espírito significa que a afirmação de que nenhuma teoria ou disciplina seria realmente capaz de explicar a arte, e que ela deveria ser vivenciada de forma essencial. Dessa maneira, a arte é libertada de ser um sistema compensatório social — como queriam Platão e Aristóteles —, tornando-se um potencial utópico-antropológico que visa, ainda de modo ocidental, à emancipação. Imprescindível para que a emancipação ocorra, a experiência estética proporcionaria ao ser humano, em tese, a sensação de descentralização de sua posição como sujeito. Todas as tentativas das outras áreas de conhecimento são contrariadas, bem como suas explicações de constituir o sujeito por meio do conhecimento. A descentralização é comparada à meditação:

> A partir das artes o caminho é breve até aquilo que no linguajar filosófico é chamado de consciência descentrada, ou seja, aquela forma de consciência na qual o Eu abandona o centro estratégico do estar-no-mundo a favor de uma participação de uma pertença sem referência (Sloterdijk, 2014, p. 479).

Enquanto Heidegger introduziu a ideia de choque e inquietação como resultado da verdade desocultada pela arte, a presença de espírito de Sloterdijk procura ser mais radical ao renunciar tanto ao dualismo entre teoria e prática como a qualquer consciência antecipativa.

Gostaria de enfatizar que Sloterdijk recorre a uma forma oriental de pensar a expansão da consciência — o budismo — para abandonar o pensamento racional e duvidar da teoria da arte ocidental, embora o faça ainda sob a ideia iluminista de emancipação. A linha de argumentação sugere que é possível que a experiência estética possa, potencialmente, abandonar todos os medos e desejos do ser humano porque oferece a sensação de fazer parte de um todo desindividualizado. Lembro que o todo desindividualizado, a comunidade e a unidade com a natureza e todos os seres correspondem à base da produção de arte em cosmopercepções não europeias.

Mas há uma diferença decisiva. Para Sloterdijk, essa experiência não depende apenas do espectador, mas também da própria arte, porque, como o filósofo sugere em termos neoplatônicos ocidentais, ela pode ser perigosa. Isso não se deve apenas à sua suposta capacidade de enganar, como Platão quis nos fazer acreditar. Sloterdijk (2014, p. 480) culpa a própria arte, especialmente a arte ocidental, por às vezes esquecer o que ela é, ou — poderíamos acrescentar — sua verdadeira função.

Outro problema que o autor observa é a fetichização dos artistas — um projeto que, como vimos, começou com sua imortalização por Vasari no início da era colonial-capitalista. Devido à sua glorificação na mídia contemporânea, os artistas muitas vezes seriam mais importantes do que seu trabalho. Um fenômeno que os artistas indígenas contemporâneos não adotaram ao pertencerem fiéis à sua comunidade.

▶ BREVE CONCLUSÃO

Para concluir as reflexões sobre o que é arte em relação aos outros saberes e qual é seu potencial em relação a eles, gostaria de resumir as seguintes respostas:

1. O potencial da arte de revelar saberes foi identificado por Foucault, entre outros, em sua capacidade de demonstrar uma grande mudança no pensamento que transformou os europeus em seres analítico-históricos. Foucault interpretou a abertura de um espaço entre o significante e o significado em *As meninas*, de Velázquez, que levou à fundação de uma *mathesis*. Em um segundo momento, esse espaço foi preenchido com história, como pode ser visto nas versões de Picasso da mesma pintura. Ao descrever essas revoluções que fundaram as ciências ocidentais, a dimensão do colonialismo, que foi fundamental para elas e cujo pensamento hierárquico as precedeu, foi negligenciada. Além disso, no século 17, duas epistemologias são visíveis na imagem de Velázquez: a analítica ocidental e o efeito da indígena que veio do México colonizado. O potencial da imagem é, portanto, ainda maior porque ela também torna

visível a epistemologia não europeia suprimida e, de fato, combatida na história e nas ciências ocidentais. Na imagem de Picasso do século 20, não é apenas o pensamento historicista que está presente, mas também a colonização por meio da referência às máscaras africanas, que exerceram uma incontornável influência sobre a arte ocidental no modernismo. Foucault, assim como muitos outros pensadores ocidentais, ignorou o fundo colonialista-imperialista da produção de conhecimento.

2. Antes que fosse aberto o vão entre significante e significado, e descoberta sua diferença, no medievo e em contextos não hegemônicos havia um pensamento baseado em identidades, igualmente perceptível na arte. Didi-Huberman reflete sobre um imbróglio de saberes no afresco *A anunciação* de Fra Angélico e convida o espectador a percebê-lo para aproximar-se do mundo medieval místico e misterioso no qual Deus era o criador de todas as coisas e garantidor da identidade. No pensamento não europeu ou hegemônico, esse imbróglio de saberes não existe, pois os saberes ancestrais dos códigos imagéticos e performáticos são transmitidos oralmente.
3. De acordo com Foucault, a nova forma de pensamento analítico que levou os ocidentais a abandonarem a ideia de um mundo aberto, sagrado e misterioso, mas também imprevisível e supostamente perigoso, surgiu para libertá-los de sua dependência de Deus. A etapa seguinte foi a entrada na historicidade moderna, na qual os ocidentais se tornaram sujeitos transcendentais que procuram superar o medo do juízo final voltando-se para o exterior. O sujeito transcendental ocidental do pensamento analítico-histórico moderno, entretanto, não se libertou das concepções de arte estabelecidas na filosofia, que, desde a antiguidade, tem procurado limitar o poder da arte e seu potencial de transmitir saberes ou verdades. Isso aconteceu, sobretudo, à custa dos povos oprimidos e explorados pela colonização, que mantiveram acesso direto ao invisível. Suas cosmopercepções não eram caracterizadas pelo medo, mas foram projetadas para serem orientadas para o aqui e agora, o que despertou a suspeita dos europeus.
4. A arte não europeia, como o *nkisi* congolês, possui o potencial de transferir energia do mundo invisível para o mundo visível ou, como no caso do *búcaro* mexicano, de tornar visível o mundo invisível, ou de estabelecer

contato com ele. A função e o poder do *nkisi* são conhecidos por todos que compartilham essa cosmopercepção, ao passo que a abordagem de Velázquez do *búcaro* pode nunca ter sido conhecida na Europa de modo geral e só agora está sendo lembrada. Picasso, por sua vez, interpretou erroneamente as máscaras africanas que o inspiraram. Todas as três obras de arte são reconhecidas como portadoras de saberes, mas sua compreensão depende do conhecimento das epistemologias envolvidas.

5. A arte tem sido discutida no pensamento ocidental há dois milênios e meio em termos de sua capacidade de tornar a verdade perceptível aos sentidos. Ela tem sido vista como uma ameaça perigosa de ilusão (Platão); como uma forma de terapia (Aristóteles); como a verdade que quer se revelar e deve ser preservada pela filosofia (Heidegger); ou, mais recentemente, como consciência descentrada (Sloterdijk). Por meio da helenização, ou seja, da hierarquização do inteligível em relação ao sensível, o Ocidente não consegue pensar na capacidade da arte de tornar visível o invisível ou de transmitir ou contatar saberes. Embora Heidegger tenha tentado a ressacralização dela, somente a filosofia era vista como capaz de compreender e preservar a arte. Portanto, a helenização não foi revertida.
6. A redução do visível ao dizível e do sensível ao inteligível foi desafiada pela primeira vez na filosofia no século 20 com a definição de Heidegger da obra de arte e na arte, por exemplo, por Magritte e Kosuth. As pinturas de Magritte apontam para a incompatibilidade entre imagens e palavras pintadas e se referem a dimensões fora da racionalidade das ciências que, de outra forma, preenchem esse espaço. Enquanto Matisse redefine a relação entre os dois, Kosuth enfatiza a capacidade da arte de se definir a si mesma. Além de Heidegger, outros filósofos romperam com a ideia de que a arte é inferior ao inteligível. Contudo, Deleuze e Guattari permaneceram ligados ao inteligível quando afirmaram que a arte pensa e que a produção de conhecimento é sempre criativa. Deram, assim, um passo adiante na direção da igualdade entre arte e filosofia. Foi apenas Sloterdijk que declarou a filosofia incapaz de descrever adequadamente a arte no século 21. Ele incluiu uma perspectiva não europeia, a oriental, ao pensar que a arte leva a uma forma de conhecimento, que ele chama de presença

de espírito, permitindo que as pessoas se desindividualizem, o que seria o fim do sujeito transcendental.

7. Os artistas e suas obras defenderam o potencial da arte durante todo o século 20, primeiro na vanguarda histórica e depois na arte contemporânea. Hoje, a experiência estética não é mais vista como instrutiva (Platão), terapêutica (Aristóteles) ou perturbadora (Heidegger), mas como capaz de fazer o sujeito ocidental (transcendental) se sentir parte de um todo, na medida em que não se vê mais como um indivíduo (Sloterdijk). Pode-se dizer que, por muito tempo e no contexto da colonialidade, esse sujeito degradou o mundo e os supostos outros a objetos, a fim de constituir o seu conhecimento e afirmar a sua verdade ocidentais em vez de se conectar com os saberes. Hoje, a filosofia ocidental reconhece que a arte ocidental, que vem proclamando isso há um século, tem um potencial maior para a produção de saber do que outras disciplinas — embora ou porque ela vá além do conhecimento inteligível e acessa os saberes.

CAPÍTULO 4

COMO A FILOSOFIA E A TEOLOGIA SE RELACIONARAM COM A ARTE?

Nos dois capítulos anteriores, vimos que no Ocidente se estuda arte porque as pessoas se entendem ou se reivindicam como seres históricos. Isso significa, acima de tudo, que o Ocidente pretende influenciar os outros, colocando-se hierarquicamente acima dos povos não europeus, não hegemônicos e a-históricos. O significado da descolonialidade para o pensamento em geral e para os estudos das artes em específico é inquestionavelmente de grande importância. Em relação ao desejo dos seres históricos de entenderem a arte rupestre, levantei a questão do porquê da criação de arte e apresentei algumas teorias hegemônicas e não hegemônicas. O pensamento histórico-analítico, que se desenvolveu no Ocidente a partir do século 17, está intimamente relacionado à colonialidade. Por esse motivo, a arte é a fonte mais importante de saberes em cosmopercepções não ocidentais. No século 20, alguns artistas e, mais recentemente, filósofos tentaram trazer isso de volta à consciência do Ocidente.

Vale ressaltar que o potencial da arte em acessar e revelar saberes é evidente nas cosmopercepções não europeias e é o principal motivo de sua criação. No Ocidente, desde o surgimento da filosofia e depois da teologia, a arte provocou reações ambivalentes justamente por causa disso, ou seja, houve tentativas de controlar o significado e o potencial da arte e seu contato com o invisível. Para entender melhor isso, pergunto neste capítulo: Que papel os filósofos ocidentais e os teólogos monoteístas desempenharam na contenção da arte e de seu poder ao longo da história? Quais conceitos estavam envolvidos nessa relação predominantemente opressiva e controladora?

Para encontrar respostas, primeiro discuto a relação entre o sensível e o inteligível. Como já vimos, essa relação foi, até certo ponto, moldada pelo desconforto filosófico e teológico da antiguidade e do início do medievo, e continua a existir. Dou exemplos contemporâneos de iconoclastia política, religiosa e estética. Já falei brevemente sobre isso em relação ao ativismo descolonial contra monumentos de colonialistas ou comerciantes de escravos no primeiro capítulo. Em seguida, mostro que, para reduzir ainda mais o potencial discursivo da arte, a discussão sobre a relação entre o sensível e o inteligível teve continuidade no idealismo e no romantismo alemães, o que levou à declaração do fim da arte e à proposta de estudá-la apenas como objeto. Para sublinhar a tendência ocidental de domar o poder da arte — fazendo da ocidental objeto de estudo e patrimônio e da não ocidental artefato ou fetiche —, concluo este capítulo com uma discussão sobre o potencial emancipatório da arte no contexto ocidental.

▶ DO PODER DA ARTE NA FILOSOFIA E NA TEOLOGIA

A relação entre o pensamento filosófico e a produção de arte é dois milênios mais antiga do que seu estudo histórico-analítico. Ela deixou uma marca profunda em ambos. Também não se deve esquecer que a Grécia antiga, na época das primeiras reflexões sobre a arte, já praticava a escravidão e a usava como base de sua expansão imperialista, como aponta a historiadora afro-americana Nell Irvin Painter (2010, p. 1-16). O que quero dizer é que a forma como o poder da arte foi compreendido desde o início no Ocidente tem uma tradição de contenção, controle e instrumentalização que podemos observar novamente, de maneira crescente e mais agressiva, durante a colonização das Américas e depois da África, da Ásia e da Oceania. Em outras palavras, o imperialismo, aliado ao colonialismo, e a supressão da arte sempre andaram de mãos dadas na Europa. Por outro lado, a arte foi usada para fins representativos e ideológicos. Esse contexto também inclui a demonização e a destruição da arte não europeia pelas potências coloniais, que, como o *nkisi*, era entendida como mágico-pagã ou descontextualizada e secularizada em uma paixão possessiva em colecioná-la, muitas vezes roubando-a ou saqueando-a.

Isso se baseia na tensão introduzida na antiguidade grega entre o inteligível da filosofia — que, buscando conhecimento, reflete sobre a função e o efeito da arte para torná-la controlável — e o sensível da arte — que, idealmente, se debruça tanto sobre o visível como torna visível o invisível ou estabelece contato com outras dimensões do nosso mundo, explicando-o, produzindo conhecimento, saberes e verdade ou nos lembrando deles. Todas as religiões monoteístas tiveram mais dificuldades com a arte do que com a filosofia. Basearam-se em Platão e Aristóteles e concentraram-se em seus argumentos, principalmente na questão da representabilidade do sagrado e de suas principais figuras. Como já foi observado, essa questão resultou de uma interpretação helenística, ou seja, hierárquica, dos ensinamentos de Jesus. Este, por sua vez, estava de fato preocupado com questões práticas e da vida real, de acordo com a tradição africana. Mas sua mensagem política de empatia (amor) e justiça internalizada foi apropriada pelas instituições das igrejas orientais e ocidentais e enfraquecida para servir de instrumento eficiente de poder ao ser vinculada ao Estado, inicialmente no Império Bizantino. A idolatria, a veneração de imagens, já era punida no judaísmo, e, mais tarde, proibida no islã. A substituição da imagem pela escrita introduziu um instrumento de controle. Somente o cristianismo encontrou uma solução para poder seguir usando imagens figurativas e seu poder: a *acheiropoieta*, uma imagem não pintada por mãos humanas, que ainda explicarei em detalhes.

A filosofia instrumentalizou a arte de outra forma. Para o filósofo alemão Wolfgang Welsch (2007), ela teve ao longo de sua existência três agendas em relação à arte e nenhuma delas foi além do interesse próprio: (1) construir a unidade disciplinar ao se diferenciar da arte; (2) usar a arte para demonstrar questões filosóficas; e (3) demonstrar a superioridade da disciplina no que diz respeito ao fazer artístico-simbólico.

O quadro *Filosofia e arte cristã*, de Daniel Huntington, de 1868, capta sobretudo o último ponto ou, pelo menos, a tensão entre arte e escrita. A arte, personificada como jovem mulher, aponta para uma pintura de conteúdo cristã. Um senhor barbudo e, assim, supostamente sábio, fornece, mediante seu texto, esclarecimentos. Podemos ler a imagem como um enfrentamento ou, no contexto, patriarcal, como uma afirmação. Vimos no capítulo anterior que essa relação hierárquica entre o dizível e o visível foi interrogada no século 20, tanto na arte como na filosofia ocidentais. Na arte não europeia, como também observado, a necessidade de explicação científica nunca foi introduzida, pois o conhecimento é transmitido oralmente e é acessível a todos.

Figura 28

Filosofia e arte cristã, Daniel Hutchington, 1868. Óleo sobre tela. Los Angeles County Museum of Art (Lacma), Los Angeles, EUA. (Fonte: Lacma).

Já comentei também brevemente sobre o papel fundamental que Platão e Aristóteles tiveram em relação à definição e ao estudo da arte. É preciso lembrar que Platão nunca escreveu explicitamente sobre ela. Bredekamp (2015, p. 44) nos adverte que a filosofia ocidental, ao contrário da teologia cristã, nunca se preocupou muito com imagens. Mesmo assim, o autor ressalta que, embora seja impossível extrair uma teoria estética dos diversos escritos de Platão, que se debruçam, de uma forma ou outra, sobre as artes, ele foi o principal responsável pela desqualificação do mundo sensível, uma vez que alimentou o medo do poder da arte em um momento em que a filosofia estava tentando substituir outras epistemologias. Platão certamente sabia muito bem que isso exigia o controle do potencial daquilo que hoje chamamos experiência estética. Ele a reduziu, como já comentado, na *Alegoria da caverna*, ao estímulo de emoções sombrias das quais somente a luz das ideias liberta. O texto estabeleceu, sem dúvida, a hierarquização mais influente da teoria das artes e teve um impacto profundo em todas as seguintes, ao propor que os poetas contam mentiras corruptoras sobre homens e deuses e invocam paixões, em vez de desanimá-las.

Bredekamp (2015, p. 45) também acautela, como já citei, que Platão, para ter tantas reservas em relação à arte, concebe a luz da verdade das ideias como sendo menos forte do que das imagens e de suas sombras. O raciocínio do filósofo exporia, de fato, que as imagens podem ser tão impactantes e tão dominantes que se torna necessário restringir seu poder por meio de proibições. Essa ideia foi elaborada no *Crátilo* (s.d.), em que as imagens mais desprezíveis seriam aquelas que apenas procuram imitar a natureza, como se fossem simplesmente um espelho. A verdadeira arte seria, por outro lado, uma arte de omissão. Bredekamp (2015, p. 46) faz essa referência para argumentar que Platão não só via um poder negativo na arte, reflexo da rejeição e dos medos que as imagens podem provocar, mas também um poder positivo. Com efeito, Platão teria reconhecido que as imagens podem servir como exemplos para os jovens, bem no sentido da função didática observada por Badiou (2002, p. 12).

A esse respeito, Bredekamp (2015, p. 50) cita outra alegoria de Platão, igualmente parte de *A república*, a menos conhecida *Alegoria da linha*, que demonstra ainda melhor o reconhecimento do potencial da arte. Nela as imagens do mundo sensível são concebidas como possível base do conhecimento inteligível, sendo que a alma poderia usá-las para a compreensão das ideias. As imagens não seriam apenas sombras perigosas, como na *Alegoria da caverna*, senão possíveis pré-requisitos, porque inexistentes no âmbito das ideias. Mesmo assim, teriam sobretudo o papel de servir à filosofia, uma ideia que será reafirmada, mas também reformulada, no idealismo alemão, que abordarei mais adiante. No entanto, Platão estabelece que o conhecimento adquirido pela ciência dialética é superior, porque mais claro do que aquele adquirido pela arte. Ao todo, Platão diferencia dois tipos de imagens: as que facilitam o conhecimento ao imitar modelos ou ao apresentar imagens de modelos, e os simulacros, que imitam somente a aparência da verdade, consideradas, por isso, perigosas.

Como resultado da referida contradição, a arte foi vista ao longo dos séculos como constitutiva de uma civilização ou como ameaça a ela. As religiões monoteístas — o judaísmo, o cristianismo e o islamismo — apresentaram ou absorveram o medo do poder da arte, opondo-se ao que consideraram idolatria, o que levou, em diferentes momentos históricos, à proibição dela, principalmente do retrato de figuras consideradas divinas, tanto em imagem como em escultura, de acordo com os *Dez Mandamentos* do Antigo Testamento, e com os sermões de Isaías, Jeremias e Amós. A palavra substitui a imagem, sendo o discurso e quem o domina agora mais importantes do que o contato com os saberes, facilitado por xamãs e outros sábios ou sábias.

Figura 29

Interior da Hagia Sophia, 537 a.C.-1453. Mesquita. Istambul, Turquia.
(Fonte: AyaSofyamuzesi).

No islã, observa-se uma tendência geral para o não figurativo e uma preferência pelo uso de motivos geométricos e arabescos, escrita ornamental e caligrafia, mesmo que isso não se baseie em regulamentos do Alcorão. As proibições fazem distinção entre representações sagradas e profanas, de modo que a produção de imagens figurativas depende da respectiva região e do momento histórico. O predomínio dessas formas e escritos abstratos é, no entanto, muito difundido, por exemplo, na Hagia Sophia em Istambul, construída entre 537 e 1453. Ela foi um museu por quase nove décadas, mas ainda hoje mostra traços figurativos de sua época como igreja cristã e traços ornamentais como mesquita (desde 2020 novamente).

No judaísmo, a Halakha, lei aplicada pelos judeus conservadores e ortodoxos, proíbe certo tipo de imagens. Desde o início do século 20, fala-se na existência de uma arte judaica (Kraus, 1901, p. 45). Não obstante, há uma tradição de prática figurativa, por exemplo, nos manuscritos de Torás medievais. A regra geral é que Deus não pode ser representado, mas imagens sagradas podem ser criadas. O objetivo é evitar a idolatria, mas não existe uma hostilidade geral às imagens ou à arte. Pensando bem, os deuses criadores nunca são representados em outras cosmologias, apenas os ancestrais ou as forças cujas máscaras são abstrações.

Figura 30

Rothschild Pentateuch, anônimo. 1296. Manuscrito.
Getty Musuem, Los Angeles, EUA.
(Fonte: West Side Today).

O cristianismo, por sua vez, encontrou mais cedo uma forma, presumivelmente milagrosa, para ultrapassar o problema da proibição da idolatria que, quase sempre, era sinônimo da realização de imagens. Decorrente da ideia de uma imagem autorizada e sagrada que, de certa maneira, pode ser compreendida como prolongamento da dicotomia platônica entre sombra sensível e ideia inteligível, o problema foi reformulado como oposição entre cópia e original. A invenção de uma imagem cristã original inexplicável e divina diz respeito, como na antiguidade grega e na filosofia subsequente, ao teor da verdade das imagens, desta vez em relação ao uso e efeito no contexto religioso.

Para estabelecer a verdade da imagem, o cristianismo desenvolveu dois tipos de imagem com origem alegadamente divina: o *vera icon* e o *mandylion*. Por não terem sido produzidos pela mão humana, foram denominados *acheiropoieta*, expressão grega para tal efeito. São, portanto, imagens autorizadas e justificadas pela sua origem sagrada, o que lhes atribui o direito de existir fora de qualquer ameaça de proibição. De origem milagrosa, elas constroem também uma ponte entre o inteligível (a sabedoria divina) e o sensível (o mundo terreno), apagando, ao mesmo tempo, a diferença entre corpo e imagem, que se tornam conceitos substituíveis (Bredekamp, 2015, p. 177). Isso implica dizer que a vandalização ou destruição de imagens no contexto cristão passam a ser compreendidas como agressão direta contra o santo ou a figura divina representada. Embora não exista esse tipo de imagem verdadeira no islamismo, foi constituída a mesma relação direta entre imagem e representado.

Como imagens não realizadas pela mão humana, temos, então, por um lado, o *vera icon*, a imagem verdadeira que ficou gravada em um véu quando Verônica limpou o rosto de Cristo durante seu caminho até a crucificação, conforme uma história elaborada no século 11. Existem inúmeras versões, como uma alemã do início do século 14, na qual a santa apresenta o rosto impregnado no sudário.

Por outro lado, temos o *mandylion*, cuja história é bem mais antiga, remetendo ao primeiro século da era cristã. Ele surgiu igualmente em um tecido, mas não por contato direto, senão de forma milagrosa, e faz parte das crenças da igreja Ortodoxa. De acordo com um texto do século 4, foi oferecido a Abgar V de Edessa, um rei que convidara Cristo para que o curasse de uma doença. Em vez da visita, um discípulo entregou uma imagem do filho de Deus como presente, que, provando o poder imagético, o sarou. O milagre dessa imagem não se esgota aí, pois ocorreu ainda a sua reprodução. O afresco do século 10, no Mosteiro de Santa Caterina, no Monte Sinai, que mostra a entrega do tecido, foi realizado em um momento histórico no qual se dava a proliferação da imagem de Abgar nas igrejas orientais.

Figura 31

Santa Verônica com o Sudário, Mestre de Santa Verônica, 1420. Óleo sobre madeira. Pinacoteca Antiga, Munique, Alemanha. *Rei Abgar recebe o Mandylion*, anônimo, após 944. Pintura encáustica. Mosteiro de Santa Catarina, Egito. (Fontes: Wikimedia Commons).

Pensando bem, a cura milagrosa é uma ideia semelhante de transmissão de energia, como vimos no *nkisi* congolês. A única diferença é que o *nkisi* foi julgado como fetiche e seu poder de ação foi entendido como estando baseado em pensamento mágico. Por outro lado, pode-se argumentar que a crença no poder e na criação do *mandylion* é, na verdade, baseada no suposto pensamento mágico, já que ele opera um milagre — o *nkisi* transmite energia — e também pode se reproduzir. O cristianismo, como sabemos, acredita em milagres, mas acusa outras cosmopercepções falsamente de pensamento mágico, embora assumam fronteiras fluidas e a mediação de energia entre o visível e o invisível.

Figura 32

"Tout est pardonné", Renald Luzier, 2015. Capa da revista Charlie Hebdo n. 1.178. (Fonte: Wikimedia Commons).

É fácil encontrar na contemporaneidade exemplos que comprovam tanto o fatual poder das imagens como a crença nesse poder. Um exemplo ilustrativo é a caricatura, sobretudo a caricatura de figuras religiosas. Enquanto o iluminismo, a secularização do Estado e o surgimento da ideia de cultura fizeram que houvesse uma mudança na sensibilidade acerca de imagens religiosas, permitindo caricaturas em contextos paródicos, no islã a proibição da imagem de Maomé — de fato ausente no Alcorão — foi revitalizada por vertentes fundamentalistas no século 20. Por conseguinte, não se aceita qualquer tipo de abordagem humorística ou crítica da imagem dele. Pelo contrário, essas abordagens são perseguidas, por vezes mediante pedidos de *fatwa*, a condenação à morte de um ofensor contra o islamismo. Um exemplo seria a *fatwa* do Aiatolá Ruhollah Khomeini, líder supremo do Irã, contra o escritor indiano Salman Rushdie em 1989, devido à publicação do romance *Versos Satânicos*, considerado blasfemo.

Em 2015, o mundo assistiu atônito ao assassinato dos caricaturistas que publicaram, na revista francesa *Charlie Hebdo*, charges sobre o profeta Maomé, evidenciando tanto o poder das imagens como seu papel ambíguo em um conflito sociopolítico maior. A capa da revista pós-assassinatos demonstra a tentativa de uma trégua nessa guerra das imagens. Um Maomé em estado de choque tomou o lado da revista, apresentando um cartaz "Eu sou Charlie" — reação com a qual foi expressa mundialmente a solidariedade com os caricaturistas. Além disso, o título indica o perdão cristão por parte da revista, "Tudo é perdoado", escrito na mesma letra. Assim, o profeta não é mais debochado como sexista ou incitando violência, como ocorrera antes nas páginas da revista, senão integrado à moral ocidental. Em vez de uma imagem agressiva, temos uma imagem que procura pacificar o poder imagético.

No capítulo anterior, observei que, no decorrer do século 20, houve várias tentativas na filosofia ocidental de usar o poder da arte para fechar o vão que o pensamento histórico-analítico havia aberto entre o ser humano e o mundo no contexto da colonialidade. Heidegger recorreu aos termos *technē* e *alḗtheia* para associar a arte ao saber e atestar sua capacidade de revelar a verdade. Deleuze e Guattari também tentaram preencher o vão entre consciência e experiência, vendo a arte como capaz de pensar em termos de afetos e perceptos. Flusser, por outro lado, afirmou que as imagens codificadas tecnologicamente poderiam preencher melhor o vão que a escrita havia aberto entre as pessoas e sua experiência do mundo. Por fim, Sloterdijk encontrou na arte a forma mais elevada de descentralização e reintegração do eu no mundo.

Assim, a filosofia conhece não apenas o medo, mas também o entusiasmo pela arte. Já mostrei que Aristóteles foi o primeiro na *Poética* a dar um passo em direção ao reconhecimento do poder positivo da arte. Com a mimesis, ele cunhou um termo que ainda hoje está conosco e o usou para problematizar o argumento de seu mestre Platão, segundo o qual a arte é incapaz de dizer a verdade. De fato, Aristóteles resolveu o problema afirmando que a verdade da arte era falsa.

Enquanto Platão rejeitava amplamente a arte porque era apenas a aparência de uma verdade infundada ou falsa — na melhor das hipóteses, didática — o problema da verdade assumiu uma nova perspectiva para Aristóteles, que se dedicou à arte na poesia e na tragédia. Isso foi possível porque ele a vinculou à imitação da ação humana. Seguindo a ideia de Platão de que a arte nunca é uma mera imitação da realidade, mas sempre um suplemento criativo, Aristóteles entendia a mimesis como uma tendência natural e instintiva do ser humano que marcava sua diferença em relação ao mundo animal. Essa é uma ideia que reaparece hoje nas teorias das imagens. Aristóteles não foi apenas o primeiro a sugerir essa diferença, ele também relacionou arte e conhecimento de forma mais convincente do que Platão.

Aristóteles apontou duas razões pelas quais a imitação produz conhecimento: primeiro, porque ela torna o mundo inteligível sensível; segundo, porque ela produz um efeito importante, o prazer, que, por sua vez, faz a ponte entre o mundo sensível produzido e a compreensão que o ser humano tem dele: "Pela imitação adquirimos nossos primeiros conhecimentos, e nela todos experimentamos prazer" (Aristóteles, 2016 p. 4). Por consequência, em Aristóteles não há mais conflito entre inteligível e sensível, entre produção de conhecimento e prazer na sua recepção. Há diferentes caminhos até o conhecimento, sendo a arte um deles: "A causa é que a aquisição de um conhecimento arrebata não só o filósofo, mas todos os seres humanos, mesmo que não saboreiem tal satisfação durante muito tempo" (Aristóteles, 2001, p. 5).

Em sua avaliação da teoria aristotélica, Alain Badiou analisa a experiência estética, ou seja, a recepção da tragédia, definida pelo conceito de *kátharsis* — purgação ou catarse, que consistiria em uma purificação da alma por meio de uma descarga emocional. Devido a essa capacidade de incitar nossas emoções para depois aliviá-las, a *Poética* participaria do que Badiou chama de esquema clássico e que incide em uma espécie de trégua entre a filosofia e as artes. Nesse primeiro "tratado de paz" (Badiou, 2002, p. 15) a arte teria, como já mencionei, uma função terapêutica e, consequentemente, uma utilidade pública no tratamento das afeções. Vale lembrar que, ao contrário do que diz Aristóteles, Badiou aponta esse uso como a única função aristotélica da arte, visto que ele não reconhece que o filósofo grego tenha abordado a questão do conhecimento.

Entretanto, como tentei mostrar, isso contradiz as ideias de Aristóteles sobre a arte como fonte de conhecimento. Michel Haar (2000, p. 30), sublinhando a diferença entre Platão e Aristóteles, chega a outra conclusão: "Contrariamente a Platão, a arte [em Aristóteles] não é, por isso, ignorância, e sim ampliação do conhecimento". Enquanto Platão aprovaria a imagem de Huntington porque ela indica a relevância do papel do filósofo e o mundo das ideias, Aristóteles não teria problemas em substituir o acadêmico por uma pessoa comum, já que considerava todos capazes de adquirir conhecimento por meio da arte. O papel do filósofo como intérprete não seria necessário, assim como não ocorre em cosmopercepções não europeias.

Já observei, com Bredekamp, que seria errado declarar categoricamente que Platão era contra as artes e Aristóteles a favor delas. Platão reconhecia seu poder, ao menos em um de seus textos, embora diferenciasse imagens modelo de imagens simulacro, perspectiva compartilhada, mas elaborada, por Aristóteles, que procurou reconhecer e defender o poder positivo da arte em geral. Sem dúvida, ambos os autores eram cientes da relação entre conhecimento e arte, embora com acentuações bem diversas. Em vista disso, podemos resumir que, para os dois autores que inauguram o pensamento filosófico e, logo, teórico da arte, ela ou amplia o conhecimento ou constitui sua base. Em cosmologias não europeias e pré-gregas, isso não seria motivo para quebrar a cabeça, pois pode ser considerado um truísmo.

▶ DO ICONOCLASMO

Com as reflexões sobre a arte vieram também as proibições da arte, embora um pouco mais tarde. Elas estavam principalmente ligadas ao exercício do poder político por meio da ligação entre o Estado e a religião cristã. Bredekamp (2015, p. 206) observa que isso foi uma consequência direta da idolatria, que já discuti em relação à *acheiropoieta*. A perseguição e o banimento de imagens que ocorreram durante a iconoclastia no século 8 — período de intenso conflito sobre o uso de imagens iniciado pelos imperadores bizantinos — levaram à destruição de obras de arte como ato político. Esse tipo de ação continua até hoje. De fato, a guerra de imagens talvez nunca tenha sido tão intensa como na mídia contemporânea, que serve como um campo de batalha constante para ideias religiosas e políticas, como vimos no caso do Charlie Hebdo, mas também no primeiro capítulo em relação ao debate sobre descolonialidade. O fato de que hoje é possível vencer eleições por meio de Facebook, Whatsapp etc. é um forte indicador.

Figura 33

Buda, Bamiyán, anônimo, século VI, Afeganistão.
Estátua de arenito, destruída pelo Talibã em 2001. Fotografias.
(Fonte: Wikimedia Commons).

Ao longo da história, a arte foi sempre um instrumento em todas as lutas e participou em grandes mudanças políticas e religiosas. Exemplos seriam a reforma na Alemanha, a revolução francesa ou, no caso do Brasil, a invasão holandesa em 1624, acompanhada por saqueamentos de igrejas e destruição de obras sacras. Um caso recente, que demonstra como a arte é instrumentalizada no contexto de combates políticos, foi a destruição das estátuas budistas no Vale de Bamiyán, Afeganistão, patrimônio mundial da Unesco, pelos Talibãs em 2001.

Existem iconoclastias que são mais aceitas, porque se dão no contexto do fim de regimes totalitários. Na derrocada da União Soviética, diversas estátuas de líderes políticos foram arrancadas de seus fundamentos para atestar o término de uma era. Os líderes políticos Lênin e Stálin foram tirados de seus pedestais em todos os países do Bloco Leste para marcar visivelmente o fim do regime, tendo estado onipresentes no espaço público. Para dar um exemplo, na Ucrânia foram retiradas por volta de 1.320 estátuas de Lênin.

Figura 34

Estátua de Lênin sendo tirada do pedestal em Kharkiv, Ucrânia.
Fotografia.
(Fonte: *Daily Mail*).

Embora a destruição iconoclasta seja mais usual por motivos políticos, ela acontece também por questões estéticas, seguindo a mesma premissa: atingir uma pessoa ou um sistema. São famosos os casos de ataques contra quadros de

Figura 35

Exposição de Ai Weiwei. Pérez Art Museum, Miami, EUA, 2014.
Fotografia de Daniel Azoulay.
(Fonte: *The Guardian*).

artistas célebres em museus ou galerias com o intuito de agir contra sensações ou ideias que inspiram. *A Mona Lisa* (1503), de Leonardo da Vinci, e *A ronda noturna* (1642), de Rembrandt van Rijn (1606-1669), são apenas dois dos inúmeros quadros que foram atingidos por cortes, ácidos ou tinta.

Mais recentemente, em 2014, no Pérez Museum, em Miami, foram destruídas por um imigrante mexicano urnas pintadas pelo artista chinês Ai Weiwei. Elas faziam parte de uma exposição de obras com fotografias que mostravam o artista quebrando, ele próprio e intencionalmente, urnas chinesas antigas como parte da performance *Deixar cair uma urna Han*, de 1995. O ato do visitante do museu foi inspirado no ato iconoclasta do artista. A diferença consiste na propriedade: o artista destruiu algo que era dele. Ao destruir uma obra que não lhe pertencia e que tinha alto valor de mercado, o imigrante foi acusado de vandalismo. Para se defender, o mexicano alegou uma razão de ordem político-cultural: que o museu deveria mostrar arte local, e não global. Na imprensa internacional, o ato levantou dúvidas acerca do gesto e significado iconoclastas do próprio Ai Weiwei, um dos artistas mais famosos e bem pagos da atualidade, que pode se dar ao luxo de chocar o mundo ao destruir obras chinesas antigas enquanto um pobre imigrante é perseguido pela Justiça dos Estados Unidos ao repetir o gesto.

O iconoclasmo expressa os mais diversos conflitos em relação a visões de mundo ou cosmopercepções religiosas, espirituais, culturais, políticas e estéticas. Ele serve tanto como opressão quanto como rebelião. Os missionários nas Américas, África, Ásia e Oceania sempre destruíam a arte de outros povos porque a associavam à magia e ao paganismo. Assim, toda iconoclastia consiste em uma tentativa de impor uma verdade externa de forma simbólica e violenta. No contexto colonial, cosmologias e povos inteiros foram destruídos e eliminados por isso, pois foram destituídas de sua legitimidade. Consequentemente, o colonialismo, numa aliança entre política e religião, usou a destruição da arte como um meio de atacar o oponente e abalar sua visão de mundo até os alicerces. Deve ser observado que não há iconoclastia nas cosmologias não europeias. Os objetos só são destruídos depois de terem cumprido sua função em um ritual (Lagrou, 2009) ou quando não fornecem mais respostas (Wiredu, 1996).

A introdução do iconoclasmo se deu quando se percebeu que a arte era um componente importante da guerra política e religiosa. Embora a filosofia tenha, sem dúvida, criado a base discursiva para a perseguição e a destruição dela, ela nunca foi tão radical e nunca pregou a iconoclastia. Seu interesse estava no controle da arte ou na tentativa de destituir seu poder por meio da importância da inteligibilidade e de seu estudo. A filosofia, como observado, sempre teve uma pretensão mais dialética sobre a arte.

Badiou (2002, p. 18-19) interpreta, consequentemente, os diferentes esquemas filosóficos como propostas educativas, que a política e a religião, quando pregam destruição, ignoram. Conforme, o autor entende o primeiro esquema, de Platão, como uma vigilância educativa, e o segundo, de Aristóteles, a favor da educação do sujeito. No final do absolutismo, quando o colonialismo e a escravidão estavam em seu auge e o pensamento histórico-analítico estava em vias de se estabelecer, o esquema romântico, que mais tarde ressoou com Heidegger, propôs uma educação subjetiva e declarou que a arte ocidental era o único caminho para a verdade.

Nos escritos do dramaturgo alemão Friedrich Schiller (1759-1805), essa ideia assumiu proporções político-filosóficas. Schiller defendia a ideia de uma arte emancipatória. Essa ideia foi enfatizada ainda mais fortemente, no início do século 20, na época do fascismo, nos escritos do filósofo alemão Walter Benjamin e do dramaturgo Bertolt Brecht. Mais tarde foi adotada na filosofia pela arte conceitual e, no final do século passado, pelo já mencionado Rancière.

Antes disso, porém, o idealismo alemão havia inventado a disciplina estética e, assim, prejudicado permanentemente o poder da arte. Os pensadores do século 20 tentaram neutralizar os estragos feitos. Todavia, nenhum deles o fez tendo em vista a arte não europeia, cujo poder havia sido lesionado ainda mais profundamente pela colonialidade. Isso se deu não apenas por meio da destruição e da estigmatização, mas também por meio da sincretização e da folclorização, que serão discutidas no último capítulo sobre a arte brasileira. Passo agora a abordar os danos causados pela estética.

DA OPRESSÃO DA ARTE PELA ESTÉTICA E O MERCADO DA ARTE

No livro *Meditações filosóficas sobre as questões da obra poética*, escrito por Alexander Gottlieb Baumgarten (1714-1762) em 1735, designou-se pela primeira vez a estética como ciência. Para destacar o novo estudo da lógica, o autor associou a estética ao belo expresso nas artes. Isso porque o belo e o gosto, como conceitos-chave, permitiriam julgamentos baseados nos sentidos, e não no intelecto. Mas não se tratava de gosto individual, senão de parâmetros para o conhecimento sensível considerado equivalente ao conhecimento inteligível. O que Baumgarten procurou inaugurar, em sua busca de ficar atento ao sensível, teria sido um estudo que fugisse ao pensamento analítico-historicizante.

Embora essa ideia tenha sido adotada posteriormente por artistas e historiadores da arte, ela não foi bem-sucedida no início do século 18. Dois dos mais famosos filósofos alemães, Kant e Hegel, se opuseram ao método de Baumgarten com uma abordagem que se voltava menos para o sensível e mais para a centralidade do sujeito e sua percepção. De acordo com o clima colonialista da época, eles continuaram no caminho da racionalidade e do método histórico-analítico.

A exploração das colônias americanas, a subjugação dos reis africanos e a escravização de suas populações, o genocídio e a escravização dos habitantes originários das Américas já estavam, nessa época, olhando para uma longa história que havia moldado decisivamente a Europa e sua autoimagem. A identidade europeia havia se formulado e se afirmado de forma decisiva por meio do encontro com o suposto outro. O contexto colonial do idealismo alemão, que quase nunca é mencionado, não deve ser subestimado. Lingna Nafafé (2012, p. 59) nos lembra disso de forma enfática:

> A Europa aprendeu sobre sua própria subjetividade por meio de seus encontros com os outros. Ela não apenas adquiriu uma autoimagem, mas também estabeleceu sua identidade distinta (Strath, 2002, p. 483-98). A Europa não foi apenas moldada em sua dimensão política e ideológica em relação ao resto do mundo, mas também foi criada por ele. Da mesma forma, a África foi "inventada" ou apresentada sob uma luz diferente (Mudimbe, 1988; Mengara, 2001).

A Alemanha tinha uma presença relativamente pequena na África e nas Américas, mas, desde o século 16, participou ativamente do comércio e da colonização marítimos, bem como do comércio de escravos. Como a historiografia da Alemanha nos séculos 20 e 21 se concentra principalmente no Holocausto em termos de atrocidades, esse fato é frequentemente esquecido e considerado insignificante. No entanto, a ligação histórica entre as diferentes casas reais europeias e o colonialismo como seu projeto comum é de grande importância. Isso também se aplica à desumanização durante a escravidão e o Holocausto.

Carlos V (1519-1556), como imperador alemão do Sacro Império Romano-Germânico, deu continuidade à colonização espanhola das Américas no século XVI. A colonização da Venezuela (Pequena Veneza) foi uma das iniciativas que ele instigou ao emitir uma carta para encontrar o mítico El Dorado, financiado e executado pelos galeses. No século 17, o Grão-Duque Frederico Guilherme de Brandemburgo-Prússia (1620-1688) apoiou e lucrou muito com as atividades colonialistas dentro da estrutura das Companhias Holandesas das Índias Orientais e Ocidentais por meio de seus laços estreitos com a casa real holandesa, que havia deixado o Sacro Império Romano-Germânico em 1648. Brandemburgo também tinha três pequenas colônias africanas com fortes: Arguin (1685-1721), na atual Mauritânia, Groß Friedrichsburg (1681-1725), no atual Gana, e Whydah (por volta de 1700), no atual Benin. Acredita-se que mais de 300.000 africanos foram enviados à força para as Américas como escravizados da fortaleza de Groß Friedrichsburg, construída por Brandemburgo e que depois ficou em mãos de holandeses e ingleses. No Caribe, Brandemburgo tinha colônias em St. Thomas e na Ilha Viques.

No século 18, o duque Karl Eugen von Württemberg (1728-1789) alugou tropas para a Inglaterra e para as empresas holandesas para a colonização da Cidade do Cabo, entre outras. Esses são apenas os exemplos mais conhecidos das atividades colonialistas alemãs antes da mais famosa, mas também suprimida, colonização da África no século 19, que começou com casas comerciais e depois levou à fundação das colônias de Camarões (1884-1919), Togo (1884-1915), da África Oriental Alemã (1885-1919, Burundi, Ruanda e Tanzânia) e do Sudoeste Africano Alemão (1884-1915, Namíbia). O império alemão sob o comando de Guilherme I, Frederico III e Guilherme II caracterizou-se, como todos os outros regimes coloniais europeus, pela exploração de recursos, escravização, estupro, genocídio e epistecídio. Após a Primeira Guerra Mundial, as colônias foram cedidas à França, à Grã-Bretanha e à África do Sul no tratado de paz de Versalhes pela Alemanha perdedora.

Volto para o idealismo alemão e seu contributo para o colonialismo através da disciplina estética e sua compreensão do sujeito transcendental como essência da subjetividade europeia. Na *Crítica do juízo*, de Immanuel Kant, de 1790, a estética tem como tarefa principal, assim como para Platão, transcender o sensível por meio da razão. Kant (1983) estabeleceu em seu famoso livro que as relações do sujeito com o mundo e com o conhecimento eram definidas por meio da racionalidade (como regulador universal da verdade) e da estética (como disciplina filosófica que regula a sensibilidade universal).

A dimensão do inteligível não era mais entendida como um mundo de ideias, mas foi substituído pelos ideais de moralidade e liberdade, de acordo com as mudanças sociopolíticas da monarquia para a república. Contudo, esses ideais elevados eram limitados à identidade europeia e explicados dialeticamente com base no conhecimento (mal apropriado) do conflito com outros povos e suas cosmopercepções, uma vez que o desenvolvimento do pensamento clássico e seu programa de analisar o mundo e apresentá-lo como *mathesis* coincidiram não apenas com o fim do absolutismo e da revolução francesa, mas também com o desenvolvimento da autoimagem europeia por meio de encontros com outros povos e da conquista e escravização deles no colonialismo.

Ao propor sua teoria estética universal, Kant empregou um conceito-chave, o "juízo estético" ou "gosto estético", para explicar a faculdade humana de elevar o ser humano a ser moral. Entretanto, o juízo não foi mais atrelado ao objeto artístico, que era agora entendido como belo ou sublime, e, muito menos, a um propósito avaliativo, seu sentido mais corriqueiro. Pelo contrário, foi definido como possibilidade de inspirar no ser humano, por meio da experiência estética do belo e do sublime, tanto na natureza como na arte, uma vontade moral: "O belo prepara-nos para amar qualquer coisa, mesmo a natureza, de uma maneira desinteressada; o sublime [a experiência deste] ensina-nos a estimá-la, mesmo contra o nosso próprio interesse [...]" (Kant, 1983, p. 91-92). Ou seja, o juízo ou gosto estético faria sentir o sublime ou o belo e, assim, tornaria o ser humano receptivo para a moral universal.

Essa nova definição mudou a identidade humana ocidental, transformando os crentes em seres humanos morais ao substituir as leis da religião cristã pela ética. Todavia, essa ética não tinha nenhuma definição precisa nem limites, pois era conhecida *a priori* pelo sujeito como uma moralidade universal e, portanto, não podia ser reduzida a uma fórmula. A filosofia kantiana fez do ser humano um sujeito transcendental independente de um Deus transcendente. Não precisava mais ser redimido, pois tinha acesso à esfera mais elevada por meio da natureza e da arte: a moralidade.

A ideia de uma ética universal está muito próxima da filosofia Akan, como vimos na reflexão crítica de Wiredu (1996) sobre universalidades e particularidades culturais. A diferença, entretanto, é que o projeto de Kant, como observa a filósofa brasileira Denise Ferreira da Silva (2019, p. 39), baseava-se na ideia de separação. Em outras palavras, Kant se preocupava exclusivamente com as coisas do mundo atual, separando-as de outras dimensões, não visíveis ou espirituais, que foram declaradas nulas: "Todas as outras categorias em relação às coisas do mundo permanecem inacessíveis e, portanto, irrelevantes para o conhecimento" (Ferreira da Silva, 2019, p. 39). Nesse modelo, o sujeito transcendental capta as coisas apenas com a mente. Ele não precisa mais de entidades não visíveis, seja um Deus cristão sobre-humano ou ancestrais e espíritos. A cosmologia é dessacralizada. Entramos na esfera da cosmofobia.

A percepção humana foi reduzida à visão, que levaria diretamente ao pensamento. De acordo com Mignolo e Vazquez (2013), Kant colonizou a estética, que englobaria experiências visuais, auditivas, gustativas, hápticas ou sinestésicas, ancorando as experiências no sujeito e, assim, racionalizando-as. Em geral, o projeto de dessacralização e desmistificação do mundo, já percebido por Foucault, teve continuidade. Isso contrasta fortemente com outras epistemologias, como a Bantu-Congo, que Fu-Kiau (2001, p. 38-39) descreve da seguinte forma: "Nada na vida da sociedade congolesa acontece fora de suas práticas cosmológicas". Já vimos várias vezes que isso também é verdade para os povos originários no Brasil.

Como a abordagem de Kant tinha pretensões universais, todas as outras epistemologias foram automaticamente rotuladas como irracionais; epistemologias essas baseadas no contato com o invisível e cuja arte, cujas cerimônias e cujos ritos de passagem com dança, música, pintura corporal e incorporação de energias invisíveis etc. não apenas afirmam esse mundo, mas também abordam todas as percepções sensoriais.

Não é coincidência que isso tenha acontecido em uma época em que o sujeito europeu, por meio de trezentos anos de colonização, comércio de escravizados e com base em sua alegada superioridade religiosa, política e cultural, teve que defender uma posição de supremacia agora ameaçada por ações revolucionárias tanto na Europa como nas colônias, nomeadamente no Haiti. A filosofia transcendental e sua teoria da arte nada mais eram do que o resumo teórico do desejo de continuar a opressão dos outros, embora alegassem fazer exatamente o oposto.

Não é de surpreender que a nova teoria estética tenha sido acompanhada pelo desaparecimento de qualquer interesse pela arte, dando continuidade ao temor de seu poder desde Platão. Michel Haar (2000, p. 33) observa que a ideia de um juízo estético enfoca as reflexões que a arte impulsiona, sem que ela tenha alguma importância em si:

> O juízo estético desvia-se, por sua própria natureza, de qualquer consideração quanto ao objeto e não se preocupa em saber se se trata de uma obra de arte ou de beleza natural. As questões de gosto ou de beleza [...] são, pelo contrário, um juízo "reflexionante", pelo qual encontramos um elo necessário entre uma representação e um sentimento de prazer.

A ideia principal do juízo estético era que a natureza e a arte davam acesso a um sentimento universal, uma razão superior acessível ao sujeito transcendental. A moralidade universal era vista como fundamental para que a humanidade saísse de sua menoridade autoinduzida — leia-se religião — sem ações prescritas ou definidas para seguir esse caminho emancipatório. Essa ideia era bastante esotérica, porque não associada a nenhuma praticidade ou interesse na vida cotidiana, como é o caso dos Bantu-Congo ou dos Akan. A moralidade de Kant sugeriu que o ser humano europeu tivesse uma capacidade intelectual desvinculada da realidade e superior a ela, sem aplicação concreta, coincidindo com o desejo de manter a desumanização das populações da África e das Américas.

Didi-Huberman (2013, p. 121) interpreta o conceito de juízo estético de Kant sobretudo como uma releitura de Platão e seu conceito das ideias que inverteu a relação com a arte. Ao contrário de Platão, que não via as ideias como derivadas dos sentidos, Kant teria compreendido a arte como expressão delas. Vimos que a leitura de Bredekamp a partir da *Alegoria da Linha* ofereceu outra concepção acerca da relação entre sensível e inteligível. Dependendo da leitura que se faça, Kant aproximou ou afastou o sensível do inteligível. É certo, no entanto, que Platão ambicionava uma realidade política, um Estado perfeito, no qual a arte serviria como modelo ou como acesso às ideias, enquanto Aristóteles dizia que a arte possuiria uma utilidade para o conhecimento e a limpeza da alma.

Em oposição a Aristóteles, a abordagem de Kant permanece, como em Platão, abstrata (*a priori*). Afirmando a liberdade humana, essa liberdade dizia respeito apenas a alguns: os europeus e seu projeto de racionalidade e domínio que existia desde Platão. A única diferença é que Kant se baseou mais no possível acesso ao inteligível por meio do sensível. Talvez porque, ao contrário de Platão, ele tenha se lembrado de dezoito séculos de arte cristã que sempre tentou usá-la a seu favor. De fato, teve bastante sucesso.

A arte como estímulo à moralidade universal era apenas uma parte do projeto estético de Kant. A outra parte consistia em uma valorização paradoxal do papel do artista, que, como no caso da arte, acabou por promover sua desvalorização. Em consonância com outros autores de sua época, Kant declarou que os artistas eram gênios, já que não tinham nenhum talento que pudesse ser ensinado, devido à sua "[...] faculdade inata de produzir e expressar as ideias estéticas [...]" (Kant, 1983, p. 91-92). A antiguidade e o renascimento haviam visto isso ainda de forma bem diferente.

Kant comparava o artista com a "[...] espontaneidade da natureza: ele é incapaz de dizer de onde lhe vêm suas ideias e como ele as encontra [...]" (Haar, 2000, p. 37). Assim, o artista acabou sendo visto como instrumento involuntário na tradução do inteligível para o sensível. Executada por alguém semiconsciente, a arte, equiparada com a criação maior — a natureza —, foi ao mesmo tempo elevada, como acesso à moralidade, e rebaixada, como prática sonâmbula de um ser mais sensível do que os demais. A glorificação do artista, iniciada no renascimento, não resultou mais de sua competência como artista-engenheiro ou artista-inventor, senão de sua involuntariedade como mídia de um propósito maior. Lembrando novamente Platão, não deixa de ser uma forma de reduzir o potencial ameaçador da arte e dos artistas, seja no contexto ocidental ou fora dele.

Para Welsch (2007), havia razões fortes que levassem ao pensamento kantiano acerca da arte e do artista. Com o gênio e a estética era possível restabelecer a unidade do sujeito que o mundo moderno pós-revolução francesa em 1789 fragmentara perante o advento de uma mudança profunda do paradigma sociopolítico e religioso que irrompeu com o fim do absolutismo, a deterioração da dimensão metafísica e o início da divisão do trabalho na industrialização. Avaliando a importância e o impacto de Kant na história das ideias e da cultura, Welsch (2007) é pouco favorável à tentativa de reconstituir um eu unificado e acusa o filósofo de ter participado na degradação da arte. O autor argumenta que a filosofia procurou reconquistar seu papel curador em relação à mudança de valores e ao declínio da fé religiosa.

Mais uma vez, é preciso observar que o colonialismo é ignorado. Levando-o em consideração, pode-se argumentar que a unidade do sujeito respondeu a uma revolta contra a autoconsciência europeia desenvolvida como resposta à rejeição dos supostos outros. Hegel deu continuidade a esse projeto estético de Kant e conscientemente omitiu a revolução haitiana de 1791 — e, por conseguinte, a ameaça ao colonialismo europeu — de seus escritos. A unidade de sujeito seria, portanto, a reação europeia à possível perda de sua soberania, tendo o controle da arte um papel muito importante nessa reação.

Hegel promoveu ainda mais o papel da filosofia. Em suas palestras sobre estética, Hegel afirmou que a filosofia era a única disciplina capaz de revelar a verdade inerente à arte. Após a equiparação da experiência estética à ideia de moral por Kant, a interpretação da arte seria o segundo movimento pelo qual ela foi destronada por completo. Era necessário, pois a arte — por exemplo, a da contrarreforma que Einstein chamou de barroco manipulador — havia ganhado grande influência.

Após a discussão de Kant sobre o poder do juízo estético como uma abordagem da moralidade, a ciência histórico-analítica da arte iniciada por Hegel foi o segundo e decisivo passo para acabar com a arte. Para tal, Hegel (2001) substituiu a ideia de moralidade universal pela do "espírito absoluto", de forma ainda mais radical. Era considerado por ele a forma mais elevada de conhecimento, uma vez que o espírito, concebendo-se como absoluto, abolia a natureza, que Hegel, por sua vez, entendia como o exterior do espírito. O espírito absoluto seria, portanto, em uma variação de Platão, o autoconhecimento. Antes de discutir as ideias sobre a história e a teoria da arte de Hegel, gostaria de fazer algumas observações breves sobre seu papel no contexto da colonialidade. Quero com isso mostrar que o idealismo alemão fazia parte de um projeto maior, isto é, da defesa da política de identidade colonial europeia em face dos eventos revolucionários.

É importante enfatizar que o colonialismo e a luta contra ele eram tópicos muito discutidos na Europa na época de Hegel. José Lingna Nafafé (2012) aponta o conhecimento de Hegel sobre a revolução haitiana, que levou à abolição do domínio colonial na ilha caribenha em uma longa luta entre 1791 e 1804. O autor mostra a discussão sobre e a supressão da revolução haitiana por Hegel em sua famosa *Fenomenologia do espírito*, de 1807. Vale lembrar que, em seu capítulo sobre "Dominação e Servidão", Hegel desenvolveu a ideia de uma dialética de interdependência como base no autoconhecimento, ou seja, na identidade humana.

Embora Hegel fosse um leitor assíduo do *Minerva*, um jornal político que trazia todos os eventos da época, ele silenciou completamente as implicações da revolução haitiana em sua obra. Por isso, Lingna Nafafé (2012, p. 61) discute as limitações da teoria hegeliana sobre identidade ao citar o filósofo Emanuel Levinas. Dois séculos depois e após a experiência do Holocausto, Levinas incluiu conscientemente a identidade do outro em suas reflexões. O autor usa Levinas para desenvolver uma teoria mais complexa, na qual ele introduz o conceito do "crioulo". Sua preocupação consiste em usá-lo contra o eurocentrismo provinciano da dialética hegeliana e relacioná-lo ao colonialismo. Em contraste com as sociedades africanas tradicionais, que sempre tiveram uma atitude crioula em relação a outras identidades — ou seja, não tentavam anulá-las em uma síntese, mas as reconheciam como sendo iguais às suas —, Hegel não foi capaz de reconhecer o outro em sua teoria. Conforme a paradoxalidade da cosmologia cristã cosmofóbica europeia, apenas queria excluí-lo.

Assim, a teoria da interdependência entre mestre e servo ou escravizado seria precisamente uma expressão dessa exclusão. Em última análise, o horizonte da síntese seria impossível, pois expressaria apenas uma nova relação de poder, como no colonialismo:

> Encontros não coloniais geram, em minha opinião, relações interpessoais, crioulas, que justapõem nuances e complexidades de diferentes discursos e vão além da do autoconhecimento rígido da ideia hegeliana de tese, antítese e síntese. O crioulo, no contexto de encontros não coloniais, representa múltiplos discursos que questionam e interrompem as fixações do autoconhecimento localizadas no outro. Devido à fluidez e à coexistência desses discursos, suas fronteiras são abertas novamente por meio do autoconhecimento de cada um. É o que Levinas chama de "incursão do Outro" no autoconhecimento (Lingna Nafafé, 2012, p. 63).

Talvez seja por isso que há duas razões pelas quais Hegel ignorou deliberadamente a revolução haitiana dos escravizados "negros" contra os senhores "brancos" em seu texto fundamental: primeiro, porque isso teria abalada a autoimagem supostamente racional mas, em última análise, irracional dos europeus e, segundo, porque a pluralidade de discursos que essa revolução representava teria destruído sua tese de síntese: senhores negros que não queriam mais ser escravizados e podiam pensar em si mesmos como independentes e iguais aos opressores brancos.

O projeto de identidade de Hegel (2001) de exclusão por meio de sua ideologia de síntese também é fundamental para sua concepção da estética. Ao chamar a África de "terra de crianças", ele demonstrou sua ignorância sobre a história e a arte africanas e o fato de que a arte egípcia é de origem etíope. Hegel subestimou a arte secular e milenar de diferentes povos e reinos, como do Punt (2.500 a 980 a.C.) e do Querma (2500 a 1100 a.C.) na Núbia, os reinos de Kush e Meroe (2500 a.C. a 350 d.C.), de Nok (1500 a.C. a 500 D.C.), de Axum (80 a.C. a 960 d.C.), dos impérios de Gana (600 a 1200 d.C.), de Mali (1240-1645 d.C.), de Zimbabwe (séculos 11 ao 15), de Benin (séculos 12 ao 19), de Songhai (1460-1591), e o Reino do Congo (séculos 14 ao 19). Além da arte de centenas de outros povos que não faziam parte dessas formações políticas maiores, entendidas pelos europeus como impérios ou reinos de acordo com sua própria epistemologia, recebendo por isso pouca ou nenhuma atenção europeia.

Figura 36

Figura Nok, anônimo, 298, terracota. Palácio de Santa Cruz de Valladolid, Espanha. (Fonte: Wikimedia Commons).

A *Estética* de Hegel tinha a ambição de ser a primeira sistematização filosófica da história da arte. Ao fazer isso, ele não apenas errou em sua periodização e avaliação de outras culturas, mas também emitiu um julgamento poderoso e condenatório sobre o romantismo. Ele foi categoricamente considerado sem importância por Hegel: "[...] sua forma deixou de ser a mais alta necessidade do espírito [...]" (Hegel, 2001, p. 117). A morte da arte tinha sido declarada e dela ressuscitou vitoriosa a filosofia, revivida pela invenção de uma nova disciplina para avaliá-la e escrever sua história. Mais adiante, mostrarei como Vasari foi o primeiro a anunciar o fim da arte com sua história da arte, inventando o renascimento e a imortalidade de seus artistas e de sua arte.

O critério básico de avaliação de Hegel em sua história da arte era o equilíbrio entre o sensível e o inteligente. Ele concluiu que somente a arte grega clássica havia alcançado esse equilíbrio e usou isso para desqualificar a arte contemporânea e seu impacto estético. Nenhuma outra civilização passou ilesa pelo julgamento de Hegel, especialmente a arte não europeia. Hegel atestou para a arte "simbólica" do Oriente, da Ásia e do Egito que o inteligível ofuscava o sensível, e para o romantismo que o sensível ofuscava o inteligível. Dado o fracasso da arte em equilibrar o sensível e o inteligível, a filosofia agora tinha que assumir essa tarefa, contando e explicando a história da arte. Kosuth (2006), como já foi dito, procurou reverter isso no século 20, declarando a morte da filosofia num passo inverso e afirmando a vitalidade da arte e sua relação com a vida.

Hegel tinha outro argumento infalível para um mundo que se estava descobrindo leigo e burguês: a arte havia resultado quase exclusivamente de sua preocupação com a esfera religiosa. Apesar de não serem questões teológicas, senão assuntos como o amor na arte cristã, a arte no romantismo ainda se restringia, na opinião hegeliana, a essas questões.

Perante as duas limitações apontadas — incapacidade de equilibrar sensível e inteligível e redução a assuntos religiosos —, que não condiziam com os desafios espirituais contemporâneos, Hegel (2001, p. 35) alegou que a arte era um assunto que pertencia literalmente à história: "Em todas estas relações a arte é e permanecerá para nós, do ponto de vista de sua destinação suprema, algo do passado". A partir de agora a arte deveria estar ao serviço da filosofia, que se ocuparia da interpretação das obras existentes por meio de sua análise: "A arte nos convida a contemplá-la por meio do pensamento e, na verdade, não para que possa retomar seu antigo lugar, mas para que seja conhecido cientificamente o que é a arte" (Hegel, 2001, p. 35). O sensível não era mais ponte para o inteligível, senão o inteligível virou explicação do sensível cuja experiência estética, na verdade, não era mais levada em conta.

Apesar de suas críticas à redução do papel da arte por Kant e Hegel, Haar (2000) apoia Hegel parcialmente ao reconhecer que a morte da arte não teria resultado apenas da imposição da superioridade da filosofia. A arte teria parte da culpa ao morrer "[...] também por si mesma, quando, pela lógica de seu próprio desenvolvimento, ela mergulha na particularidade, não se interessa mais senão pelos detalhes mais acidentais" (Haar, 2000, p. 59). A arte teria se abandonada à subjetividade do artista, ao seu gênio por assim dizer, fazendo que tudo seja possível e permitido. Quando Sloterdijk (2014) chama a arte contemporânea de perigosa, ele diz algo parecido sobre o já mencionado niilismo artístico. Não se leva em consideração que isso é resultado da cosmofobia colonial-capitalista da qual a arte faz parte no Ocidente. Os autores também ignoram a conexão entre a vontade de conter o poder da arte e a autoimagem e consciência colonial europeias. Além disso, o problema deve ser enquadrado no desenvolvimento do mercado de arte, e é por isso que agora apresentarei sua gênese por meio do desenvolvimento das coleções de arte.

O filósofo italiano Giorgio Agamben (2012) já formulara nos anos 1970 uma crítica parecida com a de Haar e Welsch a Kant, quando elaborou seu descontentamento com a estética, baseando-se em Friedrich Nietzsche e Martin Heidegger. Sua crítica incidiu sobretudo no estabelecimento da dualidade de princípios entre a atividade do artista — o suposto gênio — e a passividade do espectador — reduzido a um contemplador sem interesse —, como parte de uma mudança cultural profunda que teria afastado os seres humanos cada vez mais da arte.

Agamben (2012, p. 72) lamentou, de forma um pouco nostálgica, a perda do "[...] poder milagroso e inquietante de fazer aparecer, de produzir o ser e o mundo na obra da arte [...]", que, a seu ver, ainda era intato no medievo, sugestão retomada, como vimos, por Didi-Huberman (2013). Consternado com um mundo vazio, Agamben procurou reconstruir a maneira como a filosofia afastou a arte da metafísica e do próprio espectador. Mas a culpa não teria sido exclusivamente da filosofia. Agamben (2012) encontrou no colecionismo dos aristocratas e na sua ideia de homem de gosto — desta vez, sim, compreendido como avaliação pessoal — outra razão para a perda do poder da arte.

Figura 37

Dell'Historia Naturale, Ferrante Imperato, 1599. Gravura em livro.
(Fonte: Wikimedia Commons).

Para tanto, Agamben (2012, p. 34) descreve como, ao longo do século 17, a obra de arte passou de objeto de culto a objeto de coleção. Ainda antes da introdução da ideia de juízo de gosto, interpretada como momento marcante por Welsch, as grandes coleções dos nobres teriam nutrido a alteração do status da arte e de seu impacto. Essas coleções substituíram as *Wunderkammern*, coletâneas de reis e imperadores que recolhiam objetos, estátuas e pinturas das mais diversas origens em um microcosmo "[...] que reproduzia, na sua harmoniosa miscelânea, o macrocosmo animal, vegetal e mineral [...]" (Agamben, 2012, p. 62). Poderíamos dizer que equivaliam ao pensamento pré-clássico, baseado no pensamento interpretativo e aditivo, ainda sem organização da mathesis foucaultiana. É possível confirmar isso, por exemplo, na imagem do Museu Ferrante Imperato, cuja gravura de 1599, realizada pelo próprio dono, confirma essa miscelânea de objetos. O fato de que muitos dos objetos eram não europeus e, assim, resultado de comércio não necessariamente legitimo com as Américas e a África não foi refletido por Agamben.

Figura 38

O Arquiduque Leopoldo Guilherme em sua galeria em Bruxelas, David Teniers, 1651. Óleo sobre tela. Museo del Prado, Madri, Espanha. (Fonte: Wikimedia Commons).

No quadro de David Teniers (1610-1690), que mostra o Arquiduque Leopoldo Guilherme em sua galeria em Bruxelas, em 1651, vemos, em contrapartida, a sistematização de pinturas que refletem tanto a ideia de acúmulo de bens como sua exposição ordenada. Sua arqueologia da mudança do status da arte leva Agamben (2012) a citar um texto do século 17, *Les caractères, ou les moeures du siècle* (As personalidades ou os costumes da época), de Jean La Bruyère, que é considerado responsável pelo surgimento da ideia do gosto para a sociedade europeia. Essa ideia não tem nada a ver com o conceito kantiano, servindo simplesmente como atributo de um homem culto, o "homem de gosto".

Segundo Agamben (2012), nesse texto emergiu pela primeira vez a dicotomia entre bom gosto e mau gosto, da qual derivaria a ideia de uma oposição estridente entre o artista como gênio e o espectador progressivamente passivo. Essa oposição tornaria a atividade artística cada vez mais perigosa para o seu criador e somente "interessante" para o apreciador, porque condiria com um esvaziamento da recepção, por um lado, e com uma sobrevalorização, por outro: "Quanto mais o gosto procura libertar a arte de toda contaminação e de toda ingerência, tanto mais impura e noturna se torna a face que ela volta para aqueles que devem produzi-la" (Agamben, 2012, p. 42). A partir do romantismo, não é difícil pensar em uma série de artistas que tirariam suas vidas como reflexo do papel soturno a eles atribuído. Mais recentemente, Jaider Esbell seria um triste exemplo.

Para Agamben há, no entanto, uma relação direta entre o destaque do gosto no século 17, colocado em prática nas coleções, e a ideia do juízo do gosto kantiano, pois ambos levariam à diminuição do papel e da repercussão da arte. Enquanto Welsch vê em Kant sobretudo a tentativa de sarar a fragmentação do sujeito no mundo moderno, Agamben o acusa, seguindo Nietzsche, de ter participado na construção de uma visão niilista da arte, visão novamente comentada por Sloterdijk acerca de certas obras da arte contemporânea. Estes, como outros autores que já conhecemos, coincidem no descontentamento acerca da relevância dada à escrita sobre arte, que acabou sendo mais valorizada do que as obras. Coincidem também no desgosto da crescente supervalorização da faculdade analítica expressa na figura do crítico moderno, cuja "[...] única razão de ser e cuja única tarefa exclusiva é o exercício da análise estética [...]" (Agamben, 2012, p. 84). O projeto de Hegel obviamente havia dado certo.

▸ DO POTENCIAL EMANCIPATÓRIO DA ARTE

O desconforto de Agamben acerca da divisão entre artista e recepção crítica-analítica de sua obra no contexto ocidental, bem como seu alerta em relação ao papel de risco que o artista acabou ocupando, precisam ser aprofundados e relativizados por meio do pensamento estético de outros autores do século 18 que responderam às ideias de Kant e as modificaram. Já mencionei que Badiou vê no esquema romântico a promoção de uma educação subjetiva por meio da arte. Mas a ideia de uma educação estética se mostra bem mais complexa se voltamos a quem a formulou em 1794: Friedrich Schiller em suas cartas *Educação estética do homem*.

Como reação à relação hierarquizante entre mundo sensível e inteligível por Kant, e a seus conceitos de juízo estético e moralidade universal, Schiller também levou em consideração os desdobramentos políticos da revolução francesa.

Querendo oferecer uma explicação para o fracasso de sua promessa humanista, o poeta Schiller definiu o ser humano como regido por duas pulsões: a natureza e a racionalidade, pulsões essas que levaram à reincidência da violência no momento da substituição do feudalismo pelo poder do povo. Perante essa violência, Schiller vislumbrava na arte a possibilidade de promover uma educação estética capaz de conceder não só um sentimento de felicidade pessoal, mas também de alterar a sociedade por meio da sensibilização do ser humano e de seu caráter.

Com isso, Schiller foi além da moralidade universal de Kant, supostamente instigada pelo belo e o sublime da natureza e da arte, e propôs que a arte não era desinteressada, mas ativa. Ela nos faria sentir, pensar e, eventualmente, agir, porque não somente levava à moral universal, senão estimulava o desejo de atuar de forma moral. Schiller reintroduziu assim a agência no pensamento ocidental sobre a arte, uma agência depois encontrada na arte não europeia por antropólogos e que foi elementar para os artistas ocidentais do século 20 quando começaram a promover a relação entre arte e política, desejando uma maior ativação do espectador, como veremos mais à frente.

A proposta de Schiller era profundamente política, pois defendia que um Estado habitado por pessoas que almejavam que o espaço social fosse um espaço de liberdade passaria a ser um "estado estético". Esse Estado cumpriria as exigências do iluminismo kantiano, e não só, porque seus habitantes sairiam, agora por meio da arte, e não da moral, da menoridade. Schiller atribuiu assim à arte, ao contrário de Platão, e desenvolvendo Kant (ou melhor Baumgarten), um papel fundamental e ativo na criação de um Estado democrático. Jacques Rancière retomou no início do século 21 essa ideia, quando procurou ressuscitar a relação entre arte e política em outra chave. Mas, para Rancière (2010), a responsabilidade pela ativação do espectador não é unicamente do artista. No livro *O espectador emancipado* ele considera qualquer pessoa capaz de reagir de forma ativa e passiva a uma obra, visto que todos poderíamos realizar um trabalho poético de tradução perante dela. Seria importante compreender que "[...] a emancipação começa quando se compreende que olhar é também uma ação que confirma ou transforma essa distribuição de posição [...]" (Rancière, 2010 p. 22) entre quem faz arte e quem a consome. Lembro que a ideia de consumir é profundamente ocidental, sendo a participação fundamental na arte não europeia. No entanto, temos aí uma importante reformulação da relação entre artista e público ocidentais que, segundo Agamben (2012), resultou da separação entre arte e estética, bem como da coleção da arte como mero objeto de valor e, assim, do surgimento de um mercado para ela.

Enquanto Schiller ofereceu uma resposta política à teoria kantiana da recepção da arte, resposta essa atualizada e radicalizada por Rancière apenas recentemente, houve outra resposta a Kant que vale mencionar. Friedrich Schelling (1775-1854), outro filósofo alemão da mesma época, abordou questões quanto à produção artística em sua palestra de 1807 intitulada *Sobre a relação das artes plásticas com a natureza* (2011). Sua proposta realça ainda mais o papel do artista, que acaba por ser visto menos como um gênio do que como um criador, em semelhança ao criador máximo, o Deus cristão. Para Schelling o artista não imitava a natureza ou a ação, no sentido da mimesis aristotélica, cuja influência ele reconheceu como fundamental até meados do século 17, senão desenvolvia princípios para avaliar sua beleza. Contrariando Kant, ele substituiu a ideia de mimesis pela ideia de que, na arte, pode ser encontrada a verdadeira natureza.

Para tal, Schelling (2011) usou a famosa metáfora da natureza como um autor antigo que escreve em hieróglifos, legíveis somente para o artista. Ou seja, enquanto para as pessoas comuns a natureza não era mais inteligível, o artista mostrava-se capaz de revitalizar sua escritura considerada morta. A arte seria, consequentemente, aquela atividade produtiva do ser humano na qual o espírito da natureza e a criatividade humana se sobreporiam. Ou seja, o sensível da natureza era resgatado pelo sensível-inteligível do artista. Pelo fato do ser humano também ser natureza — sendo Schelling um dos poucos autores que integraram o ser humano a ela, sem querer diferenciá-lo do animal —, esse seria o local onde ele encontraria sua essência para depois produzir a arte. Na busca de reaproximar-se da natureza encontramos uma certa semelhança, mesmo que remota, das cosmopercepções não europeias.

A fim de fundamentar sua tese, Schelling criticou a arte flamenga e sua imitação detalhada da natureza, mas não se referiu a obras de sua época ou outras. Em suas críticas às teorias da arte a ele contemporâneas, o filósofo demonstrou sobretudo interesse em desenvolver um estudo acadêmico da arte pela filosofia. Talvez seja por isso que Welsch (2007) lamente que tanto em Schelling como em Kant a arte serviria apenas a filosofia e que, em suas reflexões teóricas, ambos teriam esquecido tanto a arte como suas obras, mantendo assim o desequilíbrio entre inteligível e sensível (apesar de Schelling atribuir ao artista um papel inteligível-sensível e sublinhar a relação entre arte e natureza). A criação de conceitos gerais de arte e a declaração de sua superioridade em relação à natureza não seriam suficientes, porque a arte criaria seus próprios conceitos e os transformaria constantemente, alterando também seu papel cultural, além de seus estilos.

Gostaria de dar como exemplo instigante dessa capacidade de redefinição da arte no mundo ocidental, que já conhecemos nas palavras de Joseph Kosuth (2006), a relação entre natureza e arte na *land art,* também chamada de *earth art* ou *environmental art,* herdeira da arte conceitual. Realizada na própria natureza e em estreita relação com ela, surgiu em meados dos anos 1960 como reação à comercialização da arte em galerias, nomeadamente do colorido da *pop art* e do expressionismo abstrato, que também conquistaram os museus. Procurava paisagens, frequentemente afastadas de centros urbanos e, assim, da civilização, tanto como locais como material de criação. Nessas obras, que usam a própria natureza como ponto de partida, podemos observar que as teorias apresentadas até aqui são mais uma vez reformuladas.

Na obra *Spiral jetty*, de Robert Smithson, de 1968, não existe dicotomia entre natureza e arte, pois ela não é apenas realidade sensível senão, ao mesmo tempo,

Figura 39

Spiral jetty, Robert Smithson, 1968. Escultura com pedras e mar. Great Salt Lake, EUA. (Fonte: Wikimedia Commons).

realidade inteligível. Voltamos para as formas geométricas do paleolítico, somente que, agora, elas são chamadas de "geologia abstrata" (SMITHSON, 1968, p. 82). Realizada com rochas e terra, a espiral é, ao mesmo tempo, como as pedras do sábio chinesas, parte da natureza e forma abstrata. Além do mais, a obra depende do ciclo da natureza, sendo somente visível quando a maré baixa.

Ao realizar a obra, o artista não só decifrou a natureza para encontrar sua essência, como sugere Schelling, senão criou com ela uma obra própria, capaz de desocultar a relação intrínseca entre terra e mundo, formas naturais e formas criadas pelo ser humano. Variando Schelling, pode-se dizer que o artista devolve à natureza sua legibilidade, mas é a própria obra na natureza, e não seu estudo, o que aumenta sua inteligibilidade. Minha breve análise procura mostrar a importância, apontada por Welsch, de levar as obras de arte em consideração quando se desenvolvem teorias estéticas, em vez de usá-las somente como exemplos negativos, como Schelling o fez. Se Schelling tivesse estudado exemplos artísticos de sua época, como as pinturas de Caspar David Friedrich (1774-1840), talvez o inteligível tivesse sido menos importante para ele. E talvez, assim como Rancière, ele teria descoberto que os espectadores são sempre emancipados.

Vimos, no início do capítulo, que Aristóteles, ao escrever sobre a tragédia, definiu a arte como capaz de expressar o mundo inteligível pelo sensível, possibilitando, assim, sua compreensão. Talvez não seja por acaso que a grande revisão da estética e da hierarquização a favor do inteligível, levada a cabo por Kant, Hegel e também por Schelling, encontre abordagem inovadora em Friedrich Nietzsche através de uma nova leitura da tragédia grega, em *A origem da tragédia*, um de seus livros mais célebres, publicado em 1872.

No livro, a filosofia é acusada pela primeira vez de ser responsável pela morte das artes, pois Nietzsche apontou que a tragédia grega não conseguiu sobreviver ao primeiro grande filósofo, Sócrates. A suposta moral, a dialética, a modéstia e a boa disposição do ser humano teórico foram atacadas por Nietzsche (2006, p. 17-18) como doença e decadência, e a ciência como fuga, escapatória e defesa contra a verdade. Apesar de apresentar uma autocrítica no prefácio da segunda edição, o texto proporciona ainda hoje uma teoria instigante, ao evitar o problema de ignorar as obras de arte para estudá-las. A dúvida que estimulou Nietzsche dizia respeito à motivação do fazer artístico, circunscrito como tentativa de lidar com a existência e suas dores, ideia essa que já conhecemos por intermédio de Freud. Na conclusão, a arte foi entendida como servindo de consolo porque nos seduz para a vida sem que seja necessária a ideia de um além. Fechando, de certa maneira, a obra iniciada por Kant, ou seja, a associação da arte à moral universal para fundamentá-la em um mundo laico, a arte é compreendida, definida e glorificada por Nietzsche como a verdadeira atividade metafísica do ser humano num gesto de resacralização retomado por Heidegger nos moldes ocidentais helênicos.

Com essa tese principal, Nietzsche insere-se igualmente no debate iniciado por Platão acerca da relação entre o inteligível e o sensível, pois afirma que a tragédia teria sido o primeiro equilíbrio entre o apolíneo e o dionisíaco na cultura ocidental. Em um compromisso histórico, a força orgiástica da natureza associada ao deus Dionísio teria sido aliada ao poder de individuação atribuído ao deus Apolo. Realizou-se, pois, um acordo entre a embriaguez e desinibição da dança e do canto, e a "[...] limitação medida, livre de sentimentos selvagens, aquela tranquilidade sábia do deus-escultor [...]" (Nietzsche, 2006, p. 38). Enquanto Apolo representaria o sonho, a beleza e a sabedoria, o *principii individuationis* — o conhecimento de si mesmo —, Dionísio seria o êxtase e, por meio dele, o reencontro com a natureza. Ao elaborar uma obra, o artista seria sempre ou imitador de Apolo ou de Dionísio: ou inclinado para o conhecimento ou para o êxtase. Somente na forma "superior" da tragédia os artistas teriam encontrado uma maneira de unir o autoabandono e a revelação do próprio estado, "[...] isto é, sua unidade com o fundo mais íntimo do mundo numa visão alegórica [...]" (Nietzsche, 2006, p. 42).

Em seu livro sobre Nietzsche, Sloterdijk (1986, p. 213) sublinha essa ideia da junção dos dois deuses como ato simbólico constitutivo capaz de inaugurar a civilização ocidental. Articula a opinião de que o valor do texto nietzschiano consistiria principalmente em minar a ideia do sujeito moderno, sujeito esse que, como vimos em Foucault, ocupa primeiro o papel de analisador e depois o enche com sua própria historicidade. Segundo Sloterdijk, a arqueologia de Nietzsche teria escavado nossos arquétipos culturais para atacar o sujeito autônomo e sagrado da modernidade, e para mostrar que Dionísio teve de se submeter a Apolo: "A liberdade da arte é paga com a compulsão de fazer arte" (Sloterdijk, 1986, p. 54).

Fica evidente, se lembramos o capítulo anterior, que, sem Nietzsche, filósofos importantes do século 20, como Heidegger, Deleuze e Guattari, Sloterdijk, Badiou e Rancière, não teriam conseguido repensar a arte fora da importância atribuída ao inteligível pelo idealismo alemão. Nem a tentativa de Schiller, em sua proposta abertamente política, nem a de Schelling, em sua discussão da relação entre arte e natureza, foram tão radicais. Ao comparar Nietzsche com Kant e Hegel, é possível entender que a ideia de que a existência no mundo somente se justifica como fenômeno estético era quase revolucionária no mundo ocidental do final do século 19. Todavia, Nietzsche apenas retomou a ideia hegeliana de que a arte grega antiga foi capaz de criar um equilíbrio entre o sensível e o inteligente para afirmá-la como um mito fundador. A interpretação de Sloterdijk parece corresponder mais à sua perspectiva contemporânea e à sua própria tese de desindividualização por meio da arte do que ao texto de Nietzsche. Enquanto Hegel entendia a filosofia como religião propriamente dita, a contribuição de Nietzsche consistiu na ideia de declarar a arte, incluindo a arte contemporânea — especialmente as óperas de Richard Wagner — como religião, capaz de combater a dor e o sofrimento humanos. Embora Nietzsche tivesse tentado neutralizar o desempoderamento da arte por meio da filosofia, ele estava cego para sua principal causa: o fato de a metafísica ter concedido à Europa o direito de colonizar e oprimir os outros.

▸ BREVE CONCLUSÃO

Para concluir as reflexões sobre o papel da filosofia e da teologia em relação à arte ao longo da história, bem como os conceitos por elas desenvolvidos, gostaria de resumir as seguintes respostas:

1. A arte demonstra seu poder e potencial quando a filosofia a declara perigosa para as emoções e como ponte para as ideias (Platão), como expressão de conhecimento e saberes, e prazerosamente saudável (Aristóteles), e quando a teologia cria a ideia de imagens não realizadas pela mão humana (*acheiropoieta*) resultantes de milagres (cristianismo). Os monoteísmos islã e judaísmo se esforçam mais para evitar a exploração do poder da arte na esfera religiosa, especialmente a idolatria, e são mais rigorosos em suas proibições e limitações de representações figurativas,

escolhendo imagens abstratas e ornamentais para expressar o invisível. Dessa forma, eles estão mais próximos das cosmopercepções não hegemônicas, às quais são associadas pelo Ocidente. A astuta invenção de imagens divinas no cristianismo certamente se deve à percepção de que as imagens têm grande poder e que o efeito da narrativa bíblica depende de sua transmissão figurativa.

2. A arte mostra seu potencial não apenas quando a filosofia a teme como didática (Platão) ou a entende como terapeuticamente eficaz (Aristóteles), mas quando a teologia proíbe a representação de pessoas consideradas sagradas (judaísmo, islamismo) ou contorna essa regra de forma perspicaz (cristianismo). O poder das imagens, entretanto, também se mostra em ações iconoclastas, quando a arte é atacada ou destruída por motivos políticos, estéticos ou religiosos. Isso resulta da suposição (e do pensamento pré-clássico) de que o que é representado é idêntico à imagem. A colonialidade sempre fez essa acusação contra a arte não hegemônica e usou o iconoclasmo como um meio de guerra na disputa pelo poder ou na sua imposição. A iconoclastia religiosa ou guerra de imagens foi discutida e usada pela primeira vez com veemência na época bizantina. Hoje, ela é onipresente nas esferas sociopolítica, religiosa e estética.
3. Embora a filosofia ocidental seja menos radical em sua luta contra as imagens, ela forneceu a base teórica para tal. O questionamento do significado da arte para a sociedade e sua desvalorização ou seu controle foram intensificados no contexto do pensamento histórico-analítico ocidental no final do século 18. Isso começou com a introdução da estética como uma subdisciplina da filosofia. Em meados do século 18, ela tinha como objetivo o caminho oposto, ou seja, estudar o conhecimento por meio do sensível (Baumgarten). Essa proposta foi logo transformada em uma teoria universal da percepção, que concebia a experiência estética da arte (juntamente com a natureza) como um caminho para o inteligível — a moralidade universal. Pensava-se que a moralidade era conhecida *a priori* pelo sujeito ocidental transcendental (Kant). O espírito absoluto foi introduzido no século 19 para abstrair o projeto e subordinar a arte ainda mais ao inteligível (Hegel). Para degradar o sensível, tanto a arte romântica quanto a arte não europeia foram consideradas deficientes.

4. A instrumentalização da arte dentro desse processo (Hegel) encontrou resistência ou evocou propostas que a variaram. Por exemplo, a arte era vista como uma forma de educar o ser humano para a democracia e possibilitar sua emancipação (Schiller). Isso reforçava as ideias de comunidade e do aqui e agora, como sempre acontece na arte não europeia ou hegemônica. Por outro lado, a arte era vista como superior à natureza e os artistas como capazes de lê-la e traduzi-la (Schelling). Essa última proposta foi novamente comprometida com a sugestão da superioridade do inteligível. A ideia de emancipação por meio da arte foi elaborada no século 20, mas somente no século 21 foi vista como já dada, uma vez que os espectadores não são mais entendidos como passivos, mas como intérpretes ativos e passivos (Rancière). No entanto, não são participantes como na arte não europeia.
5. Alguns filósofos contemporâneos (Welsch, Haar e Agamben) criticam a ideia kantiana de juízo estético porque ela teria, justamente, separado artistas e espectadores, atribuindo aos primeiros o papel perigoso de tornar o sensível inteligível (de forma inconsciente em Kant e mais consciente em Schelling) e fazendo dos segundos meros contempladores passivos. A ideia de bom gosto e a prática de colecionar obras de arte também contribuíram para distanciar os espectadores da obra de arte, pois ela passou a ser entendida apenas como um objeto de valor, com o mercado de arte exercendo uma forte influência sobre sua recepção. Por um lado, havia os espectadores passivos, cuja experiência estética foi reduzida à contemplação desinteressada e, por outro lado, os artistas, que foram marginalizados por sua atividade tornaram-se gênios em perigo (Agamben).
6. A consciência da relação entre política e arte é perceptível em alguns pensadores: primeiro como perigo para um Estado ideal (Platão) e, pós-revolução francesa, como potencial para alcançar um Estado estético de seres emancipados por meio da educação estética (Schiller). Na contemporaneidade, a suposta dualidade entre passividade e atividade é questionada, e o espectador é visto em pé de igualdade com o artista, como ser capaz de realizar um trabalho poético de tradução (Rancière). Na arte não europeia a relação da arte com a política é óbvia devido ao seu papel tanto espiritual como representativo.

7. A arte da antiguidade grega, sobretudo a tragédia, é destacada no pensamento filosofante como equilíbrio entre sensível e inteligível e berço da civilização ocidental (Hegel e Nietzsche). Isso consolidou uma visão eurocêntrica, pois nenhum pensamento pode acontecer fora do horizonte da metafísica: seja entendendo a filosofia como a verdadeira religião (Hegel) ou a arte como a verdadeira metafísica (Nietzsche). No primeiro caso, a arte foi declarada morta e sua interpretação poética foi substituída por uma análise historicizante (Hegel). No segundo caso, sua capacidade de aliviar o sofrimento humano neste mundo foi glorificada e a filosofia e a ciência foram vistas como fuga da verdade (Nietzsche). Não se levou em consideração o papel da arte no contexto não europeu onde ela garante a harmonia e paz social através de sua relação com os mundos visível e invisível.
8. A filosofia ocidental e as teologias monoteístas sempre tentaram limitar o poder da arte, usá-la ou destruí-la. Entretanto, os poucos filósofos que tentaram desfazer a separação entre o mundo visível e o mundo invisível não foram realmente cientes dessa relação e permaneceram presos em sua epistemologia metafísica e antropocêntrica. Mesmo quando afirmaram o poder da arte, eles não refletiram a estrutura da colonialidade (Nietzsche, Sloterdijk, Agamben, Didi-Huberman e Rancière). E isso apesar do fato de que a arte não europeia ou hegemônica sempre saber de seu poder e de fazer uso dele.

CAPÍTULO 5

QUAL É A RELAÇÃO ENTRE OS MODELOS DE HISTÓRIA, AS ARTES E SEUS ESTUDOS?

Vimos que o fim da arte, proclamado por Hegel em razão da suposta incapacidade da arte romântica de encontrar um equilíbrio entre o sensível e o inteligível, fez o filósofo apelar ao estudo científico e histórico das artes. Embora possamos discordar dessa leitura, temos que reconhecer também o impacto de Hegel no estudo e na historicização das artes. Em Foucault, encontramos uma explicação para o interesse em estudos históricos no mundo ocidental que traça o desenvolvimento em cujo final Hegel se encontra: a criação de um espaço analítico-histórico que aboliu a correspondência entre palavras e coisas.

A base desse espaço analítico é interpretada como um projeto de emancipação da visão metafísica do mundo. Entretanto, isso não apenas criou a necessidade de preencher o vão que surgiu entre o significante e o significado, mas também entre o ser humano e seu mundo. Para Foucault todo o pensamento moderno é permeado pela lei de pensar o impensado, com o objetivo de liberar o homem da alienação, reconciliando-o com seu próprio ser. Precisa levantar o véu do inconsciente para encontrar-se: "[...] no fundo de si mesmo e em meio a todas as coisas que pudessem ainda lhe devolver sua imagem [...]" (Foucault, 2000, p. 511). Tanto o sujeito transcendental kantiano como o estudo historicizante resultariam disso.

Eu argumentaria que o espaço aberto no pensamento ocidental foi, em última análise, o resultado de um processo que começou muito antes. Na antiguidade grega teve início a ideia de um mundo metafísico, ideia esta adotada pelo cristianismo como helenização e institucionalização como igreja de estado. O Ocidente tentou contornar seu ônus — o juízo final e a necessária redenção da culpa — desde o renascimento e, acima de tudo, por meio do pensamento clássico e, depois, do pensamento historicizante. Deve-se acrescentar que a metafísica tornou possível a subalternização dos chamados outros e levou ao modelo colonial-capitalista moderno. Na arte, a supervalorização do artista e a simultânea desvalorização e o controle do poder da arte, primeiro não ocidental e depois ocidental, fizeram parte desse processo, assim como a estigmatização, a humilhação e a destruição das cosmopercepções não europeias.

O antropocentrismo e a metafísica tornaram-se um fardo para os ocidentais, mas foram indispensáveis para a colonização e a opressão. Foi somente por meio da hierarquia introduzida entre o mundo visível e o invisível por meio das ideias, que as visões de mundo não europeias foram subordinadas à racionalidade europeia supostamente universal e degradadas como inferiores. Assim, foi possível desenvolver a construção ideológica necessária para a colonialidade. O estudo da arte e dos artistas é um subproduto desse processo no Ocidente, porque as imagens e os textos são fatores importantes para o discurso ocidental emancipatório que possibilitou essa subalternização em primeiro lugar.

Foucault apontou indiretamente esse paradoxo, mas sem pensar a colonialidade. No entanto, o autor estava consciente que as histórias tecidas a partir da modernidade colonial-capitalista ficarão sempre incompletas e ambíguas porque nunca abordarão diretamente o ser humano. A produção de conhecimento, como o caso de Hegel acerca da arte comprova, decorreria, de acordo com Foucault, apenas de suas atividades, nomeadamente a fala, o trabalho e a vida. Assim, as histórias escritas estariam dependentes de uma complexidade de tempos e relações sujeitos às mudanças nas condições de vida, às transformações econômicas e ao desenvolvimento das línguas (incluindo a arte).

Embora a colonialidade tenha destruído ou dificultado os projetos históricos dos supostos outros e atacado suas cosmopercepções, o conhecimento histórico produzido no Ocidente é confuso. Foucault tem razão quando diz que a história seria para os seres humanos apenas um "nó inextricável de tempos diferentes, que lhe são estranhos e que são heterogêneos uns em relação aos outros" (Foucault, 2000, p. 511). Na escrita da história, o ser humano não é um protagonista, porque "[...] não se constitui como sujeito da História senão pela superposição da história dos seres, da história das coisas, da história das palavras [...]" (Foucault, 2000, p. 511). A historiografia ocidental acaba escapando do controle de seus criadores. Pode-se concordar ainda com Foucault quando ele afirma que, em vista da incontrolabilidade da história, o pensamento do século 19 tentou controlar o conhecimento por meio de muitas pequenas historiografias. A tentativa da estética de dominar a arte contando sua história é apenas um exemplo:

> Haveria, pois, em um nível muito profundo, uma historicidade do homem que seria, por si mesma, sua própria história, mas também a dispersão radical que funda todas as outras. É justamente essa erosão primeira que o século XIX buscou na sua preocupação de tudo historicizar, de escrever, a propósito de cada coisa, uma história geral, de remontar incessantemente no tempo e de repor as coisas mais estáveis na liberação do tempo (Foucault, 2000, p. 512).

O desejo de construir histórias gerais para as diferentes artes nos ocupará neste capítulo. Trata-se de uma tentativa inevitável, mas também inevitavelmente fadada ao fracasso por sua instabilidade, como alerta Foucault (2000, p. 513):

> Uma vez que o homem histórico é o homem que vive, trabalha e fala, todo conteúdo da História, qualquer que seja, concerne à psicologia, à sociologia ou às ciências da linguagem. Mas, inversamente, uma vez que o ser humano se tornou, de ponta a ponta, histórico, nenhum dos conteúdos analisados pelas ciências humanas pode ficar estável em si mesmo nem escapar ao movimento da História.

Foucault observa que isso guarda elementos positivos e negativos: "A História forma, pois, para as ciências humanas, uma esfera de acolhimento ao mesmo tempo privilegiada e perigosa" (Foucault, 2000, p. 514). Quando a história como disciplina começou a reconhecer e compreender esse perigo — apontado primeiro na filosofia por Nietzsche —, iniciou-se um combate ao positivismo e às fabulações que ele propõe. Para mostrar isso, elucido ao longo deste capítulo como os modelos de história afetaram os estudos da arte. Ao mesmo tempo, demonstro que a própria arte sempre lida de algum modo com esses modelos, seja afirmando-os ou questionando-os. Para tal, esboço em um primeiro passo como a disciplina história se desenvolveu de uma disciplina positivista — crente no avanço científico e na sua escrita definitiva — para uma disciplina interessada em uma "nova" história — ciente dos limites dos documentos como fontes confiáveis e da ideia de uma possível evolução. Em um segundo passo, abordo como os dois principais modelos de história — o cíclico e o linear — são implementados e comentados pela arte, especificamente em peças, filmes, performances e arte contemporâneos. Em um passo final, explico como os modelos históricos foram aplicados e questionados nas disciplinas que estudam as artes, com destaque para a história da arte, os estudos de cinema, mídia e teatro.

DOS MODELOS DE HISTÓRIA NA HISTÓRIA COMO DISCIPLINA

A historiografia clássica baseia-se em um método positivista que usa dados e documentos para escrever uma história aparentemente definitiva. Ela pressupõe que é possível obter conhecimento completo sobre um determinado evento histórico. As narrativas principais resultantes seguem a lógica de causa e efeito. Elas afirmam que a história se desenvolveu progressivamente e em linha reta de um estado menos avançado para um mais avançado.

Essa ideia é derivada do desenvolvimento dos seres humanos desde o nascimento, passando pela infância e pela idade adulta até a velhice. É também presente no modelo colonialista hierarquizante que distingue os primitivos das pessoas civilizadas para justificar a condução dos primeiros pelo caminho da suposta evolução. Consequentemente, o modelo evolutivo clássico conta principalmente histórias que têm três fases: Início, desenvolvimento e decadência. Já encontramos essa narrativa em Vasari e Hegel. Enquanto Vasari descreveu o desenvolvimento da arte renascentista até seu auge, Hegel considerou a arte romântica decadente.

De modo geral, antes que o desenvolvimento caia em um estado degenerado, ele passa por um clímax. Quando um modelo historiográfico inclui esse fim, ele é chamado de teleológico. Esse termo foi cunhado pelo filósofo alemão Christian von Wolff (1679-1754). A teleologia representa uma solução ou resultado desejado que pode ocorrer dentro ou fora da história. Dependendo do contexto, ela pode ser religiosa, política ou estética.

O que é História?, do historiador britânico E. H. Carr (1892-1982), publicado pela primeira vez em 1961, foi um dos primeiros livros a expressar dúvidas sobre a historiografia clássica. Nele, o autor explicou o surgimento da historiografia evolucionária e teleológica e identificou os pontos mais importantes dos limites que encontramos ao pesquisar o passado, os quais já comentei em meu estudo sobre o filme *A caverna dos sonhos esquecidos*.

As introduções de duas edições diferentes do *Cambridge modern history* (História moderna da editora Cambridge University Press), livro de referência britânico nos estudos de história, são usadas para esclarecer que em algumas décadas o modelo evolutivo sofreu críticas e mudanças. A primeira edição apresentada é de 1896 e nela o historiador Lord Acton (1834-1902) diz-se grato aos avanços da disciplina ao longo do século 19, elogiando a investigação científica realizada que permitirá no futuro uma historiografia definitiva:

> É uma oportunidade única de registrar, da maneira mais útil para o maior número, a abundância de conhecimentos que o século XIX está em vias de legar. [...] Pela divisão criteriosa do trabalho, deveríamos ser capazes de fazê-lo e levar ao conhecimento de todos o documento mais recente e as conclusões mais amadurecidas da pesquisa internacional. Não podemos ter nesta geração a história definitiva, mas podemos dispor da história convencional e mostrar o ponto a que chegamos entre uma e outra, agora que todas as informações estão ao nosso alcance e que cada problema tem possibilidade de solução (Acton *apud* Carr, 1983, p. 36).

Vemos claramente o intuito positivista do autor, que almeja a escrita de uma história definitiva dos seres humanos, baseando-se na pesquisa exaustiva dos documentos considerados fatos objetivos. Sessenta anos depois dessa perspectiva, um historiador da geração seguinte, Sir George Clark (1890-1979), apresentou uma postura bem diferente. Ciente da constante necessidade de reescrever a história, o autor da introdução de 1956 contestou a possibilidade de contá-la de forma definitiva:

> Historiadores de uma geração posterior [...] esperam que seu trabalho seja superado muitas e muitas vezes. Eles consideram que o conhecimento do passado veio através de uma ou mais mentes humanas, foi "processado"

> por elas e portanto, não pode compor-se de átomos elementares e impessoais que nada podem alterar [...] A pesquisa parece ser interminável, e alguns eruditos impacientes refugiam-se no ceticismo, ou pelo menos na doutrina segundo a qual desde que todos os julgamentos históricos envolvem pessoas e pontos de vista, um é tão bom quanto o outro, e não há verdade histórica "objetiva" (Clark *apud* Carr, 1983, p. 36).

Embora menos convencido da objetividade da ciência do que Lord Acton, também Sir Clark ainda acreditava na verdade histórica, ao contrário do arqueólogo no filme de Herzog que, em seu depoimento, afirma que o passado está perdido para sempre.

O momento de maior contestação da historiografia positivista deu-se ligeiramente mais tarde, quando surgiu a "nova história", impulsionada pelos historiadores franceses Jacques Le Goff, Roger Chartier e Jacques Revel (1978), Le Goff e Pierre Nora (1988), bem como Philippe Ariès (1981; 1990). Eles substituíram a metodologia focada em eventos impactantes — hipoteticamente impulsionados pelo poder e a vontade de alguns poucos homens — por um enfoque em atividades humanas que não eram nem definitivas, nem podiam ser medidas em termos científicos, como as mentalidades, os comportamentos, os pensamentos e os sentimentos humanos. Esse novo tipo de historiografia renunciou ao horizonte teleológico, de sua crença na objetividade e do enfoque em protagonistas e eventos marcantes, demonstrando um interesse maior em rupturas, continuidades, e valendo-se de todo tipo de material como fonte, além de personagens e acontecimentos supostamente secundários.

Vale lembrar que o texto que inaugurou esse tipo de metodologia fora escrito quatro décadas antes, em 1940, por Walter Benjamin, e leva o título "Sobre o conceito de história". Voltarei a ele mais adiante, depois de olhar para a contestação do modelo historiográfico clássico pelas artes.

▶ DOS MODELOS DE HISTÓRIA NAS ARTES E DE SEU QUESTIONAMENTO

O questionamento do modelo evolutivo baseado no método positivista não se limita à disciplina da história. A arte e os artistas geralmente estão muito à frente da filosofia e da ciência em sua abordagem desses modelos.

Da dramaturgia contemporânea e do teatro

Os dramaturgos britânicos Howard Barker, David Hare, Howard Brenton e Caryl Churchill, por exemplo, revisaram algumas das narrativas principais europeias em seus textos dramáticos das décadas de 1980 e 1990. Contudo, a perspectiva de seus dramas não é histórica, mas contemporânea. Como suas histórias são inspiradas pelos desafios do presente, suas peças usam personagens e eventos do passado como material, mas o fazem a partir de uma perspectiva atual ou alegórica.

Por exemplo, na peça *Victory: Choices in reaction* (Vitória: Escolhas de reação), de Howard Barker, estão em jogo as mudanças neoliberais da primeira-ministra britânica Margaret Thatcher nos anos 1980. O drama salienta os altos custos da tentativa de manter a própria humanidade nesse contexto sociopolítico. Apesar dessa preocupação contemporânea, o drama é situado durante a Restauração do reino de Dom Carlos II (1630-1685). Isso permite uma dupla referência a dois regimes centralizadores, autoritários e com interesses unilaterais: por um lado, a restauração da monarquia após uma fase republicana no século 17, e, por outro, um sistema caracterizado pela desregulação, privatização e flexibilização do mercado na atualidade.

Em termos estéticos, os textos dramáticos de Howard Barker e dos outros dramaturgos britânicos dos anos 1980 e 1990 desafiam o que é conhecido como dramaturgia aristotélica. Em vez de trabalhar com a mimesis, a imitação da ação, e, consequentemente, com a unidade de tempo e espaço, as estruturas dramáticas contestam qualquer relação estreita entre causa e efeito, bem como o desenvolvimento dos acontecimentos de maneira linear e progressiva para alcançar um propósito. Em vez disso, os enredos desenvolvem-se pela justaposição de episódios, por rupturas ou em círculos, sem que haja nenhuma finalidade alcançada em seus desfechos.

Esse tipo de dramaturgia não é uma particularidade britânica. Para a minha tese de doutorado sobre a dramaturgia latino-americana desde meados dos anos 1980, ou seja, após o final das ditaduras na Argentina, no Brasil, no Chile e, como exceção, em Cuba (afetado pela queda do muro em Berlim em 1989 e o final do bloco do Leste), encontrei textos dramáticos que também desarranjam o modelo histórico linear. Trabalhei dois autores brasileiros, Luís Alberto de Abreu e Alcides Nogueira, cujas peças — por exemplo, *A guerra santa* (1991) e *As traças da paixão* (1994) — tomam uma postura crítica não apenas em relação ao modelo histórico evolutivo e positivista, mas também no que diz respeito ao pensamento ocidental e eurocentrista. Os dramaturgos participaram da discussão dos conflitos resultantes do golpe militar e da tentativa de posicionar o Brasil dentro da história e do desenvolvimento econômico mundial pela ditadura.

Ambas as peças citadas apresentam, em sua estrutura dramática, uma concepção de história não linear, o que é resultado de uma abordagem crítica do autoritarismo político, da incorporação do pensamento europeu e de reflexões sobre as próprias tradições. Em relação ao pensamento ocidental, *Traças da paixão* realiza uma releitura brasileira da tragédia grega *Édipo Rei*, de Sófocles (497 a 406 a.C.), e *A guerra santa*, elabora uma versão contemporânea de *A Divina Comédia*, de Dante Alighieri (1265-1321). As duas peças lembram, por meio de sua intertextualidade, que o Brasil não participou das épocas da metafísica e, assim, como argumenta Flusser (1998), do desejo de anular o tempo e de se aperfeiçoar mediante concepções utópicas e salvadoras. Como resultado, não possuem desfechos teleológicos. Em vez de repetir a introspeção filosófica com a qual termina a peça *Édipo Rei* ou a salvação proposta no texto dantesco, elas apresentam propostas concretas ao tornar a experiência estética um acontecimento para o público. De fato, cheguei à conclusão de que as peças desenvolvem uma estética particular, que intitulei "estética da presença", designada pela oralidade, pela corporalidade e pela performatividade (Ferreira, 2001).

Ao contrário das propostas contemporâneas, a história do teatro, muitas vezes contada por meio de um de seus documentos mais facilmente acessíveis — o texto dramático —, possui inúmeros casos de propostas teleológicas, nas mais diversas épocas. Um dos exemplos mais famosos da concretização de um fim dentro da história é a inauguração da democracia na tragédia grega, nomeadamente no final da tetralogia *Oresteia*, de Ésquilo (525 a 456 a.C.). Lembro rapidamente a história: ao retornar da Guerra de Troia, o rei Agamemnon é assassinado por sua esposa, Clitemnestra, e pelo amante dela, Egisto. Essa morte é vingada por Orestes, o filho do rei e da mãe assassina, o que o torna alvo das fúrias, as Erínias, que o perseguem.

Figura 40

As traças da paixão, direção de Marco Antonio Braz, 2009.
(Fonte: Superbacana Produções).
A guerra santa, direção de Gabriel Villela, 1993. Fotografia de cena.
(Fonte: Astrosemrevista).

A deusa Atenas encerra o poder delas ao estabelecer um júri de cidadãos cujo papel será o de garantir os direitos da pólis. Isso significa uma reorganização política porque substitui o tribalismo pela democracia, a vingança pelo direito. No entanto, essa substituição não é vista como uma obra humana, senão como uma imposição divina. Em outras palavras, trata-se de um fim dentro da história mediante uma intervenção dos deuses. No final da peça e, consequentemente, do espetáculo, Atenas surge sustentada por um guindaste (a *mechane*) no palco (a *skene*), por meio do mecanismo *deus ex machina*.

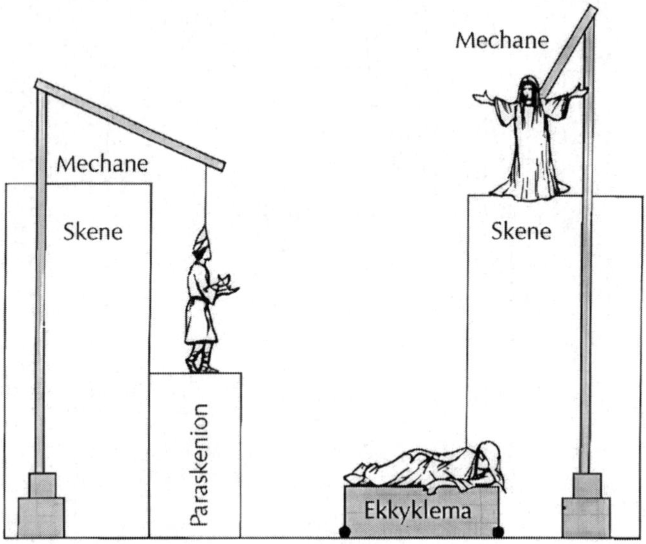

Figura 41

Máquinas para efeito deus ex machina no teatro grego. Desenho. (Fonte: Wikimedia Commons).

A instauração da democracia pode ser considerada a primeira proposta teleológica em uma narrativa dramática. Muitas outras se seguiram, sendo uma das mais recentes a luta de classes marxista, incentivada pelo dramaturgo alemão Bertolt Brecht (1898-1956). Sua teoria de um teatro épico propõe uma dramaturgia supostamente antiaristotélica ao apostar em um enredo fragmentado, interrompido pelo uso de música, narradores e outros efeitos que ele chama de estranhamento. Esse efeito estético pretendido era explicado como ativação do espectador, que é, assim, convidado a questionar aquilo a que assiste e a desejar mudança social. Enquanto a tragédia grega mostra a constituição da democracia, as peças dramáticas de Brecht elaboram uma visão materialista, no sentido de apresentar a possiblidade de se atingir o objetivo da história marxista — a vitória do proletariado — no teatro. Não obstante, devemos ter o cuidado de não confundir a teoria brechtiana com as peças, visto que a leitura depende sempre dos espectadores sempre emancipados.

Outros exemplos teleológicos são os autos medievais que apresentam a história de Jesus. *O Auto da paixão* na Páscoa ainda é um espetáculo popular

Figura 42

Auto da paixão, igreja São Francisco de Assis, 2014, Ouro Preto. Fotografia. (Fonte: Mondego).

hoje em dia. Ao contrário dos autos, que divulgam a crença na transcendência metafísica, as peças contemporâneas citadas anteriormente apontam para uma transcendência no aqui e agora. Interessante notar que, embora optem por estéticas parecidas, é possível observar diferenças entre as peças europeias e as peças do continente latino-americano. Usando a interpretação de Flusser (1998, p. 154) da crise do pensamento histórico europeu, que ele encontra manifesta na "nova história", podemos enxergar motivações diferentes para a ausência de uma narrativa linear:

> Nos países históricos trata-se de um intento consciente de quebrar com violência a discursividade linear do pensamento, porque lá se percebe cada vez mais que a discursividade linear está levando a um abismo. No Brasil trata-se também de um intento consciente de quebrar com a discursividade linear do pensamento, e precisamente porque este pensamento, sendo arcaicamente rígido, não responde ao país faz tempo, é preciso ajudar o pensamento real a se expressar. [...] Em outras palavras: o mesmo fenômeno prova nos países históricos que o pensamento

> histórico está numa crise, e, no Brasil, que o pensamento não histórico é capaz de incorporar a história.

Apesar de tanto as peças inglesas como as brasileiras quebrarem com a linearidade narrativa e, assim, com um possível fim nela, ambas o fazem por motivos diferentes: os europeus, porque o neoliberalismo e o seu pensamento progressista colocam em xeque os valores humanistas europeus; os brasileiros, porque o impacto desse modelo histórico ocidental é questionado após a experiência de autoritarismo da ditadura. São crises diferentes, mas interligadas, uma vez que a Europa interroga seu próprio modelo histórico, ao passo que a América Latina rejeita a sua incorporação à procura de um modelo próprio e mais próximo de suas matrizes indígena e africana.

Em ambos os casos se descarta qualquer teleologia e, com ela, as oposições binárias que têm sido parte integrante da visão teleológica do mundo, como classe/indivíduo, natureza/cultura, alto/baixo, bom/mau etc. Em vez disso, as dramaturgias revelam o abuso de poder, apresentado mediante rupturas ou repetições. Essas repetições apontam para um outro modelo histórico do qual já falamos brevemente: o ciclo da natureza que consiste no evoluir e perecer sem chegar a um auge. Esse modelo narrativo cíclico na dramaturgia contemporânea, tanto europeia como latino-americana, alerta para um eterno retorno, resultado da perpetuação da opressão. Revelá-lo ao público sugere que ele deva ser rompido. Porque no colonial-capitalismo da modernidade, o modelo cíclico está corrompido, não serve para renovar, mas para tiranizar.

Para compreendermos melhor o modelo cíclico em contraposição ao evolutivo, gostaria de acrescentar mais um exemplo da história do teatro. O dramaturgo mais famoso de todos os tempos, o britânico William Shakespeare, já oferecia uma visão semelhante dos autores contemporâneos em suas peças apelidadas "dramas históricos". A cenografia de Emil Pirchan para uma de suas peças, *Ricardo III*, na direção de Leopold Jessner, que data de 1919, é resultado da visualização metafórica desse ciclo da história por meio de uma escadaria. A maquete da escada e um desenho da cena da coroação mostram isso. Após a ascensão de Ricardo III ao poder, que começa ao pé da escada, seu coroamento acontece no último degrau. Contudo, sua queda e subsequente morte o levarão de volta para onde ele começara.

Figura 43

Cenografia de Emil Pirchan para Ricardo III, direção de Leopold Jessner, 1919. Maquete e desenho. (Fonte: Saffronatstudy).

Nem em *Ricardo III*, nem nas peças contemporâneas, britânicas e brasileiras, visa-se à reconstrução do passado. Como comentado, Walter Benjamin (1994) foi o primeiro pensador a questionar uma historiografia baseada no modelo evolutivo e de reconstituição do passado. Para tal, Benjamin cunhou o conceito de "historicismo", condenando com ele a ideia de que possamos conhecer e, consequentemente, reconstruir a história. O objetivo maior da história não seria mostrar como as coisas realmente eram em certa época, mas reconhecer que qualquer estudo científico não passaria de uma interpretação do passado a partir do presente. Consequentemente, qualquer interpretação dele devia sempre ser guiada por nossas preocupações contemporâneas.

Benjamin tinha, de fato, a convicção de que apenas se evitássemos o historicismo — a tentativa de uma reconstrução do passado baseada em causa e efeito, bem como em documentos como provas infalíveis — e levássemos em consideração a nossa perspectiva atual seríamos capazes de realmente nos envolver com a história:

> O historicismo se contenta em estabelecer um nexo causal entre vários momentos da história. Mas nenhum fato, meramente por ser causa, é só por isso um fato histórico. Ele se transforma em fato histórico postumamente, graças a acontecimentos que podem estar dele separados por milénios. O historiador consciente disso renuncia a desfiar entre os dedos os acontecimentos, como as contas de um rosário. Ele capta a configuração, em que sua própria época entrou em contato com uma época anterior, perfeitamente determinada (Benjamin, 1994, p. 232).

É exatamente nesse sentido que o filme de Herzog e as peças contemporâneas citadas abordam seus sujeitos históricos. Eles não perguntam como era a vida dos seres humanos pré-históricos, de Édipo, Dante ou Carlos II, mas como as narrativas — os mitos, as obras e as histórias acerca deles — ainda têm importância, relevância e impacto nos dias de hoje.

Do cinema contemporâneo

Gostaria de dar mais exemplos para aprofundarmos a diferença entre escrever uma narrativa histórica do ponto de vista atual e de forma historicista, seja como atividade científica ou artística. Quando pensamos, por exemplo, em três filmes recentes sobre a história da escravidão nos Estados Unidos da América — *Lincoln* (Steven Spielberg, 2012), *Django livre* (Quentin Tarantino, 2012) e *12 Anos de escravidão* (Steve McQueen, 2013) — e um filme brasileiro — *Vazante* (Daniela Thomas, 2017), o conceito de historicismo revela-se uma ferramenta útil para captarmos melhor as perspectivas e os modelos históricos nos quais eles se baseiam.

Embora o filme de Spielberg seja aquele que procura reconstruir de forma mais meticulosa o passado do presidente americano Abraham Lincoln e suas atividades a favor da abolição da escravatura, o filme nem é próximo do que aconteceu de fato, tampouco apresenta um olhar contemporâneo. Absorvido no heroísmo de um único homem branco que enfrentou e serviu-se de uma

Figura 44

Lincoln, Steven Spielberg, 2012, filme. Cartaz. (Fonte: Wikimedia Commons).

série de políticos corruptos para lograr a abolição, *Lincoln* acaba dando ênfase às tramas e habilidades de fazer intrigas políticas, bem como ao retrato mimético das supostas ações desenvolvidas pelo presidente.

Esquece-se deliberadamente do envolvimento e da participação de outras figuras históricas que atuaram nessa luta, como os escravizados ou ex-escravizados. Para dar um exemplo, o próprio mordomo do presidente foi ativo na luta antiescravagista, porém é reduzido ao típico papel de servo. Concentrado no retrato detalhista do ambiente, dos figurinos, da maquiagem e da cenografia do século 19, o filme ignora por completo uma preocupação atual e consequente do colonialismo, do tráfico e da exploração de escravizados, designadamente, o racismo.

O acalorado debate público que envolveu cineastas afrodescendentes, como Spike Lee, ou a influente apresentadora e jornalista Oprah Winfrey, evidencia que *Django livre*, de Quentin Tarantino, colocou, por outro lado, o dedo diretamente na ferida acerca do passado e do presente do racismo norte-americano. A contemporaneidade do filme, bem como o tabu de tomar liberdades ousadas com a história para fugir de uma reconstrução historicista spielberguiana, podem ser comprovados na polêmica acerca do personagem principal, um caubói negro que vinga a escravidão com a violência explícita e costumeira dos filmes de Tarantino.

Figura 45

12 Anos de escravidão, Steve McQueen, 2013, filme; *Django livre*, Quentin Tarantino, 2012, filme. Cartazes.

(Fonte: Wikimedia Commons).

Por sua vez, *12 Anos de escravidão*, do britânico Steve McQueen, agraciado com o Oscar de melhor filme de 2013, ocupa um espaço entre a interpretação livre tarantiniana e o relato spielberguiano supostamente verdadeiro acerca da brutalidade da escravidão americana. Baseia-se em história verídica escrita por Solomon Northup, um homem livre, negro, com educação formal e pai de família burguesa, que foi sequestrado na rua e vendido como escravizado para um fazendeiro sulista.

Embora reconstrua também a época, a adaptação de McQueen é capaz de fazê-lo a partir de um olhar vigente que destaca os problemas atuais de racismo e supremacia branca, retratando, dessa forma, o mundo paternalista e escravista branco como violento e sem respeito pelos direitos adquiridos dos afro-americanos. Ao contrário de muitos outros filmes hollywoodianos sobre o período, não existem homens brancos bondosos ou escravizados subservientes. Todos os personagens espelham a brutalização do sistema escravocrata.

No cinema brasileiro contemporâneo, a polêmica acerca de um dos poucos filmes sobre o tema, *Vazante* (2017), de Daniela Thomas, demonstra que a questão é igualmente sensível no contexto nacional. O filme não só foi acusado de não construir as subjetividades das personagens negras escravizadas, mas também de usar esses personagens apenas como pano de fundo, sem que a questão da escravidão tenha sido aprofundada.

Figura 46

Vazante, Daniela Thomas, 2017, filme. Cartaz.
(Fonte: Wikimedia Commons).

Mas o problema é, de fato, outro. *Vazante* consegue mostrar que o colonialismo e a escravatura criaram um sistema desumanizante que afetou (e ainda afeta) a todos. O ritmo lento do filme explora de forma sutil o encarceramento na fazenda e a perversidade da obediência. No entanto, nada acrescenta ao que já foi produzido nas ciências sociais e mesmo no cinema acerca dessa leitura, ficando muito próximo do texto mais famoso a esse respeito, *Casa-grande e senzala*, de Gilberto Freyre (1998), publicado em 1933. O protagonista é um colonizador português e comerciante de escravizados cujas dores (perda da esposa e do filho) e sentimentos (paixão por uma adolescente com quem se casa) acabam sendo o centro de *Vazante*. Embora seja um filme equilibrado ao explorar tanto a humanidade como a desumanidade do agressor, evitando maniqueísmos, e apesar da *mise-en-scène* sensível e tátil em branco e preto esquivar-se também de qualquer historicismo, o holocausto da escravidão permanece um problema enquadrado do ponto de vista dos agressores, e não dos agredidos. De fato, o olhar da classe média, ainda que progressista, acerca de sua história como privilegiada dentro de um contexto de injustiça berrante — que tem forjado o olhar cinematográfico desde o cinema novo —, acaba criando mais uma narrativa que apenas consegue afirmar o *status quo* e, assim, desculpabiliza os escravocratas, ao vê-los como seres humanos que erram.

Da arte contemporânea

Tal qual vimos em alguns poucos exemplos da dramaturgia teatral e audiovisual contemporâneas, também a arte contemporânea se preocupa com a história e procura estabelecer histórias alternativas não positivistas. Apresentarei quatro exemplos com os quais gostaria de aprofundar o texto de Walter Benjamin e introduzir mais um conceito dele: a história dos vencidos, que procura substituir a defeituosa narrativa mestra dos vencedores:

> Todos aqueles que até hoje venceram participam do cortejo triunfal, em que os dominadores de hoje espezinham os corpos dos que estão prostrados no chão. Os despojos são carregados no cortejo, como de praxe. Esses despojos são o que chamamos bens culturais. O materialista histórico os contempla com distanciamento. Pois todos os bens culturais que ele vê têm uma origem sobre a qual ele não pode refletir sem horror. Devem

> sua existência não somente ao esforço dos grandes gênios que os criaram como à corveia anônima dos seus contemporâneos. Nunca houve um monumento da cultura que não fosse também um monumento da barbárie. E, assim como a cultura não é isenta de barbárie, não o é, tampouco, o processo de transmissão da cultura. Por isso, na medida do possível, o materialista histórico se desvia dela. Considera sua tarefa escovar a história a contrapelo (Benjamin, 1994, p. 225).

Benjamin é tão relevante para a discussão hoje quanto era na década de 1940, quando seu texto foi escrito no contexto do fascismo, uma extensão do pensamento colonialista-racista. Todavia, talvez seja melhor substituir hoje vencidos por oprimidos, para não apagar a constante luta contra o colonialismo. Em relação aos exemplos dados, pode-se dizer que *Vazante* e *Lincoln* são bens culturais que fazem parte da barbárie. Eles não escovam a história da escravidão a contrapelo. Pelo contrário, eles ainda adotam a perspectiva dos vencedores, seja com a estética do filme hollywoodiano ou do filme de autor. A perspectiva dos oprimidos é deliberadamente deixada de lado. Em *Traças da paixão e A guerra santa*, por outro lado, para mencionar somente as peças nacionais, há uma releitura da cultura ocidental que acaba interrogando o modelo histórico vigente e o papel de alguns de seus personagens famosos.

Também na arte contemporânea, escovar a história a contrapelo pode resultar da reciclagem de obras ou de referências culturais existentes. *Mona Lisa com bazooka*, de 2007, um grafite de Banksy, artista britânico que manteve sua identidade anônima, opondo-se ao papel de artista celebre, é um excelente exemplo de reinterpretação por meio da apropriação. O grafite levanta perguntas incômodas sobre o que o Ocidente civilizado e seus ícones canônicos representam hoje em dia. Ataca, além disso, qualquer ideia eurocentrista acerca da história da arte como disciplina para salvaguardar — lembrando aqui o conceito heideggeriano — as obras-primas no contexto de uma narrativa mestra dos vencedores.

O artista brasileiro Nelson Leirner se utiliza igualmente de referências das mais diversas — da alta cultura, da cultura popular e das ciências — para transformá-las em jogos que alteram sua identidade original e expressam embates socioculturais e políticos. *Xeque-mate*, de 1999, emprega de forma metafórica o

Figura 47

Mona Lisa com bazooka, Banksy, 2007. Grafite.
(Fonte: *Artstory*).

tabuleiro de xadrez para ensaiar um confronto cultural entre representantes da religião oficial brasileira — santos do Catolicismo, confeccionados e presentes em escala industrial — e nativos que se encontram empurrados para um canto, como oprimidos. A obra mostra que a história da colonização brasileira, realizada em nome do cristianismo, foi um conflito desigual em que os vencedores foram definidos desde o início.

Em vez de venerar os elementos culturais do mundo ocidental — Mona Lisa ou santa católica —, as duas obras mostram a agressividade oculta e sua participação na guerra de imagens que a história da arte tentou pacificar. São releituras contemporâneas de obras canônicas para dar voz aos oprimidos, escovando assim a história (da arte) a contrapelo. O grafite e a "escultura" em forma de jogo de xadrez trabalham as mesmas ideias que encontramos em Benjamin. O texto de Benjamin, por sua vez, torna possível compreender que os artistas Banksy e Leirner desmontam o modelo de história dos vencedores.

Figura 48

Xeque-mate, Nelson Leirner, 1999.
Madeira, mídia mista.
(Fonte: Itaú Cultural).

A barbárie é trabalhada na ressignificação de obras de arte canônicas, reinterpretando-as do ponto de vista dos oprimidos. No Museu de Arte de São Paulo, houve uma exposição da reinterpretação do artista da famosa pintura *Moema*, de Victor Meirelles, de 1866. A pintura retrata uma mulher indígena morta como resultado do seu amor por um colonialista português no século18, romantizando assim a violência do colonialismo. Seguindo a iconografia europeia, seu corpo morto se oferece eroticamente ao espectador. *Natureza morta*, de Denilson Baniwa, de 2020, adapta o corpo indígena morto, ocupando agora uma área desmatada

Figura 49

Natureza morta, Denilson Baniwa, 2020. Fotografia.
Moema, Victor Meirelles, 1866. Óleo sobre tela.
MASP, São Paulo.
(Fonte: Fotografia da autora).

na Amazônia. Dessa forma, Baniwa formula uma crítica à barbárie histórica e contemporânea, ao poder e à exploração colonial, primeiro portuguesa e agora brasileira, ao mesmo tempo que faz um comentário sobre o imaginário criado pelas artes acerca dos indígenas no Brasil.

Artistas africanos e afrodiaspóricos também adotaram essa forma de engajamento com o arquivo pictórico da história da arte colonial e se apropriaram de suas obras. A artista cubana Harmonia Rosales, por exemplo, retrabalhou o *Nascimento de Vênus* (1486) de Sandro Botticelli (1445-1510) no *Nascimento de Oshun* (2017), uma orixá afrodiaspórica, substituindo as figuras dos vencedores pelas dos oprimidos em sua pintura.

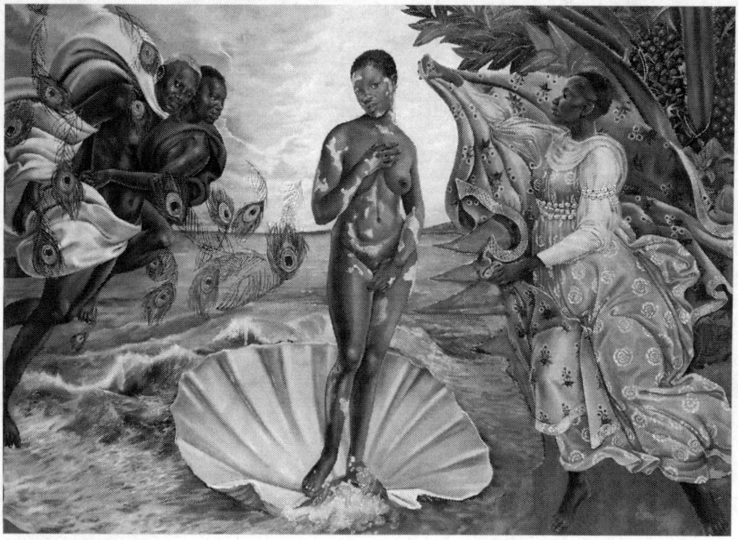

Figura 50

Nascimento de Oshun, Harmonia Rosales, 2017. Óleo sobre tela. (Fonte: Wikimedia Commons).

Além desses dois exemplos contemporâneos, mostro mais dois já canônicos que refletem outra vertente. Trata-se de acontecimentos artísticos que usam o próprio corpo como material e que foram inicialmente apelidados de *happening*, conceito cunhado por Allan Kaprow (1958), ou de performance. *I like America and America likes me* (Gosto da América e a América gosta de mim), de Joseph Beuys, levou o artista alemão a passar alguns dias com um coiote na René Block Gallery de Nova York, em 1974. A interação com o animal selvagem procurou recuperar o relacionamento do ser humano com o mundo animal dos tempos pré-históricos. A efemeridade da ação, uma das propostas principais de um *happening*, foi documentada em fotografia.

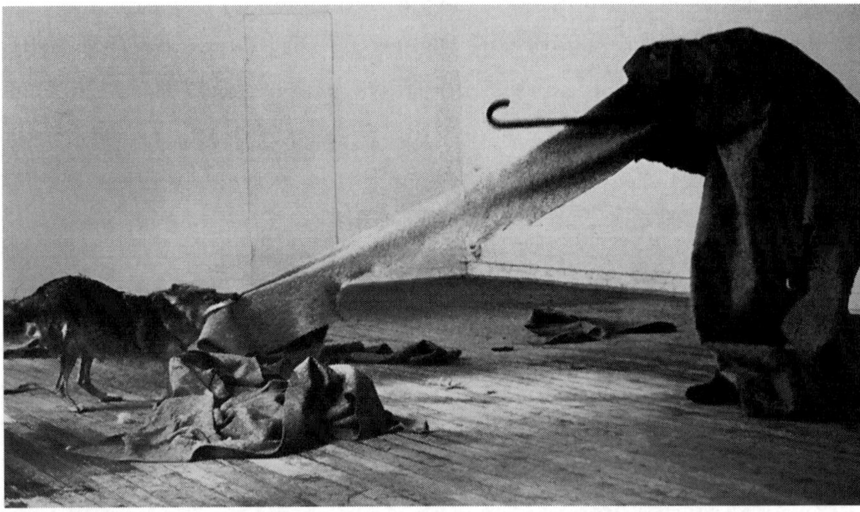

Figura 51

I like America and America likes me, Joseph Beuys, 1974. Fotografia de performance. (Fonte: Wikimedia Commons).

No Brasil, um exemplo da afirmação de identidades fora dos padrões da arte tradicional, usando também o corpo como material, seriam os parangolés de Hélio Oiticica, realizados no mesmo ano que o *happening* de Beuys. Mas o artista brasileiro foi mais longe do que o alemão ao procurar envolver também o corpo do espectador. Com base em seu interesse e seus estudos do samba nos morros das favelas do Rio de Janeiro, isto é, em espaços dos oprimidos da história, Oiticica criou um dispositivo para redefinir o relacionamento entre público, local do *happening* e trabalho artístico por meio de capas, estandartes e bandeiras que podem ser vestidos e carregadas pelos participantes.

As capas eram feitas de panos de diferentes cores e movimentadas pelo usuário, criando assim um espaço de experimentação e de experiência espontânea na qual o corpo se torna uma forma colorida movimentada. O objetivo, como diz o próprio artista, consiste em oferecer um momento de liberdade: “É dar ao homem, ao indivíduo de hoje, a possibilidade de 'experimentar a criação', de descobrir pela participação, esta de diversas ordens, algo que para ele possua significado" (Oiticica *apud* Jacques, 2007, p. 110). Redefinir a arte e passá-la do artista para o espectador, trazer elementos dos desfavorecidos da favela para o concreto da classe média, é uma tentativa de quebrar fronteiras entre esses espaços e a prática de arte historicamente restrita a poucos.

Figura 52

Parangolé, Hélio Oiticica, em *HO*, direção de Ivan Cardoso, 1979. Fotograma.
(Fonte: Fotografia da autora).

Embora o objetivo seja buscar inclusão, Oiticica pode ser questionado por transferir uma forma ocidental de pensar sobre arte para os habitantes da favela, porque, em última análise, ele extraiu suas ideias das manifestações artísticas deles sem levar em conta sua epistemologia. De fato, eles não precisam da libertação do corpo. A classe média, por outro lado, à qual Oiticica pertence, precisa, porque faz parte da colonialidade e de sua ideia eurocêntrica de uma dicotomia entre corpo e mente.

Com as obras de Oiticica e Beuys, é possível observar novamente que eles partem do entendimento ocidental da arte e da separação entre ser humano e natureza. Como já foi notado várias vezes, os artistas não hegemônicos não têm esse problema. As motivações dos artistas indígenas, africanos e afrodiaspóricos para romper com a história dos vencedores são diferentes das dos artistas ocidentais. Todavia, em sua maioria, eles têm em comum a consciência da barbárie.

▸ DOS MODELOS DE HISTÓRIA NOS ESTUDOS DAS ARTES

Com base no que tenho apresentado neste capítulo — modelos de história e seu uso e questionamento nas artes —, gostaria de olhar agora para os modelos de história usados pelas disciplinas que estudam as artes e escrevem suas histórias. Embora já tenha criticado o modelo linear-progressista e suas narrativas mestras, passo a introduzir mais um conceito. Trata-se da "ficcionalidade" de Jacques Rancière, com a qual gostaria de realçar ainda mais a impossibilidade de qualquer objetividade dos modelos de história que alimentaram inicialmente a sua construção. Com efeito, para Rancière — cuja ideia de arte no singular e concepção do espectador emancipado já mencionei —, todas as disciplinas e atividades humanas não fazem nada mais nada menos do que criar ficções: "A política e a arte, tanto quanto os saberes, constroem 'ficções', isto é, rearranjos materiais dos signos e das imagens, das relações entre o que se vê e o que se diz, entre o que se faz e o que se pode fazer" (Rancière, 2005, p. 59).

Já trouxe exemplos da arte — drama, teatro, arte contemporânea e cinema —, nos quais o modelo evolutivo teleológico e positivista de história é questionado, ou, nas palavras de Benjamin, a história é escovada a contrapelo. Contudo, é preciso lembrar que, nas diversas disciplinas que estudam as artes, o questionamento desse tipo de modelo é bastante recente e ainda não totalmente assimilado.

Isso se deve ao fato de que as próprias disciplinas foram construídas com base na ideia analítica-historicizante do pensamento oitocentista e têm certa dificuldade de se livrar dessa tradição. Ou seja, a dimensão histórica foi fundamental para criar as disciplinas que estudam as artes e se emanciparam das mais antigas, nomeadamente da história, da filosofia e da retórica. Para ganhar fôlego como disciplinas em seu próprio direito, a história da arte, as letras, as artes cênicas, os estudos de cinema, da comunicação e das mídias etc. edificaram suas historiografias em cima dos modelos históricos convencionais, apesar de terem percebido recentemente a necessidade de reescrita e reinterpretação que estava sendo formulada na época, ou, para lembrar a ideia benjaminiana, de questionar as histórias dos vencedores e escová-las a contrapelo.

Dos modelos de história na história da arte

Já lembrei repetidas vezes que Giorgio Vasari estabeleceu a base para todas as ficções (ou narrativas mestras) das histórias sobre as artes que são estudadas de forma separada, definindo um cânone — os grandes autores e as grandes obras — e hierarquias — quem deve e quem não deve ser lembrado — para imortalizar certos artistas do renascimento. Mas os livros dos historiadores das artes (separadas por materiais ou gêneros), antes e depois, não só salientaram artistas e obras como também trabalharam a favor de certos períodos, focando naqueles considerados os mais importantes e, dependendo do critério, os mais bem-sucedidos em termos artísticos. Teremos, pois, a história dos vencedores.

Enquanto Vasari e o historiador da arte suíço Jacob Burckhardt (1818-1897), autor de *A cultura do renascimento na Itália*, deram relevo à renascença, Hegel e Nietzsche declararam a antiguidade grega não só o berço, mas também o auge da cultura ocidental. Com efeito, a definição de uma origem é outra questão-chave para qualquer historiografia evolucionista. No caso da arte antiga grega, defini-la como cume tornou-a modelo e referência para tudo que se seguiu, assim possibilitando formular teleologias ou atestar decadências. A ideia de um renascimento da arte no século 16 foi justamente um exemplo desse tipo de projeto teleológico.

Vasari honrou a antiga arte grega para enaltecer a arte de seu próprio tempo, estabelecendo assim um novo mito de origem suficientemente forte para substituir o modelo anterior. Com isso, de acordo com Didi-Huberman (2013), o artista e autor renascentista não só fundou uma nova disciplina — a história da arte —, mas uma nova religião. Vasari teria inventado uma finalidade para a sua história da arte do renascimento: "Mas a Rinascita envolve também o futuro, a saber, a ideia de uma teleologia". (Didi-Huberman 2013, p. 80)

Na imitação da natureza, Didi-Huberman (2013, p. 96) encontra a "noção-totem" vasariana, afastando-se da dependência de um criador para sublinhar a própria criação:

> É a deusa-mãe de todas as artes-mães, a divindade suprema dessa religião segunda que não queria mais ter o Outro absoluto como referência essencial do desejo, mas sim um "outro" muito relativo, um "outro" que

> devia tender constantemente ao "mesmo" que a palavra mimesis contém. A arte imita [...].

No entanto, Vasari escolheu um critério de avaliação por meio do qual podia apresentar a história dos vencedores. Sua agenda, conforme explica Didi-Huberman (2013, p. 103), dizia respeito à tentativa de estabelecer a arte como "um campo de conhecimento intelectual" e, por isso, encontrou outra estratégia: relacionar a imitação sobretudo ao conceito de desenho. Em outras palavras, Vasari blindou a arte (arquitetura, escultura, desenho, pintura) contra novos ataques da filosofia ou da teologia cristã, declarando desde logo que ela era tanto sensível como inteligível e, como resultado, promoveu o papel social daquele que a empenhava: "[...] a noção de *disegno* devia permitir fundar a atividade artística como atividade 'liberal', e não mais artesanal, porque a palavra *disegno* era tanto uma palavra do espírito quanto uma palavra da mão [...]" (Didi-Huberman, 2013, p. 103).

Avaliando a proposta em relação ao capítulo anterior, no qual vimos que a filosofia sempre aprecia a arte de acordo com sua capacidade de servir o inteligível, Vasari — ele próprio artista — sugeriu uma definição bem interessante, segundo a qual a arte era compreendida tanto como sensível quanto inteligível, proposta já presente em Aristóteles mas esquecida depois.

Segundo Vasari, o sensível não seria apenas um caminho para o inteligível, como admitia até Platão, ou para a moral universal, como defendeu Kant. Ao contrário, na nova religião, o inteligível tomaria o caminho oposto porque iria ao encontro do sensível, como explica Didi-Huberman (2013, p. 111):

> Uma religião segunda a qual o inteligível descia ao sensível e o subsumia pela operação mágica do *disegno*, uma retórica da imortalidade na qual o artista se reunia aos semideuses no céu da eterna fama; enfim a fundação de um saber, esse *sapere dell'artefice* que fora preciso justificar, tornar inteligível, inteligente, "liberal". Assim a história da arte criou a arte à sua imagem — sua imagem específica, especificada, sua imagem triunfal e fechada.

Bastante crítico como se deu esse ato inaugural da história da arte, Didi-Huberman (2013, p. 122) vê, no entanto, na proposta vasariana da união entre mão e intelecto um aspecto muito positivo que, lembrando a dificuldade que a filosofia e a teologia tiveram com o sensível, é compreensível. O autor nota também que, como vimos, Kant depois cortaria essa união novamente em duas partes. Mais do que isso, a definição kantiana do artista como gênio contrariaria o espírito de imitação proposto por Vasari. Embora Didi-Huberman se concentre na questão da imitação da natureza e no *disegno* como pedras de toque de Vasari aquando de um primeiro projeto de história da arte, a perspectiva foi igualmente usada como projeto teleológico no novo estudo preparado pelo corte kantiano. Ou seja, o novo pensamento historicizante estudou a evolução das artes por meio da capacidade de dominar a natureza e o espaço, sendo a dominação fio condutor do modernismo colonial-capitalista.

O quadro de Masolino da Panicale, *Milagres de São Pedro*, de 1432, é considerado o primeiro a apresentar um ponto de fuga que converge de forma perfeita no fundo do afresco. A importância atribuída à imagem revela a procura de momentos de origem e de pico na história da arte para estabelecer uma teleologia formal, ligada, nesse caso, ao domínio técnico da perspectiva.

Figura 53

Milagres de São Pedro, Masolino da Panicale, 1432. Afresco.
Capela Brancacci, Santa Maria del Carmine, Florença, Itália.
(Fonte: Wikimedia Commons).

David Hockney (2001) dedicou anos de estudo aos mitos da imitação da natureza e do surgimento da perspectiva, pois tinha começado a desconfiar de que o ponto de fuga perfeito não era um ponto de chegada, mas um ponto de partida. Estudando a utilização de diversos dispositivos como lentes e espelhos em câmeras obscuras que conseguem projetar paisagens e pessoas, o pintor chegou à conclusão de que, a partir desse momento, teria se iniciado um "longo diálogo entre imagens e óticas" (Hockney; Gayford, 2016, p. 98).

A primeira invenção que levou à mudança no fazer artístico e que desembocou na imitação da natureza e na perspectiva — que não deveria ser vista como invenção, senão como afirmação de uma lei ótica — foi a fabricação de lentes, em 1286, por um artesão de Pisa, cujo nome não ficou conhecido. Deve-se às lentes "[...] o tipo de imagem que uma câmera natural produz [...]" (Hockney; Gayford, 2016, p. 94).

Em seguida, as lentes possibilitaram a artistas e arquitetos, como Filippo Brunelleschi (1377-1446) e Alberti, a substituição do olhar móvel dos olhos pelo foco em um único ponto matemático e, segundo a teoria de Alberti, sobre a qual ainda falarei em detalhe, uma dignificação intelectual da arte de pintar (Hockney; Gayford, 2016, p. 103). Brunelleschi utilizou para criar um desenho em perspectiva do Batistério de San Giovanni, a catedral de Santa Maria del Fiore como câmera obscura.

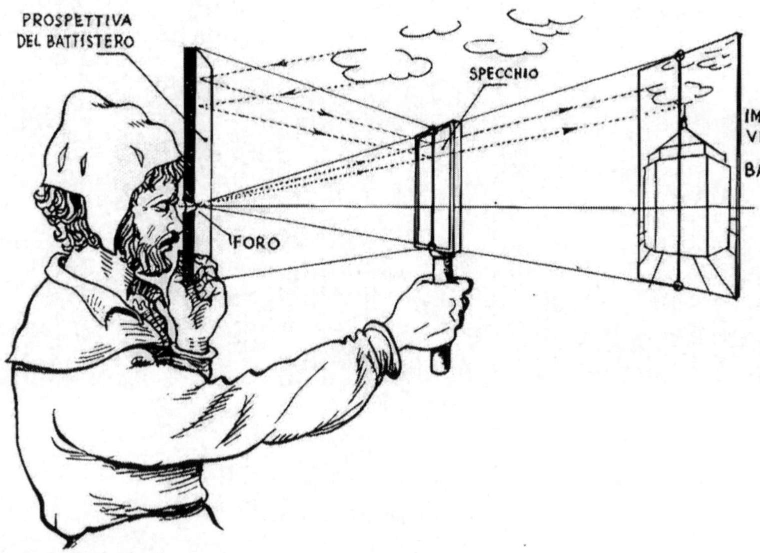

Figura 54

Esquema de imagem virtual do Batistério de San Giovanni realizada por Filippo Brunelleschi, s.d. Desenho de Federica Caldi.

(Fonte: Federica Caldi, Altervista).

Pela primeira vez na história da arte, dizem Hockney e Gayford (2016, p. 96), uma imagem foi realizada "não para retratar uma pessoa, uma entidade divina, uma história, um acontecimento ou um objeto, senão para demonstrar uma verdade ótica".

Friedrich Kittler (2015, p. 80) oferece uma explicação da perspectiva próxima à de Hockney e Gayford, e igualmente diversa da habitual, entendo-a como evolução estilística. A história das mídias seria, de fato, resultado do uso da câmera obscura e, assim, parte de um projeto humano maior que consistiria no desejo de codificação e consequente virtualização do mundo. A tese do estudioso alemão é, no entanto, mais radical, porque sugere que essa virtualização teria a ver com o desejo de autoapagamento do ser humano. Entretanto, ele não vincula isso à colonialidade, embora essa seja uma associação possível, já que o desejo de destruir e oprimir os outros leva inevitavelmente à própria destruição.

Seja qual for a razão para o desenvolvimento tecnológico (que permitiu um maior domínio da representação do mundo baseado na matematização ou virtualização), os mitos fundadores, o enfoque na glorificação de certas épocas, certos artistas, certas obras e certos estilos foram utilizados como principais elementos das ficções da história da arte. Notei na introdução que esses elementos e o subsequente discurso da história da arte clássica como uma história evolutiva e positivista sofreram uma reavaliação a partir dos anos 1980. Hans Belting (2016, p. 72) obteve destaque mundial em desvendar a preocupação exagerada com o estilo que fez da disciplina apenas mais um discurso teleológico:

> A história da arte começou com um conceito de história e estendeu-o para o conceito de estilo. Enquanto ela herdou o conceito de História do século XIX, o do estilo surgiu no início do século XX. Estilo era aquela qualidade da arte para a qual uma evolução lógica deveria ser rastreada.

Como veremos detalhadamente no próximo capítulo, que aborda como a história da arte tornou-se ciência, o estilo foi escolhido como seu paradigma central, visando manter e desenvolver a narrativa mestra e teleológica ocidental do aperfeiçoamento progressivo da arte europeia.

Outro problema apontado por Belting foi o eurocentrismo. Hoje essa visão já foi assimilada, por exemplo, pela historiadora de arte britânica Dana Arnold

(2003, p. 11), que lembra que a criação de um cânone com obras europeias foi resultado direto do discurso centrado no estilo:

> Assim, histórias tradicionais da arte enfatizam períodos e estilos, e concentram-se sobretudo na produção artística ocidental, obscurecendo, desta forma, outras abordagens, por exemplo, o agrupamento de obras de arte de acordo com seu tema, influenciam a maneira pela qual são discutidas as artes das culturas não ocidentais.

Incomodado com o discurso restritivo quanto ao estilo e aos cânones eurocêntricos, Hans Belting perguntou, em 1983, como citado, se a história da arte não havia chegado ao fim. A pergunta não levou a uma resposta afirmativa, senão à constatação do fim do discurso teleológico:

> Dito de outro modo, a restrição presente no fim da história da arte oferece a desejada oportunidade de tratar da história da arte com certo distanciamento e sob o seguinte lema: "O rei está morto, viva o rei!". No entanto, já o pequeno número de historiadores da arte oferece uma garantia suficiente de que o tema que eles transformaram em profissão não terá fim, e isso é semelhante nas demais ciências humanas. Ainda assim vejo motivo suficiente para conceder importância ao problema, se levarmos a sério a ideia originária que está presente no conceito de uma "história da arte": a ideia, a saber, de restituir uma história efetiva e trazer à luz o seu sentido. No conceito está presente tanto o significado de uma imagem como a compreensão de um enquadramento: o acontecimento artístico, como imagem, no enquadramento apresentado pela história escrita da arte. A arte se ajustou ao enquadramento da história da arte tanto quanto esta se adequou a ela. Hoje poderíamos, portanto, em vez do fim, falar de uma perda de enquadramento, que tem como consequência a dissolução da imagem, visto que ela não é mais delimitada pelo seu enquadramento. O discurso do "fim" não significa que "tudo acabou", mas exorta a uma mudança no discurso, já que o objeto mudou e não se ajusta mais aos antigos enquadramentos (Belting, 2016, p. 13).

O lado positivo desse "fim" foi um novo enquadramento, isto é, a abertura da disciplina para novos objetos de estudo, seja em termos geográficos, mediante a ideia de uma "arte global" — que vem substituindo a "arte mundial", associada ao patrimônio de arte ainda sob perspectiva colonial — para dar conta da produção contemporânea pós-colonial dos últimos vinte ou trinta anos, seja por um maior interesse na arte contemporânea e nos dispositivos tecnológicos (Belting, 2013). Devido ao impacto das tecnologias reprodutivas e das novas mídias, o conceito restritivo de arte erudita — acoplada sobretudo às artes plásticas e, assim, à arquitetura, à escultura, à pintura a óleo, aos afrescos, evangelhos ilustrados etc. como objetos principais da história da arte clássica — deixou de fazer sentido. Já comentei que o estudo, a teorização e a escrita da história das imagens resultaram disso.

No entender de David Hockney e Martin Gayford (2016), e de seu projeto de uma história das imagens, a história da fotografia deveria ser reescrita como prolongamento da história da pintura, visto que seus já comentados estudos sobre a câmera obscura e outros dispositivos óticos demonstrariam que ela não constitui uma ruptura ou um novo olhar, senão a continuação da pintura a óleo.

Figura 55

A pequena rua, Johannes Vermeer, 1658. Óleo sobre tela. Rijksmuseum, Amsterdã, Países Baixos; *Telhados em Nápoles*, Thomas Jones, 1782. Óleo sobre papel. The Ashmolean Museum of Art and Archeology, Oxford, Inglaterra;
Vista da janela em Le Gras, Joseph Nicéphore Niépce, 1826. Fotografia.
(Fontes: Wikimedia Commons).

As três imagens — *A pequena rua*, de Johannes Vermeer, 1658; *Telhados em Nápoles*, de Thomas Jones, 1782; e a primeira fotografia de Joseph Nicéphore Niépce, *Vista da janela em Le Gras*, de 1826 — seriam resultantes da utilização de uma câmera. Elas demonstram que os artistas estavam interessados no mesmo enquadramento, realizado pelo uso de tecnologia cuja única diferença consistiria na possibilidade de fixar a projeção com químicos na versão fotográfica. Os autores estranham, consequentemente, que o ano de 1839, em que a fotografia nasce de forma oficial em Paris, não conste das cronologias da história da arte, embora ela seja "[...] a filha da pintura [...]" (Hockney; Gayford, 2016, p. 228). Para afirmá-la como arte, a história da fotografia foi escrita de forma separada, mediante conceitos neoplatonicamente preocupados com sua objetiva — e suposta objetividade — e sua reprodutibilidade — a falta da mão do artista: realismo, verdade, ilusão. Interessante notar que foi uma decisão jurídica em uma corte francesa que primeiro declarou a fotografia como arte, por questões de direito de autor, em 1862. Apontar a especificidade dessa suposta nova arte tornou-se depois tarefa de seus primeiros historiadores, entre eles John Szarkowski (1966), que a encontrou em sua radicalmente nova capacidade de criar imagens. Vimos, porém, que, de acordo com Hockney e Gayford (2016), essa radicalidade não passa de um mito.

É bom lembrar, ainda, que houve sempre grandes polêmicas quanto à autenticidade das imagens fotográficas, isto é, acerca da sua construção e encenação.

Figura 56

The falling soldier, Robert Capa, 1936. Fotografia.
(Fonte: Wikimedia Commons).

The falling soldier (O Soldado Caindo), de Robert Capa (1913-1954), tirada em 1936 durante a Guerra Civil Espanhola, é considerada uma das cem fotografias mais influentes do mundo, embora muito provavelmente não passe de uma ficção. Aclamada pela capacidade de retratar a morte súbita na guerra, sua composição lembra — não por acaso — outra imagem célebre de um assassinato, realizada por um artista espanhol: *Três de maio de 1808 em Madri* (1814), de Francisco Goya (1746-1828).

Obviamente, a fotografia não apresenta os elementos narrativos da pintura a óleo, porém se insere na mesma iconografia cristã de sacrifício. David Hockney e Martin Gayford (2016, p. 265) são da opinião de que a fotografia de Capa foi encenada, o que não diminuiria sua qualidade e impacto imagéticos.

Figura 57

Três de maio de 1808 em Madri, Francisco Goya, 1814. Óleo sobre tela. Museo del Prado, Madri, Espanha.
(Fonte: Wikimedia Commons).

No final dos anos 1980, aquando da intervenção de Belting, a abertura da história da arte para outros objetos, como a fotografia, não era inédita. Ela se dera antes, com a inauguração de uma nova disciplina acadêmica desenvolvida desde 1964, os estudos culturais. O interesse dessa nova área do conhecimento interdisciplinar surgiu justamente da interrogação crítica da cultura contemporânea em sua dinâmica política, após a mudança de enfoque da arte para as mídias e a cultura de massa, incluindo áreas como propaganda e design.

O destronamento da arte como estandarte da cultura nacional foi ainda levado à frente nos estudos pós-coloniais. Encontramos nos escritos do estudioso palestino Edward Said (2011, p. 7) uma definição de cultura que indica que a arte é somente uma de muitas práticas humanas e saberes, e que seu enaltecimento no Ocidente apresenta um perigo devido ao seu uso hostil e excludente, lembrando a ideia de história dos vencedores de Benjamin:

> Primeiro, "cultura" designa todas aquelas práticas, como as artes de descrição, comunicação e representação, que têm relativa autonomia perante os campos econômico, social e político, e que amiúde existem sob formas estéticas, sendo o prazer um de seus principais objetivos. Incluem-se aí, naturalmente, tanto o saber popular sobre partes distantes do mundo quanto o conhecimento especializado de disciplinas como a etnografia, a historiografia, a filologia, a sociologia e a história literária. [...] Em segundo lugar, e quase imperceptivelmente, a cultura é um conceito que inclui um elemento de elevação e refinamento, o reservatório do melhor de cada sociedade, no saber e no pensamento, como disse Matthew Arnold na década de 1860. Arnold achava que a cultura mitiga, se é que não neutraliza por completo, a devastação de uma vida urbana moderna, agressiva, mercantil, embrutecedora. A pessoa lê Dante ou Shakespeare para acompanhar o melhor do pensamento e do saber, e também para ver a si mesma, a seu povo, sua sociedade, suas tradições sob as melhores luzes. Com o tempo, a cultura vem a ser associada, muitas vezes de forma agressiva, à nação ou ao Estado; isso "nos" diferencia "deles", quase sempre com algum grau de xenofobia. A cultura, nesse sentido, é uma fonte de identidade, e aliás bastante combativa, como vemos em recentes "retornos" à cultura e à tradição.

Por meio do colonialismo, o conceito de cultura participou na exclusão de supostos outros e para sua própria elevação. A ideia de cultura substituiu, de fato, as cosmopercepções que começaram a ser perseguidas. Por isso, Said fala da cultura como autônoma da econômica, e do contexto sociopolítico, algo que não é o caso em cosmopercepções não europeias. A imposição de uma cultura cristã institucionalizada, na verdade cosmofóbica mas compreendida como universal e superior, fez isso possível. Estamos muito distantes da esperança de Schiller de uma educação estética. O conceito de cultura no contexto dos estudos culturais busca relativizar o conceito ocidental de arte (como depois o conceito da imagem). Todavia, os estudos culturais não levaram em consideração que o próprio conceito de cultura, no contexto de povos não hegemônicos, deve ser questionado por que reduz as cosmopercepções destes povos à ideia de cultura desenvolvida no Ocidente que não as consegue compreender ou expressar.

Dentro da disciplina história da arte houve ainda outro autor que indagou as narrativas mestras e o recorte eurocentrista, o já mencionado Arthur Danto. Um ano depois de Belting, em 1984, o americano Danto escreveu um ensaio igualmente influente sobre "o fim da arte". Há algumas coincidências entre as teses de Belting (2016) e Danto (2006), mas a argumentação do segundo segue mais de perto a ideia hegeliana do fim da arte ao focalizar a prática artística além dos discursos acerca dela. Lembro que Hegel declarou o fim da arte devido ao suposto desequilíbrio entre o sensível e o inteligível no romantismo. Danto, por sua vez, compreende o fim da arte como libertação do artista, porque este teve ao seu alcance, a partir dos anos 1960, qualquer estilo e técnica que lhe conviesse, misturando elementos considerados populares ou eruditos. Por isso, o autor determinou a *pop art* como encerramento do capítulo "arte". Os artistas teriam entrado naquele momento na pós-história, tornando-se pluralistas e livres de qualquer hierarquia de gêneros e estilos. Danto (2006, p. 42) cita Andy Warhol como exemplo da pluralidade estilística:

> Como se pode dizer que um estilo é melhor do que outro? Você deve poder ser um expressionista abstrato na semana que vem, ou um artista da pop art, ou um realista, sem achar que está desistindo de alguma coisa. [...] todos os estilos possuem igual mérito, nenhum é "melhor" do que o outro. [...] É a isso que me refiro com "fim da arte".

O argumento não é convincente, pois sempre teve pluralismo de estilos muito antes da *pop art,* como mostrarei mais à frente. Todavia, foi uma constatação influente, pois secundou a ideia de Belting do final de um discurso. De fato, o questionamento das narrativas mestras teleológicas por Danto e Belting foi absorvido por diversas disciplinas acadêmicas, embora algumas, nomeadamente a história do cinema e da literatura, houvessem iniciado uma revisão das histórias dos vencedores e de seu positivismo uma década antes, nos anos 1970.

Dos modelos de história nos estudos de cinema

Se não faz sentido separar a fotografia da pintura, tampouco se deveria pensar o desenvolvimento do cinema fora da história das imagens. Mas foi isso que aconteceu. Lembro novamente que as artes no plural, na verdade, fazem parte de um sistema, seja em cosmopercepções não europeias seja no contexto moderno colonial-capitalista europeu. Apresentarei no capítulo sete como se deu essa separação. Além do mais, repetiu-se, como já vimos no caso da fotografia, o desenvolvimento de ficções historicizantes — ou narrativas mestras — para cada uma das artes, bem como a implementação de mitos de origem e a ideia de progresso para canonizar alguns artistas e suas obras e, assim, escrever uma história dos vencedores também para o cinema.

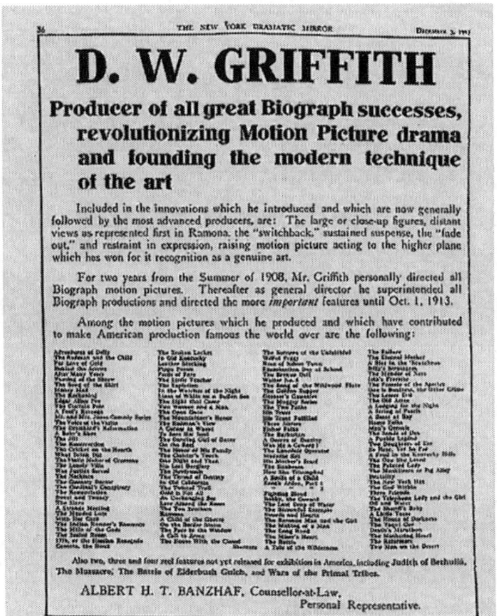

Figura 58

"D. W. Griffith", in, *The New York Dramatic Mirror, 1913.* Publicidade em revista. (Fonte: David Bordwell).

A procura da especificidade da imagem em movimento seguiu o trilho percorrido pelos estudiosos da imagem fotográfica. O desenvolvimento teleológico do estilo narrativo clássico do cinema americano foi, de fato, a ficção equivalente, na história do cinema, à imitação da natureza e à invenção da perspectiva na história da arte, ou à verdade na história da fotografia. Assim, na "sétima arte" o cinema narrativo teria evoluído do "gaguejar" para uma "linguagem" coerente própria. Em termos de mito de origem, o diretor americano D. W. Griffith ocupou por muito tempo o papel de pai fundador daquilo que hoje é denominado "narrativa cinematográfica dominante". Curiosamente, foi ele mesmo quem inventou essa ficção e a colocou em circulação. Pouco modesto, o cineasta publicou, em 1913, um anúncio publicitário em uma revista no qual ele "interpretou" a sistematização de soluções narrativas encontradas por meio do enquadramento dos planos e da montagem como "ato histórico" e fundador da moderna arte dramática do cinema.

Seguindo mais uma vez o pensamento platoniano, os primeiros teóricos e historiadores escolheram novamente a dicotomia entre realismo e ilusionismo para apontar duas maneiras diferentes de fazer cinema: por um lado, o cinema de arte realista, e por outro, o cinema narrativo industrial ilusionista. Assim, esqueceu-se e ignorou-se que o cinema é uma mídia composta, parte da história das imagens e dos sons — além de parte de um sistema maior da arte —, e que o filme como novo dispositivo audiovisual deveria ser entendido como impuro ou indeterminado. Para Martin Seel (2013), o filme — poderíamos dizer o audiovisual em geral, incluindo a videoarte, a mídia arte e as videoinstalações — possui uma indeterminável variedade de possiblidades de montagem de imagens e sons, devendo ser considerado construtivista sempre (e não apenas no caso da importância da montagem atribuída ao cineasta soviético Sergeij Eisenstein). Por essa razão, e de acordo com Badiou (2002), o cinema não deve ser considerado sétima arte, porque contempla todas as artes, ou seja, 6+1.

Mas, devido à dependência de tecnologia cara, muitos operadores dessa tecnologia, bem como de estúdios etc. caros, também os artistas estiveram ansiosos e preocupados por justificar a fotografia, o cinema e o vídeo como arte e, assim, procuraram estabelecer sua especificidade. Vale lembrar que atualmente temos, mais uma vez, o mesmo debate em relação ao videogame. A estratégia foi sempre defender em manifestos e textos teóricos a equivalência do filme — que começou como entretenimento para trabalhadores em barracas de feiras — com a literatura, ou sua superioridade em relação à pintura, para nobilitar as imagens mecânicas e em movimento. Conceitos como "câmera caneta" (*filmstylo*), "política de autores" ou "filme ensaio" foram criados para associar o cinema à literatura e, com isso, defender a ideia de que havia também autoralidade. Esses conceitos foram, muitas vezes com bastante atraso, absorvidos pela academia em seus discursos historicizantes, a fim de legitimar as artes reprodutivas.

Para exemplificar a tese do 6+1 — apesar de sua limitação em termos de participação no sistema maior arte — que resulta das inúmeras fontes que influenciaram o cinema, podemos usar os filmes de Georges Méliès (1861-1938). Um dos primeiros a realizar filmes narrativos, o cineasta francês usava pintura, magia, *vaudeville*, fontes literárias, como contos de fadas e suas adaptações teatrais, entre muitas outras referências e elementos, para criar seus trabalhos. *O reino das fadas* representa bem a ideia dos múltiplos recursos aproveitados e reinventados perante uma câmera ainda fixa, revelando imagens dentro da tradição da pintura e fora dela.

Figura 59

O reino das fadas, Georges Méliès, 1903, filme. Fotograma. (Fonte: Wikimedia Commons).

Além da dicotomia entre realismo — pela suposta transparência da câmera — e ilusionismo — por sua suposta opacidade — existe ainda um terceiro conceito crucial, o construtivismo, devido às possibilidades de montagem. O conceito foi associado à ideia de não narratividade e, assim, serviu como signo de qualidade e potencial artístico. No entanto, como qualquer obra de arte, também o filme em película — como antes a pintura e a fotografia, e mais tarde o vídeo ou o formato digital — é sempre construção e abstração, o que revela quão pouco produtivo foi o debate sobre realismo e ilusionismo.

Outros exemplos do início da atividade cinematográfica que demonstram claramente a forte relação do audiovisual com a pintura e o desenho — como já vimos no caso da fotografia — seriam os primeiros filmes de animação realizados pelos artistas plásticos Hans Richter (1888-1976) e Vikking Eggling (1880-1925). Nos primeiros anos do século 20, eles usaram o celuloide e as teorias sobre música barroca (a teoria da fuga de Johann Sebastian Bach) para realizar seu desejo de introduzir movimento na pintura — o que demonstra também sua ligação com as outras artes, nomeadamente as artes sonoras. *Diagonal Symphonie* (Sinfonia Diagonal), de 1924, concebido como filme mudo — que é, porém, música para os olhos — revela claramente a relação com a arte abstrata e com a teoria musical.

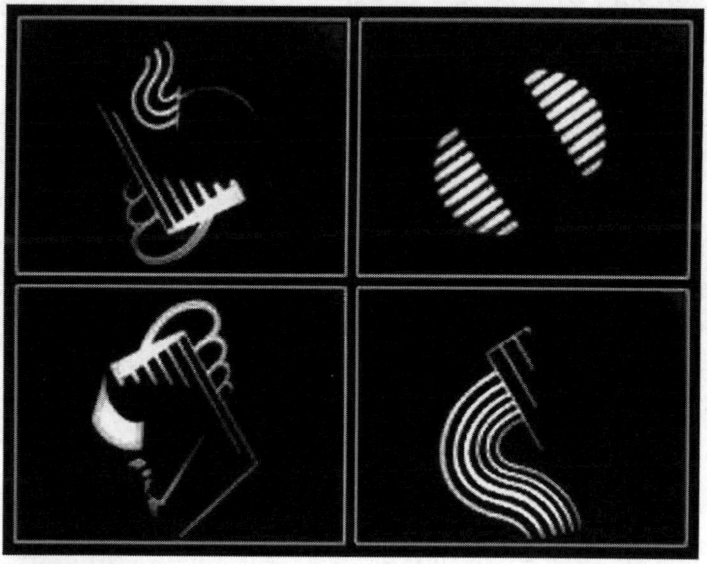

Figura 60

Diagonal Symphonie, Vikking Eggling, 1924, filme. Fotogramas. (Fonte: Wikimedia Commons).

Podemos aprender com os exemplos de Méliès, Richter e Eggling que não existe uma oposição entre teorias construtivistas — que partem do princípio de que a montagem, bem como a construção da imagem e da narrativa, devam ser consideradas a especificidade do cinema — e teorias realistas — que sugerem que a objetiva da câmera oferece uma janela para o mundo que faz com que o realismo seja a essência da imagem fílmica — ou ilusionistas — que, devido à criação de uma opacidade, que argumentam que não se está assistindo a algo real, pois procuram demonstrar que o espectador está sendo enganado em razão do ocultamento da mídia.

Tentando elaborar uma teoria contemporânea do filme, Martin Seel (2007) alerta, por isso, que a resposta às procuras teóricas de uma ontologia da imagem fotográfica e do audiovisual seria o reconhecimento das complexas possibilidades que a mídia fílmica oferece, e que pode ser subsumida na já referida indeterminação de suas possibilidades. Diria, no entanto, que a indeterminação pode ser igualmente observada na pintura, na literatura e na escultura.

Mas Seel (2007) apresenta ainda uma outra diferença específica da mídia fílmica. Ela consistiria na recepção mais passiva se comparada às demais, porque, mais do que outras mídias compostas, como teatro e ópera, as obras cinematográficas teriam maior capacidade de simulação da realidade e imersão nos sons e nas imagens. Mesmo assim, como dito antes, isso não torna o filme realista *a priori*, como os exemplos acima demonstram, e sua recepção deve ser entendida como igualmente ativa-passiva e potencialmente emancipadora, como todas as outras formas de arte no contexto ocidental. Embora essas reflexões ajudem compreender melhor a mídia, ultimamente, eu proporia que não faz sentido declarar uma especificidade para separar o audiovisual e sua história das outras artes. Faz parte da tentativa iniciada no século 19 de desmembrar o sistema arte em diferentes mídias, para esquecer que se trata de partes de uma mesma cosmologia mesmo que, em sua base, cosmofóbica.

A história do cinema é a mais curta das histórias da arte, embora Werner Herzog apresenta, como vimos (e ele não é o primeiro), a tese de que os desenhos paleolíticos da caverna de Chauvet são protocinema. David Hockney e Martin Gayford (2016) argumentam igualmente a favor da relação entre todas as imagens — da caverna até o digital. Como já tentei mostrar algumas vezes, isso faz sentido porque as cosmopercepções não hegemônicas se percebem como intimamente relacionadas às pinturas rupestres.

Talvez seja também por sua curta vida que a disciplina revogou muito cedo seus mitos fundadores e suas ficções historicizantes. A ideia teleológica do desenvolvimento de uma narrativa dominante foi contestada pela primeira vez em 1978, quando historiadores do cinema assumiram a tarefa de estudar sistematicamente o que fora considerado cinema "primitivo" em uma conferência em Brighton, Inglaterra. Foram propostos novos conceitos, sendo o mais famoso o de "cinema de atração" (*cinema of attraction*), cunhado por Tom Gunning (1986). A ideia define os filmes anteriores a 1906, pelo interesse em exibir sua visibilidade e pela disposição em romper com um mundo de ilusão, mirando diretamente o espectador. Gunning criticou, de fato, que a história do cinema houvesse sido escrita sob a hegemonia do cinema narrativo, uma hegemonia que procurou quebrar com seu novo conceito.

Outras revisões importantes, que participaram do questionamento de estilos historicamente determinados ou da preponderância de países que supostamente lideraram sua evolução — o cânone, por assim dizer —, foram desenvolvidas por meio de conceitos necessários, mas também controversos, como "cinema mundial" e "cinema transnacional" (Higbee; Lim, 2010). Eles tentam mudar o foco do cinema ocidental, especialmente do cinema de Hollywood, para incluir países e regiões que não tinham produção cinematográfica antes da descolonização política ou que até agora despertaram pouco interesse acadêmico. Mas a epistemologia para sua análise sempre permanece, em última análise, ocidental, como é o caso da "arte global". Em ambos os casos, arte global e cinema transnacional ou mundial, são tentativas de integração de produções artísticas de lugares historicamente subalternizadas, fazendo essa inclusão hegemônica pouco aceitável sem um reconhecimento fatual da história colonial e da colonialidade. De outro modo, os conceitos correm o risco de ignorar as diferenças e injustiças ainda existentes em uma perspectiva harmonizadora.

Dos modelos de história nas artes cênicas ou estudos de teatro

As artes cênicas ou estudos de teatro começaram a revisar sua historiografia mais tarde. Somente a partir da década de 1990, quando a disciplina, pelo menos na Europa e nos Estados Unidos, passou a se redefinir como parte integrante da história cultural como reflexo da influência dos estudos culturais. Isso permitiu uma abertura para o estudo de outras formas de expressão, como performances e rituais, acompanhada de uma revisão e redefinição dos conceitos "teatralidade" e "performatividade". Possibilitou, ainda, considerar de forma analítica performances políticas, ações simbólicas não ocidentais e espetáculos históricos como novos objetos de investigação. O fim das narrativas mestras, a mudança de enquadramento e a abertura para outros objetos foram fortemente impulsionados pelos artistas e suas práticas em um mundo que se redefinia, em termos geopolíticos, como pós-colonial. Aconteceu, ao mesmo tempo, no contexto da redefinição das relações entre vida e arte, público e artista.

O interesse de diretores europeus em textos não europeus, como a famosa, mas ainda assim controversa, produção do antigo épico sânscrito indiano *Mahabharata* pelo britânico Peter Brook em 1985 (que virou filme em 1989), foi um marco nesse sentido. Foi controverso porque Brook usou um texto sagrado de um país colonizado pela Grã-Bretanha para inovar sua própria arte ao beneficiar-se do vasto patrimônio cosmológico da ex-colônia.

Figura 61

Mahabharata, direção de Peter Brook, 1985. Fotografia de cena. (Fonte: Scroll).

Vale lembrar que os estudos de teatro foram fundados apenas em 1923, em Berlim, por Max Hermann, ou seja, mais de um século depois da história da arte. Inicialmente, seus interesses de pesquisa eram bastante restritos. A historiadora de teatro britânica Jacqueline Bratton (2003, p. 5) observa que o pai fundador desse campo acadêmico se baseou no estudo da história apoiada em documentos e fatos, isto é, nos moldes defendidos por Lord Acton:

> [...] o modelo para o estudo rigoroso de fatos documentados sobre o material que permanece da vida teatral — teatros ou suas ruínas, desenhos, textos dramáticos, figurinos, maquetes e assim por diante. De acordo com seu dogma, a história encontrava-se no registro de artefatos; nada podia ser apreendido sem uma documentação factual abrangente.

O estudioso americano Marvin Carlson (1991) explica que eram sobretudo as condições de produção teatral que estavam em foco nessa nova disciplina. O autor chama mais uma vez a nossa atenção para o problema do eurocentrismo e para a hierarquização entre arte erudita e arte popular. Consequentemente, estudar o fenômeno teatral nas diferentes épocas e ao redor do planeta seria uma metodologia que chegaria bem mais tarde. Antes disso, foram estabelecidas as mesmas hierarquizações que encontramos na história da arte, privilegiando a Grécia antiga e a época renascentista, com destaque para os teatros da antiguidade grega e o elisabetano como expressões máximas. Contudo, já desde os anos 1970 privilegia-se — tanto na prática como na teoria — não o texto, senão a performance e a teatralidade.

Rose Lee Goldberg (1979) definiu, como parte da contestação da ideia de obra de arte por meio do próprio corpo e em espaços diversos, a performance (*performance art*) como uma expressão que procuraria romper as fronteiras com as outras artes (música, artes plásticas etc.). Richard Schechner (1985; 1993) discutiu o conceito para além do domínio artístico e com o intuito de politizá-lo, primeiro em relação à antropologia e depois no contexto das mais diversas cosmologias. Ainda mais relacionado ao contexto e espaço teatral ocidental, Hans-Thies Lehmann (2007) cunhou o conceito de "pós-dramático" para ressaltar a perda de importância do texto nos palcos europeus e americanos. A pesquisadora canadense Josette Féral (2015) faz, de certa forma, uma síntese desses diferentes autores ao contar a história da teatralidade e da performatividade tanto antropológicas como estéticas, sugerindo o conceito "teatro performativo" para as mais diversas atividades cênicas ocidentais desde os anos 1970.

Embora as revisões dos estudos das artes que interrogam por meio de novas definições e conceitos o viés historicista e classificador sejam certamente justificadas, não devemos esquecer também quão importante a pesquisa histórica tem sido para as produções teatrais e a renovação da direção teatral no século 20 no Ocidente. Mostrou-se que, para desenvolver um ponto de vista não historicista, e sim contemporâneo, era preciso estudar as épocas anteriores e outros contextos culturais ou cosmológicos, porque o conhecimento dessas práticas teatrais ajuda a encontrar uma leitura atual ou alargar os horizontes.

Gostaria de dar dois exemplos bastante reveladores no que diz respeito à história do teatro ocidental. O primeiro é a produção da Trilogia *Oresteia*, de Ésquilo, do diretor alemão Peter Stein, encenada em 1993 na Schaubühne de Berlim. Na fotografia da produção e no desenho do palco, vemos o uso da *ekkyklem*a, uma pequena plataforma com rodas, que era muito utilizada no teatro da antiguidade grega. Ela rolava para fora, por uma das portas da *skene* — parte fixa da arquitetura dos anfiteatros em cuja frente era apresentado o espetáculo —, para revelar os atores compostos em forma de um *tableau vivant* — uma imagem viva. Nessa imagem era apresentado o resultado de uma ação dentro da casa, uma ação considerada "obscena", fora de cena, terrível demais para ser mostrada ao público sentado no *theatron*.

Na produção da Schaubühne vemos Clitemnestra com uma espada ensanguentada atrás dos cadáveres de Agamemnon e Cassandra, assassinados por ela momentos antes. Ao usar o conhecimento sobre os antigos meios de produção teatral, a leitura contemporânea ofereceu uma imagem poderosa de violência, que surpreendeu um público acostumado a imagens diárias de pessoas mortas em conflitos ao redor do mundo nos telejornais da televisão.

Peter Stein não foi o primeiro, e certamente não o último, a trabalhar com o antigo dispositivo mecânico. Em 1983, o diretor britânico Peter Hall montou a mesma peça, no Teatro Nacional de Londres — que seria adaptada mais tarde para a televisão —, com traços mais historicistas, empregando os antigos modos de produção de forma mais abrangente, incluindo máscaras. Peter Stein, por outro lado, procurou fazer um comentário sobre a sociedade atual, assinalada pelo uso de trajes contemporâneos.

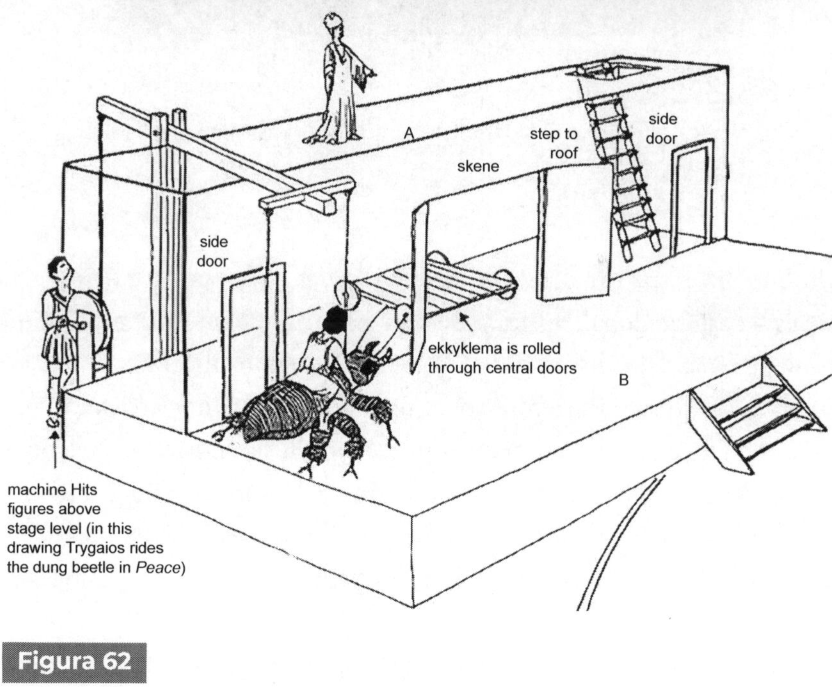

Figura 62

Oresteia, direção de Peter Stein, in *Die Schaubühne*, 1993. Fotografia de cena. (Fonte: Hahn Produktion);

Ekkyklema. Desenho de Stefano Caciagli.
(Fonte: Quora).

Figura 63

Oresteia, direção de Peter Hall, The Royal National Theatre/Channel 4, 1983. Fotografia.
(Fonte: Screenplaystv).

No que diz respeito ao estudo detalhado das práticas teatrais e de suas histórias na esfera global, gostaria de mencionar também uma produção comercial: o musical da Disney *O Rei Leão*, dirigido por Julie Taymor em 1998. Calcada na pesquisa da diretora sobre máscaras e figurinos africanos e balineses, e sobre o teatro de sombras javanês, a produção musical se tornou a de maior sucesso em todos os tempos, fazendo de Taymor a primeira mulher a receber um prêmio Tony pela melhor direção de um musical. Conseguiu aproveitar a força de culturas não hegemônicas para o seu sucesso na Broadway e no West End.

É claro que se pode argumentar que, tal como no caso do *Mahabharata*, trata-se mais uma vez de uma exploração lucrativa de formas de arte não europeias. Mas talvez também possa ser visto como um diálogo artístico bem-sucedido. Porque a adaptação musical do premiado filme dos estúdios Walt Disney, que utilizou elementos das artes performativas de outras cosmologias e geografias, revelou um potencial estético para o Ocidente que ninguém havia imaginado.

Figura 64

Nang Yai Shadow Theatre, Tailândia. Fotografia de cena de Rattanapat Wingpud; *O Rei Leão*, direção de Julie Taymor, 1998. Fotografia de cena.
(Fonte: Wikimedia Commons).

Utilizando o repertório teatral mundial, a adaptação do filme de animação criou algo que é impressionantemente poético e fez brilhar no Ocidente o poder da arte asiática e africana.

▸ BREVE CONCLUSÃO

Para concluir as reflexões sobre a relação entre os modelos de história nas artes e nos estudos das artes ocidentais, gostaria de resumir as seguintes respostas:

1. No século 19, a história clássica ocidental desenvolveu a ideia de uma narrativa mestra que segue um modelo evolutivo positivista, acreditando existir a possibilidade de se escrever uma história definitiva do fazer humano (Acton, Clark). Baseia-se na suposta veracidade dos documentos e dos fatos para contar histórias acerca de grandes homens e eventos.
2. O modelo teleológico de história parte da ideia da existência de um fim da história, dentro ou fora dela, e foi absorvido pela dramaturgia teatral. Esses fins podem ter motivos religiosos — por exemplo, a salvação nos autos da paixão do cristianismo — ou políticos, levando a um desfecho dentro da história, seja na instauração da democracia na tragédia grega, seja na vitória do proletariado no teatro de inspiração marxista dos anos 1920 e 1930.
3. Walter Benjamin questionou, já em 1940, desde um ponto de vista materialista-marxista, a historiografia clássica e propôs escová-la a contrapelo por meio de conceitos críticos como "historicismo" e "história dos vencedores". A "nova história" francesa, por sua vez, substituiu, no final dos anos 1970, a metodologia focada em homens e eventos célebres pelo estudo de atividades humanas menos facilmente mediáveis em termos científicos, como as mentalidades, os comportamentos, os pensamentos e os sentimentos.
4. Apesar de terem absorvido também o modelo teleológico de história, todas as artes — performance, arte conceitual, teatro, cinema etc. — muitas vezes questionam essas narrativas mestras, ou ficções (Rancière), desenvolvendo narrativas alternativas que contam as histórias dos oprimidos e escovam a história a contrapelo. Isso acontece em dramas contemporâneos, por exemplo, interrompendo ou fragmentando o enredo ou utilizando estruturas que indicam uma repetição cíclica, especialmente com relação a questões de poder. No cinema contemporâneo, encontramos diferentes variantes, desde o historicismo às perspectivas contemporâneas, embora históricas, até à interpretação muito livre, por exemplo, para relacionar o tema da escravatura moderna com o

racismo contemporâneo. Na arte contemporânea, a história é frequentemente problematizada por meio da reutilização ou de referências a obras ou figuras canónicas. Algumas tentativas performativas da classe média branca continuam presas na sua própria epistemologia. Artistas indígenas e afrodescendentes realizam releituras de obras canônicas ocidentais para apontar que participam da história dos vencedores.

5. Os estudos das artes ocidentais, que se desenvolveram de forma separada, procurando defender especificidades das artes plásticas, das artes cênicas, da fotografia e do cinema e audiovisual — embora todas estejam interligadas tanto pela criação de imagens como pela cosmopercepção a que pertencem —, basearam-se primeiro no modelo teleológico, sugerindo a evolução de cada arte de um estado menos elaborado para um mais sofisticado: perspectiva e imitação da natureza na história da arte, realismo e verdade na fotografia, do gaguejar à forma narrativa clássica nos estudos cinematográficos etc. Contudo, em diferentes momentos, as disciplinas começaram a desafiar suas figuras fundadoras e seus mitos de origem, seus cânones e suas narrativas mestras, procurando alargar seus enquadramentos e métodos para serem menos eurocêntricos e exclusivos. Visaram também alargar os seus objetos para contextos não hegemônicos, mas mantiveram-se ligados à epistemologia ocidental.

CAPÍTULO 6

O QUE É CRÍTICA DA ARTE?

A palavra crítica provém do grego κριτική, que significa escolher, separar ou diferenciar. Inicialmente, o ato de interpretar consistia na leitura, encontrando-se a origem da crítica no exame e na exegese de textos filosóficos, poéticos ou religiosos. Vimos que esse processo foi decisivo para o surgimento do pensamento clássico. No entanto, o exame e a exegese já existiam desde a antiguidade grega, mas não ao ponto de conduzir a uma mathesis de todas as ações e seres, o que veio a acontecer no século 17 de forma protocientífica. De fato, a crítica ocidental visa estabelecer parâmetros de avaliação que conduzam ao julgamento de um objeto sob escrutínio. Esses parâmetros são registados no Ocidente em textos e tratados que têm um caráter mais prático, mas que também estão envolvidos no estabelecimento desses parâmetros.

Nas cosmopercepções não europeias ou hegemônicas, especialmente naquelas cosmopercepções que passam os conhecimentos e saberes de forma oral, nem a ideia de crítica, nem os tratados, nem o estudo científico da arte fazem sentido. As ações e os objetos associados expressam o poder mundano e o poder sagrado, sempre aliados. Como já foi referido várias vezes, o conhecimento necessário para a prática e a compreensão da arte é transmitido de geração em geração. A ideia de distinguir a arte boa da má ou qualquer outro tipo de hierarquia não faz sentido nenhum, embora tenha também competições de música etc. onde a maioria das pessoas de uma comunidade decide sobre o vencedor, isto é, o melhor e não um especialista, figura inexistente. Geralmente, o ensino e a prática levam à excelência. É claro que existem regras de execução, mas a arte é entendida como passível de ser aprendida por todos. Em muitos contextos cosmológicos, a arte é transmitida no seio da família ou em talheres, como foi também o caso na Europa até o medievo. A arte da pintura corporal, por exemplo, é aprendida por todas as mulheres, como também é a cestaria e a cerâmica, frequentemente por ambos os gêneros.

Nas culturas da escrita, existem os mais diversos textos (epístolas, prefácios, anedotas biográficas e, mais tarde, artigos de jornais e revistas) para promover a conceituação adequada para as artes e para formular critérios para a sua avaliação. A avaliação deve ser visto como uma forma de poder, procurando decidir sobre o poder da arte em questão. Participa, assim, como a filosofia e depois a história da arte na decisão sobre o que é parte do sistema de poder e como. No entanto, devemos distinguir entre avaliação e regras ou regulamentários. Os regulamentários são indícios tanto da cosmologia e, assim, dos valores de um povo, como de sua estética, mas não articulam diretamente esses valores.

Há regulamentários também no mundo asiático, onde existem, desde o século 5, textos sobre música e pintura da autoria de Confúcio (551-479 a.C.), Zhuangzhou (369-286 a.C.) e Hanfei (280-233 a.C.). O texto *Guhua Pinlu* de Xie Hes (s.d.), escrito durante esse período, estabelece, por exemplo, as chamadas *Liu fa* (seis leis) para a pintura. Estas são baseadas em textos indianos mais antigos. O texto de Xie He foi depois reprisado por Zhang Yanyuan (810-880), no seu influente *Lidai minghua ji* (Um registro dos pintores famosos de dinastias sucessivas), de 847. O título faz lembrar Vasari mas foi escrito 700 anos antes. Infelizmente, não disponho aqui de espaço para desenvolver a tradição oriental. Note-se apenas que as seis leis de Xie He foram concebidas em termos da esfera invisível, tendo sido pensadas como "grandes sons cósmicos", e ainda eram influentes no século 20 (Mair, 2004, p. 95).

O objetivo deste capítulo é mostrar, em traços gerais, como a crítica ocidental evoluiu lentamente a partir de observações inicialmente glorificantes, de anedotas biográficas e tratados, antecipando e moldando assim o envolvimento acadêmico com a arte e como participa, consequentemente, dos valores e da subjugação de outros povos praticados no mundo Ocidental. Ao discutir a crítica de arte, procederei em duas etapas: em primeiro lugar, apresentarei as origens da crítica, por ordem cronológica, desde a antiguidade até a modernidade, e, em seguida, discutirei alguns dos seus métodos. Pretendo mostrar que a preocupação central era tanto a hierarquização comum aos contextos colonialistas como a defesa de certos meios como arte, afirmando a sua especificidade, o que, por sua vez, influenciou a ciência ocidental supostamente mais objetiva e discutida no próximo capítulo. Argumento, portanto, que a matematização (ou virtualização) das artes, bem como o antropocentrismo eram centrais nessa hierarquização, mas que a arte, devido ao seu poder, não pode ser reduzida àquilo que a crítica ou os regulamentários tentaram fazer dela.

DAS ORIGENS DA CRÍTICA

Vimos que, até o renascimento, os filósofos e teólogos tiveram sobretudo uma preocupação com a moral ou a ética das artes, preocupação esta que se intensificou a partir da institucionalização dos monoteísmos por meio das igrejas católica e protestante e suas universidades, das mesquitas islâmicas e suas madraças (escolas/universidades religiosas anteriores às universidades europeias), cujos teólogos assumiam o papel de exegese de textos considerados sagrados. Sobretudo os estudiosos da gramática e da retórica desenvolveram nas universidades europeias do medievo, no seu papel de críticos, um interesse em prescrever regras com base nos textos filosóficos da antiguidade grega. Exemplo clássico são as regras para o teatro que foram formuladas com base numa falsa interpretação da *Poética* de Aristóteles.

A crítica realizada pelos artistas, por sua vez, ocupava-se principalmente do próprio ofício, com ênfase nas prescrições e no conhecimento técnico e teórico. A situação começou a mudar quando o latim e o grego perderam importância como línguas do conhecimento e em razão da invenção da imprensa de Johannes Gutenberg (1400-1468) em 1450. A partir dos séculos 16 e 17, a crítica, agora formulada nas diferentes línguas europeias por um vasto leque de pessoas que incluía artistas, teólogos e especialistas, tornou-se um instrumento de identidade e unificação, além de uma arma na luta pelo reconhecimento da própria nação por meio de sua produção artística. Isso no momento da disputa colonial no Atlântico sobre as colônias nas Américas, as fortalezas na costa africana e o tráfico de escravizados.

Ao longo da história da crítica, o impacto de Aristóteles como primeiro autor de uma poética — isto é, de uma primeira definição da natureza da poesia, nomeadamente da epopeia, da poesia lírica e do teatro (tragédia, comédia e sátira), mediante os já mencionados conceitos estéticos mimesis e catarse, teve uma influência que não deve ser subestimada. Os elementos da *Poética*, escrita como aulas expositivas, nunca deixaram de servir como modelo: a abordagem teórica, descritiva e analítica dos elementos dramáticos e épicos de obras anteriores e contemporâneas, além da avaliação e hierarquização dos diferentes gêneros, ocasionando o destaque da tragédia como gênero superior. A *Poética* é um bom exemplo para observar como o pensamento ocidental hierarquizante e normativo se desenvolveu à medida que foi alterada em normas rígidas desde a antiguidade romana e no contexto dos impérios europeus. Vale lembrar aqui a reclamação de Nietzsche de que a tragédia grega não teria conseguido sobreviver ao primeiro filósofo, Sócrates.

A ideia aristotélica de que na tragédia existiria uma unidade entre tempo, espaço e ação, e as sugestões acerca das características de uma boa tragédia, fizeram escola. Com efeito, as conclusões e sugestões da *Poética* foram, como mostrarei mais à frente, motivo de leituras e interpretações prescritivas na era moderna, pois foram entendidas como normativas. Engessaram, por vezes, a arte dentro de regras que a tornaram inflexível devido a objetivos morais e didáticos, que surgiram de ímpetos relacionados com a ideia de controle das artes de Platão. Sendo assim, tratados e manuais foram o resultado dessas interpretações equivocadas, embora também incluíssem muitas vezes novas teorias interessantes. Vale realçar, de qualquer modo, que apesar de Aristóteles ter misturado teses teóricas e julgamentos de qualidade, análises e avaliações, essas interpretações nunca foram expostas como obrigatórias. No entanto, é curioso observar que a crítica da arte (no caso do teatro) participou rapidamente em seu adestramento, ou seja, se tornou instrumento de poder para agir sobre o poder sempre incomodo da arte no Ocidente.

A apropriação da *Poética* por meio de leituras normativas aconteceu, de fato, logo na Roma antiga, não por acaso um império que abrangia todo o Mediterrâneo, quando começaram a ser lidos no contexto da retórica. Também Marvin Carlson (1995, p. 18) associa, na esteira de Nietzsche, o fim das primeiras tentativas de teorizar a arte ao declínio da vida intelectual em Atenas, porque levou a um tratamento mais funcional. As poéticas passaram a ser discutidas no contexto da retórica, disciplina cujo enfoque recaía em regras para a boa oração, muitas vezes política: "[...] as considerações filosóficas sobre arte decaíram igualmente, passando a ser favorecidos os estudos práticos e, na literatura, a crítica textual".

Carlson (1995) compartilha da perspectiva de Nietzsche, pois vê na retórica sobretudo uma artimanha que induziu à imitação dos autores antigos, em detrimento de uma voz própria e contemporânea. Evitar um olhar contemporâneo permeia, assim, como nos alertou Benjamin — cujo objetivo era utilizar a arte contra o fascismo e em prol da democracia como antes dele Schiller —, tanto as práticas da arte como a historicização do fazer humano, uma vez que a compreensão da própria situação incita mudança, a qual se procura sempre impedir.

Enquanto autores latinos como Plauto (254-184 a.C.) e Terêncio (185-159 a.C.) usavam prólogos de suas peças teatrais para elaborar definições de gêneros e dicas acerca de sua composição, Cícero (106-43 a.C.) e Quintiliano (40-118) preocupavam-se mais com a retórica. Horácio (86-5 a.C.), por outro lado, apresentou, em forma de poema, em sua *Ars Poetica*, ideias gerais em relação à poesia, aos tipos de poesia e, de forma mais extensa, à educação e às regras que o poeta devia respeitar. Cícero, Quintiliano e Horácio foram, de fato, os autores clássicos com maior impacto sobre o debate no iluminismo, instigando textos prescritivos para as diferentes nações europeias, sobretudo na Itália, na França, na Holanda e na Alemanha. Somente a Inglaterra e a Espanha conseguiram escapar da "artimanha", pois as dramaturgias de Shakespeare e Calderón de la Barca resistiram aos ideais neoclássicos e, conforme Carlson, enganosos em sua retórica.

Na esteira de Horácio, Aristóteles e Platão, foram ainda realizados estudos avaliativos de autores dramáticos, como por Plutarco (50-125). O fragmento conhecido como *Tractatus coislinianus*, sem data e autor, oferece também alguns subsídios acerca da comédia grega tardia e da romana inicial. Eles tiveram impacto em textos práticos de autores do classicismo tardio, como os de Evâncio e Élio Donato, no século 4, cujas sugestões foram divulgadas e citadas durante o medievo e no início do humanismo renascentista, também em sentido prescritivo (Carlson, 1995, p. 22-24).

Comparável com a iconofobia e a iconoclastia em relação à pintura e escultura, o debate acerca do valor da poesia abrangeu novamente a imposição do poder político através de sua eventual proibição, sobretudo no teatro, devido ao seu caráter público. As primeiras críticas nesse sentido foram formuladas no seio da igreja cristã, apoiando-se em autores como Tertuliano (160-250) e Próclo Diádoco (410-485). Neoplatônicos em sua postura, o primeiro usou a Bíblia para condenar a comédia e a tragédia, ao passo que o segundo argumentou que elas poderiam arrastar "[...] a alma para a diversidade e afastam-na da simplicidade e unidade que caracterizam tanto a virtude quanto Deus" (Carlson, 1993, p. 26). Embora Santo Agostinho tivesse compartilhado dessa condenação do teatro, ele ainda procurou investigar nas *Confissões* seu efeito estético por meio do prazer na dor que a tragédia ofereceria.

A condenação da poesia dramática não foi, no entanto, a única posição dos teólogos. Ao longo do primeiro milênio, a igreja percebia, como antes Platão, além dos perigos também a dimensão instrutiva e didática dela, e encontrava até elementos dramáticos na liturgia cristã para desenvolver seu teatro religioso. Essa aposta educativa foi aprofundada no renascimento, afastando-se dos textos medievais, e constituiu um momento central da catequese indígena que levou a genocídio e culturcídio nas Américas.

Somente a partir do século 17, a retomada da *Poética* de Aristóteles incidiu em controvérsias, levando a duas posições que permaneceram até o romantismo (Carlson, 1995, p. 51) e que oscilam entra o uso do poder público e o apoio ao poder da arte:

> [...] uma postura conservadora (defesa dos antigos, codificação das regras, ênfase na conveniência e na pureza dos gêneros tradicionais, subordinação da arte às motivações éticas ou sociais) e uma postura liberal (defesa dos modernos, tratamento pragmático e flexível dos preceitos clássicos, a arte vista como fim em si mesma).

O renascimento retomou, portanto, o conhecimento da antiguidade, mas ainda mantendo o pensamento da identidade entre palavras e coisas, ou seja, com base na autoridade do poder centralizado em uma figura absoluta, característico até o século 17, segundo Foucault (2000). Em outras palavras, embora o mundo tenha começado a deixar de ser o espaço sagrado e misterioso do medievo, o pensamento renascentista mantinha-se absolutista e interpretativo, baseado na concepção de que os textos antigos, não somente os sagrados, diziam a verdade. Toda a recepção dos autores clássicos — romanos e gregos — pode ser vista dessa forma, mormente no que diz respeito à ideia de que textos devem oferecer regras e outros tipos de orientações práticas. Seguindo o raciocínio de Kittler (2015), percebemos que o estudo das obras clássicas servia, ao longo de dois milênios, a fins retóricos, o que faria, no contexto do conhecimento, da identidade das coisas e das palavras, um programa manipulador para a manutenção do *status quo*.

Somente com o pensamento clássico iniciaria a procura de uma libertação do poder absoluto de um regente e da igreja e o trabalho científico por meio de um *tableau* do conhecimento, levando a uma substituição das hierarquias analógicas por uma análise dos signos (Foucault, 2000). Isto é, as representações — as palavras e as imagens — se apresentariam agora tanto de forma idêntica como diferente dos significados — as coisas —, levando assim a um estudo da arte menos retórico e mais analítico, porque interessado na diferenciação e comparação. Vale a pena recordar que isto não levou a uma nova forma de poder político, mas tenha sido um elemento central na colonização moderna e na opressão dos supostos outros. Além do mais, importante observar, na esteira do pensamento de Foucault, que Vasari, embora tenha elevado o status do artista — e assim de uma classe não aristocrática no contexto da importância econômica cada vez maior de uma burguesia que enriquecia com o comercio atlântico — e definido a arte como inteligível que desce para o sensível, manteve-se restrito justamente a esse tipo de elogios retóricos, sem apresentar um viés analítico em alinhamento com o poder absolutista e seu patrono, o Medici Cosimo I, a cuja autoridade dedicou submisso seu livro.

Com a mudança no pensamento ocidental e sem alteração do poder político, no século 17 apareceu uma figura que almejava autoridade sobre as arte. Usou-se pela primeira vez o termo "especialista" de arte, conceito introduzido pelo crítico conservador francês Jean Chapelain (1595-1674). Revelando a relação íntima entre poder e arte, as tensões que as opiniões autoritativas despertavam são perceptíveis nos debates ferozes que surgiram na época, sendo o primeiro novamente sobre a arte dramática. As regras consideradas sagradas, baseadas erroneamente em Aristóteles, como a já mencionada unidade de tempo, espaço e ação nas tragédias, foram debatidas em querelas acaloradas.

Também a diferença entre as nações se tornou uma questão-chave a ser debatida, tanto em termos comparativos como no sentido de destronar as nações em liderança, o que reflete, como dito anteriormente, a disputa pela soberania no Atlântico. Como resultado, o poder político também entrou na disputa sobre a qualidade e o reconhecimento das artes, seja para fomentar um lugar de destaque ao encomendar poéticas normativas à moda antiga, seja para proibir espetáculos teatrais, nomeadamente na Inglaterra entre 1640 e 1660.

Somente com o advento do pensamento moderno em pleno colonialismo agora virado para a África e a Ásia no século 19, realizou-se a separação entre estudos acadêmicos e crítica por meio do desenvolvimento de metodologias mais complexas e supostamente científicas dirigidas a um público universitário especializado, que abordarei no próximo capítulo. Todavia, a voz autoritativa da crítica, sempre associada sobretudo à burguesia, nunca deixou de ser importante e foi reintegrada no mundo acadêmico ao longo do século 20. Sobretudo nas Américas, com destaque para os Estados Unidos, mas também no Brasil, houve, por um lado, uma absorção de críticos e artistas famosos como professores em cursos universitários e, por outro, um impacto considerável através das antologias de suas críticas.

▶ DAS METODOLOGIAS DA CRÍTICA

Após essa breve apresentação das origens da crítica e sua relação com o poder, cabe aprofundar suas metodologias. Na verdade, os métodos da crítica não se distinguem tanto dos praticados pela filosofia, e mais tarde pela história das artes, que já conhecemos nos primeiros capítulos. Partem sempre do intuito de estabelecer parâmetros e critérios para fins hierarquizantes e canonizantes que visam valorizar a arte do Ocidente, sobretudo de nações específicas e em disputa, bem como de um interesse na avaliação da produção contemporânea em contraposição às qualidades das obras anteriores. A diferença incide na participação dos próprios artistas, na maneira de comunicação com um público mais alargado e menos especializado.

Mas há várias diferenças em sua elaboração. Apresentarei três tipos de produção crítica, com a ressalva de que nem sempre possuem fronteiras muito demarcadas: primeiro, comento os escritos inaugurais de artistas com interesse enciclopédico ou biográfico; segundo, menciono alguns tratados cujo propósito consistia no estabelecimento de regras e métodos; e terceiro, abordo a crítica a partir do pensamento clássico, ou seja, coexistente com os estudos analíticos-historicizantes na academia. A minha preocupação é sublinhar a crescente instauração do discurso hierarquizador que define a epistemologia crítica ocidental e os seus critérios — imitação da natureza e antropocentrismo —, lembrando ainda que a arte não seguiu necessariamente os parâmetros para os quais foi discursivamente pressionada.

Na primeira categoria, introduzo alguns autores clássicos consagrados de múltiplos talentos — o escritor, naturalista, historiador, gramático, administrador e oficial romano Plínio, o Velho (23-79), o pintor, arquiteto e escritor renascentista Giorgio Vasari (1511-1574) e o teólogo iluminista francês Pierre Daniel Huet (1630-1721) — para tecer, logo depois, algumas observações sobre os autores dos tratados que ofereceram linhas orientadoras — o escultor grego Policleto, o arquiteto romano Vitrúvio (80-15 a.C.) e o arquiteto renascentista Leon Battista Alberti. Termino com a crítica de arte desenvolvida no contexto do humanismo e do iluminismo — os artistas John Richardson (1667-1745), Gotthold Ephraim Lessing (1729-1781) e o historiador Jean Baptiste Dubos (1670-1742) —, que depois ganharam, como apontado anteriormente, concorrência da estética e, posteriormente, dos estudos das artes. Muito brevemente, no final, discuto a figura ambivalente contemporânea do curador. Procuro discutir o papel de cada texto no estabelecimento dos valores centrais da história da arte ocidental para distinguir a superioridade da arte perante a não europeia: a verossimilhança ou imitação da natureza, o antropocentrismo, a história evolutiva e o papel de destaque do artista na sociedade. Serão observados os objetivos políticos como a defesa de um gênero novo e o destaque de uma arte nacional.

Das primeiras abordagens pantólogas e biográficas

Começo com o grande projeto *Naturalis Historiae* (Da História Natural), de Plínio, o Velho, cujo ímpeto enciclopédico, histórico e avaliativo ainda não abrangeu questões teóricas mas já demonstra a aposta na verossimilhança e no gênio do artista. Nos 37 livros organizados por áreas disciplinares — matemática, geografia, etnografia, antropologia, fisiologia, zoologia, botânica, farmacologia etc. — encontramos todo o conhecimento da época clássica. O compêndio mostra como o conhecimento dos gregos foi retomado pelos romanos e como foi introduzida a ideia de imitação da natureza, que permearia depois toda a teoria da arte ocidental. O antropocentrismo também toma forma aqui pela primeira vez. Muitas maneiras de conhecimento e de criação artística tinham vindo de África, especialmente do Egito, passando pela Mesopotâmia, até à Grécia. Em relação à Grécia antiga reduzida à imitação da natureza, foi afirmado um mito fundador no século 18, sugerindo a ideia do início da arte e da civilização europeias, de que trato no próximo capítulo como demostro no próximo capítulo.

Apenas nos livros 33, 34 e 35 *Da História Natural*, cujas temáticas são mineração e mineralogia, encontram-se informações sobre pintura e escultura, bem como relatos acerca de artistas, que permitiram mais tarde a identificação de cópias romanas e de originais gregos neles citados. Nos textos de Plínio, o Velho, acerca de obras de arte antiga grega encontram-se detalhes biográficos de artistas e relatos sobre pinturas e esculturas específicas que oferecem indícios que ele participou na construção da figura do artista, cuja posição social já era de prestígio. Além do mais, os textos oferecem dados para entender como a arte era mostrada publicamente — premiando o melhor artista no contexto dos Jogos Olímpicos —, seu financiamento — existiam doações e reconhecimento monetário — e o aprendizado das artes — por meio de um sistema de mestres e discípulos.

Embora o renascimento tivesse sido responsável pela redescoberta de *Da História Natural*, tornando-a mais acessível por meio da imprensa, a obra compartilha com outros textos de autores das antiguidades grega e romana a sobrevivência de sua sapiência a um círculo restrito de leitores nos conventos medievais.

Figura 65

Naturalis Historiae, Plínio, o Velho, século 15. Manuscrito. Biblioteca Medicea Laurenziana, Florença, Itália. (Fonte: Wikimedia Commons).

No breve excerto sobre dois célebres artistas gregos — Parrásio e Zêuxis — podemos conceber o espírito competitivo entre os artistas durante o helenismo:

> Seus contemporâneos e rivais foram Timantes, Androcides, Eupompo e Parrásio. O último, segundo se conta, travou uma disputa com Zêuxis. Tendo este pintado uvas com tal perfeição que aves voaram até a cena, na sua direção. Parrásio pintou uma cortina com um realismo tão grande que Zêuxis, todo orgulhoso com o veredito dos pássaros, reclamou que se abrisse, finalmente, a cortina para exibir a pintura. Percebendo seu erro, concedeu a palma ao outro com franca modéstia, uma vez que "ele enganara aves, mas Parrásio a ele próprio, um artista" (Plínio, 2006, p. 75).

Embora Jacqueline Lichtenstein (2006, p. 73) seja da opinião de que Plínio usava sobretudo critérios morais e práticos, a ideia de imitação perfeita da natureza, a ponto de fazer as pessoas acreditarem que a obra fosse real, surge claramente como parâmetro principal e selo de qualidade da pintura. Importante referir que Platão conhecia essas obras, bem como sua capacidade de representar o mundo, razão suficiente para fazê-lo desconfiar do poder que elas tinham de unir o sensível e o inteligível ou, como observa David Hockney (2016, p. 73), de "dar ideias".

Enquanto a mimesis de Aristóteles não concebia uma verdade verdadeira, senão uma verdade falsa como imitação da ação humana, já referi que a ideia de imitação também acabou se tornando um critério-chave, de Vasari às universidades do pensamento oitocentista. E será preocupação constante da crítica de arte ocidental, seja como parâmetro principal, seja como parâmetro a ser contestado, por exemplo, nas teorias de cinema acerca do realismo e do ilusionismo referidas no capítulo anterior. Voltaremos a esse parâmetro no próximo capítulo, quando falamos dos estudos artísticos como ciência.

Para entendermos a magnitude da imitação da natureza na antiguidade grega e romana, perceptível pela primeira vez nos textos de Plínio, o Velho —Aristóteles falava da imitação da ação — mostro a escultura em bronze de um atleta, do escultor Lysippos, que data do século 4 a.C. Podemos constatar o fatual desejo, bem como a capacidade de imitar o corpo humano, seus gestos e expressões. Nessa obra, a compleição física surpreende

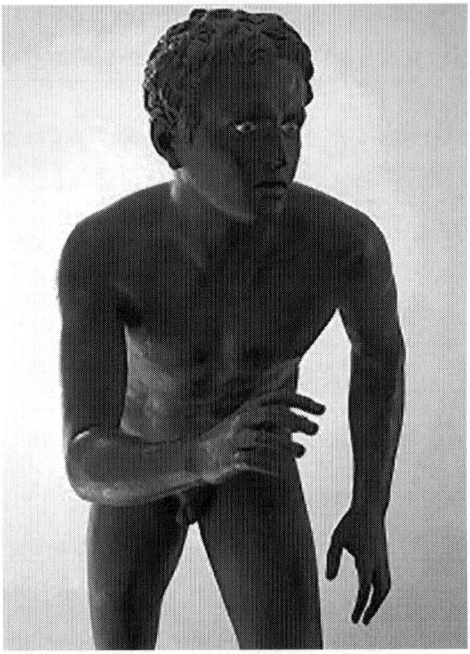

Figura 66

Atleta, Lysippos, Grécia, século 4 a.C. Escultura de bronze. Museo Archeologico Nazionale di Napoli, Nápoles, Itália. (Fonte: Wikimedia Commons).

em sua expressividade e impressão de vida. Vale ressaltar que a escultura permite manter a tridimensionalidade normalmente abandonada em imagens, razão pela qual a questão da imitação se coloca mais pelo material do que pela passagem para a bidimensionalidade.

Conquanto a imitação da natureza fosse o projeto por excelência da história da arte a partir do renascimento, já os pequenos textos enciclopédicos de Plínio participaram não apenas da apreciação da técnica dos pintores e escultores, mas também da classificação hierarquizante dos artistas, em sintonia com o espírito competitivo descrito. Isso foi essencial para a criação de um cânone baseado na veracidade do representado.

São comparações como esta que iniciaram a construção de um cânone artístico baseado na verossimilhança: "Mas a todos os que nasceram antes dele e os que viriam depois superou Apeles de Cós, na centésima décima segunda olimpíada. Contribuiu, sozinho, para a pintura praticamente mais do que todos os outros juntos" (Plínio, 2006, p. 78). Criou-se, assim, o mito do gênio de Apeles, fazendo de suas obras, mas também dele, um objeto de pinturas e gráficas a partir do renascimento.

Figura 67

A Batalha de Issus entre Alexandre, o Grande, e Darius, anônimo, 315 a.C. Mosaico. Museo Archeologico Nazionale di Napoli, Nápoles, Itália. (Fonte: Wikimedia Commons).

A valorização da imitação da natureza, a hierarquização que dela resulta, bem como a criação de mitos e lendas são, como tentei argumentar em capítulos anteriores, elementos questionáveis, mas frequentes nos textos sobre as artes ocidentais. Já vimos que o renascimento foi propenso em abraçar essa ideia, sendo *Vidas dos mais excelentes pintores, escultores e arquitetos italianos*, de Giorgio Vasari, a obra em que podemos observar a retomada do critério para estabelecer uma narrativa mestra parecida: gênios que se destacam desde cedo por sua capacidade extraordinária e quase divina de retratar o mundo de forma verossímil. Contudo, Vasari não se contentou com isso, senão introduziu ainda um elemento novo: a construção de um progresso, de acordo com o modelo histórico evolutivo detalhadamente descrito. Embora eu tenha citado Vasari diversas vezes, parece-me agora o momento de aprofundar seu texto.

Dividido em três partes, o autor apresenta em seu livro a vida de pintores italianos importantes, desde Cimabue e Giotto até Michelangelo Buonarroti, de 1270 até 1570, traçando com eles a ideia de um constante aperfeiçoamento nas artes renascentistas italianas. Vasari forjou, assim, não só um cânone, mas também a concepção de melhoramento linear e teleológico que domina até hoje. Em sua euforia, a linguagem de Vasari transborda de admiração e de superlativos, criando em seus textos, aqui sobre Leonardo da Vinci, a imagem de um homem cuja perfeição permeia tanto seu ser como sua arte:

> Influências celestes podem prover os seres humanos de dons extraordinários; trata-se de um efeito natural. Porém, há algo de sobrenatural na acumulação transbordante, num mesmo homem, de beleza, graça, virtude. O que quer que faça, cada um de seus gestos é tão divino que o resto do mundo fica em segundo plano, e nota-se claramente que se trata de um feito divino que nada deve a esforços humanos. Assim foi com Leonardo da Vinci, no qual, além da beleza física, nunca suficientemente glorificada, em cada um de seus atos residia uma graça infinita. Seu talento tão completo e virtuoso permitia-lhe solucionar habilmente todas as dificuldades que lhe assomavam ao espírito (Vasari, 2006, p. 107).

O artista é catapultado para uma esfera metafísica, que vem do helenismo e, mais tarde, foi desenvolvida no idealismo alemão e concluída no sujeito transcendental. Pode-se observar como a concepção sobrenatural da arte estabelecida na antiguidade romana por Plínio, o Velho, continua a ser trabalhada, o que, se pensarmos novamente na colonização que ocorreu na mesma época, possibilita uma desvalorização de toda a arte não europeia ou hegemônica, isto é, não comprometida com a imitação da natureza e cuja epistemologia não conhece a metafísica. O fio da helenização, que já permeia o cristianismo, é poderosamente usado na arte. A ideia da moralidade do idealismo filosófico encontra-se ademais estabelecida por meio do conceito da virtude.

Não por acaso, Julia Conaway e Peter Bondanella (2006) realçam a habilidade de Vasari como contador de histórias, qualificando seu livro cheio de anedotas como colorido e divertido. Os autores sublinham um fato importante e ainda não referido: surpreendentemente, a palavra artista não consta das biografias. Para realçar que os pintores, escultores e arquitetos deveriam ser tanto artesãos — no sentido de ter o conhecimento técnico — como possuir a graça necessária para transcender a técnica, ele os denomina artífices. Não se trata mais da ideia grega de *techné*, lembrada quatrocentos anos mais tarde por Heidegger. O conceito remete, como explicam Conaway e Bondanella (2006), à criação divina, fazendo daquele que faz arte uma mistura de artesão e criador. Vimos que

Didi-Huberman aborda a mesma questão por meio de sua análise do *disegno*, conceito realçado por Vasari. Ao atribuir ao *artífice* a dimensão criadora do desenho, Vasari participou na alteração do status do artista para um ser genial e divino, que vai além da ideia de gênio usada por Plínio, e prepara a concepção ambivalente do idealismo alemão.

No entender de Klaus Heinrich (1993), o novo papel atribuído ao artista como vítima expiatória é resultado da necessidade de se estabelecer uma nova figura capaz de salvar o ser humano de seus anseios perante a existência, ao aguentar e equilibrar as tensões entre as classes. Ou seja, o *artífice* é aquele que resolve as provas de fogo às quais a sociedade é submetida, como antes dele os profetas Moisés no judaísmo, Cristo no cristianismo e Maomé no islamismo. Isso porque o renascimento marca o momento em que a religião começava a ser absorvida pelas ciências e pela arte: "Crença científica e arte como religião — a primeira destinada à racionalidade humana e a segunda aos instintos humanos acabam dividindo o ser humano como ser atuante, trabalham de mãos dadas" (Heinrich, 1993, p. 87). A filosofia antiga grega, ao tentar substituir a religião, já havia preparado isso.

Segue-se a mesma lógica no idealismo alemão três séculos mais tarde. A ideia do gênio em Kant eleva o artista ainda mais, porém, como critica Agamben, implicando todos os perigos que essa radicalização significaria para o artista. Seu papel de lidar com as tensões da sociedade, como diz Heinrich (1993), ficou assim mais extremo. É interessante que Heinrich mostre que a tentativa de secularizar o papel do artista está sempre ligada a uma ressacralização. Em cosmopercepções não europeias, isso é desnecessário e absurdo, pois lá a obra estabelece a conexão com o invisível e não há ônus para aqueles que a produzem.

Voltando para Vasari, o critério máximo de um bom *artífice* seria sua capacidade de desenho que, por sua vez, ainda depende de aprendizado e técnica. Ou seja, o ato criador — o encontro entre o inteligível e o sensível detectado por Didi-Huberman como base da nova religião história da arte — baseia-se, no entender de Vasari, tanto na habilidade como na inspiração.

Tiziano Vecellio (1473-1576) serviu a Vasari como exemplo de um artista que não tinha conhecimento profundo da anatomia humana, fazendo que seu desenho fosse insuficiente. Dominar a perspectiva e os princípios de proporção são, no entanto, considerados básicos, o que nos remente mais uma vez à capacidade de imitar a natureza com total verossimilhança como parâmetro avaliativo preliminar para pintura, escultura e arquitetura.

Paradoxalmente, a narrativa evolutiva de Giotto até Michelangelo, proposta por Vasari, coloca também, como comentado, pela primeira vez o problema de um possível fim da arte devido à decadência. Ao fazer distinção entre baixo renascimento e alto renascimento — periodização que destaca os dois momentos entre os quais se daria o desenvolvimento da capacidade no renascimento de alcançar as habilidades dos grandes mestres helênicos, bem como a dominação da perspectiva — só haverá espaço para a ideia de declínio após essas grandes conquistas dos artistas renascentistas. Interpretar Giotto como a "primeira luz" do renascimento significava apostar, como Plínio, na verossimilhança como critério cardeal, que acabou não só desvalorizando outras formas artísticas, nomeadamente do medievo e de contextos não europeus ou hegemônicos, mas também glorificando os logros de alguns poucos.

A periodização de Vasari, bem como seus conceitos — desenho, graça, natura, decoro e maneira —, colaboraram para o estabelecimento de uma primeira ficção evolutiva da história da arte renascentista. Vale a pena lembrar que, para seu empreendimento, Vasari não teve acesso a todas as obras de arte as quais descreve. Um obstáculo metodológico que costumava levar a erros com os quais os estudiosos das artes, no contexto acadêmico, teriam que se debater bastante antes da invenção da tecnologia digital e do fácil acesso ao arquivo imagético da humanidade via internet. Mas isso geralmente não os impedia de escrever sobre arte que não conheciam.

Procurando estabelecer um mito de origem da história da arte como disciplina do conhecimento, observei que Vasari costuma ser considerado seu primeiro historiador. Contudo, é preciso ficar atento ao tom do pequeno trecho citado anteriormente, que denota a avaliação pessoal e anedótica. Ou seja, embora ele use critérios críticos que hierarquizam os artistas e suas obras, bem como a sugestão de uma narrativa mestra, temos de levar em consideração as limitações dos critérios, da metodologia e do modelo historiográfico no qual se baseiam. Razão pela qual Vasari esteja sendo discutido no contexto da crítica.

A construção historiográfica nos primeiros textos críticos foi sempre frágil porque acoplada a outras questões mais centrais. Evidencia-se também no famoso *Tratado da origem do romance*, do bispo de Avranches, Pierre Daniel Huet

(1630-1721), publicado em 1670. O texto tem vários objetivos, sendo os principais estabelecer o romance como novo gênero, bem como contar sua gênese, que ainda não fora contemplada por nenhuma poética. Apresenta um intuito teórico por meio de uma definição preliminar, esboçando brevemente sua possível história, para depois delinear critérios para sua avaliação. A verossimilhança bem como a sugestão de uma história progressiva são seus ingredientes mais importantes.

Vemos aqui tanto o interesse em dar conta de um novo tipo de escrita como ferramenta sociopolítica, que será estudado no contexto de um grupo maior — a literatura —, como encontrar suas raízes e compreender sua especificidade e seus parâmetros de qualidade. Focando a produção contemporânea, Huet fez ainda jus ao título tratado, oferecendo sugestões acerca de uma boa escrita, que deve ser "[...] agradável e deleitoso, preservar a moralidade, obedecer à verossimilhança, ter conteúdo histórico e apresentar caráter regular [...]", como resume Lígia Vasallo (2011, p. 75).

De acordo com a vontade de contar as histórias de todos os feitos humanos, o pequeno texto ganhou mais tarde — como o de Vasari, embora este seja muito maior — a condecoração de ter sido a primeira história da literatura. Entretanto, Huet participa, como Vasari, ainda do pensamento clássico classificatório, em vez do pensamento oitocentista historicizante, e seu texto não passa de um primeiro rascunho de critérios e diferenças de outras expressões literárias. Apresenta-se de forma pessoal, como carta, endereçada ao autor para cuja obra, o romance *Zayde*, serviu inicialmente como prefácio. Apesar desse romance ter sido atribuído na primeira publicação a Jean Regnault de Segrais, foi de fato escrito por uma mulher, Marie-Madeleine de La Fayette. Isso diz muito sobre as dificuldades que as mulheres artistas tiveram para obter reconhecimento público.

A epístola como meio de crítica era habitualmente usada em introduções a traduções de textos dramáticos clássicos. Nesse formato, Charles Estienne (1504-1564) lançou um século antes seus primeiros argumentos para o estabelecimento de uma moderna literatura dramática na França. Tinha proposito político claro ao procurar elevar a dramaturgia francesa da época à possível concorrente das grandes obras da antiguidade grega. Huet, por sua vez, não tinha esse objetivo, pois lidava com um gênero razoavelmente novo. Para ele, era muito mais importante colocar uma série de questões inéditas, como: o que é um romance? Como ele se desenvolveu? Por que o ser humano precisa de ficção? Qual sua importância na cultura? Em meio a essas perguntas encontrou como atributo principal a ficcionalidade, que, no entanto, o romance compartilharia com outras formas poéticas.

O que distingue Huet, Estienne e Vasari da proposta aristotélica é a falta de uma teoria estética, isto é, uma teoria filosofante acerca da função da literatura, do drama e da arte. Como muitos textos críticos — e os manifestos mais tarde —, a epístola procurava estabelecer o romance como arte que ainda tinha poucos defensores. A prosa só fora legitimada pela primeira vez pelo italiano Francesco Robortello (1516-1567), editor renascentista de obras reencontradas da antiguidade, quando argumentou a favor de uma poesia sem versos em *In librum Aristoteles explicantiones,* de 1548. Giambattista Giraldi Cinthio (1504-1573), escritor e poeta compatriota e contemporâneo dele, foi o segundo a reconhecer a importância do romance em *Discorsi intorno al comporre dei romanzi, delle commedie, delle tragedie e di altre maniere di poesie*, e provavelmente influenciou Huet.

Hoje olhamos para três séculos de respostas às perguntas básicas lançadas por Huet acerca do romance. Uma resposta recente é do escritor e crítico literário tcheco Milan Kundera. Em seu livro *Os testamentos traídos,* Kundera afirma a posição de seu colega mexicano, Octavio Paz, segundo a qual foi Miguel Cervantes (1547-1616) quem inaugurou, com *Dom Quixote* (1605), o romance propriamente dito. Kundera (1994, p. 11) encontra na capacidade de introduzir o dúbio por meio do humor a característica maior do novo gênero: "O humor, portanto, não é o riso, a troça, a sátira, mas uma espécie particular de cômico, da qual Paz diz [...] que 'torna ambíguo tudo o que toca'".

A particularidade do romance consistiria na suspensão da moral ao evitar o que Kundera (1994, p. 13) denomina "[...] fervorosa disponibilidade para julgar [...]", que é, "[...] do ponto de vista da sabedoria do romance, a mais detestável estupidez, o mais pernicioso dos males". É evidente que tanto o humor de Paz e Kundera como a ficcionalidade de Huet podem ser encontrados em todas as artes e em muitos outros gêneros, mas servem no século 20 como defesa da importância da literatura romanesca, ou seja, de sua centralidade como ferramenta cultural chave ocidental.

É interessante verificar que a particularidade do romance foi encontrada na ausência de uma verdade preexistente em relação aos outros seres humanos, "[...] ensinando o leitor a ser curioso do outro e a tentar compreender as verdades que são diferentes das suas [...]", o que possibilitaria ao leitor, em consequência, constituir-se "[...] como indivíduo, considerar-se como tal e como tal ser considerado" (Kundera, 1994, p. 13). Seria, portanto, um convite para a compreensão do outro e, assim, dos outros povos, se pensarmos além do Ocidente e lembrarmos a história colonial durante a qual se dá o surgimento e o desenvolvimento do romance. Embora certamente seria bom se todos os romances fizessem isso, o gênero literário pode tanto defender a humanidade como a desumanidade, dependendo dos interesses, como bem lembrou de perspectiva descolonial Edward Said.

Uma vez que a primeira manifestação dessa individuação pela prosa — questão chave ocidental que já conhecemos das teorias da imagem — é atribuída a Cervantes, vale lembrar que Michel Foucault usa, como exemplo do surgimento do pensamento clássico e da abertura de um espaço analítico, além de *As meninas*, também o famoso romance cervantino. De acordo com Foucault (2000, p. 67), Cervantes descreveria em *Dom Quixote* o negativo do mundo renascentista, porque "[...] as semelhanças e os signos romperam sua antiga aliança; as similitudes decepcionam, conduzem à visão e ao delírio [...]". No romance estaríamos pela primeira vez diante de uma obra moderna, "[...] pois que aí a semelhança entra numa idade que é, para ela, a da desrazão e da imaginação [...]" (Foucault, 2000, p. 67). Coincidiria, desse modo, com o momento em que o pensamento clássico começa a efetuar suas análises para lidar com o vão aberto.

Talvez também se possa pensar de forma diferente sobre a capacidade de Dom Quixote de ver o invisível. Tornou-se evidente justamente quando o mundo estava começando a sair dos trilhos na era moderna, abraçando a ideologia colonial-capitalista. Ou seja, em vez de ver o romance como a introdução ao pensamento clássico, ele também poderia ser entendido como uma tentativa de preservar a visão do mundo anterior, mítico e sagrado e talvez mais complexa, do medievo, apontando as problemáticas da modernidade e seus novos paradigmas desumanos.

O uso do termo "crítica" propriamente dito, surge pela primeira vez, no contexto da literatura, pouco depois de Huet. Foi cunhado na França, onde o romance tornou-se rapidamente a ferramenta cultural por excelência para compreender a relação e a tensão entre mundo e ser humano, enquanto a sistematização do conhecimento avançava paralelamente e a seu respeito. Mais uma vez, as complexas implicações da colonialidade não são levadas em consideração relativamente ao surgimento desse importante instrumento de autoconhecimento ocidental. Vale ainda mencionar o *Dicionário histórico e crítico* (1697) do filósofo e escritor francês Pierre Bayle (1647-1706) como parte da manifestação do pensamento clássico, cujo título indica a dimensão crítica aliada à história como horizonte, visto que o livro organizou e resumiu o conhecimento do iluminismo tal qual Plínio, o Velho, o fez para a antiguidade.

Dos tratados

Se nos exemplos citados até aqui é possível observar que passamos de uma primeira organização enciclopédica ou biográfica para perguntas múltiplas acerca de novos gêneros como o romance, os tratados propriamente ditos têm outros objetivos, nomeadamente os de encontrar e estabelecer prescrições e regras. Olharemos agora para alguns casos mais didáticos que visam oferecer linhas de orientação para os artistas das mais variadas áreas e em épocas diversas. Esses textos são certamente impuros porque muitas vezes incorporam também reflexões teóricas e critérios críticos. Podemos observar dois movimentos que revelam as preocupações do Ocidente e que participam de sua ideologia colonial e mais tarde colonial-capitalista: o antropocentrismo — ou seja, a ideia da separação do ser humano da natureza e a centralidade do sujeito, cuja forma mais extrema é o sujeito transcendental —, mas também a matematização ou virtualização da arte, que radicaliza a ideia de imitar a natureza. Como já vimos anteriormente, essa imitação é bem diversa à abstração encontrada nas artes chamadas indígenas dos diferentes continentes. No entanto, a matematização também possui um elemento espiritual que não deve ser subestimado.

Ao mesmo tempo é preciso lembrar que foi somente no século 20 que os artistas ocidentais escreveram textos que novamente procuraram caminhos espirituais de forma explícita. O famoso texto "Über das Geistige in der Kunst" (Sobre o espiritual na arte), do pintor russo radicado em Munique, na Alemanha, Wassily Kandinsky, de 1912, voltou-se mais uma vez para o invisível. Nele, o pintor refletiu sobre como a humanidade ocidental havia perdido o acesso à realidade por meio de seu interesse materialista:

> Nossa alma, que após o longo período materialista está apenas no início de seu despertar, contém em si as sementes do desespero da descrença, da falta de objetivo e da falta de propósito. Todo o pesadelo das visões materialistas, que transformaram a vida do universo em um jogo maligno e sem propósito, ainda não acabou (Kandinsky, 1912, p. 10).

Os tratados que estou prestes a apresentar participaram, até certo ponto, da criação desse longo período materialista que consiste na sobrevalorização do inteligível e a tentativa de controlar o sensível. Aquando do surgimento dos tratados ainda não existia essa longa tradição e é difícil dizer se a matematização neles presente ainda aponta para a espiritualidade ou está desenvolvendo o inteligível, ou talvez esteja partindo do pressuposto que arte é tanto inteligível como sensível.

A escrita dos tratados, desde que sabemos, iniciou-se na Grécia antiga por um artista, Policleto. É muito provável que os antigos egípcios utilizavam também este tipo de texto, pois toda a sua arquitetura, pintura e escultura se baseia no Pi (Grimault, 2018). Escultor importante, Policleto escreveu um pequeno texto, o *Cânone*, que, curiosidade da história, está, na verdade, perdido. Na lógica historicizante, foi algumas vezes associado à teoria das artes, embora devesse ser compreendido como regulamentária. Se Plínio, o Velho, foi considerado o precursor da história da arte e Vasari o primeiro historiador, Policleto ganhou o apelido de pai da teoria da arte, e Huet pai da teoria do romance. Mas, como já disse diversas vezes, são atribuições retroativas que procuram estabelecer mitos de origem como pontos de partida para uma história evolutiva da própria disciplina.

O nosso primeiro exemplo para os tratados deixou apenas, sem que isso seja pouco, um método que artistas pudessem seguir para realizar esculturas de proporções perfeitas. Apesar de perdido, referências deixam vislumbrar que nele Policleto apresentara um sistema de mediação para poder alcançar a perfeição técnica que encontramos em suas esculturas. O mais famoso exemplo é o *Doríforo* (450-440 a.C.), o saltador de lança, do qual existem diversas cópias, em bronze e mármore. É considerada uma das esculturas mais imponentes do estilo clássico heleno. Pode-se supor que esse foi um passo importante no caminho

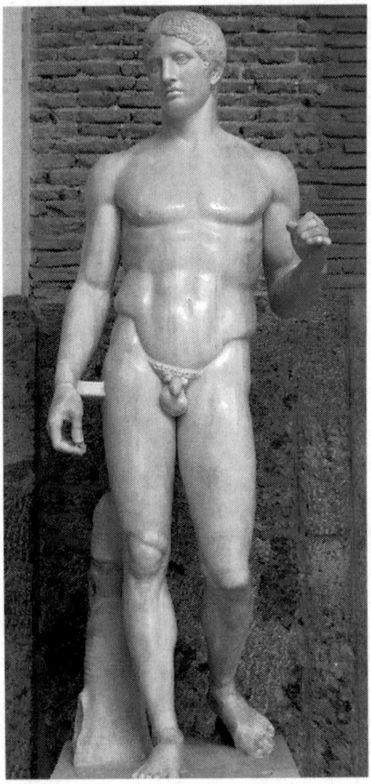

Figura 68

Doríforo, Policleto, 450-440 a.C.
Escultura de mármore.
Museo Archeologico Nazionale di Napoli, Nápoles, Itália.
(Fonte: Wikimedia Commons).

para o antropocentrismo ocidental, já que aqui a figura humana não foi apenas colocada no centro, mas apresentada como perfeita. Contudo, talvez essa não seja a história completa e a dimensão da matematização aponte igualmente para o mundo invisível.

Richard Tobin (1975), estudioso americano, reconstruiu o *Cânone* com base nos princípios filosóficos e matemáticos disponíveis na época. O autor explica que, para realizar seu procedimento de mediação das proporções humanas, Policleto usava como módulo a medida básica da falange distal, o menor osso do menor dedo da mão. A partir dele e dos conhecimentos gregos de geometria — *ratio*, proporção e simetria — desenvolveu "[...] um sistema de progressão contínua [...]" (Tobin, 1975, p. 307). Em desenhos podemos verificar essa progressão, compreender como fora medido o corpo humano e como essas medias foram aplicadas à escultura.

Para Tobin (1975), o sistema de proporções usado como modelo revela que a perfeição alcançada pelos escultures helenos resultava não somente da imitação da natureza, mas, sobretudo, do conhecimento das leis matemáticas.

Essa descoberta é comparável à da aplicação das leis óticas nas imagens com perspectiva no renascimento, demonstrado por Hockney (2001). Além disso, indicam a mesma procura de matematização da representação do mundo apontada por Kittler. Isso possibilita compreender tanto as formas geométricas do paleolítico como as dos artistas indígenas como parte da mesma busca. Sendo assim, a matematização não precisa ser explicada exclusivamente como virtualização que afasta o ser humano do mundo ao torná-lo controlável, senão também como reconhecimento de uma matriz matemática, ou seja, inteligível do universo. A virtualização permite, consequentemente, uma aproximação ao mundo espiritual. Em outras palavras, é possível que os *tecnites* que fabricaram esses corpos não estivessem tão interessados neste mundo e quisessem colocar o ser humano no centro, mas se vissem como parte de um todo maior construído de acordo com leis não estabelecidas pelo ser humano. Não saberemos, pois não conhecemos suficientemente bem a cosmopercepção da antiguidade grega. Entretanto, como isso foi posteriormente instrumentalizado para fins ideológicos na história da arte é outra questão.

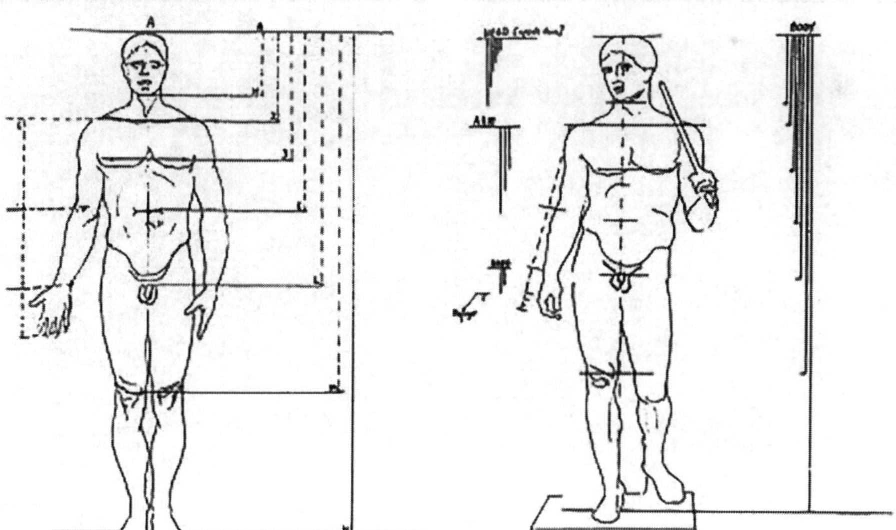

Figura 69

Figura humana e Doríforo. Desenhos de Richard Tobin.
(Fonte: Tobin, 1975, p. 314, 319).

Antes disso, houve instrumentalização na arte deste imaginário pelos europeus, quando foram feitas as primeiras imagens da população originária do que hoje são as Américas. É importante enfatizar que em sua maioria as imagens não foram o resultado de observação direta, mas baseadas em relatos de viajantes. Isso resultou em representações muito paradoxais de pessoas que supostamente praticavam a antropofagia, uma invenção europeia que também foi usada na África para transformar pessoas em monstros. Acusações desse tipo haviam sido utilizadas ao longo da história também na Europa. Curiosamente, nas primeiras imagens produzidas no século 16 pelos europeus os supostos "canibais" têm corpos ideais inspirados na Grécia antiga, seguindo, no entanto, os padrões renascentistas.

Figura 70

Hans Staden com os Tupinambá, Theodore de Bry, 1594.
(Fonte: De Bry, 1594).

O mesmo aconteceu em relação à representação dos africanos por europeus, na mesma época.

Figura 71

In Guennea, Hans Burgkmair, 1509. Xilogravura.
(Fonte: British Museum).

Surpreendentemente, artistas como o francês Theodore de Bry e o alemão Hans Burgkmair basearam sua concepção figurativa dos povos indígenas e africanos em formas que o renascimento havia redescoberto e que, portanto, estavam em voga na época da conquista das Américas. Mudimbe (1988, p. 27) argumenta que isso aconteceu para estabelecer a ordem discursiva ocidental também em termos imagéticos, colocando as pessoas à força dentro da epistemologia hegemônica. As imagens deixam claro como pessoas de outros contextos epistemológicos também foram apropriadas visualmente. Nessa altura, a matematização do corpo perfeito grego estava sendo utilizada, paradoxalmente, para representar de forma errônea, para difamar e integrar outros povos no poder colonial.

Voltando para o exemplo grego, podemos abordar ainda outro aspecto da busca por uma eventual verossimilhança e demonstrar que não deve ser simplesmente interpretada como imitação da natureza e antropocentrismo. Apenas a partir do renascimento e, sobretudo, devido aos escritos sobre arte, seria utilizado como valor importante da ideologia ocidental. Tobin, citando Plínio, o Velho (2006), nota que após uma fase de esculturas baseadas na simetria geométrica, da qual Policleto é representante importante, escultores de gerações seguintes passaram a se interessar pelo corpo humano de outra forma.

A simetria ótica seria a reação direta às proporções então percebidas como rígidas do cânone do século 4 a.C. (Tobin, 1975, p. 321). O interesse ótico é visto por Hockney, como mencionado, como sendo mais alinhado com o olhar humano, pois pressupõe o uso de ambos os olhos, em oposição ao uso da tecnologia ótica ou da matemática, razão pela qual elas são associadas à virtualização, ao achatamento e à autodestruição.

Já no helenismo houve mudança de uma concepção da natureza, de acordo com as medidas e leis dela, para uma concepção da natureza como a percebemos visualmente, conforme a aparência e o estado psicológico do ser humano. A busca, depois de Policleto, inverteu-se novamente no renascimento, quando o interesse pela simetria ótica do medievo, aliada a um mundo misterioso e sagrado, foi novamente substituído pelo interesse na simetria geométrica, apoiada por uma tecnologia ótica: a referenciada câmera obscura. O barroco voltou depois à representação de estados psicológicos de forma ainda mais exuberante.

Interessante observar esses ciclos que oscilam entre os retratos do mundo e os corpos de seus seres na arte ocidental, ou dependendo das leis da ciência (ou do universo e do mundo espiritual) e impulsionados pelo uso de leis matemáticas e dispositivos tecnológicos novos, ou se apoiando nos sentidos e na percepção humanos, sobretudo no olhar, na psicologia e na sensação espacial. Respondem, assim, aos retratos guiados pelo ponto de vista de um aparelho, a fim de devolver à nova tecnologia a perspectiva humana. Podemos constatar, consequentemente, que não existe nenhuma história linear nas artes ocidentais, nem mesmo em relação à imitação da natureza, senão ciclos, impulsionados pelas visões de mundo, pelas descobertas tecnológicas do ser humano e pela necessidade de revisar essas descobertas por meio da percepção humana, o seu olhar e sua percepção do corpo. São soluções diferentes. No espaço não hegemônico, essa oscilação não existe na mesma medida porque não há preocupação com a verossimilhança, mas há soluções igualmente diferentes, às vezes mais abstratas e às vezes menos.

Se compararmos a escultura *Hércules descansando*, de Lysippos, do século 4 a.C. com o *Homem que anda*, de Alberto Giacometti, de 1947, podemos perceber esse ciclo e os diferentes graus de afastamento da simetria geométrica. Enquanto a escultura de Lysippos é menos idealizada e mais naturalista que a escultura de Policleto, que é baseada nas leis matemáticas, a de Giacometti abandona a relação com a natureza ao depender ainda mais radicalmente da percepção humana. No entanto, a figura de Giacometti está mais próxima das estelas paleolíticas e de esculturas não europeias ou hegemônicas em sua abstração e alteração de proporções e provavelmente foi influenciada pela arte africana, asiática e oceânica, assim como as obras de muitos de seus colegas artistas da época. Mas, poderíamos igualmente argumentar que o *Dorífero* compartilha a abstração de suas formas com exemplos não hegemônicos.

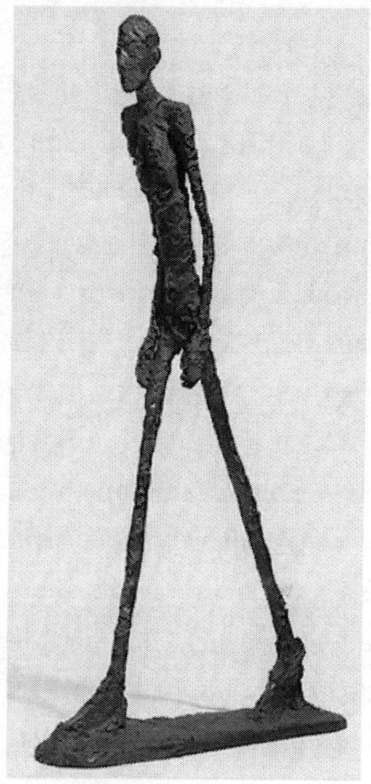

Figura 72

Hércules descansando, Lysippos, século IV a.C. Escultura de mármore.
Museo Archeologico Nazionale di Napoli, Nápoles, Itália;
Homem que anda I, Alberto Giacometti, 1947. Escultura de bronze.
Carnegie Art Museum, Pittsburgh, EUA.
(Fontes: Wikimedia Commons).

Giacometti abriu novos caminhos na escultura ocidental ao explorar diferentes dimensões. A figura alongada do *Homem que anda* contempla não apenas a percepção da figura humana, mas também o espaço no qual ela se insere, bem como a distância entre observador e observado. É até possível dizer que não se trata nem de simetria geométrica nem de simetria ótica, porque a escultura reflete uma ideia ainda mais complexa da realidade do corpo ao adicionar as impressões visuais. Sua consciência do espaço deve muito à existência de esculturas anteriores. Não se trata de uma evolução, mas, como as vênus do paleolítico, de uma abordagem diferente do corpo humano e de seu lugar no mundo, seja ele visível ou invisível.

Enquanto o atleta *Doríforo*, de Policleto, e o herói *Hércules descansando*, de Lysippos, se expandem no espaço, ou de acordo com a geometria do corpo ou conforme a percepção convencional, o *Homem que anda* — um homem anônimo qualquer que faz o movimento básico do *homo sapiens* ereto — aponta claramente para a limitação do retrato concreto dos objetos. Não se trata de uma forma humana no sentido habitual e clássico, senão do resultado da complexa relação entre corpo, espaço e percepção (simbólica) que a escultura passa a considerar em sua forma. Cada uma das três esculturas expressa uma compreensão do ser humano e de sua relação com o ambiente em uma determinada época. Apesar disso, elas têm em comum que apontam para além de seu tempo, pois vão além do suposto antropocentrismo, seja ele conseguido por meio da matemática, da percepção humana, ou como referência ao espaço. Todas elas estão engajadas com o visível e o invisível.

Entre a antiguidade e a modernidade, os tratados sobre arte abordaram a predominância da geometria, a simetria e a proporção; isto é, o antropocentrismo era de grande importância. Eles refletiam o conhecimento científico e técnico de sua época e aplicavam as soluções que encontravam. *Os dez livros sobre arquitetura* (30-26 a.C.), tratado do arquiteto romano Marcus Vitrúvio Polião, segue a mesma conduta de Policleto, mas para construções habitadas pelo corpo humano. É o corpo e suas medidas, apresentadas novamente de forma matemática, que servem como referência para os edifícios da época:

> Pois não pode templo algum, sem simetria e proporção, ter uma disposição harmoniosa se não apresentar a exata proporção dos membros de uma pessoa bem modelada. Ao corpo humano a natureza configurou de tal forma que o rosto, do queixo até o alto da fronte e as raízes dos cabelos, constitui um décimo dele; similarmente, a palma da mão, do punho até a extremidade do dedo médio, tem a mesma extensão; a cabeça, do queixo até a coroa, um oitavo; do alto do peito até a raiz dos cabelos, um sexto; do meio do peito até a coroa, um quarto [...] (Vitrúvio Polião, 1998, p. 56).

A centralidade do corpo humano — seja na arquitetura, seja na escultura — estava no cerne das preocupações das antiguidades grega e romana, e influenciou também as plantas de igrejas medievais para depois ser retomada de forma mais pronunciada na época renascentista. Até que ponto se deve ver isso como uma devoção a este mundo ou ainda como uma conexão com o além depende das diferentes obras. Contudo, não se deve esquecer que havia um claro interesse em colocar o ser humano no centro, como também o fizeram as primeiras ficções sobre a arte e seus artistas.

Vitrúvio realizou um renomado desenho em que exibe essas proporções matematicamente perfeitas, e que foi atualizado por Leonardo da Vinci uns 1450 anos mais tarde. Ambas as imagens são emblemas da cultura ocidental, no sentido da centralidade do homem e de sua mundanidade, acoplados à imitação da natureza. Mas, saindo dessa lógica, elas levantam ainda a questão

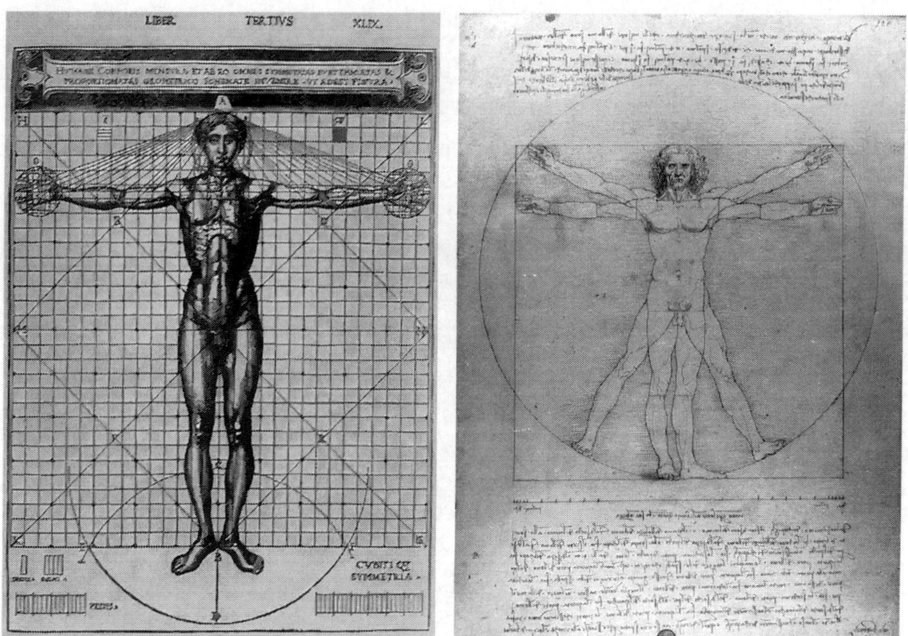

Figura 73

Homem, Vitrúvio, 30-26 a.C. Desenho em livro;
Homem Vitruviano, Leonardo da Vinci, 1490. Desenho.
Galleria dell'Accademia, Veneza, Itália.
(Fontes: Wikimedia Commons).

de onde vem essa perfeição e quem criou a matriz matemática na qual são baseadas, mesmo que foram interpretadas como procuras de substituir o invisível pelo visível.

Ao articular dois fundamentos da arquitetura — a *fábrica* (técnica) e a *raticionatio* (atividade intelectual) — Vitrúvio preparou a divisão entre trabalho braçal e trabalho conceitual, impulsionando a desagregação entre trabalho laboral e planejamento. Essa desagregação adviria de forma plena no renascimento, quando foi consagrada na ideia de *disegno* de Vasari para defender a relação da arte com o inteligível. O arquiteto participou, assim, na fragmentação do sujeito, para a qual, como vimos no terceiro capítulo, os filósofos do idealismo e do romantismo procuraram uma solução transcendental.

A repercussão dos livros de Vitrúvio no renascimento ocasionou novas publicações que visavam orientar o ofício das artes plásticas europeias — arquitetura, escultura e pintura —, sendo as mais importantes *De pictura, de statua* e *De re aedificatoria*, escritas entre 1435 e 1452 por Leon Battista Alberti. Consideradas obras teóricas, resultaram da vontade de basear as artes na racionalidade e no conhecimento. Em outras palavras, seguiram um ímpeto mais científico do que Policleto ou Vitrúvio ao apresentar ferramentas e tecnologias mais sofisticadas para ajudar na criação prática.

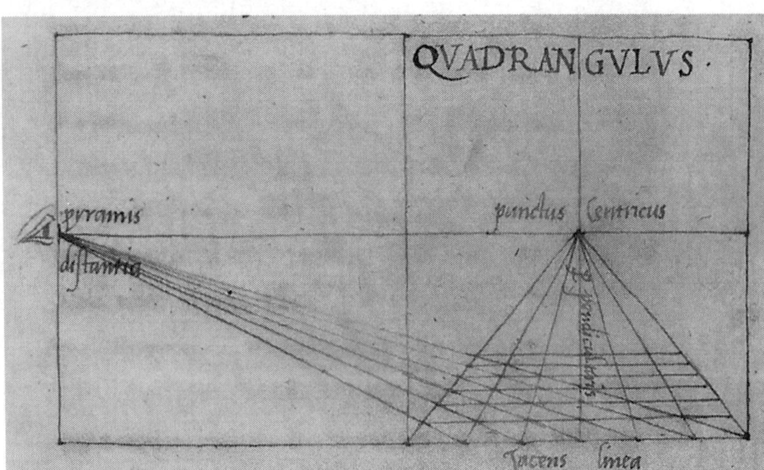

Figura 74

Pirâmide do olhar em *De pictura*, Alberti, 1436. Desenho em livro.
(Fonte: Wikimedia Commons).

Em *De pictura*, escrito primeiro em italiano e depois em latim, Alberti avaliou pela primeira vez a passagem da tridimensionalidade para a bidimensionalidade por meio de uma análise do olhar e como demonstração da capacidade da mente humana, equiparando o trabalho do artista com o de engenheiros e inventores, dignificando seu papel de forma intelectual antes de Vasari.

Em sua teoria, Alberti inverteu a relação entre imagem e objeto. Christoph Rodatz (2010) realça, no entanto, que a famosa expressão de Alberti, de que a imagem com perspectiva central seria uma *finestra aperta*, uma janela aberta, não significaria que a pintura fosse uma abertura para o mundo ou a possibilidade de explorá-lo em sua profundidade, senão indicaria que se tratasse de um recorte da realidade, mais especificamente de um recorte matemático. Alberti já conhecia e usava a câmera obscura, pois não se referiu ao olhar com dois olhos, mas apenas com um.

A pirâmide do olhar seria, por conseguinte, não a visão humana que resulta do emprego de ambos os olhos e, por isso, da constante alteração da perspectiva, senão o olhar virtualizante por meio de um dispositivo ótico, seja um simples buraco, seja um espelho ou uma lente, representado através de raios irradiando de um único olho. De acordo com Rodatz, não estava em pauta a imitação ou ilusão do mundo que nos rodeia, mas sua matematização:

> A imagem não é concebida, portanto, nem como abertura ilusionista, nem como olhar para dentro de um espaço profundo. De fato, ele é um corte abstrato, que está relacionado com os objetos e possui uma visão própria (Rodatz, 2010, p. 198).

Alberti indicou ferramentas que pudessem ajudar a fixar essa passagem, nomeadamente a câmera ótica ou obscura e o velum. A gravura do artista alemão Albrecht Dürer (1471-1528) ilustra o trabalho de fixação do objeto com o velum em seu livro *Underweysung der Messung mit dem Zirckel und Richtscheyt, in Linien Ebnene unnd gantzen Corporen... mit zu gehörigen Figuren* (Instrução de medidas com o círculo e a régua, em linhas diretas e corpos completos, com figuras associadas), um tratado para arquitetos, engenheiros e decoradores, de 1525.

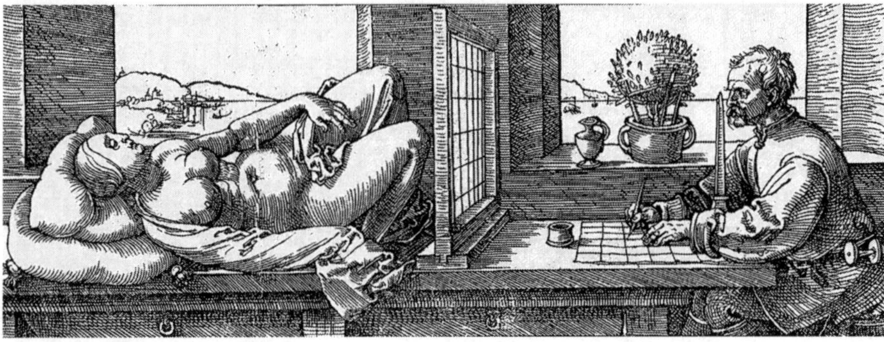

Figura 75

Uso de velum em Underweysung der Messung mit dem Zirckel und Richtscheyt, Albrecht Dürer, 1525. Gravura em livro.
(Fonte: Wikimedia Commons).

Deve-se observar mais uma vez que a matematização não significa necessariamente virtualização kittleriana. O desenho do médico holandês Gemma Frisius, publicado no livro *De radio astronomica et geometrico*, em 1545, revela o funcionamento de uma câmera obscura que usa o Sol como objeto. Em ambos os casos vemos claramente a diferença entre objeto e imagem fixada. Apesar do lado utilitário dos dispositivos, trata-se sempre de um ato que também inclui imaginação e abstração, as quais, de um modo ou de outro, permanecem na imagem criada.

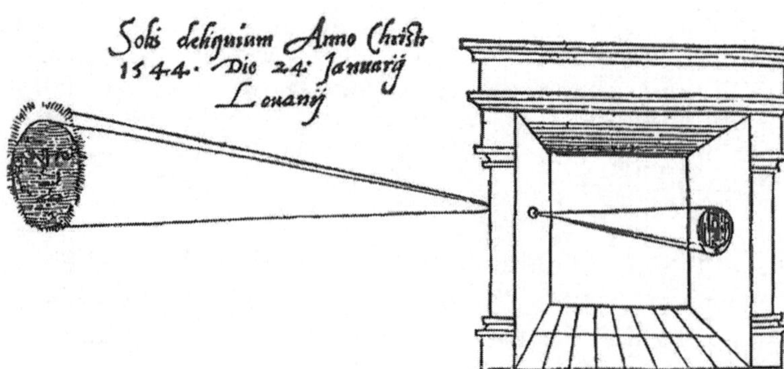

Figura 76

Camera obscura em *De radio astronomica et geometrico*, Gemma Frisius, 1545. Gravura em livro.
(Fonte: Wikimedia Commons).

A descrição matemática da perspectiva — como vimos, elemento fundamental na narrativa mestra da história da arte — foi realizada em 1470 por Pierro della Francesca em *De prospettiva pigendi*. No entanto, sua proposta era mais focada em ideias como harmonia, agregação e síntese das proporções do que em uma teoria ótica, como no caso de Alberti (Elkins, 1994, p. 108). No que diz respeito às outras publicações de Alberti, em *De statue*, ele foi mais normativo e didático, oferecendo um sistema para as medidas de corpos e estátuas a fim de facilitar a sua confecção com a ajuda de fasquias. *De re aedificatoria* é um livro ainda mais instrutivo, endereçado a construtores e não a arquitetos. É explicitamente guiado por um interesse arqueológico, pois inspira-se na vontade de manter e preservar os edifícios da antiguidade romana. Foi considerado um "bestseller" devido à sua popularidade.

Esse tipo de prescrições para escultura e arquitetura era também comum em relação ao texto dramático até o século 16, dentro dos limites estabelecidos pela retórica e pela teologia. Só a partir de uma tradução da *Poética* de Aristóteles do latim, de 1498, e do grego, de 1508, ocorreu uma "decodificação" do texto que modificou ideias acerca da natureza e da função do teatro, instigando na Itália um intenso debate sobre verossimilhança (Carlson, 1995, p. 35). Além dos comentários de Francesco Robortello, de 1548, de Giambattista Giraldi, de 1554, de Lodovico Castelvetro, de 1570, de Alessandro Piccolomini, de 1575, e de Antonio Riccoboni, de 1585, surgiram também novas poéticas que procuravam dar conta da produção dramática da época.

Dessas publicações, destaque para *De poeta*, de 1559, e *Arte poética*, de 1563, ambas de Antonio Sebastiano Minturno, um bispo que analisou a poesia contemporânea; *Poetice*, de 1561, de Júlio César Escalígero, que questionou a imitação da natureza a favor da dimensão instrutiva; e *Poética* (1563), de Giangiorgio Trissino, que se reduz a uma tradução bastante fiel. Tanto os comentadores como os autores das novas poéticas ofereceram argumentos e conclusões diversas, mas seguiram a metodologia de Aristóteles no sentido de teorizar os gêneros e de analisar a produção contemporânea deles.

A maioria dos autores ficou, contudo, presa à noção da verossimilhança, sem levar em consideração a ideia de uma verdade falsa pensada pelo próprio Aristóteles. Piccolomini foi um dos poucos críticos que advogou que a imitação não deveria ser confundida com a verdade, e Orazio Ariosto defendeu o direito de tomar liberdades com a verossimilhança para poder criar fábulas inéditas. Ou seja, ambos se posicionaram à margem de uma leitura bastante conservadora e restritiva da *Poética* de Aristóteles, que seguia os moldes éticos e didáticos da interpretação retórica medieval do teatro e não do autor (Carlson, 1995, p. 35-53). Na Inglaterra, uma posição mais liberal foi assumida por George Puttenham em sua *Art of English poesie* (Arte da poesia inglesa), de 1589, e por Sir Philip Sidney em sua *Defense of poesy* (Defesa da poesia), de 1595, que argumentaram a favor da ficção e da poesia imaginativa em detrimento da verdade histórica (Carlson, 1995, p. 78). Na Holanda, por sua vez, foi publicado um manual influente, o *Poeticarum institutionum libri tres*, em 1647, de Gerardus Joannes Vossius, logo após o lançamento de uma tradução de Aristóteles.

Manteve-se, desse modo, até o renascimento, sobretudo na Itália, a vontade de organizar o conhecimento ocidental de forma sistemática e racional, aliada à necessidade de textos práticos-didáticos para prospectivos autores que deveriam seguir o exemplo dos tratados retóricos da antiguidade grega e romana. Sem que soubéssemos se na antiguidade, na qual ainda estavam presentes as cosmopercepções pluriteístas, isso teria sido de fato apenas um desejo de matematização. A normatividade a partir do renascimento, perceptível nos tratados citados sobre artes plásticas, romances e textos dramáticos, começou a ser quebrada lentamente como veremos agora. A mudança foi impulsionada pelo desejo de criar uma arte de cariz especificamente nacional e o anseio de destacá-la em nível europeu durante a disputa pelo Atlântico. Com efeito, competitividade e nacionalismo podem ser considerados os principais responsáveis pela formação de uma crítica analítica moderna, além da guinada no pensamento atestada por Foucault (2000), todos baseados na visão de mundo colonialista-capitalista, tanto emancipatória (para o ocidente) e opressiva (para o resto do mundo).

Da crítica na era moderna

O país que destronou a Itália como fórum crítico europeu das artes, mesmo que retórico, foi a França. Isso se deu precisamente na época em que o pensamento clássico — *dubito, ergo cogito, ergo sum* — estava tomando forma, no século XVII. Naquela época, a França era uma potência colonial emergente ao lado de Portugal e da Espanha. Os EUA e o Canadá de hoje foram em grande parte reivindicados por ela. Por sua vez, a reivindicação intelectual do poder pode ser observada na abertura de uma discussão assídua, por meio de comparações e diferenciações acerca da poética aristotélica, antes desconhecidas. Uma das regras das três unidades, o lugar, foi a pedra de toque de um debate feroz entre os dramaturgos franceses.

Em prefácios às suas peças, autores como François Ogier, Jean Chapelain, André Mareschal e Jean Mairet começaram a questionar a rigidez dessa exigência dramática, bem como a prescrição da verossimilhança, ambas resultado da interpretação rígida de traduções das poéticas italianas. Depois do grande sucesso da tragicomédia *El Cid* em 1636, de Jean-Baptiste Corneille (1606-1684), despontou um conflito, depois do qual procurou-se pela primeira vez a elaboração de um juízo próprio acerca das supostas regras. Questionando a aclamação pelo público, críticos e dramaturgos reprovaram a peça por sua falta com a verdade, em termos gerais e históricos. Outro aspecto do debate disse respeito à defesa da liberdade artística dos autores contemporâneos.

A discussão estendeu-se por um ano por meio de cartas, réplicas do próprio autor e panfletos, e terminou em agressões pessoais nas quais o Cardeal Richelieu, primeiro-ministro do rei Luís XIII, interveio pessoalmente para apaziguar os ânimos (Carlson, 1995, p. 90-91). Com o objetivo de pacificar e resolver o debate, ele encomendou dois trabalhos: a poética *Poétique*, de La Mesnardière (1610-1663), e o manual *Pratique du théâtre*, do abade d'Aubignac (1604-1676). Outro motivo era criar um instrumento para as ambições francesas de ocupar um lugar central no debate europeu acerca das artes cênicas. Corneille ainda escreveu prefácios importantes para os três volumes de suas obras, nos quais explicou seu ponto de vista nada ortodoxo a respeito.

A escrita dramática foi de fato o carro-chefe nos debates críticos acerca das artes até o século 18. Somente com o surgimento de salões de exposição de pinturas em Paris e Londres, as belas-artes ganharam um interesse teórico comparável com o renascimento italiano. O Reino Unido era naquele momento a potência marítima mais importante do mundo e começou a expandir rapidamente sua influência no Atlântico e no Pacífico por meio do comércio de escravizados e da Companhia das Índias Orientais. Portanto, não é de surpreender que uma posição de supremacia também tenha sido procurada na teoria da arte, sendo a arte a nova religião. Em relação à pintura, dois livros do pintor e colecionador britânico Jonathan Richardson estão entre as primeiras publicações.

O primeiro, de 1715, foi intitulado *An essay on the theory of painting* (Ensaio sobre a teoria da pintura) e iniciou a diferenciação entre a pintura e as outras artes, nomeadamente as narrativas — a literatura e o teatro —, diferenciação essa que seria retomada por Gotthold Ephraim Lessing no seu seminal artigo *Laokoon ou sobre as fronteiras entre a pintura e a poesia*, de 1766.

Lessing insistiu pela primeira vez com veemência, ao contrário de outros autores de destaque do iluminismo, na especificidade de cada arte, principalmente nas diferenças entre escultura, pintura e escrita. Sendo que a arte é um sistema, essa abordagem ajudou em obscurecer essa complexidade, visível nas artes encontradas nos países de onde se fazia o tráfico desumano de escravizados. Para tal, Lessing usou o tempo como critério. Enquanto nas artes narrativas ocorreria uma leitura linear e sucessiva, na pintura e na escultura as obras poderiam ser observadas de forma sincrônica, isto é, simultânea. Flusser, como vimos, manteria essa diferenciação quase duzentos anos mais tarde.

Richardson fizera algo parecido, mas, ao contrário de Lessing, introduziu uma hierarquização ao defender que a pintura era superior à escrita. Movimento interessante, se lembrarmos as críticas à cultura da escrita formuladas por Flusser e Kopenawa. Para chegar a essa conclusão, o pintor inglês elevou a pintura primeiro ao status de linguagem, para declará-la depois uma linguagem mais elevada por meio dos seguintes argumentos: (1) a pintura tem maior capacidade de comunicar ideias do que as palavras; (2) ela comunica essas ideias de forma mais clara do que a linguagem; (3) pode ser compreendida por todos porque não depende de línguas maternas; (4) as ideias comunicadas são fixadas em nossa mente, ao contrário das palavras, que permanecem soltas; (5) em comparação com o teatro, são imagens fixas e não imagens em movimento; (6) ela melhora a natureza, apresentando ideias mais nobres de homens, animais, paisagens etc.; (7) imortaliza as pessoas; (8) não só mostra as coisas, senão as explica também; (9) ilustra e relata a história; (10) torna-nos capazes de desenvolver ideias que nos ajudam na leitura, no sentido de nos capacitar a criar imagens; e (11) ela eleva tanto as ideias como os sentimentos etc. O princípio hierarquizante europeu é claramente perceptível, embora seja um passo atrás na direção da importância das imagens e das artes visuais. No entanto, a pintura estava se tornando um elemento importante de status, retratando a nobreza e seus bens.

Em suma, a pintura surge como instrumento poderoso para comunicar e impor ideias sociopolíticas associadas à modernidade colonial-capitalista. Além do mais, nesse conjunto de afirmações sentimos resquícios aristotélicos e vasarianos, bem como constatamos uma estratégia que seria adotada por artistas e críticos, e por estudiosos quando querem colocar uma arte em evidência ou defender uma nova mídia: o inteligível dessa arte é posto em evidência. Sobretudo quando ela resulta do uso de aparelhos de reprodução, ou seja, quando a mão humana é relegada ao segundo plano. Foi assim com a fotografia, o cinema e as artes digitais: quem as usava para sua arte se sentia na obrigação de destacar suas capacidades inteligíveis, mas, devido à tecnologia envolvida, também ao sensível, para ultrapassar as onipresentes ressalvas platônicas com fins políticos contra a imagem. Lembro a necessidade de associar o cinema à literatura para nobilitá-lo, comentada no capítulo anterior.

O texto de Richardson mostra que Vasari deve ter caído no esquecimento, mas que o espírito de defender a arte, no caso específico somente a pintura em detrimento da escrita, manteve-se muito parecido. Pelo fato de Richardson ter escrito em um período em que só existiam poéticas para textos dramáticos e para o romance, não surpreende sua tática de igualar a pintura à escrita para depois declará-la superior. Como argumentei em outros momentos, a defesa e subsequente declaração da superioridade de qualquer arte, gênero, época ou estilo precisa ser compreendida como tentativa de legitimação e não como proeminência fatual, posto que os argumentos que servem para a defesa de uma arte muitas vezes podem ser utilizados também para outra. Como já observado na introdução, a distinção acaba fazendo tão pouco sentido no Ocidente quanto no contexto da arte não europeia, onde todas as expressões artísticas fazem parte de um todo cosmológico e não há hierarquização.

O segundo texto de Richardson, *An essay on the whole art of criticism* (Um ensaio sobre toda a arte da crítica), de 1719, ultrapassou a defesa da pintura ao desenvolver um discurso realmente crítico. Já trouxe a ideia de avaliação crítica no título e estabeleceu sete critérios. Propunha um sistema que se entendia científico e objetivo para avaliar uma boa pintura, além de mapear, por meio de análises de exemplos, o conhecimento acerca de pintores antigos e contemporâneos, lembrando o trabalho realizado por Huet para o romance. O autor sublinhou seus princípios de racionalidade e de análise dedutiva, que devem facultar ao *connoisseur* — como ele denominou o estudioso e colecionador da arte para quem escrevia — uma ferramenta imparcial. Alertou ainda que a apreciação das obras de grandes mestres como Van Dyck ou Michelangelo deveria sempre levar em consideração suas limitações, uma vez que também eles são falíveis, fato esse que pode ser detectado e diagnosticado por meio do método proposto.

Diferente da de Vasari, a proposta de Richardson operava contra a canonização cega de todas as obras de arte de pintores famosos e em prol de uma apreciação ponderada, obra por obra. Sugeriu que para chegar a um cômputo avaliativo imparcial, a classificação crítica somente deveria ser baseada na obra que estivesse sendo analisada, seguindo a aplicação de uma pontuação de 0 a 18 para os seguintes critérios: (1) composição; (2) coloração; (3) execução; (4) desenho; (5) invenção; (6) expressão; e (7) graça e grandeza; e, ainda, vantagem e prazer (Richardson, 1719, p. 27-30). Reproduzo a tabela elaborada por Richardson para o quadro *A Duquesa Dowager de Exeter*, de Jan van Dyck, de 1717, hoje perdido. Podemos verificar que o sistema contabilístico espelha bem o pensamento clássico e sua ideia de grelhas analíticas supostamente objetivas.

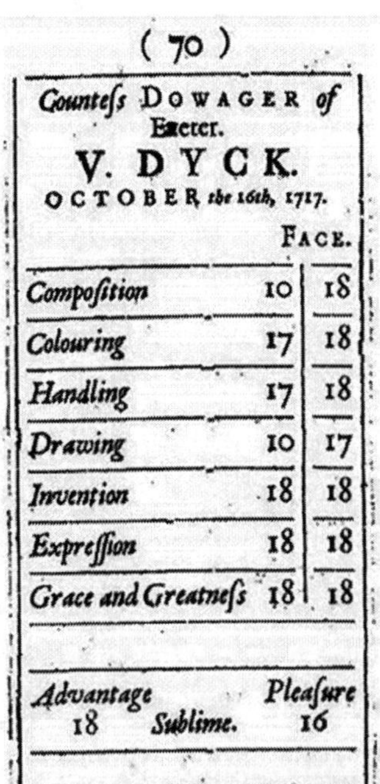
(70)

Countess DOWAGER *of* Exeter.

V. DYCK.

OCTOBER *the 16th*, 1717.

		FACE.
Composition	10	18
Colouring	17	18
Handling	17	18
Drawing	10	17
Invention	18	18
Expression	18	18
Grace and Greatness	18	18

Advantage 18 — *Sublime.* — *Pleasure* 16

Figura 77

Sistema de avaliação em *An essay on the whole art of criticism.*
(Fonte: Richardson, 1719, p. 70).

Enquanto Richardson procurou, como Lessing, distinguir a pintura das outras artes e elaborou um sistema supostamente infalível para sua apreciação qualitativa, seu contemporâneo francês Jean Baptiste Dubos, teólogo e historiador iluminista, abordou poesia e pintura em pé de igualdade em suas *Réflexions critiques sur la poésie et sur la peinture* (Reflexões críticas sobre a poesia e a pintura), escritas na mesma altura, em 1718. Devido ao tratamento igualitário, Jérôme Roger (2002, p. 26-27) elogia o texto como o primeiro tratado de estética não dogmático. Além disso, Dubos foi um percursor de Kant ao introduzir conceitos como "belo", "bem" e "agradável" na apreciação de obras de arte europeias.

Dubos apresentou poesia e pintura como ambas capazes de nos tocar e dar prazer. Enalteceu o gênio dos poetas e dos pintores, e destacou os artistas dos homens comuns. Seu livro está, na verdade, mais próximo do espírito que será conhecido como romântico, pois apostou nos sentimentos e na genialidade artística em vez de promover racionalidade ou regras, como os livros do colega britânico Richardson. Aliás, interessava-se em seu debate da comédia e da tragédia pela primeira vez de forma mais aprofundada por aspectos da representação dos atores, opondo-se à declamação artificial. Esse interesse terá influência em autores do mesmo século como Aaron Hill (1685-1750), Denis Diderot (1713-1784), Lessing, Schiller e Johann Wolfgang von Goethe (1749-1832), entre outros.

De fato, graças a esses autores a crítica alcançou um novo patamar, ocupando-se cada vez mais da função da arte no contexto europeu e abandonando a tarefa de proporcionar regras. De fato, eles contestavam-nas, propondo reformas. Essas reformas visavam atender à experiência estética da burguesia, que não estava mais sendo atendida pelos parâmetros encontrados na poética aristotélica ou nos comentários e interpretações dela. Urgia agora o estabelecimento de um teatro e de uma arte que contemplasse as mudanças sociais e o gosto burguês. Como vimos, a instrução moral e a liberdade tornaram-se conceitos caros à filosofia ocidental e, por via dela, à arte dramática e a toda a crítica literária do romantismo. O contexto colonial, que fazia todos enriquecerem e poderem pensar em sua emancipação, tanto da aristocracia como da religião, nunca foi contemplado.

No entanto, nessa época, por volta de 1830, os europeus começaram a se preocupar com a abolição da escravidão, fonte de sua riqueza. Não procuravam ser mais humanistas, senão estavam apenas preparando a colonização da África, pois a industrialização começou a ver o continente africano como um mercado (Rodney, 2022). Depois de séculos de opressão das tentativas dos reis e nobres africanos de resistir e se opor à escravidão (Lingna Nafafé, 2022), a Europa desenvolveu uma nova narrativa mestra: declarou-se protagonista da abolição, embora a resistência, também em termos legais, tenha sido iniciada pelos africanos e mantida por séculos. Os novos valores, a moralidade, a liberdade e a emancipação, foram usados para tal. Todavia, eles não passaram de um pretexto para dividir a África entre os países europeus um pouco mais tarde, na Conferência de Berlim, em 1884. A autoimagem da Europa, fortemente amparada em sua arte, a teoria e história dela, lhe deu a justificativa de subordinar e explorar novamente, no signo da civilização superior.

As narrativas mestras sobre arte serviram fortemente para sustentar a superioridade da "civilização" ocidental, embora também fossem ainda uma defesa de seu poder. O interesse na arte pelos governantes se desdobrava, desde Platão, em seu poder ideológico. Assim, a crítica e os artistas que dela se ocupavam perderam terreno logo em seguida para a estética, que, como mostrei, emergiu como subdisciplina para tratar das artes até Kant se interessar somente por seu potencial inteligível e Hegel defender seu estudo historicizante. Isso levou, como referido, ao estabelecimento institucional da arte como domínio acadêmico a partir do século 19, momento em que a crítica realizada pelos artistas sucumbiu quase por completo ao pensamento historicizante, separando as artes de acordo com suas supostas especificidades: literatura, belas-artes, música etc.

Os escritores e artistas exerceram ainda seu papel de críticos, mas agora em concorrência com os filósofos e, sobretudo, os especialistas universitários, cujos estudos científicos serão o tema do próximo capítulo. No entanto, esse quadro não ficou estável por muito tempo. A arte, o sensível, estava agora sob seu controle historicizante. A antropologia e a etnografia introduziram simultaneamente conceitos e estudos que subjugaram a arte não europeia ou hegemônica.

Cabe mencionar muito brevemente o surgimento de um novo papel dentro do sistema da arte, que agregou diversas funções, entre elas a crítica, nomeadamente o curador. O artista e intelectual nigeriano-americano Olu Oguibe (2004) aponta alguns dos problemas e potenciais dessa figura polêmica, que surge na segunda metade do século 20 como agente cultural influente e com grande impacto no mercado das artes, participando de forma decisiva no existente sistema moderno colonial-capitalista. O autor diferencia entre diversos tipos, como o curador burocrata, o curador *connaisseur* e o curador corretor cultural. Nenhum deles é muito prestigiado, pois suas lealdades não dizem respeito ao público, senão a interesses monetários e pessoais:

> Como autoridade e funcionário institucional, o curador burocrata é fiel a dois fatores principais: primeiro, à instituição empregadora; segundo, à arte, a qual define a área de especialidade e devoção. Alguns argumentariam que existe um terceiro fator de lealdade: nomeadamente, o público. Mas isso é discutível, já que o interesse institucional abrange e ofusca essa preocupação, pois vê o público composto por patronos ou clientes e, portanto, assume a responsabilidade por sua definição nos termos corporativos apropriados. [...] O curador *connaisseur* monta um conjunto de obras conforme seus interesses e dedica-se obstinadamente a trazer-lhe visibilidade e publicidade a qualquer custo. Nesse caso, a fidelidade do curador é bem definida e situa-se quase inteiramente na obra e em si próprio; o apoio dirigido do curador ao trabalho e aos artistas é inextricavelmente ligado a sua própria necessidade de projetar um sentido de bom gosto e manifestar esclarecimento. [...] Como o curador *connaisseur*, o curador corretor cultural emprega seus conhecimentos, autoridade e contatos direcionando-os à arte e aos artistas, que podem não ter acesso imediato aos patronos ou ao público, de modo a fixar-se no papel de agenciador cultural intermediário. [...] O curador corretor cultural, portanto, tem o instinto do galerista, a mobilidade e flexibilidade do empresário e a ousadia do agente publicitário corporativo; sua compreensão das idiossincrasias do gosto e das frivolidades do patrocínio não apenas ajuda a divinizar aquelas idiossincrasias e frivolidades, mas também a torná-las vantajosas (Oguibe, 2004).

Figura ambígua e muitas vezes poderosa, o curador é capaz de criar novos mercados em conjunto com colecionadores, mas pode também ser responsável pela criação de circuitos alternativos e oferecer visibilidade a nichos e minorias, como, por exemplo, à arte descolonial, isto é, aos artistas afrodiaspóricos e indígenas de todo o mundo.

BREVE CONCLUSÃO

Para concluir as reflexões sobre o que é crítica, gostaria de resumir as seguintes respostas:

1. Se no Ocidente a filosofia iniciou a reflexão sobre a arte para definir sua natureza e seu papel dentro da sociedade na antiguidade grega (Platão e Aristóteles), e a história foi mobilizada para sua análise a partir do século 19, a crítica procurou, sobretudo a partir do renascimento, critérios em termos mais práticos, tanto para fazer prescrições (Policleto e Alberti) como para avaliar a arte em relação à sua atualidade (dramaturgos) ou, ainda, para discuti-la em relação às obras e épocas com as quais se identificava ou das quais se queria diferenciar (Richardson, Lessing e Dubos).
2. Um critério importante introduzido na Grécia e na Roma antigas é a imitação da natureza (Policleto, Plínio, o Velho, Cícero, Quintiliano e Horácio). Sua discussão nas artes visuais continua no renascimento (Vasari) e, na dramaturgia, é levada até o século 17 por meio da discussão da poética aristotélica (Robortello, Cícero, Cícero, Quintiliano e Horácio). No teatro, a discussão continua no século 17 através do exame da poética aristotélica (Robortello, Giraldi, Castelvetro, Piccolomini, Riccoboni Minturno, Scaliger, Trissino, Ariosto, Puttenham, Sidney, Vossius, Ogier, Chapelain, Mareschal Mairet, Corneille, Mesnardière e Abade de Aubignac). Na escultura, na arquitetura e na pintura, o antropocentrismo e a matematização estão intimamente ligados à ideia de imitar a natureza e podem ser interpretados, em sua elaboração teórica, como uma guinada em direção a este mundo. Entretanto, isso depende das obras, que continuam a se comunicar com o invisível. A matematização sempre possui também uma relação com o espiritual. A perspectiva faz parte desse debate e é um elemento importante na compreensão teleológica da história da arte, bem como na busca pela virtualização.
3. As prescrições resultantes, sobretudo em relação ao texto dramático, foram resultado da primeira poética (Aristóteles) e sua leitura pela tradição retórica romana, tradição essa que somente começa a mudar com

o pensamento clássico. Tentativas anteriores por parte de artistas foram chamadas de tratados (Policleto, Vitrúvio, Dürer, Alberti etc.), enquanto as primeiras narrativas acerca dos artistas (Plínio, o Velho; Vasari), embora apresentem elementos teorizantes e historicizantes, são sobretudo biografias anedóticas. Mesmo assim, todas elas tiveram uma grande influência nas ideias acerca do status do artista e da arte na sociedade, bem como na definição e prática das artes.

4. No contexto da arquitetura, pintura e escultura, os tratados ocidentais buscavam estabelecer métodos. Policleto usou o phalanx digital para criar corpos perfeitos; Vitrúvio a dimensão do corpo humano para edifícios simétricos adaptados a ele; e Alberti a pirâmide ocular para compreender a transição do espaço tridimensional para o bidimensional por meio da matematização. Entretanto, essa virtualização foi ciclicamente substituída por um retorno ou maior interesse na visão humana — percepção psicológica e uso da mão — que novamente relegou o uso de dispositivos tecnológicos a segundo plano. Embora possa parecer que tanto a matemática quanto a imitação da natureza trabalhem em direção ao antropocentrismo, isso novamente depende das obras. Ambas são, em última análise, abstrações que também podem comunicar a relação do ser humano tanto com o mundo visível quanto com o invisível como ocorre em cosmopercepções não hegemônicas. Entretanto, o discurso sobre elas na história da arte sugere a centralidade do ser humano e sua capacidade de virtualização.
5. A crítica ocidental procurou muitas vezes diferenciar (literatura e escultura por Lessing) ou hierarquizar (imitação da natureza em Plínio e Vasari), para estabelecer qual arte, gênero, estilo, mídia, nação, época etc. deveriam ser vistos como melhores ou mais adequados ou apropriados (tragédia por Aristóteles, pintura por Richardson etc.). A razão era sempre defender uma arte ou mídia ainda não estabelecida ou discutida através de uma poética própria (romance no século 17, pintura no século 18, fotografia, cinema e videoarte no século 20). Outro motivo é a luta pela supremacia nacional, que corresponde à competição política pelo domínio colonial quando se trata da primazia de uma nação.

6. A crítica, seja em forma de tratado, seja como texto para o grande público, sempre abrangeu também história e teoria, pois para desenvolver seus juízos e suas reflexões precisava estabelecer um contexto moral, filosófico, estético ou nacional. Isso pode ser mal utilizado para fins ideológicos (colonialismo) e monetários (curadoria).
7. No século 19, os críticos perderam seu lugar para os cientistas e historiadores. No século 20 surge a figura do curador, cujo papel inclui o da crítica. É visto com bastante ambiguidade dentro de um terreno complexo, fortemente marcado pela presença e os interesses do mercado da arte.
8. Em culturas orais não europeias ou hegemônicas, a crítica não faz sentido. É uma especificidade das culturas da escrita, e pode ser encontrado na Índia e na China, entre outros. Nas cosmologias que passam seus saberes e conhecimentos de forma oral, a ideia de diretrizes ou hierarquização da arte é desnecessária e, em última análise, absurda, pois sua produção é transmitida de geração em geração e não se trata de uma avaliação de aspectos formais e estéticas, de bom ou ruim, melhor ou pior. Além disso, as noções de imitação da natureza, perspectiva, matematização e especificidade são irrelevantes porque não há antropocentrismo. Portanto, os padrões abstratos não seguem nenhuma regra, mas se referem a outras dimensões do ser e à conexão entre este mundo e o além. Apesar da matematização no Ocidente também não ser necessariamente associada ao antropocentrismo, sobretudo em momentos históricos de transição entre pluriteísmo e filosofia racionalizante e/ou devido a dimensão tanto inteligível como sensível da arte de modo geral.

CAPÍTULO 7

COMO A ARTE É ESTUDADA COMO CIÊNCIA?

Nos capítulos anteriores abordei a relação entre as artes e as áreas mais antigas do conhecimento ocidental, nomeadamente a filosofia, a teologia e a história. Estudamos o debate acerca da relação entre sensível e inteligível, por meio do qual filosofia e teologia tentaram compreender e controlar a arte. Vimos que nos estudos historicizantes das artes foram usados modelos historiográficos teleológicos e/ou positivistas, que resultaram em narrativas mestras ou ficções, refletindo esses modelos. A própria arte muitas vezes rompe esses modelos ou mostra os ciclos de poder. Apresentei a investigação de Foucault sobre o modo de pensamento analítico-historicizante, que ignorou o colonialismo como força motriz e o entendeu como a libertação da humanidade do medo do fim da história, especialmente do juízo final cristão. Por fim, apresentei a crítica como um meio de hierarquizar a arte ocidental, que impulsionou ideias como a imitação da natureza, o antropocentrismo e a matematização, possibilitando a subalternização de cosmopercepções não europeias ou hegemônicas por meio de ideias como a sua primitividade na antropologia e na etnologia.

Neste capítulo, argumento que o estudo científico da arte — quando a história da arte foi estabelecida como disciplina acadêmica — não só passou primeiro pela historicidade, mas que a crescente tentativa de tornar o estudo das artes uma ciência não deve ser interpretada como uma evolução com um plano claro ou linear, ou seja, como ficção teleológica. De fato, podemos perceber que o primeiro paradigma estabelecido pela disciplina — a relação época-estilo — nunca foi verdadeiramente substituído, apesar da tentativa de torná-lo mais complexo até chegarmos à declaração do fim da disciplina — factualmente o fim do paradigma — por Hans Belting em 1984.

Para tal, introduzo primeiro o conceito "paradigma", desenvolvido por Thomas Kuhn (2006), em 1962, um estudioso americano da história das ciências, bem como o conceito "indisciplinaridade", do filósofo francês já mencionado Jacques Rancière (2006). A seguir, apresento as diversas abordagens metodológicas ao longo da existência do estudo científico das artes — o já mencionado paradigma época-estilo introduzido por Johann Joachim Winckelmann (1717-1768), a análise formal comparativa de Heinrich Wölfflin (1964-1945), o conceito "autor" discutido por Foucault e Roland Barthes (1915-1980), a iconografia e a iconologia na leitura de Erwin Panofsky (1892-1968), a ciência cultural de Aby Warburg (1866-1929), e a ideia de uma "virada icônica" ou "virada pictórica" de W. T. J. Mitchell e Gottfried Boehm.

DA CIÊNCIA: PARADIGMA E INDISCIPLINARIDADE

O conceito "paradigma", na definição de Thomas Kuhn (2006, p. 19), provém do questionamento das histórias convencionais sobre a ciência, que costumam ser resumidas em livros didáticos, apresentando de forma cronológica o que cientistas faziam, e quando, enumerando fatos, teorias e métodos. Esses livros contam a ciência como se existisse uma evolução progressiva do conhecimento, capaz de resolver sucessivamente os problemas detectados. Visando combater essa forma de pensar a ciência, Kuhn elaborou um ponto de vista bem diverso. Ele parte da tese de que, para substituir a solução de um problema científico por outra, seria necessário primeiro uma crise que implicasse a percepção da limitação da solução anterior. Essa crise seria seguida por uma revolução, porque as mudanças na solução do problema fariam que o mundo fosse visto de outro modo.

Qualquer investigação teria início com um enigma que estimula a ciência a desvendá-lo. O exemplo clássico de uma revolução científica dessa envergadura seria a passagem do modelo geocêntrico do universo para o modelo heliocêntrico. No caso da posição da Terra em relação ao Sistema Solar, desde Aristóteles havia dúvidas quanto à concepção de que todos os astros orbitassem o nosso planeta. Em 1543, Nicolau Copérnico voltou para o enigma com uma solução nova e revolucionou a astronomia e a maneira ocidental de ver o mundo, defendendo a teoria de que todos os planetas giravam ao redor do Sol (Kuhn, 2006, p. 153-154). A solução encontrada — o modelo heliocêntrico — foi depois reconhecida pela comunidade científica e tornou-se paradigma.

Deve-se observar que em desenhos e esculturas paleolíticas (Galdino, 2011), mas também em todos os milênios posteriores, este conhecimento astronômico já era registrado e comunicado. Se o modelo heliocêntrico foi uma revolução para o conhecimento ocidental, não o foi para a maioria dos povos considerados indígenas. Também devemos nos lembrar das estátuas, dos desenhos, das linhas, dos observatórios, das pirâmides etc., em Nazca, Paracas, Ollantaytambo, Machu Picchu, Cuzco, Sacsayhuaman e Paratoari no atual Peru, na Terra Dogon em Mali, em Tassili n'Ajjer na Argélia, em Siwa e Gizé no Egito, em Petra na Jordânia, em Ur no Iraque, em Persépolis no Irã, em Mohenjo Daro no Paquistão, em Khajuahro na Índia, em Pyay na Birmânia, em Sukhothai na Tailândia, em Angkor Wat no Camboja, e assim por diante. Sua construção e disposição são marcadas pelo complexo conhecimento do movimento dos corpos celestes, embora hoje não saibamos mais o que exatamente significavam. Além disso, todos eles estão localizados em duas linhas que abrangem nosso globo, o que indica uma conexão que poderia ser melhor explicada pela astronomia ou pela relação com o mundo invisível (Grimault, 2018).

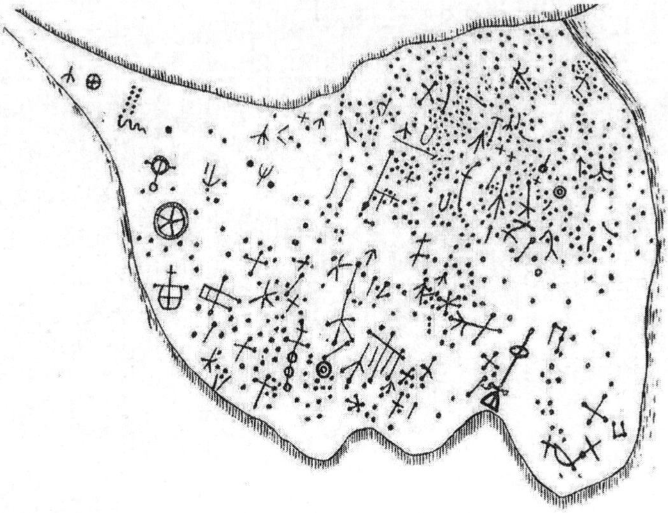

Figura 78

Carta de uma parte do céu, anônimo, s.d. Petroglífos. Pedra Lavrada, Paraíba, Brasil. (Fonte: Galdino, 2011, p. 12).

As assim chamadas sociedades indígenas atuais das Américas, África, Ásia e Oceania se baseiam em antigos saberes e conhecimentos astronômicos que fornecem informações importantes sobre as estações do ano e, assim, sobre caça, pesca, agricultura e para cultos relacionados. O conhecimento é transmitido oralmente, adquirido e acumulado por meio de sonhos, ingestão de plantas medicinais e observação da natureza. Assim, não se pensa em uma mudança revolucionária da visão de mundo. O respeito pelos ancestrais, que são os transmissores do conhecimento ou dos saberes, é de grande importância. Conhecimentos científicos ocidentais sobre o ciclo da natureza, as plantas e o mundo animal, mas também a astronomia e a matemática, existem, de fato, já há milhares de anos. Pinturas rupestres e gráficos foram importantes transmissores desses saberes e conhecimentos (Galdino, 2011). Contudo, muitos desses registros foram destruídos pela erosão ou pelos conquistadores europeus.

Como esse conhecimento não é acessível ou decifrável para o Ocidente, a Europa reivindica descobertas científicas para si mesma, embora a maioria das quais não sejam. A visão de mundo heliocêntrica seria um exemplo. Outro é a suposta descoberta do continente americano, que foi visitado por africanos, árabes, chineses, indianos, japoneses, fenícios e vikings (Riley *et al.*, 1976) muito antes de Cristóvão Colombo, mas não foi colonizado no sentido moderno e muito menos subjugado.

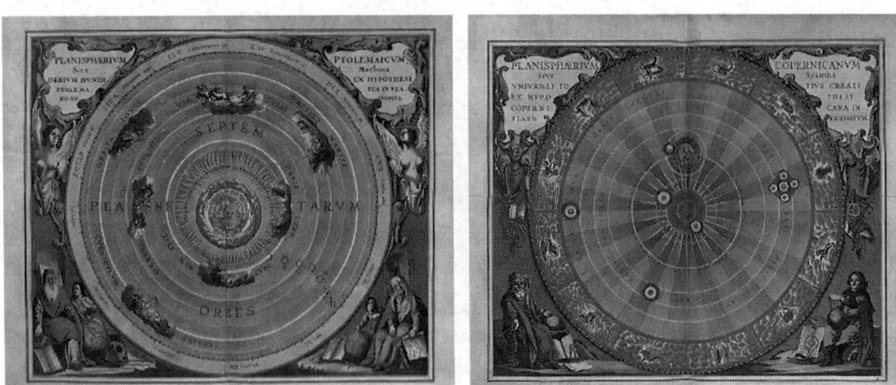

Figura 79

Modelo geocêntrico e modelo heliocêntrico em *Harmonia macrocosmica*, Andreas Cellarius, 1660. Gravuras em livro.

(Fonte: Wikimedia Commons).

Voltando à suposta revolução científica ocidental do heliocentrismo para superar o geocentrismo. No atlas *Harmonia macrocosmica*, de Andreas Cellarius, publicado em 1660, os dois modelos são comparados.

É com base nesse e em muitos outros exemplos de teorias de cientistas importantes, como Isaac Newton (1643-1727), Charles Darwin (1809-1882) e Albert Einstein (1879-1955), que Kuhn ilustra o procedimento investigativo científico e a mudança de paradigma nele. Explica ainda que, quando as revoluções são finalmente aceitas, elas acabam se tornando os novos paradigmas da "ciência normal", que está "baseada em uma ou mais realizações científicas passadas" (Kuhn, 2006, p. 29). Isso leva a um novo problema: que os paradigmas mais recentes constem depois nos manuais científicos como soluções definitivas. Por isso, as soluções da ciência não deveriam ser nunca vistas como estáveis, porque precisariam mudar conforme surgem novas crises e revoluções.

Kuhn (2006, p. 68) alerta que o novo paradigma, após ter sido reconhecido pela sociedade de especialistas, seria defendido por ela até outra crise e outra revolução. Muitas vezes isso demoraria a acontecer, porque a sociedade de cientistas seria pouco inclinada a renunciar ao paradigma encontrado. Revoluções não são aceitas de bom grado, e o autor argumenta que quanto mais sofisticada for a sociedade científica, mais ela resistirá a um novo paradigma, visto que esse fará colapsar a visão de mundo conquistada a muito custo. Ou seja, paradoxalmente, as sociedades científicas seriam conservadoras e resistentes a novas soluções do mesmo problema.

Um exemplo interessante é o suposto berço das civilizações estar localizado na Grécia, embora o Egito e sua cosmopercepção tenham fornecido a matriz para tudo o que se seguiu (Jackson, 1974; Diop, 1974). Se os livros acadêmicos subitamente substituíssem a Grécia pelo Egito como berço da humanidade, estaríamos dando um passo significativo no caminho da descolonização. Entretanto, como isso significaria mudanças profundas na autoimagem europeia e em sua suposta superioridade, não é muito provável.

Kuhn sugere que a dinâmica de solucionar enigmas não ocorre de forma progressiva ou com um fim declarado. Não haveria nenhuma teleologia envolvida, porque qualquer solução de um problema científico seria sempre temporária e provisória. É lógico, pois como não existe resposta ao enigma, também é impossível definir um ponto final.

Curiosamente, Kuhn utiliza o famosíssimo exemplo da luta pela sobrevivência das espécies de Charles Darwin para explanar a falta de um alvo predeterminado na ciência. Defendendo que o cientista inglês não só revolucionou a teoria da evolução, mas também o pensamento positivista sobre a ciência, Kuhn demonstra, por outro lado, que o paradigma desenvolvido por Darwin acerca da evolução das espécies já existia em autores como Jean-Baptiste Lamarck (1744-1829), Robert Chambers (1802-1871) e Herbert Spencer (1820-1903), e que a revolução darwiniana, de fato, consistiu na abolição da ideia de existência de uma evolução teleológica propriamente dita. Em consequência, em seu livro *A origem das espécies*, de 1859, Darwin efetivamente não teria reconhecido nenhum objetivo posto de antemão para a evolução, seja por Deus, seja pela natureza. Em vez disso,

> [...] a seleção natural, operando em um meio ambiente dado e com os organismos reais disponíveis, era a única responsável pelo surgimento gradual, mas regular, de organismos mais elaborados, mais articulados e muito mais especializados (Kuhn, 2006, p. 216-217).

Enquanto se sabia que havia um desenvolvimento, o novo paradigma eliminou a ideia de um objetivo ou um plano predeterminado para ele. Essa sugestão, de que a complexidade das espécies derivava da luta na natureza, acompanhada de fome e de morte, causou um choque profundo e reações fortes, tanto na sociedade como um todo como no meio científico, mas, sobretudo, na igreja cristã, que viu sua maneira de ver o mundo despedaçada.

Para melhor entendermos a dimensão revolucionária de um novo paradigma, como o da teoria evolucionista darwiniana, bem como as subsequentes resistências a ele, vale a pena trazer ainda o conceito "indisciplinaridade", de Rancière (2006). Ele revela um outro aspecto da ciência, mencionado também por Kuhn (2006), quando ele diz que a sociedade de especialistas não gosta de ser confrontada com revoluções científicas. Trata-se da importante observação de que as disciplinas se fecham entre elas para proteger seus paradigmas.

Para tornar isso bem evidente, Rancière reflete sobre o ponto de partida das pesquisas — a escolha do objeto —, que garantiria uma posição de poder à comunidade científica ao estabelecer um conhecimento supostamente estável.

Em vez dos métodos, seria a constituição, isto é, a escolha dos objetos, que determinaria o conhecimento. Por meio dessa escolha, Rancière (2006, p. 6) sugere que se estabeleceria "uma certa ideia da relação entre conhecimento e a distribuição de posições".

Em outras palavras, foi a escolha de Vasari da arte italiana como objeto — e não sua apresentação biográfica e cronológica — que garantiu por séculos a primazia dos artistas renascentistas na história eurocêntrica da arte fundada por ele. Isso também se aplica à escolha de Aristóteles da tragédia grega. Os dois casos indicam por que ainda não temos uma história da arte descolonial. Porque ela questionaria as relações de poder epistemológicas e geopolíticas que ainda estão em vigor nos tempos "pós-coloniais". Em uma história da arte descolonial, retiraríamos a arte europeia do centro como objeto de pesquisa e acrescentaríamos, em pé de igualdade, as artes africana, asiática, oceânica e indígena americana e suas cosmologias. O entendimento europeu de si mesmo e de sua superioridade estaria em perigo e sua hegemonia ameaçada por meio da escolha de outros objetos.

Até agora apresentei sobretudo críticas acerca da escrita sobre as artes, devido ao vão entre o visível e o dizível no Ocidente, e como resultado do afastamento entre seus códigos lineares e o mundo — problema formulado por filósofos desde Nietzsche até Flusser e Sloterdijk, ou por artistas modernos como Magritte e Kosuth. A crítica ao fazer científico de Rancière é, se comparada a esses autores, mas também a Kuhn, mais política, pois aponta que os representantes das disciplinas do conhecimento procuram segurar o seu terreno ao neutralizar tudo o que foge do consenso das sociedades científicas. Ou seja, enquanto Kuhn queria entender as revoluções científicas, Rancière se interessa pelo impedimento político de conhecimentos não hegemônicos nas disciplinas. Todavia, ambos são convictos do conservadorismo do mundo acadêmico.

Não por acaso, Rancière (2005) usa a metáfora da guerra para descrever a reação dos cientistas quando se deparam com uma ameaça à visão de mundo deles. Revela, assim, a tendência entre eles de combater o que colocaria em risco a distribuição dos papéis e a ocupação de lugares de destaque em uma sociedade. Essa distribuição é denominada "partilha do sensível", porque "dá forma à comunidade" por meio da "participação em um conjunto comum e, inversamente, à separação" (Rancière, 2005, p. 7). Em outras palavras, a partilha permite ou não aos membros de uma comunidade o acesso a espaços de poder.

Lembrando as atribuições limitadas previstas para os artesãos ou *technites* em *A república*, de Platão, Rancière efetivamente define como estética essa distribuição de fundo político. A partilha ocorreria de forma espaço-temporal ao determinar as "[...] maneiras de fazer, formas de visibilidade dessas maneiras de fazer e modos de pensabilidade de suas relações, implicando uma determinada ideia da efetividade do pensamento" (Rancière, 2005, p. 13). Participar em uma comunidade por meio de um fazer e de um pensar seria, consequentemente, um ato estético, porque criaria visibilidade tanto do fazer como da pessoa envolvida. Logo, não há divisão entre o fazer artístico e a vida, bem no sentido das práticas indígenas em todos os continentes, e de alguns movimentos de vanguarda, nomeadamente do Dada e do Fluxus no século 20, entre outros.

No que diz respeito à atividade científica, Rancière alerta que o maior objetivo das ciências humanas e sociais versa sobre a institucionalização de relações estáveis através de fronteiras que regulam o dissenso contra novos paradigmas. Ou seja, elas procurariam impedir o surgimento de revoluções que pudessem afetar a distribuição estabelecida do sensível. Para quebrar a distribuição existente e possibilitar o surgimento de um novo paradigma, seria preciso analisar as fronteiras demarcadas, pois elas seriam responsáveis por ocultar que os métodos utilizados são nada mais, nada menos do que ficções — conceito que já utilizei em relação às histórias das artes. Vale ressaltar que as ficções seguem sua própria agenda, sobretudo no contexto colonial-capitalista moderno.

A indisciplinaridade seria uma maneira de pensamento — no caso da arte poderíamos dizer que é um conjunto sensível-inteligível — capaz de revelar essas fronteiras erguidas pelas disciplinas no intuito de defender paradigmas antigos, bem como a função delas como instrumentos de guerra. Sendo assim, a indisciplinaridade articularia a ideia de que qualquer método, em vez de examinar um território — ou seja, de investigar um problema que se coloca como enigma —, procuraria defini-lo por meio de histórias contadas sobre ele. Para não cair no mecanismo de criar apenas novas ficções, qualquer área de conhecimento precisa dirigir sua atenção às fabulações de suas e das outras disciplinas — denominados métodos — para garantir sua própria indisciplinaridade. Isso permitiria o surgimento de um novo paradigma capaz de alterar o atual modo de ver o mundo:

> O pensamento disciplinar diz: nós temos nosso território, nossos objetos e métodos correspondentes. Assim falam a sociologia, a história, as ciências políticas ou a teoria literária. Assim também fala a filosofia, em sentido geral, quando posa como disciplina. Mas no momento em que quer fundar-se como disciplina das disciplinas, ela produz esta inversão: a fundação da fundação é uma história. E a filosofia diz para os conhecimentos que estão seguros de seus métodos: métodos são fábulas recontadas. Isto não significa que sejam inválidos. Significa que eles são armas em uma guerra; não são instrumentos que ajudam a examinar um território, senão armas que servem para estabelecer fronteiras (Rancière, 2006, p. 11).

Apesar de seu senso crítico, Rancière novamente glorifica a filosofia e sua inteligibilidade. Mas, diferentemente de Deleuze e Guattari, que definiram a arte como um pensamento com afetos e conceitos, Rancière não faz distinção entre as diferentes disciplinas do conhecimento. É a construção de histórias que as distingue umas das outras:

> Não existe fronteira garantida que separe o território da sociologia do da filosofia, ou da história da literatura. [...] Só a linguagem das histórias consegue traçar uma fronteira, separando a contradição da ausência de uma última razão das razões das disciplinas (Rancière, 2006, p. 11).

A caverna dos sonhos esquecidos é um exemplo que se nega a utilizar um único método ou a construir uma única ficção acerca da caverna paleolítica. Para atuar de forma indisciplinar, colhe por meio de entrevistas uma gama de ficções, acrescentando ainda a própria por meio de voz *over*. Podemos concluir disso que o filme gera uma partilha do sensível paralela ao conhecimento desenvolvido pelos especialistas convidados, que se baseiam, curiosamente, no paradigma da "grande arte" e nos conceitos "beleza" e "originalidade" para defender a importância dos desenhos encontrados. A ficcionalidade, assumida no filme, é o elo comum entre todas as formas de expressão humana — política, arte, ciências humanas e sociais —, apontadas por Rancière como definidoras da nossa percepção do mundo.

A instabilidade dos paradigmas científicos, referida por Kuhn, fica ainda mais evidente quando é considerada sob esse prisma. A mudança de um paradigma — conceito que engloba não somente a metodologia (ficções para Rancière), mas também teorias e valores — significa dentro do problema científico estudado a substituição de uma partilha do sensível por outra. Desvendar as ficções nas quais o paradigma e a subsequente partilha se baseiam, seria, no entanto, possível por meio de revoluções (Kuhn) ou indisciplinaridade (Rancière). No caso das disciplinas que lidam com as artes, a investigação crítica das ficções existentes, conforme empreendida por Didi-Huberman, Belting e Danto, não vai longe o suficiente. Uma ciência descolonial da arte seria necessária para provocar uma revolução de fato.

Resumo rapidamente o que expus até agora, pois servirá como base para a minha discussão dos estudos científicos das artes que segue. Podemos dizer que o processo científico se dá da seguinte forma: a ciência identifica — de acordo com Kuhn — primeiro um enigma; Rancière diria que ela escolhe um objeto. A crise gerada pela limitação das respostas disponíveis até esse momento faz que seja redobrado o estudo do enigma/objeto por meio do desenvolvimento de teorias e métodos que partem de certos valores. Dessa crise resulta um novo paradigma revolucionário como solução que, seguindo Rancière, nada mais é do que uma nova ficção que permite, mesmo assim, potencialmente, uma nova partilha do sensível.

Nos estudos das artes, uma pesquisa descolonial seria um novo valor. Ela representaria e valorizaria a produção artística daqueles que foram oprimidos ou silenciados e excluídos das ficções eurocêntricas da arte. Isso levaria a novas teorias de acordo com suas próprias epistemologias, de acordo com os objetos estudados dentro das cosmologias e desafiando as teorias ocidentais convencionais. Por meio de uma nova metodologia, chegaríamos a uma nova compreensão da arte não europeia ou hegemônica, aboliríamos a canonização hierárquica e, em vez de ficções por meio da historicização, chegaríamos a uma compreensão mais profunda da arte como resultado de cosmopercepções. Entretanto, a análise formal e iconográfica, bem como a virada icónica, que estudamos neste capítulo seriam inúteis como metodologia.

Com base nos conceitos apresentados, gostaria de resumir rapidamente os capítulos anteriores e, portanto, recapitular as ficções ocidentais sobre arte na filosofia, na teologia e na crítica. Deve-se observar que a arte como um enigma não existe em culturas não europeias ou hegemônicas. Todos conhecem, por via da oralidade, a sua função para o mundo visível e invisível e sua simbologia. A ideia do enigma surgiu na filosofia ocidental na época da helenização e levou ao estudo de sua função na sociedade e de sua relação com a realidade e a verdade. Seu valor, percebido como muito limitado — de fato, por causa da noção de seu grande poder —, é visto em sua capacidade de alcançar o inteligível por meio do sensível. Isso serviu a autores, de Platão a Deleuze e Guattari, como critério de avaliação e deu à filosofia uma posição superior e mediadora. Na verdade, a filosofia, por si só, sempre tentou minar a importância da arte, sobretudo sua capacidade de mediação com o invisível (racionalizado como ideias, moral ou espírito).

Essa primeira ficção levou a duas conclusões, que deram origem a outras ficções que se cristalizaram em paradigmas sem necessariamente serem apoiadas pelo estudo da arte (com exceção de Aristóteles e Deleuze): a arte ou é uma ameaça ou é útil para a sociedade. A partir disso, outras conclusões foram tiradas em relação ao seu necessário controle ou sua proibição. Dependendo da perspectiva, diferentes teorias afirmam que a arte leva às ideias (Platão), que as ideias descem à arte (Vasari), que a arte cura as emoções (Aristóteles), que a arte leva à experiência do pensamento moral (Kant), ou que a arte ajuda em lidar com as ansiedades da vida (Freud e Nietzsche) ou controla as possíveis ameaças do mundo exterior (Kittler e Krämer).

As teologias monoteístas ou confrontaram o enigma da arte com restrições e proibições, que poderiam ser contornadas por uma suposta intervenção divina, ou a usaram para seus próprios fins, como a catequese. Aqui, também, trata-se de uma luta pela supremacia. Como as teologias não estudam arte, elas não têm ficções a oferecer. Em vez disso, elas elaboraram algumas teorias, a maioria baseada no valor de que o divino não deve tomar forma na arte de maneira figurativa. Curiosamente, a função real da arte de fazer contato com o invisível é reduzida pelos monoteísmos que substituíram a ideia de espiritualidade pela da religião, a necessidade de um *re-ligare* de uma conexão perdida. Para tornar possível a representação figurativa no cristianismo do único deus e de seu filho, foram desenvolvidas ficções sobre sua suposta origem divina. No islã e no judaísmo, a arte abstrata foi promovida e a figurativa é vista como idolatria.

A consciência do poder da arte, expressa na iconoclastia, sobrevive até hoje, especialmente nas mídias de massa e na forma como participamos das redes sociais. O desejo de destruir imagens, que levou à censura em contextos coloniais, e não só, deriva da convicção de que, ao apagar a arte, certas formas de pensar e viver também podem ser destruídas. O problema da partilha do sensível não poderia ser mais claramente demonstrado do que na iconoclastia ou na opressão ou destruição da arte não europeia, sendo este culturcídio acompanhado por genocídio.

A crítica participou ativamente nessas disputas, manifestando-se contra ou a favor do poder da imagem. Em épocas bem diversas, Plínio, o Velho, e Vasari usaram o mesmo método — a biografia —, o mesmo valor — a capacidade de imitar a natureza — e a mesma teoria — a excepcionalidade do artista — como base de suas ficções acerca do artista, cuja suposta genialidade devia lhes garantir um status especial dentro da comunidade. Sendo eles também artistas, participaram da mudança da partilha do sensível no tangente ao seu próprio papel, contradizendo a postulação de Platão de que nenhum *technites* — artesão ou criador artístico — pudesse participar de questões sociopolíticas. Com o pensamento historicizante e o surgimento de cursos acadêmicos que estudam as artes, essa nova partilha foi novamente redefinida a favor de quem escreve sobre arte e em detrimento de quem a faz, dando privilégio à arte europeia e lidando de forma ambígua e dentro de sua perspectiva eurocêntrica com a arte não hegemônica.

Apresento agora o principal paradigma — época-estilo — trabalhado por essas disciplinas, bem como suas diferentes metodologias supostamente científicas. Argumento que não passam de ficções a serviço da ideologia moderno colonial-capitalista. Pelo fato de se tratar sempre do mesmo enigma, embora estudado com diferentes métodos conforme seus diversos dispositivos — texto, objeto tridimensional, imagem bidimensional —, o paradigma nunca mudou. Modificou-se o recorte, ou seja, a escolha dos objetos de estudo, dependendo do lugar — objetos europeus, americanos, africanos, indígenas, orientais — ou da tecnologia (materiais naturais e minerais, tela, película, formato analógico ou digital). Houve também alterações nas metodologias científicas — biografia, análise formal ou iconográfica e iconológica, do contexto geográfico, social etc. Também o valor sofreu alterações — imitação da natureza, perspectiva, questão de gênero, questão racial, alteridade etc. Em vez de falar sobre o gênio dos artistas, agora discute-se a morte do autor; em vez de serem vistos como passivos, agora os espectadores são considerados emancipados. Mais recentemente, o Ocidente tem pensado sobre a possível dissolução do eu em um todo desindividualizado. Após esse resumo, adoto agora uma atitude indisciplinar na apresentação dos vários objetos, valores, teorias e métodos das disciplinas das artes, ou seja, presto atenção nas ficções existentes para torná-las reconhecíveis.

DO PARADIGMA ÚNICO DA HISTÓRIA DA ARTE

Ao contrário das ciências exatas, em que um novo paradigma costuma ser mesmo revolucionário, as ciências humanas fazem sobretudo ajustes e pequenas operações dentro do mesmo paradigma. Acontece também que teorias e métodos são de vez em quando esquecidos e depois redescobertos, dependendo da situação política. Em alguns países europeus, como comentei na introdução, o fascismo dos anos 1930 e a Segunda Guerra Mundial levaram ao afastamento de pesquisadores com visões mais "revolucionárias" dos seus cargos universitários; eles foram perseguidos e forçados ao exílio.

Outro aspecto importante que se distingue das ciências exatas é o fato de os estudos das artes lidarem sobretudo com a redescoberta e a reavaliação de épocas e culturas anteriores. Ou seja, o passado serve como condicionante importante e valor incontestado para redefinir o único paradigma consistente, o da época e seu estilo. Dentro dele temos um subparadigma que pode ser visto como parte integrante dele: o artista e seu estilo. Depois de muita insistência nesse paradigma único, ele foi variado pela ideia de pluriestilos.

Da época e de seu estilo homogêneo

Quando a solução do enigma arte tornou-se mais sistemática e científica, a análise historicizante afastou-se das biografias coloridas e anedóticas e recaiu sobre as obras e seu contexto histórico. Vale lembrar, e vimos isso em capítulos anteriores, que o paradigma-chave da história da arte — época-estilo — foi primeiro formulado de maneira protocientífica. Surge, efetivamente, da procura de uma origem da arte e da civilização europeia, procura essa iniciada no renascimento, com o estudo das cópias romanas de obras da antiguidade grega, e aprofundada no século 18, momento no qual sucede a substituição do espaço entre as representações pelo espaço histórico.

O primeiro passo foi encontrar "[...] as causas originantes da obra de arte [...]" (Bornheim, 2009, p. 161). Foi o estudioso alemão Johann Joachim

Winckelmann que encontrou na arte grega clássica esse berço, influenciando primeiro a filosofia, como já verificamos, desde Hegel até Nietzsche, e depois a disciplina propriamente dita. Como já foi dito várias vezes, isso foi de grande importância para a autocompreensão e autoimagem europeias, que buscavam se impor contra outros povos e subjugá-los por meio da ideia de soberania no contexto colonial-capitalista moderno. O Egito africano não poderia ser aceito como uma origem nessa conjuntura. Estamos lidando, desse modo, com uma base ideológico-colonialista dos estudos das artes que esteve e ainda está significativamente envolvida na exploração e opressão por meio da criação de uma identidade democrática apenas no cenário europeu.

Embora Winckelmann estivesse preocupado com as artes dos povos da antiguidade em geral — egípcios, fenícios, persas, etruscos, e seus vizinhos, gregos e romanos —, ele escolheu a Grécia, enfatizando que "a arte dos gregos é o assunto principal desta história" (Winckelmann, 1885, p. 77). Dada sua influência, podemos apenas especular o que teria acontecido com a história da arte se ele não tivesse cometido esse erro grosseiro e escolhido os egípcios.

Johann Winckelmanns,
Präsidentens der Alterthümer zu Rom, und Scrittore der Vaticanischen Bibliothek,
Mitglieds der Königl. Englischen Societät der Alterthümer zu London, der Maleracademie
von St. Luca zu Rom, und der Hetrurischen zu Cortona,
Geschichte der Kunst
des Alterthums.
Erster Theil.
Mit Königl. Pohlnisch- und Churfürstl. Sächs. allergnädigsten Privilegio.
Dresden, 1764.
In der Waltherischen Hof-Buchhandlung.

Figura 80

A história da arte na antiguidade,
Johann Winckelmann, 1764.
Capa de livro.
(Fonte: Wikimedia Commons).

Em suas obras, sendo a mais conhecida *Die Geschichte der Kunst des Alterthums* (A história da arte na antiguidade), de 1764, Winckelmann elaborou uma metodologia — o estudo diacrônico de obras em vez do estudo diacrônico de artistas — baseado em determinado valor — a beleza e o equilíbrio das obras clássicas e do espírito que as inspirou — para estabelecer uma teoria — "a simplicidade nobre e grandeza serena, tanto nas atitudes como nas expressões" dessa cultura (Winckelmann, 1764, p. 20).

A teoria de Winckelmann acerca da beleza ideal de traços perfeitos, indicadores de um estilo de simplicidade e serenidade, provém da análise das proporções perfeitas de escultores como Policleto, que já conhecemos, ou Praxíteles. Lembro que esses não foram necessariamente a função nem o objetivo da época e de seus *technites*. A teoria winckelmaniana afasta-se um pouco da ideia da imitação da natureza da arte como valor e dos artistas geniais como teoria, formulados por Plínio, o Velho, e Vasari, para elaborar uma teoria mais abstrata acerca da inspiração divina da arte grega clássica, que se oferece como modelo a seguir.

Pela primeira vez, a arte era associada a circunstâncias sociopolíticas e geográficas — o sistema democrático justo e o mediterrâneo ameno —, interpretadas como igualmente equilibradas e perfeitas. Winckelmann associou, assim, a arte da Grécia antiga e seu sistema supostamente democrático — na verdade, uma sociedade escravagista e um império — ao clima do país. De fato, a ligação estabelecida por Winckelmann entre arte e cultura elevou toda a época da antiguidade grega e foi influente para outros estudos desse tipo: sobre o gótico, o renascimento, o barroco etc.

A noção da antiguidade grega como o local ideal do desenvolvimento de "uma alma grande e sempre igual a si mesma" (Winckelmann, 1764, p. 20) participou, assim, do desenrolar da ideia de um *Zeitgeist*, um espírito de uma época, elaborada mais tarde por Hegel e absorvida por diversas gerações de artistas e pensadores alemães. A tese central era que a produção cultural de um povo em determinada época era sempre homogênea e reconhecível pela autonomia de um estilo específico.

Ao usar a análise da escultura *Laocoonte*, Gerd Bornheim (2009) descreve com detalhe a visão de mundo na qual se baseava esse novo paradigma introduzido por Winckelmann, formulado para apresentar uma perspectiva positiva perante as ameaças e os medos que o mundo oferece. Perspectiva essa que, como já mencionei, Nietzsche repetiu, porém, focando na dor:

> O grupo do *Laocoonte* é analisado não como manifestação do patológico — que era a tese de Bernini — ou da violência, um estado efêmero e indigno da arte, mas a partir da ideia do triunfo da alma, de um extremo da dor que se sabe vitoriosa e que, por isso mesmo, é plenamente compatível com a perenidade do divino. O interesse principal que oferece, contudo, a análise de *Laocoonte* é que a calma grandeza não se confunde para Winckelmann com uma estaticidade morta; a famosa escultura seria a personificação da vitória da vida, o triunfo da nobreza e da medida sobre a dor e a imperfeição (Bornheim, 2012, p. 155).

Para poder declarar a cultura da antiguidade grega como modelar, Winckelmann a comparou ainda com outras épocas — o helenismo, o barroco e o rococó —, depreciadas por ele como excessivas e degeneradas. Ele acusou o arquiteto e escultor Gian Lorenzo Bernini (1598-1680) de ser o responsável pela "corrupção na arte" (Winckelmann, 1764, p. 239). Dessa forma, o filólogo alemão aderiu ao modelo de uma história teleológica introduzida por Vasari, na qual o auge era seguido pela decadência.

Figura 81

Laocoonte, Rhodos, 27 a.C.–68 Museu do Vaticano. Escultura em mármore. (Fonte: Wikimedia Commons).

A tese winckelmaniana foi incorporada na nova disciplina da história da arte, sendo seu primeiro representante, e com projeção ainda maior, Heinrich Wölfflin. Nela consiste também o paradigma-chave, que será aplicado para as mais diversas épocas e em todos os estudos das artes. Mesmo que alguns estudos posteriores, especialmente os estudos das artes reprodutivas, tenham se concentrado menos no estilo do período do que no estilo do artista.

Antes de entrar em alguns exemplos que participaram da perpetuação do paradigma de época-estilo, gostaria de contrapor a proposta de Winckelmann do mito de origem ocidental ao mito de origem africano. Como já observado, John J. Jackson (1939; 1974) e Cheikh Anta Diop (1974) declararam que o Egito era o berço da humanidade e, por conseguinte, localizaram o início de todas as civilizações não na Europa, mas na África. Isso não apenas contradiz a apropriação do Egito como uma cultura branca, mas também afirma a igualdade cultural da arte criada por pessoas racializadas como negras.

Dessa forma, os dois autores não apenas contrariaram a ideia de que os africanos eram incapazes de desenvolver civilizações, mas os apresentaram como responsáveis. Jackson e Diop argumentaram que os etíopes fundaram o Egito e que, na verdade, era inicialmente uma colônia etíope. Os autores também mostraram que os etíopes e seus descendentes foram responsáveis por todas as principais invenções humanas, como engenharia, agricultura, astronomia, mineração, fabricação de armas e ferramentas, matemática etc. Além disso, os etíopes também foram os agentes do desenvolvimento da economia egípcia. Persas, gregos e romanos se beneficiaram desses saberes e conhecimentos e, mais tarde, passaram a considerá-los seus. O fato de o Egito e sua influência terem sido originalmente "negros" africanos foi comprovado por esculturas e estudos. Por exemplo, as do primeiro faraó Narmer (3273-2987 a.C.) ou Menes.

Figura 82

Faraó Narmer ou *Menes*, anônimo, Primeira Dinastia. Escultura. Petrie Museum, Londres.
(Fonte: Wikimedia Commons).

Cheik Anta Diop (1974, p. 45) insistiu que o imperialismo foi responsável pela falsificação da história e pela troca da historiografia afrocentrada por uma eurocentrada:

> Os egiptólogos ficaram estupefatos pela grandeza e perfeição do passado então descobertas [1828-29]. Eles gradualmente a reconheceram como a civilização mais antiga que havia produzido todas as outras. No entanto, sendo o imperialismo o que é, tornou-se cada vez mais "inadmissível" continuar a aceitar a teoria — até então óbvia — de um Egito Negro. O nascimento da egiptologia foi, portanto, marcado pela necessidade de destruir a memória de um Egito negro a todo custo e em todas as mentes.

Embora o primeiro egiptólogo, Jacques-Joseph Champollion-Figeac (1778-1867), estivesse ciente disso, seu irmão mais novo, Jean-Jacques Champollion (1790-1832), foi responsável pelo branqueamento da história da arte egípcia (Diop, 1974, p. 51). Foi precisamente a afirmação de que as civilizações haviam se espalhado do Norte para o Sul que era — como é comprovado cientificamente hoje — um completo erro. No final, foi o contrário. Por meio da destruição e da falsificação, foi afirmada uma ficção que não tinha base científica. Jackson (1939) ainda se dedicou a mostrar como o cristianismo reivindicou para si a cosmologia egípcia e a assimilou. Mais uma vez, devemos reconhecer que os estudos da arte e a arqueologia ocidentais são, em última análise, construções ideológicas.

Após esse questionamento da Grécia antiga como berço da civilização, volto a outros exemplos do paradigma época-estilo para apresentar brevemente alguns dos livros mais influentes da história da arte. Há várias reavaliações de determinadas épocas que foram acompanhadas por mudanças metodológicas e teóricas. O suíço Jacob Burckhardt (1818-1897), contemporâneo e colega de Nietzsche na Universidade de Basileia, trocou em 1860 a apreciação da Grécia clássica pela Itália renascentista em *A civilização do renascimento na Itália*, embora tenha se dedicado ao estudo da arte grega também. Historiador de formação, escreveu o livro com o propósito de oferecer uma história cultural que se afastasse da história política. Participando na canonização das épocas e na periodização e distinção dos momentos mais importantes da história da arte, Burckhardt declarou o renascimento como início do mundo moderno, traçando a profunda transformação da sociedade, localizada no individualismo, na criatividade individual e na competitividade. Hoje tido como um livro fundamental da história da arte, o mérito do autor consiste sobretudo em ter incluído o estudo da arte no estudo da história, e de ter valorizado eventos e personagens envolvidos na realização da arte que ocupam um terço de suas páginas. No entanto, Burckhardt ignorou, como todos, a relação do renascimento com o colonialismo.

O francês Émile Mâle (1862-1954), em seu livro sobre as catedrais francesas, *L'art religieux du XIIe siècle en France* (A arte religiosa do século XII na França), escrito em 1898, conseguiu o mesmo logro para o primeiro estudo sistemático do imaginário medieval. Introduziu, consequentemente, a arte gótica no cânone em construção. Alexandra Gajewski (2013, p. 36) nota que o autor recuperou através de seu estudo o conhecimento sobre a cosmologia cristã, perdido desde a reforma protestante. Esse resgate resultou de um estudo iconográfico detalhado, que se tornou depois uma das metodologias mais importantes e que conheceremos ainda melhor neste capítulo. Mâle (1898) realizou uma leitura minuciosa das catedrais do norte da França, como se fossem livros, para demonstrar que foram as maiores obras artísticas nacionais jamais conseguidas, apresentando-as como enciclopédias da visão do mundo cristão, sua cosmopercepção. Ao fazer uma apologia ao gótico, Mâle teria inaugurado uma vertente nacionalista, interpretando no "[...] símbolo da catedral o centro perdido, isto é, a identidade perdida entre arte, fé e vida [...]" (Eisenwerth, 1985, p. 14), identidade essa que resultou do pensamento clássico e de cuja perda já vimos Agamben e Didi-Huberman se queixarem.

Embora todos partam do mesmo paradigma — a época marcada por um estilo homogêneo —, os estudos variam muito em termos de metodologia, ou, nas palavras de Rancière, em termos de ficções. As variações dizem respeito ao enfoque e à crescente sofisticação e meticulosidade na análise, que advêm de um acesso cada vez maior ao material documental e de arquivo. *Patrons and painters* (Patronos e pintores), do americano Francis Haskell (1928-2000), publicado em 1963, tem, por exemplo, esse intuito arquivista. Enfocando a influência extra-artística, nomeadamente dos mecenas privados e eclesiásticos que encomendaram as obras durante o barroco, abriu o estudo de épocas e estilos para uma dimensão sociológica. Essa abertura para uma história social da arte havia se manifestado antes por meio de uma metodologia de teor marxista em publicações de Frederick Antal (1948) e Arnold Hauser (1958), conforme nos lembra Louise Rice (2013).

A força do paradigma época-estilo reafirmou-se também no contexto do estudo das artes do modernismo e do pós-modernismo. O papel de Clement Greenberg (1909-1994), crítico americano, consistiu em estabelecer a arte da vanguarda histórica dentro do cânone da história da arte. Publicados primeiro em jornais e revistas, seus textos foram reunidos mais tarde, em 1961, sob o título *Art and culture* (Arte e cultura). Para consagrar o modernismo como época com estilo próprio, o autor alegou que nele não havia ruptura senão continuidade com a tradição da arte europeia. Valorizando essa continuidade, Greenberg (1961, p. 5) avaliou as obras vanguardistas como "imitação da imitação" das obras mestras, metodologia essa que já encontramos nas diversas *As meninas* que Picasso pintou com base em Velázquez e parte do pensamento oitocentista. A partir dessa observação, o crítico desenvolveu sua teoria acerca da autorreflexividade da arte vanguardista, que resultaria da abstração dos artistas, derivando da falta de um interesse do "que" pelo "como", ou seja, como resultado da substituição da técnica da arte clássica por uma "consciência histórica superior" (Greenberg, 1961, p. 9). Há, por conseguinte, uma avaliação positiva do preenchimento do espaço da história e da introdução da reflexão, ou seja, da abordagem historicizante-analítica, sendo vista como elemento fundamental também da arte. Além do mais, o status do artista sofreu alterações nos escritos de Greenberg: ele deixa de ser um gênio ao ser comparado com um investigador científico ou, simplesmente, com um operário.

Prática adotada desde Winckelmann, também Greenberg comparou o modernismo com outro estilo para ressaltar suas especificidades. Sua valorização da vanguarda histórica resulta de sua crítica do surgimento do *kitsch*, entendido como uma forma de arte autônoma que a burguesia abraçou para evitar que a arte exercesse maior poder no contexto da luta de classes. A *pop art* seria a consequência dessa tendência de cerrar fileiras com as classes sociais mais baixas, limitando assim o potencial estético e político da arte. Segundo o raciocínio de Greenberg, o *kitsch* seria a única verdadeira manifestação estética da modernidade. Como dito, a vanguarda histórica não representaria nenhuma mudança, senão serviria apenas como instrumento de análise da arte anterior.

O pós-modernismo foi, de fato, a única época pensada desde o início em termos de uma pluralidade de estilos. Em resposta a Greenberg, a crítica americana Rosalind Krauss (1986) apresentou pela primeira vez a ideia de ruptura na narrativa evolutiva da história da arte. Revisando a noção greenbergiana de continuidade pela arte moderna, a autora estudou a pós-modernidade, aplicando o interesse arqueológico de Michel Foucault em rupturas, descontinuidades e possíveis transformações em detrimento da construção historicizante por meio de conceitos como tradição, influência, evolução e desenvolvimento. Mesmo assim, Anna Lovatt (2013, p. 320) lhe atesta contradições em sua tentativa de introduzir metodologias de diversas ciências humanas na história da arte — linguística, estruturalismo, pós-estruturalismo, psicanálise, fenomenologia etc. —, e conclui que Krauss não conseguiu dar conta da heterogeneidade do pós-modernismo. Por outro lado, reconhece que ela quebrou já nos anos 1970 com o positivismo da disciplina, ou seja, bem antes de Belting e Danto. Apesar disso, Krauss teria mantido a análise formalista, procedimento importante dentro do paradigma, formulado em termos metodológicos pela primeira vez no livro *Conceitos fundamentais da história da arte*, de Heinrich Wölfflin, de 1888, que veremos agora.

Após essa breve excursão ao século 20, volto agora novamente ao século 21 para tratar de um dos métodos mais influentes da história da arte, a análise formal e seu paradigma central, época-estilo. Com isso quero destacar onde os estudos da arte ocidentais começaram e por que ainda hoje são tão dominantes. O surgimento da análise formal pode ser atribuído à pretensão europeia de universalidade que acabou esvaziando de maneira alarmante a discussão sobre arte ao se preocupar apenas com sua estética. O contexto sociopolítico, como, por exemplo, o colonialismo, foi, consequentemente, apagado ou excluído.

Da análise formal comparativa

Procurando destacar a história da arte como ciência, Wölfflin, aluno de Jacob Burckhardt, procurou elaborar o paradigma época-estilo por meio de uma metodologia de análise formal mais sofisticada. Para substituir o conceito do belo, que fora central na disciplina estética, defendeu que as formas universais de representação deveriam ser consideradas o elemento preponderante das obras de arte. A nova metodologia visava estudar "[...] o tipo de percepção que serve de base às artes plásticas no decorrer dos séculos [...]" (Wölfflin, 2000 p. 17). Para afastar a história da arte do debate acerca da suposta imitação da natureza e do conteúdo iconográfico das obras, o autor focou, portanto, a maneira como o artista traduz sua percepção do mundo em forma. Trata-se de percepção individual e não de cosmopercepção.

Em comparação com estudos anteriores, Wölfflin não valorizou nenhuma época específica, senão, em prol de seu método científico, confrontou dois períodos, nos quais realçou as formas utilizadas que, em conjunto, indicariam os respectivos estilos e transformações estilísticas, ou seja, seu denominador comum — sem que este fosse avaliado conforme a lógica do modelo teleológico (com auge e decadência), mas sim como evolução estilística que resulta do aprendizado dos artistas. Sua metodologia consiste em um estudo comparativo que enfrenta o renascimento e o barroco — consideradas épocas mais recentes — por meio de cinco pares conceituais estabelecidos anteriormente. O primeiro conceito de cada par seria característico das obras renascentistas, e o segundo, das barrocas:

1. linear e pictórico;
2. plano e profundidade;
3. forma fechada e forma aberta;
4. pluralidade e unidade; e
5. clareza e obscuridade.

Para realçar as mudanças no estilo, foram escolhidos quadros ou desenhos com temáticas semelhantes, embora de artistas diferentes. Trata-se de nomes consagrados da arte ocidental como Albrecht Dürer, Rembrandt van Rijn e Paul Rubens (1577-1640), entre outros. Apresento brevemente cada par, para demonstrar melhor a metodologia wölffliana.

Na contraposição entre linear e pictórico, as obras renascentistas dariam importância à linha, visto que "[...] a simples presença de linhas não define o caráter linear, e sim a força expressiva dessas linhas, a força com que compelem os olhos a segui-las [...]" (Wölfflin, 2000 p. 41). O barroco, por sua parte, uma vez dominada a linha, valorizaria o pictórico como um todo, tratando a imagem sem delimitações definidas. Na base dessa mudança de percepção, e, consequentemente, de forma, se manifestaria um alterado interesse no mundo. No renascimento, a mão do pintor tatearia ainda o mundo corporal, ao passo que no barroco, o olho se tornaria sensível para a riqueza da textura dele. O linear renascentista usaria uma forma rígida, que poderia ser medida e se desdobraria em objetos separados. O pictórico, por outro lado, consistiria no oscilante, no movimento, mostrando os objetos em seu contexto. Servem como exemplos os desenhos de Dürer e Rembrandt, por meio dos quais Wölfflin exemplifica que o desenho do artista alemão acentuaria a linha para destacar a silhueta, enquanto a linha não teria mais importância para Rembrandt e seu estilo pictórico.

Figura 83

Eva, Dürer, 1504, Pierpont Morgan Library, Nova York, EUA. Desenho.
(Fonte: The Morgan Library).
Nu feminino, Rembrandt van Rijn, 1658, Rijksmuseum, Amsterdã. Desenho, Países Baixos.
(Fonte: Wölfflin, 2000).

O segundo par, plano e profundidade, demonstraria no barroco um maior interesse na relação entre primeiro e segundo planos, em comparação com a composição plana renascentista, que desconhece a ativação da profundidade. Exemplos usados são, entre outros, os quadros *São Lucas pintando a Virgem*, de Dirk Bouts (1415-1475), considerado plano, de 1435-1440, e *A arte da pintura*, de Jan Vermeer van Delft (1632-1675), de 1662-1665, considerado profundo.

O terceiro par opõe a forma fechada renascentista à forma aberta barroca. Wölfflin argumenta que nas imagens do século 15 predominariam a horizontal e a vertical para criar obras tectônicas, como no exemplo da *Madalena* de Jan van Scorel (1495-1562), de 1530. Todos os elementos da composição apresentariam ângulos retos — postura, braço, galho da árvore —, criando a impressão de solidez e imutabilidade. A *Madalena* de Guido Reni (1575-1642), de 1635, por sua vez, serve para explicar o contraponto barroco, no qual a falta de postura seria um indício da ausência de um sistema organizado de verticais e horizontais. Nela não haveria relações geométricas severas nem subordinação aos eixos arquitetônicos.

Figura 84

São Lucas pintando a Virgem, Dirk Bouts, 1435-1440. Óleo sobre tela. Museum of Fine Arts, Boston, EUA;
A arte da pintura, Jan Vermeer van Delft, 1662-1665. Óleo sobre tela. Kunsthistorisches Museum, Viena, Áustria.
(Fontes: Wikimedia Commons).

A forma aberta participaria da evolução da arte na direção de uma percepção de unidade, da qual o pictórico é o resultado. De acordo com seu modelo progressivo da história da arte, Wölfflin contrasta ainda pluralidade e unicidade, sugerindo que o barroco havia conseguido alcançar maior refinação na composição. Para tal, são comparados a *Vênus de Urbino*, de Ticiano Vecellio (1473-1576), de 1538, e a *Vênus com espelho*, de Diego Velásquez, de 1599-1600. Enquanto, no primeiro quadro, o quarto possuiria vários elementos que se estendem até o segundo plano, no segundo quadro o espaço seria mais unificado, focado na figura de Vênus, agora de costas, e usando um espelho para introduzir um segundo plano. O último par é clareza e obscuridade. Para o autor, a sensibilidade barroca teria abandonado a clareza com a qual os artistas anteriores trabalhavam. Pelo contrário, a obscuridade surgiria agora como possibilidade artística por meio de uma nova relação entre luz e sombra. Para exemplificar sua tese, Wölfflin analisa a clareza do sepultamento de Cristo por Joos van Cleve (1485-1540), de 1520-1525, e a confronta com a dramaticidade da luz na *Pietà* de Jacopo Tintoretto (1518-1594), de 1563.

Figura 85

Madalena, Jan van Scorel, 1530. Óleo sobre tela. Rijksmuseum, Amsterdã, Países Baixos; *Madalena*, Guido Reni, 1635. Óleo sobre tela. Galleria National d'Arte Antica, Roma, Itália. (Fontes: Wikimedia Commons).

Embora os pares sugeridos sejam convincentes em um primeiro momento, é fácil questioná-los como provas infalíveis de percepções diversas, isto é, como provas da existência de uma época e de um estilo homogêneos. Também a questão da evolução estilística pode ser facilmente interrogada. O maior problema da análise formal é o esvaziamento em termos de conteúdo, um movimento metodológico que demonstra a falta de interesse no contexto sociopolítico em um momento em que o colonialismo europeu estava entrando em sua fase decisiva e violenta na África e Ásia. A arte era reduzida à patrimônio com dimensão apenas oficial e protocolar de uma civilização supostamente superior.

Figura 86

Vênus de Urbino, Ticiano Vecellio, 1538. Óleo sobre tela. Galleria degli Uffici, Florença, Itália;
Vênus com espelho, Diego Velázquez, 1599-1600. Óleo sobre tela. National Gallery, Londres, Inglaterra.
(Fonte: Wikimedia Commons).

A tese da diferença formal pode ser facilmente contrariada pela existência dos supostos opostos na mesma época e até no mesmo artista. Vejamos a questão do plano e da profundidade. Usarei apenas um exemplo para demonstração. Tiziano fez com apenas dezesseis anos de diferença quadros que revelam tanto o destaque do primeiro plano — no *Sepultamento de Cristo*, de 1559 — como a

Figura 87

Pietá, Joos van Cleve, 1520-1525. Óleo sobre tela. Musée du Louvre, Paris, França;
Pietá, Jacopo Tintoretto, 1563. Óleo sobre tela. Galleria dell'Accademia, Veneza, Itália.
(Fonte: Wikimedia Commons).

Figura 88

Sepultamento de Cristo, Ticiano, 1559. Óleo sobre tela. Kunsthistorisches Museum, Viena, Áustria; *Pietá*, Ticiano, 1576. Óleo sobre tela. Museo dell'Accademia, Veneza, Itália.
(Fonte: Wikimedia Commons).

profundidade — na *Pietá*, de 1576. São, em vista disso, soluções diferentes que não marcam visões de mundo e épocas distintas, nem uma evolução estilística, mas sim abordagens diversas para o mesmo tema.

O próprio Wölfflin (2000, p. 336) estava ciente de que seus conceitos eram "esquemáticos" e muito gerais. Todavia, seguindo o objetivo de criar uma "fisionomia geral de cada época", precisou dessas abstrações, que hoje são facilmente desconstruídas. O estudo wölffliano revela sobretudo como uma metodologia pode garantir a ficção da diferença das épocas e de seus estilos únicos para fortalecer um paradigma que, pelo seu poder simplificador, influenciou todos os estudos das artes e levou ao esvaziamento do contexto sociopolítico para reduzir o poder da arte à sua forma.

Vale ainda observar que Wölfflin, ao usar o modelo progressivo de história, coloca o barroco não como declínio, mas como evolução do renascimento. Nisso consiste certa mudança quando comparado com outros autores, como veremos a seguir. Mas é preciso lembrar, sobretudo, que os aspectos sociopolíticos da contrarreforma, manipuladora, como Einstein os via, e que estavam intimamente relacionados aos interesses de poder e dominação, inclusive nas colônias, foram completamente ignorados em sua abordagem formalista tanto do barroco, mas também do renascimento, cuja visão de mundo colonial-capitalista não foi contemplada. Não surpreende, pois, como dito, estava-se repetindo no exato momento da escrita do estudo só agora nos continentes africano e asiático.

Da pluralidade de estilos, do declínio e da trans-historicidade

Vimos que a sucessiva defesa de diferentes épocas e seus respectivos estilos como momentos culminantes da civilização ocidental — a arte clássica grega, o renascimento, o gótico, o modernismo e o pós-modernismo — demonstra a força do paradigma, bem como sua maleabilidade: são diversas ficções com palcos, cenários e protagonistas diferentes. A alegada superioridade da Europa como civilização está pertinente em todas. Vale lembrar que todos os estudos citados tiveram amplo reconhecimento e impacto também no fazer artístico nas épocas em que foram publicados, especificamente no romantismo, no classicismo e no historicismo, épocas essas de grandes mudanças políticas. No caso do modernismo e do pós-modernismo, os estudos podem ser vistos como respostas diretas à arte contemporânea dos autores em causa, e não à análise de um momento histórico anterior.

Segundo o historiador da arte austríaco J. A. Schmoll gen. Eisenwerth (1985, p. 11), a partir do século 19 a análise dos estilos de épocas específicas foi efetivamente "[...] a base para a organização e periodização da história da arte como disciplina científica [...]". O autor resumiu o funcionamento do paradigma — que ele denomina sistema —, apontando a sua subdivisão em diferentes fases de desenvolvimento:

> A validade do sistema tradicional de épocas do século 19 implica uma unidade de estilo em um período determinado, portanto, são blocos de estilo monolíticos. Dentro desses, há de fato algum desenvolvimento com as fases inicial, meio e tardia, mas essas são novamente unidades de estilo autossuficientes, ou subdivisões nos estilos de época. A principal linha de desenvolvimento — praticamente um sistema de sentido único — forma a espinha dorsal de cada época. Correntes de contramão não são toleradas dentro do sistema, senão consideradas como sendo fora do sistema; elas são mais ou menos toleradas além do poder do estilo prevalecente (Eisenwerth, 1985, p. 22).

Ciente do impacto do paradigma, Eisenwerth alertou para a falta de atenção quanto à pluralidade de estilos que qualquer época apresentaria. Isso amplia as teses apresentadas por Rosalind Krauss e Arthur Danto, que encontram a multiplicidade de estilos apenas no pós-modernismo, para todas as outras épocas. A questão que se coloca é sempre a necessidade dessas ficções, isto é, seu fim ideológico.

Eisenwerth questionou também o modelo histórico evolutivo, conforme o qual estilos entram em decadência depois de seu auge. O debate acerca do barroco pode servir como exemplo elucidativo nesse contexto. Sem levar em consideração a contrarreforma ou o colonialismo e suas implicações políticas no período histórico, na esteira de Hegel e ao contrário de Wölfflin, Nietzsche (2008, p. 144) utilizou o barroco como sinônimo de declínio em todas as épocas:

> O estilo barroco surge no desflorescer de toda grande arte, quando as exigências se tornam grandes demais na arte da expressão clássica, como um evento natural que se presencia com tristeza — porque prenuncia a noite —, mas também com admiração pelos sucedâneos artísticos que lhe são próprios, na expressão e na narrativa.

A fase barroca seria, logo, um fenômeno trans-histórico, signo de decadência também no helenismo grego ou na música do final do século 19. Assim, o esvaziamento político e histórico não é contemplado mas acirrado.

É de destacar que houve profundas mudanças na avaliação do barroco desde que surgiu como apelido pouco elogioso na França e na Itália. Não se sabe ao certo sua origem etimológica: ou deriva da palavra portuguesa usada para denominar pérolas irregulares ou do italiano, significando bizarro ou extravagante. Foi consagrado como estilo somente a partir do momento em que Jacob Burckhardt o abordou em seu *Cicerone*, de 1869, por meio da análise de suas obras supostamente mais importantes, quando foi contraposto ao renascimento por Heinrich Wölfflin, em 1888, estudado no teatro por Walter Benjamin, em 1928, e, mais tarde, já no final do século 20, tido como forma de pensamento por Gilles Deleuze (1988).

Angela Ndalianis (2004, p. 10) também interroga seu uso e chega a propor que o barroco não deve ser estudado como um estilo canonizado e cristalizado no tempo, senão, de acordo com Henri Focillon (1932, p. 35), como uma forma de arte que tem propriedades tanto fluidas como estáveis, presentes nos mais variados movimentos artísticos. A ela também escapa o seu surgimento no contexto colonial-capitalista moderno:

> Ao longo do século XX, formas barrocas modificaram a sua identidade como estilo nas mais diversas áreas das artes, movimentando-se sem cessar para novas configurações metamórficas e contextos culturais.

Embora visto como fenômeno repetitivo desde Nietzsche — fenômeno esse reafirmado em publicações recentes sobre o barroco, por exemplo, em *Neobaroque in the Americas* (Neobarroco nas Américas), de Monika Kaup (2012), na literatura e no cinema —, e apesar de ser verdade que exista um limite da inventividade do ser humano que resulta na repetição de certas "formas", não se deve proclamar a trans-historicidade do barroco, mesmo que seja com o intuito de derrubá-lo como estilo de uma época. No questionamento do paradigma época-estilo é certamente útil, porém o conceito reforça, ao mesmo tempo, a narrativa mestra do modelo teleológico-evolutivo da decadência, além de ignorar seu surgimento histórico e político.

O barroco brasileiro, desde que o conceito faça sentido, pode servir para compreender o problema da trans-historicidade. Vilém Flusser (1998) toma essa postura, e não está sozinho. De um modo geral, a utilização do termo tem sido muito questionada na história da arte nacional, pelo simples fato de que as supostas obras barrocas foram construídas ou realizadas quase um século mais tarde do que na Europa e em contexto bem diverso. Ou seja, dizer que houve um barroco brasileiro seria ignorar as especificidades nacionais. Apesar de existir uma vasta bibliografia a respeito (Andrade, 1993; Ávila, 1971; Levy, 1941; 1944; Machado, 1978), volto a Flusser (1998) para aprofundar o argumento já apresentado acerca da ontologia brasileira. Que as especificidades nacionais envolvem a escravatura e o poder colonial não é mencionado.

Silenciando a violência e a desumanidade das circunstancias históricas, Flusser refere uma assimilação feliz do estilo barroco, realçando, ao mesmo tempo, o perigo de aplicar conceitos europeus em contextos fora do continente. Reproduzo um trecho extenso, por ser revelador, tanto acerca da situação não histórica brasileira quanto ao risco referido com relação ao seu uso indiferenciado:

> A essência do barroco pode ser visualizada como elipse cujos dois focos são "natureza" e "razão" num sentido muito específico (a saber: natureza enquanto mecanismo e razão enquanto racionalismo). Tal essência se manifesta nas ciências da natureza como cosmovisão mecanicista, na política como sistemas racionais. [...] De tudo isso em Ouro Preto nada pode ser encontrado a não ser a espiral e a elipse. O material é madeira ou pedra mole, a cor é o ouro ingênuo, e as igrejas são pequenas e acanhadas. O imigrante que visita a cidade pretensamente barroca, principalmente se for nativo de cidade barroca europeia, sente a tentação de cair na risada porque a comovente ingenuidade mineira contrasta violentamente com a refinada técnica ilusionista do barroco. Os profetas do Aleijadinho são para as estátuas de Bernini como meninos que brincam de bola para mestres de xadrez. Aliás, já faz 150 anos desde Bernini, e a música mineira é contemporânea de Beethoven, não de Vivaldi (Flusser, 1998).

Embora seja possível perceber uma hierarquização e depreciação questionável entre os "meninos que brincam de bola" e "os mestres de xadrez", as ressalvas de Flusser são úteis porque demonstram pelo menos não só a historicidade do termo, mas os limites do paradigma época-estilo, especialmente para um contexto diverso do europeu.

Na Europa, o barroco surgiu como parte de uma luta feroz contra a reforma luterana como uma contrarreforma. Todos os esforços foram feitos para defender a supremacia da igreja católica, em nome da qual estava ocorrendo a colonização da América do Sul, bem como a subjugação e escravização dos povos indígenas nas Américas e dos africanos sequestrados para trabalhar nas monoculturas de açúcar. A contrarreforma não era necessária no Brasil católico. Por outro lado, o barroco na América do Sul ainda era uma clara expressão do colonialismo e o resultado da exploração dos recursos naturais e da riqueza que vinha com eles. Tanto o trabalho nas minas de ouro e diamante usado para construir as igrejas quanto sua construção foram feitos por pessoas escravizadas. Portanto, há uma dupla exploração aqui, que não foi reconhecida na expressão "crianças que jogam bola", mesmo que os próprios edifícios fossem menos pomposos porque não precisavam ser. Por outro lado, o ouro que decora as igrejas barrocas na Europa vinha todo das Américas colonizadas. Essa conexão não é levada em conta nos estudos barrocos, nem na Europa nem por Flusser que escrevia no Brasil. Assim, vemos mais uma vez que o estilo de época e sua discussão são, em sua maior parte, uma discussão formal e canonizadora que não reconhece a ideologia e a realidade sociopolítica da exploração que tornou possíveis as construções seja na Europa seja na América do Sul.

Do autor e de seu estilo nos estudos de cinema

Embora estudemos hoje as artes em disciplinas separadas para não reconhecer que todas fazem parte de uma visão do mundo, a história da arte deixou sua marca em todas elas. No quinto capítulo já demonstrei como suas narrativas mestras foram absorvidas pelos estudos do cinema e do teatro. Também o paradigma de um estilo específico para uma época determinada teve impacto profundo no estudo das mais diversas artes. Gostaria de dar um exemplo específico, do cinema, para demonstrar essa absorção. Aconteceu, no entanto, com uma variação: os estudos de cinema tiveram mais interesse em discutir o estilo de autor do que de época, embora exista também o agrupamento conforme certos momentos específicos na ainda curta história do cinema. A autoria foi necessária para estabelecer o cinema como arte, proeza já conquistada pelos estudos literários e, assim, razão da proeminência da questão do autor que resultou do longo debate acerca da genialidade do artista na estética, junto da questão do gênero, cara a Aristóteles e aos seus seguidores.

Por ser a disciplina mais jovem entre os estudos das artes, criada somente nos anos 1970 na Inglaterra, os estudos de cinema basearam-se, como referi, na historiografia, na teoria e nos conceitos dos estudos das outras artes. Seguindo os passos da literatura, foi também na crítica que a "sétima arte" encontrou seus primeiros teóricos, historiadores e avaliadores. Um dos textos mais conhecidos e influentes foi "Uma certa tendência do cinema", do crítico François Truffaut (1932-1984), escrito em 1954 como manifesto na influente e hoje mítica revista *Cahiers du cinéma*.

Nesse texto, o jovem crítico e futuro cineasta estabeleceu o cinema como arte ao reconhecer que o diretor cinematográfico seria como o autor de obras literárias. Argumentou que o verdadeiro autor de cinema deveria escrever os roteiros e se destacar como *metteur en scène*, isto é, por meio de um estilo próprio de direção que se refletiria no enquadramento dos planos e seu conteúdo. Aaron Meskin (2008, p. 16) sublinha que Truffaut usou de fato o estilo como elemento-chave de avaliação formal, resultado da ligação que ele estabeleceu entre a personalidade e o caráter do autor. Em outras palavras, o fato de cineastas, mesmo de filmes para o grande público, como de Alfred Hitchcock (1899-1980), terem um estilo próprio os destacaria esteticamente e os tornaria artistas. A "política de autor", postulada por Truffaut para igualar o cineasta a um autor literário — que já possuía renome no ambiente cultural —, impôs-se como elemento fulcral tanto para a análise — que consiste em reconhecer o estilo específico — como para compreender o cinema como arte.

Mais tarde, essa construção foi questionada como ideológica, mas servia nos anos 1950 para denunciar a má qualidade dos filmes franceses contemporâneos, baseados em romances cujas adaptações por roteiristas conhecidos não passavam, para Truffaut, de um cinema raso e conservador. Além do mais, possibilitou introduzir um primeiro cânone cinematográfico com "autores" americanos como Howard Hawks (1896-1977), John Ford (1894-1973), Samuel Fuller (1912-1997) e Orson Welles (1915-1985), ao lado de franceses como Jean Renoir (1894-1979), Robert Bresson (1901-1999), Jean Cocteau (1889-1963), Jacques Becker (1906-1960), Abel Gance (1889-1981), Max Ophuls (1902-1957), Jacques Tati (1907-1982) e Roger Leenhardt (1903-1985), pois "[...] trata-se de autores que escrevem seus diálogos com frequência, alguns criando eles próprios as histórias que dirigem [...]" (Truffaut, 2005).

Na tradição de Vasari, esse texto primordial para a disciplina estabeleceu o paradigma estilo, compreendendo a arte cinematográfica — bem no sentido do desenho vasariano — como escrita —, além de elevar, assim, o status dos cineastas e eternizar alguns deles. No Brasil, Glauber Rocha (1939-1981) inventou igualmente, em *Revisão crítica do cinema brasileiro*, de 1963, um mito de origem — *Ganga bruta* (1933), de Humberto Mauro (1897-1983) —, uma gênese — que passa sobretudo pelas obras de Humberto Mauro — e um cânone do cinema brasileiro, inclusive as obras do cinema novo, ao adaptar a "política de autores" à realidade nacional.

Seguindo parcialmente a pauta de Truffaut, sobretudo em relação à crítica da *mise-en-scène* convencional — por exemplo, em relação ao filme *O pagador de promessas* (1962), de Anselmo Duarte (1920-2009) —, Rocha modificou a proposta francesa com uma postura anti-industrial, que refletiu o desejo de desenvolver uma visão independente acerca dos graves problemas sociais nacionais. O cinema novo como cinema independente teria como elemento estilístico primordial a autenticidade, alcançada com a câmera na mão que tateia de forma lírica a vida dura e injusta dos brasileiros. Em muitos filmes, isso foi conseguido com o uso de uma câmera na mão do diretor de fotografia Dib Lutfi (1936-2016), que retratou de forma direta e inventiva a vida difícil e injusta das classes mais baixas. Entretanto, os filmes continuaram a ser moldados pela perspectiva de seus diretores, quase todos pertencentes à classe média-alta branca. Glauber, por exemplo, não aceitou a cosmologia afro-brasileira e a substituiu por uma visão marxista no filme *Barravento*, de 1962.

A história de cinema de Rocha, como de costume, também estabeleceu uma periodização que seguiu o paradigma do estilo de época. A periodização da história do cinema em épocas com estilos sobressalientes como neorrealismo, *nouvelle vague* ou cinema novo teve o mesmo peso nos estudos de cinema como as épocas do renascimento ou do barroco, embora o crítico francês André Bazin (1991) tivesse alertado, desde que cunhou o conceito neorrealismo, de que não se tratava de um estilo, mas de uma postura do realizador. Todavia, como incontáveis publicações sobre as diferentes "épocas" do cinema denotam, o paradigma foi mais forte do que a definição circunspecta de Bazin.

Deve-se mencionar brevemente aqui que muitos cineastas indígenas no Brasil trabalham de forma colaborativa. Para eles, a questão da autoria não tem tanta relevância. Tampouco dividem seus filmes em épocas, já que só puderam fazer filmes a partir da década de 1980. De qualquer forma, isso seria desnecessário, pois eles sempre buscam os mesmos objetivos. Os documentários indígenas são, por um lado, ferramentas importantes para obter mais atenção para sua agenda política junto de um público branco: por um lado, para lutar contra a invasão de seus territórios (*Zawxiperkwer ka'a/Os guardiões da floresta*, Joyce Guajajara e Milson Guajajara, 2019), para denunciar o genocídio contemporâneo (*Nũhũ yãgmũ yõg hãm/Essa terra é nossa*, Isael e Sueli Maxakali, 2020; *Tava, a casa de pedra*, Vincent Carelli, Patricia Ferrreira Keretxu, Ariel Duarte Ortega e Ernesto Ignacio de Carvalho, 2012), e, por outro lado, para preservar sua cultura (*As hipermulheres*, 2011; *Karai ha'egui kunhã karai 'ete/Os verdadeiros guardiões espirituais*, Alberto Alvares, 2013; *Bimi shu ikaya/Bimi com o poder do sopro*, Saka Huni Kuin, Siã Huni Kuin, Zezinho Yube, 2018; *Yãmiyhex?/O espírito das mulheres*, Isael e Sueli Maxakali, 2020).

Os coletivos de realizadores usam diferentes estratégias para expressar suas preocupações, o que geralmente é feito de maneira muito envolvente, principalmente observacional, e poética, resultante do ritmo lento e das tomadas longas, que permitem percepções sensíveis das respectivas visões de mundo. O que mais chama a atenção nesses filmes é o contraste com os retratos encenados e exagerados com *blackfaces* do cinema nacional brasileiro. Esse tipo de filme começou com o cinema mudo e agora está finalmente sendo confrontado com produções com pessoas tridimensionais. Os filmes indígenas contemporâneos mostram de forma impactante as diferentes tradições e a realidade cruel e violenta dos constantes assassinatos, das chacinas e invasões das terras demarcadas que seguem a lógica colonial há mais de 500 anos.

Do questionamento do autor nos estudos literários

Uma vez que os estudos de cinema são os mais jovens, não surpreende ter sido preciso estabelecer primeiro a ideia de autoria para desconstruí-la depois, em especial nos anos 1970, por meio da interrogação da dimensão ideológica do cinema. Vimos que para consagrar a mídia e criar um primeiro cânone foi necessário igualar o cinema à literatura e o cineasta ao autor literário. Logo, encontramos a repercussão da elevação do status do autor, iniciada por Plínio, o Velho, e Vasari e promovida pelo idealismo alemão, nas políticas de autor de

Truffaut e Rocha. Curiosamente, ao mesmo tempo, a teoria literária já estava enfrentando o estilo do autor como metodologia questionável da ciência normal, como diria Thomas Kuhn. Lembro que nas cosmopercepções indígenas dos diversos continentes a autoria não possui tanta importância, embora exista. Onde a oralidade é a forma mais comum de compartilhar conhecimento, a ideia de saber parte da existência de um imaginário coletivo, associado mais aos ancestrais do que a um indivíduo. A oralidade permite também diversas versões sobre um mesmo assunto ou acontecimento, lembradas e divulgadas, por exemplo, pelos contadores africanos e suas canções.

O pontapé inicial para o questionamento da autoria foi dado já nos anos 1930 pelo estudioso soviético Mikhail Bakhtin (1895-1975), que realizou estudos de um grande escritor russo, Fiódor Dostoiévski (1821-1881), para questionar o papel preponderante do autor nos estudos literários. Por meio do conceito "dialogismo", Bakhtin (2013) iniciou uma nova teorização do romance que visou resolver de outra forma o enigma de sua criação. O dialogismo desdobrou-se depois na ideia de "intertextualidade", conceito elaborado por Julia Kristeva (1969) nos anos 1970 e 1980, que procurou relativizar ainda mais o papel do autor enfocando a produção do texto, definido como produto de sua relação com outros textos e da estrutura da linguagem de forma geral.

Segundo o estudioso brasileiro Paulo Bezerra (2013, p. XII-XIII), Kristeva (1969) foi longe demais ao abolir a noção de pessoa-sujeito. Não era essa a ideia de Bakhtin, pois ele teria estado tão interessado no autor como no leitor, posto que, sem o autor, não haveria a orquestração das diversas vozes no texto — seja de personagens, seja de outros autores. De fato, Bakhtin teria trabalhado a fronteira entre as duas consciências, do personagem e do autor, enquanto para Kristeva, ao substituir a ideia de voz pela de texto, o autor era reduzido a estágio zero.

Sob o prisma do dialogismo bakhtiniano, as obras literárias não seriam mais vistas como monolíticas, mas como híbridas, porque em comunicação com obras anteriores fariam das obras posteriores respostas a textos já existentes. Bakhtin teria usado Dostoiévski como exemplo para demonstrar essa polivocalidade no romance. A nova proposta consistiu em definir o texto literário não apenas de forma mais dinâmica e aberta, como diálogo entre as vozes no texto e com textos existentes anteriormente, mas deu um novo papel ao leitor. Depois de quatrocentos anos focado no artista ou em sua obra, iniciou-se o reconhecimento da capacidade do leitor como tradutor e intérprete, ideia mais tarde defendida por Rancière (2010).

Enquanto o dialogismo e a intertextualidade impulsionaram dúvidas sobre o papel preponderante do autor, foram Roland Barthes, em "A morte do autor", de 1967, e Michel Foucault, em "O que é um autor?", de 1969, que diminuíram ainda mais a noção de controle do escritor ou do artista sobre sua obra, ao declararem o autor morto ou somente uma função. Essas ideias haviam sido preparadas alguns anos antes por textos que já reclamavam maior liberdade ou emancipação dos leitores e espectadores, entendendo que a arte contemporânea, e não só, era muito mais aberta do que as interpretações disciplinares ou críticas oferecidas.

Por um lado, *A obra aberta*, de Umberto Eco, de 1962, postulou a existência de obras de arte desinteressadas em um sentido determinado, sugerindo maior potencial interpretativo por parte do observador ou leitor. Por outro, *Contra a interpretação*, de Susan Sontag, de 1966, acertou contas com os críticos ao declarar seus estudos vinganças intelectuais contra as obras, e até destrutivas. Segundo a autora, a hermenêutica, a exegese das obras, realizaria leituras complicadoras que negariam a inteligência dos leitores. Sontag diagnosticou duas vertentes na crítica contemporânea: a análise formal, ou seja, a análise na tradição de Wölfflin, e a análise de conteúdo, isto é, a análise na tradição de Erwin Panofsky, cuja iconografia conheceremos logo. O descontentamento sontagiano dizia sobretudo respeito ao enfoque no inteligível que haveria substituído o estudo do sensível nas obras, razão pela qual ela exigiu uma erotização da crítica no final de seu famoso livro. O que ela colocou em pauta era justamente a elevação do estudo da arte acima das obras que vimos surgir com a estética, uma crítica que, como observei, seria repetida por diversos filósofos do fim do século 20 e do início do 21.

Voltando para a questão do autor, a morte dele e o nascimento do leitor seria, portanto, uma primeira revolta contra o destronamento da arte pela filosofia e pelas disciplinas científicas que assumiram a tarefa de estudar as artes, inclusive os críticos. Com a declaração do falecimento do agente-chave esperava-se a desmontagem da glorificação do artista como gênio, glorificação essa que foi, como disse Agamben, uma faca com dois gumes: elevou tanto o status social dos artistas, quanto aumentou também o perigo de sua existência, como contraponto da contemplação da arte. Negar o autor como instituição transcendente que constrói o significado de sua obra denotaria que, a partir de agora, escrever seria, nada mais, nada menos, do que reescrever. O estudo do artista seria finalmente substituído pelo estudo de sua obra, e ele deixaria de ser o bode expiatório da sociedade ocidental, como sugeriu Heinrich.

Embora já conheçamos a ideia de que o modernismo era a interpretação dos artistas de obras anteriores, a crítica de Barthes acerca da teoria literária não contempla, na verdade, os autores, embora declare sua morte, mas os limites da ciência normal, como diria Kuhn. Ou seja, os estudos das artes e sua produção científica didática induziriam para uma visão equivocada:

> O autor reina ainda nos manuais de história literária, nas biografias de escritores, nas entrevistas das revistas, e na própria consciência dos literatos, preocupados em juntar, graças ao seu diário íntimo, a sua pessoa e a sua obra; a imagem da literatura que podemos encontrar na cultura corrente é tiranicamente centrada no autor, na sua pessoa, na sua história, nos seus gostos, nas suas paixões; a crítica consiste ainda, a maior parte das vezes, em dizer que a obra de Baudelaire é o falhanço do homem Baudelaire, que a de Van Gogh é a sua loucura, a de Tchaikowski o seu vício: a explicação da obra é sempre procurada do lado de quem a produziu (Barthes, 2004, p. 50).

Foucault preocupou-se menos como o pensamento disciplinar do que Barthes, procurando, em vez disso, abrir as margens do livro quando declarou que o autor era igualmente uma construção. Partindo do princípio de que não importaria quem fala, ideia emprestada do dramaturgo irlandês Samuel Beckett, Foucault (2000) observou que foi a literatura dele contemporânea que se libertou do autor. Para o filósofo, isso também não era uma novidade, basta lembrar o que ele escreveu sobre *Dom Quixote*. O que deveria ser investigado de agora para adiante seria somente a função do autor, e não mais ele próprio.

Para lembrar a força do paradigma do estilo de época, e do autor e seu estilo nos estudos literários, cito ainda o estudioso alemão Erich Auerbach (2013, p. 17), que declarou, em 1921, em seu estudo sobre as novelas renascentistas francesa e italiana: "De cada obra de arte podemos dizer que é determinada essencialmente por três fatores: a época de sua origem, o lugar, a singularidade de seu criador". Embora não se deva negar a importância de trabalhos anteriores como esse, no final dos anos 1960 os estudos de literatura enfrentaram o autor como referência principal, e com ele a análise formal e de conteúdo. Vamos conhecer agora o estudo de conteúdo em sua vertente iconográfica e iconológica nas artes plásticas.

▶ DA ICONOGRAFIA E DA ICONOLOGIA

Tentativas de questionar a ciência normal ocorreram há muito na história da arte. Na Universidade de Viena, por exemplo, trabalhava um grupo de estudiosos, nos anos 1920 e 1930, cuja diversidade metodológica é hoje lembrada com a denominação "Escola de Viena". Embora o nome fosse alvo de debate, os professores vienenses da época introduziram abordagens inter e multidisciplinares na disciplina por meio de métodos provenientes da filosofia, da teologia, da antropologia e da teoria literária, bem como da sociologia e do marxismo. Era ainda contemplada a relação entre prática e teoria, visto que eles atuavam também como conservadores e arquivistas. Esses novos e múltiplos métodos da história da arte não conseguiram florescer, pois foram interrompidos pelo fascismo alemão, que levou muitos desses pesquisadores, como notado, ao exílio.

Uma renovação metodológica aconteceu na mesma época na Alemanha, nomeadamente em Hamburgo. O historiador da arte alemão Aby Warburg, filho de banqueiro e financeiramente independente, foi um mentor importante ao criar uma biblioteca influente desde 1886, ao passo que Erwin Panofsky era um jovem professor na Universidade de Hamburgo, no departamento da história da arte, interessado em um estudo amplo e igualmente erudito. Ambos são hoje associados à iconologia, metodologia cujo objetivo consiste em estudar imagens de forma comparativa e trans-histórica, contemplando diversas disciplinas como história, antropologia, filosofia e psicologia, entre outras. O primeiro passo da iconologia é a iconografia, que estuda os textos nos quais as imagens são inspiradas, e que já era uma metodologia empregada desde Émile Mâle (1898), que lia, como comentei, as catedrais góticas francesas como enciclopédias cristãs.

Hoje, o nome Erwin Panofsky é quase sinônimo da sistematização da iconografia, ao passo que Aby Warburg é venerado como pai da ciência da imagem ou dos estudos da imagem. O intuito warburgiano era, de fato, fazer da história da arte uma outra disciplina, mais voltada para a história da cultura. Filho de seu tempo, teve fortes influências tanto de Nietzsche como da psicanálise, razão pela qual conseguiu ver nas imagens mais do que arte. Seu contributo foi considerá-las documentos, dotados da faculdade de revelar a "psicologia histórica da expressão humana" (Warburg, 2015, p. 127), sem que levasse em consideração, inicialmente, outras cosmopercepções além da ocidental. Por este e outros motivos, apesar de sua importância, seria errado mitificá-lo.

Giorgio Agamben (2015, p. 132) o chama, de forma um pouco nebulosa, o criador de uma "ciência sem nome". Contudo, tem razão, porque, como veremos mais à frente, Warburg desconfiava, como Rancière, das fronteiras estabelecidas pelas disciplinas do conhecimento. Devido ao rumo que a história da arte tomou no fascismo e depois, esse pensamento crítico perdeu-se por um tempo até ser recuperado recentemente, porém, dentro do contexto disciplinar. Após a morte de Warburg e por causa da perseguição nazista, sendo ele judeu, sua biblioteca foi transferida como Instituto Warburg para Londres, onde teve Fritz Saxl, um historiador da arte de Viena, também judeu, como seu primeiro diretor. Tanto Saxl como Erwin Panofsky — que teve de emigrar para os Estados Unidos e foi professor nas universidades de Nova Iorque e Princeton — foram fortemente influenciados pelas pesquisas eruditas warburgianas. No que se segue, abordo primeiro a iconografia e a iconologia na definição e sistematização de Panofsky, e somente depois as propostas de Warburg, que o antecedem em termos cronológicos.

Otto Pächt (2006) propôs, em 1977, que a iconografia surgiu pelos mesmos motivos que estudamos as artes: a consciência da perda da "chave" do conhecimento, sobretudo acerca das obras de arte religiosas europeias. Para exemplificar essa noção, Pächt citou uma famosa anedota de Panofsky na qual um aborígine encontra-se em frente de *A última ceia* (1495-1498), de Leonardo da Vinci. Sem conhecimento da Bíblia e desconhecendo o contexto religioso, o sentido da imagem ficaria restrito e o aborígine só veria uma refeição coletiva no afresco. Isso para explicar que a iconografia consiste em reconstituir o seu contexto à imagem: "[...] o serviço prestado pela iconografia moderna é sem dúvida o de equipar os nossos órgãos do sentido com o conhecimento de um costume, o que é diferente para cada situação histórica [...]" (Pächt, 2006, p. 148). A metodologia abrange, desse modo, o estudo e a descrição das representações figurativas, sejam elas individuais ou simbólicas, religiosas ou seculares. Não foi por acaso que Panofsky pensou em povos originários para explicar a dificuldade em entender arte. Embora ele aponte para a falta de conhecimento sobre a Europa, isso é um paradoxo, pois os aborígines não precisariam dela, já que têm a sua própria. Ao mesmo tempo, saberiam da sua própria prática artística que a imagem seria mais do que apenas um jantar, senão não teria sido pintada. Todavia, a iconografia seria completamente supérflua para povos originários, já que sempre transmitem a chave para a produção artística oralmente. Mais uma vez, vemos como a autoimagem europeia — a necessidade de decodificar a própria visão de mundo, no caso, cristã — é determinada por outros.

De modo geral, o método iconográfico envolve o estudo e a descrição de representações figurativas, sejam elas individuais ou simbólicas, religiosas ou seculares. De acordo com Pächt (2006), a implementação da iconografia no século 18 visou primeiramente ao estudo de gravuras e depois à classificação de imagens cristãs e símbolos de toda espécie. No início do século 20, foi aplicada às mais diversas tradições iconográficas — desde divindades egípcias e retratos imperiais romanos às iconografias cristã, budista ou hindu, entre outras religiões e espiritualidades. Resultaria ainda da procura de conhecimento estilístico, porém daria destaque aos textos referenciados nas imagens.

Por se tratar de um estudo sistematizado e, logo, mais científico, Erwin Panofsky organizou a metodologia iconográfica em três passos: 1) o pré-iconográfico (a análise formal wölffliana); 2) o estudo iconográfico (a análise dos textos e outras influências pela imagem); e 3) o estudo iconológico. Com relação ao exemplo do aborígine, o último passo iconológico revelaria ao nativo australiano, porém, na verdade, ao europeu, o valor simbólico da ceia dos treze homens citada anteriormente. Ou seja, ele acrescentaria ao estudo iconográfico — sobre a imagem e seu conteúdo — vários outros métodos analíticos das mais variadas disciplinas, para oferecer uma interpretação definitiva por meio da síntese dos resultados.

Apresento, então, cada passo idealizado por Panofsky. O primeiro objeto de interpretação por ele elaborado seria o tema primário ou natural. Permitiria compreender sob que circunstâncias históricas certos objetos e acontecimentos foram expressos sob determinadas formas, levando, consequentemente, à história dos estilos, ou seja, ao paradigma principal da história da arte.

Figura 89

Inferno, Tibete, sem data ou autor. Rubin Museum of Art, Nova Iorque, EUA. Pigmentos sobre papel; *Inferno* do *Tríptico da vaidade e da salvação*, Hans Memling, 1485. Óleo sobre madeira. Musée des Beaux-Arts, Estrasburgo, França.
(Fonte: Wikimedia Commons).

Para demonstrar esse primeiro passo, escolhi duas imagens do inferno, uma sem autoria e data, originária do Tibet, país budista, e outra de Hans Memling, da Alemanha cristã, de 1485, que faz parte de um tríptico, *A vaidade terrena* e *A salvação divina*. Uma comparação wölffliana permite reconhecer estilos diferentes, sendo um mais abstrato — manifestado nas labaredas estilizadas e corpos pouco detalhados — e outro mais naturalista — com labaredas pintadas de forma mais minuciosa e o inferno associado à grande boca de um monstro.

O segundo objeto de interpretação seria o secundário ou convencional. Trata-se da análise iconográfica propriamente dita, na qual são consultadas as fontes literárias para se obter familiaridade com os temas e as visões do mundo representado. A história que resulta dessa interpretação seria a história dos tipos, que possibilita compreender como e em que condições históricas certos temas e ideias foram expressos. No caso da imagem de Memling seria preciso consultar a referência bíblica. Trata-se de Isaías 5,14: "Portanto o inferno grandemente se alargou, e se abriu a sua boca desmesuradamente; e para lá descerão o seu esplendor, e a sua multidão, e a sua pompa, e os que entre eles se alegram".

Ao conhecer o texto, que apresenta a imagem de uma boca para o inferno rumo ao qual vão os que pecaram das mais diversas formas, percebemos que o pintor foi fiel a ele, mas também tomou liberdades com relação aos pecadores. O artista optou por um tipo específico de monstro, composto por elementos de diversos animais, enquanto escolheu um religioso com tonsura, uma mulher e um homem, todos eles despidos, como personagens. Acrescentou ainda um diabo com asas de morcego e um rosto na barriga. Na imagem tibetana escolhida, não temos nenhum diabo. Isso condiz com a descrição do inferno no *Majjhima nikaya,* ou "Os discursos de conhecimento médio" — os textos autorizados de Buda —, pois a crença budista imagina o inferno, o Naraka, do qual existem diversos, como lugar onde se nasce e se fica por um tempo determinado. No caso da pintura, o submundo é um fogo do qual as pessoas se salvam em uma caixa. O fogo tem muitos significados: Conhecimento, purificação, destruição. Vemos que as pessoas se afastam do fogo. Por quê? Para responder a isso, teríamos de conhecer melhor a cosmologia budista e sua epistemologia, especialmente a ideia de reencarnação. Mas os budistas estão familiarizados com o conteúdo, portanto, não precisam estudar a imagem. Eles a veem e entendem seu conteúdo.

O terceiro passo interpretativo de Panofsky diz respeito ao significado, ou conteúdo, que participa da constituição de um mundo de valores simbólicos. Trata-se do passo final e iconológico da metodologia. Engloba todos os princípios envolvidos na realização da imagem estudada: nação, época, convicções religiosas e filosóficas. Analisar esses elementos permitiria compreender uma obra de arte como parte de uma cultura, ou, melhor, de uma cosmopercepção. É o passo mais complexo, pois abrange várias etapas de pesquisa que se alimentam de diversas outras disciplinas. Revelaria como tendências principais do espírito humano são expressas por meio de certos temas e uma visão específica do mundo em circunstâncias alternantes, bem como proporcionaria uma história dos sintomas culturais ou símbolos gerais. O esforço interpretativo da iconologia consistiria, em vista disso, em uma análise sintética por parte do pesquisador. A conclusão final resultaria da familiaridade dele com os elementos mais determinantes, razão pela qual Panofsky comenta que seria um passo intuitivo. No caso de nossos exemplos, um estudioso ocidental agora entenderia a representação do inferno no Tibete. É curioso pensar que o Ocidente não conhece mais sua própria cosmologia cristã suficientemente bem e, por conseguinte, precisa estudá-la para entendê-la novamente.

Embora seja evidente o ímpeto de realizar uma abordagem complexa, que visa a um estudo em três etapas que se complementam, indo, assim, bem além das restrições do formalismo wölffliano, vale citar as ressalvas de Otto Pächt (2006) a respeito da iconologia. Para ele, o enfoque exclusivo e excludente na arte cristã apresenta a maior limitação da metodologia, porque resulta em uma sobrevalorização da cultura literária, nomeadamente a ocidental:

> A religião cristã é uma religião livresca, suas verdades redentoras estão codificadas. E, mais que isso, a credibilidade do que é descrito nos livros reside no fato de ser o cumprimento daquilo que já estava anunciado, profetizado, pré-figurado no Antigo Testamento (Pächt, 2006, p. 149).

Em outras palavras, a autorização da imagem é novamente acoplada ao texto, o sensível depende — já estamos acostumados há dois milênios —, sobretudo do inteligível.

Além do mais, muitas artes ficariam de fora, curiosamente também a arte grega. Pächt observou que a metodologia correria o risco de constituir a ideia errada de que toda imagem se baseia em textos, cuja semântica seria essencial para sua compreensão. A iconografia criaria, desse modo, a ideia de que a arte é totalmente dependente da escrita, rebaixando e subestimando o aspecto visual a favor de uma valorização da erudição e intelectualização da obra de arte, intelectualização essa que, como apontei, inicia-se com Platão e é reforçada no idealismo alemão.

Pächt alertou ainda para outros possíveis enganos do método iconológico. Seriam deixadas de fora aquelas camadas da arte que não podem ser reduzidas a um texto. Como resultado, todos os aspectos inconscientes do artista não seriam levados em consideração. Fica patente que, embora o método seja multidisciplinar, ele significa um retorno ao problema da autorização do sensível pelo inteligível, da elevação do dizível acima do visível.

A pintura antiga flamenga, de 1953, é o livro mais famoso de Panofsky. Nele, o autor argumenta a favor de uma história evolutiva cujo ponto final teria consistido na conquista da representação do espaço, destacado como problema principal da pintura da era moderna. De influência inquestionável, o livro desenvolve sua argumentação no estudo de textos sobre arte desde a antiguidade até o renascimento de forma erudita e enciclopédica. Pelo fato de Panofsky não ter pesquisado as fontes históricas das obras, existem diversas críticas ao livro. Martin Davies (1954, p. 58) constata, por exemplo, que o conhecimento da iconografia do autor era muito maior do que o conhecimento dos aspectos históricos. Otto Pächt (*apud* Nash, 2013, p. 171), por sua vez, queixou-se de que a atribuição de complexos sistemas simbólicos à pintura de van Eyck faria das interpretações uma forma de decodificação. Outros autores reclamaram igualmente dos excessos interpretativos do iconólogo (Held *apud* Nash, 2013, p. 171).

Atualizando o estudo da arte flamenga antiga, o conceito-chave de Panofsky, "o simbolismo disfarçado", foi mais tarde substituído pelos estudos acerca da cultura do olhar, desenvolvidos por Svetlana Alpers (1983), e por abordagens provenientes da história social, da economia e de novos estudos acerca da cultural da época (Nash, 2013, p. 154). Não obstante, Nash (2013, p. 173) constata que "em nenhum outro lugar Panofsky chegou tão perto de uma fusão da análise formal de Wölfflin e da iconografia warburgiana como nesse livro". Mas a autora verifica também que a importância dada aos artistas permanece fiel à tradição de Vasari, posto que seu ímpeto biográfico resulta em uma narrativa teleológica sobre um naturalismo cada vez maior, entendido como base para a conquista da dominação do espaço na arte flamenga (Nash, 2015, p. 174).

Lembro que David Hockney (2001, 2016) demonstra que essa dominação é devida à câmera obscura e outras ferramentas óticas. Com base nessas críticas, não surpreende que Jan Bialostocki (1987, p. 59-60) notou que nunca havia tido uma verdadeira cesura entre a iconografia e a análise de estilo wölffliano. Todavia, o autor apontou como um dos méritos da metodologia sua aproximação à história das ideias. Felix Thürlemann (1990) observou igualmente que, na verdade, nem o impacto da semiótica nos estudos das artes — que veio da linguística e se manifestou primeiro nos estudos literários — conseguiu estabelecer uma diferença entre análise de estilo e iconografia. Em outras palavras, o estudo formalista demonstrou-se sempre imune à sedução da iconologia como metodologia.

Conheceremos agora o trabalho de Aby Warburg para compreender melhor sua proposta de reenquadramento da história da arte como ciência cultural e psicologia histórica da expressão humana, que só veio a se afirmar, parcialmente, décadas mais tarde nos estudos da imagem contemporâneos. Como comentado, hoje o nome de Warburg possui uma aura quase mítica dentro de um sistema acadêmico ainda muito paternalista. Para construir um mito de origem, Warburg é considerado o pai da *iconic turn* (virada icônica), que teria levado ao estudo da imagem como objeto preponderante nas ciências humanas. Veremos agora que ele não foi o progenitor de um novo paradigma, senão um pesquisador que tentou alargar as fronteiras da disciplina através de novas metodologias e teorias, ficando, no entanto, dentro de uma perspectiva eurocêntrica, de acordo com os valores — a emancipação dos ocidentais — do mundo colonial-capitalista moderno.

▶ DA HISTÓRIA DA ARTE COMO CIÊNCIA CULTURAL

Embora Warburg também tenha se interessado pela iconografia da antiguidade e seus desdobramentos no renascimento, a metodologia por ele empregada afastou-se de uma abordagem clássica da história da arte, tanto da narrativa evolutiva e teleológica como de um estudo meramente formal. Isso ficou patente desde seu doutorado, apresentado em 1891, sobre duas pinturas de Sandro Botticelli (1445-1510), *O nascimento de Vênus* e *A primavera*.

Por meio da comparação dos dois quadros, Warburg tentou responder à seguinte pergunta: por que o artista renascentista, nomeadamente do quattrocento, se interessou pela antiguidade? Ou seja, ele queria compreender a motivação pelo desenvolvimento do estilo da época — "[...] o sentido para o ato estético da 'empatia' como uma força formadora de estilo [...]" (Warburg, 2015, p. 27), em vez de simplesmente afirmá-lo ou descrevê-lo. Para tal, realizou um estudo iconográfico detalhado no qual usou tanto fontes textuais como imagéticas. Chegou a concluir acerca da fascinação de Botticelli com a arte antiga que ela era capaz de "[...] dar corpo à vida em movimento [...]" (Warburg, 2015, p. 49). Ao constatar que o pintor queria não apenas imitar os antigos, senão afirmar sua individualidade como artista, foi além da história do estilo (análise formal) e da história dos tipos (análise iconográfica). No entanto, a individualidade pode ser considerada a questão chave de todo pensamento ocidental e Warburg demonstra ser fiel ao ideário estabelecido sobretudo a partir do renascimento.

A conclusão iconológica warburgiana apresenta nas duas obras de Botticelli um equilíbrio entre inovação e concessões ao estilo antigo. Lembro que a ideia do equilíbrio também é caro ao pensamento alemão desde o iluminismo, e, especialmente na arte, desde Winckelmann:

> Até que ponto os artistas florentinos do Quattrocento estavam tomados pelo sentimento de se igualar à antiguidade é revelado por uma série de tentativas enérgicas de encontrar formas similares em sua própria vida e de as figurar com base no próprio trabalho. Se assim a "influência da antiguidade" levou à repetição irrefletida de motivos de movimento exterior intensificado, isso não dependeu da "antiguidade" — de cujo universo de formas já se mostrou desde Winckelmann, que foram tirados os modelos para o oposto a isso, para a "grandiosidade serena" —, mas da falta de tino artístico por parte dos pintores. Botticelli estava afinal entre os que eram em grande medida transigentes (Warburg, 2015, p. 84-85).

O enfoque no movimento por parte dos artistas renascentistas, no caso de Boticelli, é interpretado como meio caminho entre individualidade e influência. Warburg inverte com essa conclusão duas ideias vasarianas. Primeiro, a de uma evolução histórica, pois Botticelli, como outros pintores de seu século, podiam, no entender de Warburg, ainda misturar o antigo com a observação própria. No século 16, já se esperava dos artistas um maior classicismo: "[...] quando a matéria antiga foi encarnada à maneira antiga [...]" (Warburg, 2015, p. 84). Em outras palavras, para Warburg havia maior liberdade de expressão no século 15 do que no século 16, o que significa um questionamento da noção de um domínio técnico progressivo. Segundo, Warburg elaborou a ideia de que o artista, embora igualmente concebido como gênio, trabalhava com formas preestabelecidas que ora transgredia, ora incorporava. Nas quatro teses que encerram a tese doutoral, há ainda indícios dos interesses futuros do pesquisador, que surgem também da importância atribuída à dimensão psicológica: a energia das imagens antigas, aqui chamada de dinamismo, e o inconsciente do artista, responsável por transformar a imagem antiga em mnêmica, ou seja, memória (Warburg, 2015, p. 86).

Figura 90

A primavera, Sandro Botticelli, 1480. Têmpera sobre painel; *O nascimento de Vênus*, Sandro Botticelli, 1486. Têmpera sobre painel. Galleria degli Uffizi, Florença, Itália. (Fonte: Wikimedia Commons).

Em textos seguintes, Warburg indagou novamente a motivação dos artistas renascentistas, mas dessa vez em relação a outra área do saber, a astrologia, que ele via como grande antagonista à vontade emancipatória e à "criação artística livre". Realizou estudos sobre a tensão entre astrologia e arte primeiro na Itália, nos afrescos no Palazzo Schifanoia, em Ferrara, em 1912, e depois na Alemanha, em textos e imagens do tempo de Lutero, em 1922. No estudo dos afrescos, Warburg visou um "[...] alargamento metódico das fronteiras da nossa ciência da arte, em termos materiais e espaciais [...]" (Warburg, 2015, p. 127). Porque, para o autor, a história da arte até então só tinha sido uma versão da história mundial que procurava, tateando, "[...] sua própria teoria do desenvolvimento entre os esquematismos da história política e as teorias do gênio [...]" (Warburg, 2015, p. 127).

Em seu texto "A profecia da antiguidade pagã em texto e imagem nos tempos de Lutero", Warburg formulou sua proposta multidisciplinar novamente, incluindo dessa vez os estudos da religião: "Que a história da arte e a ciência da religião, entre as quais ainda há um descampado em que as fraseologias crescem soltas, possam, em cabeças claras e preparadas [...] enfim sentar juntas à mesa de trabalho, no laboratório da história das imagens segundo a ciência da cultura" (Warburg, 2015, p. 196).

As obras de arte renascentistas são reavaliadas conforme o desejo de compreender ainda melhor as tensões da época, deixando de ser objeto de estudo formal e tipológico, ao se tornar "documentos igualmente válidos da expressão" (Warburg, 2015, p. 127). Mais especificamente, as imagens são vistas como "[...] documentos [...] para a história trágica da liberdade de pensamento do europeu moderno [...]" (Warburg, 2015, p. 127).

Há dois resultados imediatos dessa abordagem metodológica. As diferentes épocas — antiguidade, medievo, modernidade — são entendidas como "[...] interconectadas entre si [...]" (Warburg, 2015, p. 127). Ou seja, enfocar sua conexão encerra a ideia de épocas com estilos. E, mais importante ainda, há consciência de que para estudar essa ligação e tensão, a metodologia precisa ser indisciplinar, no sentido rancieriano, porque envolve diversas áreas do saber, cujas fronteiras são indagadas:

> [...] sem ser onerada com o constrangimento do policiamento das fronteiras, que tal método, na medida em que se dedica de forma cuidadosa ao esclarecimento de determinada zona escura, lança luz sobre o nexo que há entre os grandes processos gerais de desenvolvimento [...] (Warburg, 2015, p. 128).

Warburg queria entender o motivo das reviravoltas estilísticas na representação da manifestação humana. O estilo foi visto por ele como apenas uma parte de um processo maior da humanidade, impulsionado pela vontade de emancipação que seria o ponto final teleológico. Essa vontade era social e geral, mas ganhava forma por meio da arte (Warburg, 2015, p. 127-128). Enquanto a filosofia (Platão, Kant, Hegel e Schelling) acreditava que a arte era apenas um caminho para a liberdade, Warburg (como Schiller) a reconhecia como a expressão da busca pela liberdade.

A busca por emancipação nas imagens foi o método de Warburg não apenas para mudar o paradigma da época e seu estilo, mas também para subordinar a pesquisa acadêmica como um todo a esse objetivo. Warburg percebeu claramente que a disciplina da história da arte não seria capaz de resolver o enigma da arte porque não entendia o estilo como um fenômeno cultural profundo de anseio por emancipação. De sua conferência sobre o Palazzo Schifanoia, de 1912, publicada em 1922, é possível destilar três mudanças necessárias nessa direção: 1) questionar as narrativas mestras da história da arte baseadas na análise formal do estilo de uma época e de uma região; 2) alterar o status da obra de arte para documento; e 3) propor o estudo da cultura de forma multidisciplinar.

Ao querer compreender a cultura do ser humano devido à limitação da ideia de obra de arte, Warburg se aventurou como estudioso do povo Pueblo, no Arizona, nos Estados Unidos. Explicou seu estudo como a possibilidade de conhecer assim "um enclave da humanidade pagã primitiva [...]" (Warburg, 2015, p. 201). Estava à procura da compreensão de uma questão antropológica chave que já discutimos no primeiro capítulo: como e por que o ser humano se relaciona com o mundo ao seu redor por meio de imagens.

Partindo da hipótese mundana de que "[...] a seca [do deserto] ensina a fazer magia e a rezar [...]", Warburg estudou as imagens e danças de diferentes povos da região que "[...] visam subjugar as tenazes forças da natureza [...]" (Warburg, 2015, p. 201). Ou seja, ele chegou a uma conclusão parecida à do achatamento do mundo de Sybille Krämer (2016) porque não levou o mundo sagrado e espiritual em consideração. O fato de os rituais e as criações de imagens envolverem contato com o invisível e sejam pedidos aos elementos era estranho para Warburg. Ele combinou sua pesquisa sobre os Pueblo com seu interesse anterior em astronomia e no que, para ele, era superstição supostamente pagã na Europa. Consequentemente, ele estudou as práticas simbólicas dos diferentes povos da região como tentativas de conquistar as forças da natureza, em vez de entendê-las como cooperação e cosmopercepção. Assim, chegou a uma conclusão semelhante à de Krämer com relação ao desejo humano de achatar e controlar o mundo externo e supostamente ameaçador.

Eterno comparatista, depois Warburg cotejou a simbologia indígena, sobretudo da serpente, com a simbologia cristã. Concluiu que o simbolismo da serpente, central para os Pueblo, expressava o desejo humano de controlar os medos e o sofrimento por meio da sua emancipação da natureza. Embora sua tese ignore completamente a cosmologia e epistemologia Pueblo e, de fato a interprete de maneira equivocada, Warburg (2010, p. 559) lembrou, no final de seu texto, da destruição da natureza causada pela colonização branca, que pode ser observada no fato de que os Pueblo não valorizavam mais a serpente.

Em termos gerais, Warburg fez uma importante contribuição para a compreensão da relação do ser humano histórico ocidental com o seu passado por meio da arte. Há quatro conceitos-chaves que permeiam os textos de Warburg nos seus estudos da psicologia da história da expressão humana, nomeadamente ocidental: a "fórmula de *pathos*", a "vida póstuma", a "memória/*mnemosine*" e o "engrama". A *Pathosformel*, ou fórmula de pathos, surge pela primeira vez no texto "Dürer e a antiguidade Italiana", embora já tenha estado presente na ideia de "energia" em sua tese de doutorado.

Em seu estudo de uma gravura de Dürer, *A morte de Orfeu*, Warburg demonstrou algo que a história da arte ignorou até então com relação ao estudo da arte grega antiga: "[...] uma corrente patética contida na influência da antiguidade redesperta [...]" (Warburg, 2015, p. 90). Sendo de tal forma visível, essa "fórmula de pathos" era uma "[...] linguagem gestual patética típica da arte antiga [...]" que forma todo um estilo (Warburg, 2015, p. 90). Essa linguagem, visível em vasos antigos, haveria sobrevivido na gravura de Dürer.

Figura 91

A morte de Orfeu, vaso grego, 460-450 a.C. Pintura sobre cerâmica.
Museo Archeologico Nazionale, Ferrara, Itália.
(Fonte: Archeo Ferrara).
A morte de Orfeu, Albrecht Dürer, 1494. Gravura.
Kunsthalle, Hamburgo, Alemanha.
(Fonte: Hamburger Kunsthalle).

O conceito serve sobretudo para afastar-se da análise formal de Wölfflin e indagar, mais uma vez, os motivos psicológicos dos estilos e de uma visão mais heterogênea. Faria parte do vocabulário estilístico da antiguidade, que consistia tanto em "[...] modelos para mímica pateticamente acentuada como para calmaria classicamente idealizadora [...]" (Warburg, 2015, p. 89). Ou seja, Warburg reconheceu os resultados de Winckelmann, porém entendeu que havia pluriestilos.

São essas "expressões exacerbadas do corpo ou da alma" que chamam a atenção de Warburg, expressões já identificadas no dionisíaco por Nietzsche em seu livro seminal sobre a tragédia. Os gestos patéticos fariam parte de uma linguagem internacionalmente compreendida pelos artistas do renascimento e que lhes permitiu, nos afrescos do palácio em Ferrara e nos textos com imagens da época de Lutero, "[...] arrebentar as amarras expressivas medievais [...]" (Warburg, 2015, p. 97). A circulação da fórmula de pathos não deveria ser reduzida pela história da arte em, como ele diz, "[...] maçantes estudos singulares sobre as dependências dos grandes indivíduos, ou seja, da história dos artistas. Pelo contrário, deveria ser compreendido também como parte do movimento maior para a emancipação já referida como "problema histórico-estilístico de amplo alcance [...]" (Warburg, 2015, p. 97).

Em vez da simplicidade nobre e grandeza serena, Warburg descobriu na Grécia antiga o surgimento de uma linguagem de emoções tensas e compreensível, que encontrou um interesse renovado no renascimento e, portanto, foi revivida. Em certo sentido, Warburg descobriu aqui uma comunicação europeia trans-histórica e transcultural que é sempre inerente às cosmopercepções a-históricas. Lembro apenas da linguagem das mãos negativas, de espirais ou pirâmides etc., que encontramos em todo o mundo.

De acordo com Agamben (2015), uma influência importante de Warburg foi Tito Vignoli. O pesquisador italiano havia proposto uma metodologia multidisciplinar que abrangesse a antropologia, a etnologia, a mitologia, a psicologia e a biologia para estudar as questões relacionadas à existência do ser humano. Ou seja, outros estudiosos já estavam questionando o pensamento historicizante-analítico das disciplinas estabelecidas para quebrar as fronteiras delas. Seguindo Agamben, Warburg articulou em 1912 a necessidade de "[...] uma ampliação metodológica das fronteiras temáticas e geográficas [...]" da história da arte, da qual faria parte o questionamento de teorias evolucionistas (Agamben, 2015, p. 134), ou seja, as narrativas mestras teleológicas.

Vale ressaltar que as ideias warburgianas acerca da iconologia são anteriores à sistematização em três passos de Panofsky, em que a identificação do texto é intermediária, mas fundamental. Agamben (2015, p. 135) notou que, em vez da preponderância do texto em Panofsky, o interesse de Warburg consistia na configuração de um problema histórico e ético que demandava "[...] um diagnóstico do homem ocidental [...]". Ou seja, o artista era entendido como um ser que tomava decisões éticas perante o legado do passado e o interpretava para "[...] se curar de suas contradições [...]" (Agamben, 2015, p. 135) e para elaborar uma forma de viver entre passado e presente.

Conforme o pensador italiano, Warburg refletia se o renascimento, denominação que questiona, não teria sido "[...] a operação consciente de uma energia crítica e construtiva [...]" (Agamben, 2015, p. 135). A ideia da emancipação do ser humano é identificada em vários textos como motor principal do fazer artístico, sendo essa a força ética central comentada por Agamben. Juntamente com o estudo de Nietzsche sobre a tragédia grega, estes textos poderiam ser vistos como as primeiras tentativas de confrontar as contradições do espírito colonial-capitalista europeu, embora de uma perspectiva que continuava a celebrar a Europa e a arte da antiguidade, sem sequer lembrar da sua colonização contemporânea. E não se deve esquecer que a emancipação era o horizonte teleológico que tinha muito mais a dizer sobre a estrutura colonial da Europa do que sobre sua arte.

De certa forma, Warburg antecipou, embora do ponto de vista do artista renascentista, Walter Benjamin e sua ideia de que os estudos da história devem ser sempre realizados de um ponto de vista contemporâneo, mas sem a dimensão política benjaminiana. Ele não procurou uma reconstrução, senão entendeu a motivação psicológica dos artistas quando desenvolveram um estilo próprio baseado em um anterior, isto é, na reformulação da fórmula de pathos. É nesse sentido que devemos compreender também o segundo conceito importante, o *Nachleben*, a "vida póstuma" da arte anterior na contemporaneidade. Warburg introduziu o conceito justamente para dar conta do problema do ser humano travado na história. Devido à existência da história — Foucault diria historicidade — e da presença das obras antigas, qualquer artista se defronta com o desafio da sobrevivência e da transmissão. Enquanto Greenberg considerou que isso era o problema da modernidade e Krauss do pós-modernismo, Warburg o encontrou já na modernidade do renascimento.

Para Agamben (2015, p. 136), todas as culturas precisam lidar com o legado anterior:

> Nessa perspectiva, pela qual a cultura é sempre um processo de *Nachleben*, quer dizer de transmissão, recepção e polarização, compreendemos por que Warburg devia fatalmente concentrar sua atenção no problema dos símbolos e de sua existência na memória social.

Como vimos, Bakhtin trabalhou a mesma questão na literatura por meio da ideia de dialogismo. O pathos, ou carga energética e experiência emotiva, sobrevive, isto é, tem vida póstuma nos símbolos e nas imagens. O trabalho do estudioso consistiria em desvendar a vontade seletiva de uma época que pode até levar à inversão de seu significado. No Ocidente, dada a historicidade, os artistas enfrentam sempre a carga energética das imagens anteriores — o que também é válido para textos —, que poderiam "[...] fazer regressar o homem à estéril sujeição ou de orientar seu caminho para a salvação e o conhecimento [...]", como diz Agamben (2015, p. 136). Em outras palavras, a energia percebida apresenta uma dimensão ambígua que pode ser opressiva ou libertadora. Para Warburg fora usada pelos artistas na maioria das vezes em sentido emancipatório.

O terceiro conceito, a "mnemosine", talvez resuma em termos teóricos todo o pensamento anterior. Encontra-se formulado no projeto warburgiano do *Atlas Mnemosyne*, sendo Mnemosyne a deusa grega da memória, realizado entre 1924 e 1929. Já vimos na fórmula de pathos e na vida póstuma a importância da memória, que, pessoal ou coletiva, salvaria o artista em sua busca de expressão e lhe abriria o caminho para a emancipação. Indeciso entre a irracionalidade da religião e a racionalidade matemática, a memória, entendida como espaço da arte, possibilitaria que o artista se posicionasse na tensão entre sensível e inteligível. Percebemos aqui que Warburg era, no fundo, um iluminista que combatia ainda a espiritualidade como irracionalidade da religião.

Nessa perspectiva, ele acreditava que o artista, em confronto com obras de arte anteriores, se debateria e tomaria partido algures entre racionalidade e irracionalidade. Ao ler o texto de Warburg, fica evidente a influência de Nietzsche e sua interpretação da tragédia como tensão e eventual equilíbrio entre o dionisíaco e o apolínio:

> Tanto a memória da personalidade coletiva como a do indivíduo vêm socorrer de um modo todo peculiar o homem artístico, que oscila entre a visão de mundo matemática e a religiosa: ela não o faz criando prontamente o espaço de reflexão, e sim atuando junto aos polos limítrofes do comportamento psíquico, de modo a reforçar a tendência à contemplação serena ou à entrega orgiástica (Warburg, 2015, p. 363).

Para Nietzsche, o equilíbrio encontrado na tragédia seria o ato fundamental civilizacional ocidental. Warburg, por sua vez, no seu intuito de compreender o fazer humano artístico, generaliza ainda mais, criando uma teoria acerca da arte que compreendia a criação artística como equilíbrio entre o ser e o mundo: "A criação consciente da distância entre si e o mundo exterior pode ser designada como o ato básico da civilização humana" (Warburg, 2015, p. 363). Coccia (2015) não diz outra coisa quando fala na individuação através da criação do terceiro espaço. Se substituirmos a palavra "criação" por "terceiro espaço", chegaremos à seguinte teoria do ato mnêmico: ele surge, tal qual a tragédia, da luta travada entre os medos acerca do mundo exterior, que atrapalham a emancipação, e de obras anteriores que já o registraram. O mundo ocidental insiste sempre nessa narrativa, ao mesmo tempo em que tenta entendê-la. No mundo não ocidental não há nenhuma luta com os medos ou o mundo exterior na arte, que serve para afirmar a espiritualidade, e, por conseguinte, nenhuma necessidade de se emancipar ou impor como criador.

O *Atlas Mnemosyne* mostra a tentativa de associar e comparar a memória imagética humana ocidental, suas diferentes fórmulas de pathos, para desvendar seu percurso. As imagens seriam — este é o quarto conceito — "engramas", ou seja, impressões das tensões espirituais de uma cultura, que o trabalho do historiador da cultura torna compreensíveis mediante sua comparação. A ideia de Heidegger da tensão entre ocultamento e desocultamento na obra de arte é próxima, mas, ao mesmo tempo, mais focada na ressacralização.

O *Zentrum für Kunst und Medientechnologie* (Centro para Arte e Tecnologia das Mídias, ZKM), em Karlsruhe, realizou, em 2016, uma exposição em que foi possível ver as mais de duas mil imagens do *Atlas Mnemosyne*, organizadas em 63 painéis, incluindo fotografias, reproduções de livros e material visual de jornais, agrupadas de acordo com sua afinidade, ou seja, por conceitos, para ilustrar diversas temáticas.

Como nota Agamben (2015, p. 137), o *Atlas* é um "gigantesco condensador recolhendo todas as correntes energéticas que tinham animado e animavam ainda a memória da Europa, tomando corpo em suas 'fantasias'". Todavia, é ele próprio imagem, isto é, sensível, sem que tenha sido reduzido ao dizível acerca dessas tensões Um grande mapeamento das tensões resultantes da helenização.

Figura 92

Atlas Mnemosyne, Aby Warburg, 1924-1929, 2016. Exposição, ZKM, Karlsruhe, Alemanha. (Fonte: ZKM).

As definições da imagem e da arte que conhecemos nos primeiros capítulos encontram-se em sintonia com a percepção do poder da arte por Warburg, que sempre realçou seu conteúdo energético, fóbico e patético, desenvolvendo uma metodologia de estudo com conceitos próprios. Vale destacar novamente que em relação à iconologia descrita como método por Panofsky, a importância do texto em Warburg não é grande, pois o exemplo de Dürer mostra que a memória das imagens anteriores é muito mais importante para o artista do que o texto. De fato, o pathos — o forte sentimento de sofrimento que Orfeu representa desde a antiguidade — é analisado ao longo da história.

Warburg demonstrou, assim, que o pathos deve ser compreendido como um elemento importante da antiguidade, mas não só. Como já observei, foi apaziguado ou domesticado por Winckelmann em sua teoria de "simplicidade nobre e grandeza serena, tanto nas atitudes como nas expressões", mas estudado — embora de outra forma — por Nietzsche. A figura de Orfeu, artista e profeta, surge em Warburg como sintoma mais visível da sociedade renascentista, na qual o artista adquiriu um novo status cuja ambiguidade futura foi constatada por diversos pensadores, conforme mencionei.

Podemos resumir que Warburg não só questionou alguns dos pilares da história da arte como disciplina — o paradigma época-estilo e as narrativas mestras —, mas ofereceu sobretudo novos e potentes conceitos teóricos para adentrar a psicologia da expressão humana, isto é, os motivos que levaram os artistas a desenvolver seus estilos. Os conceitos warburgianos foram absorvidos mais tarde, sobretudo a partir dos anos 1970, quando as discussões começaram a focar a história das imagens e o mundo visual, e quando surgiram os estudos culturais que intensificaram, bem no sentido de Warburg, o interesse da academia na cultura visual, em sua razão de ser e *modus operandi*. Vamos agora dar uma olhada mais de perto nisso.

DA VIRADA ICÔNICA OU PICTÓRICA

O famoso *iconic turn* (virada icônica) — cunhado por Gottfried Boehm (1994) —, ou *pictorial turn* (virada pictórica) — conceito resposta de M. T. J. Mitchell (1994) —, iniciou-se nesse período, mas ganhou força e apelido somente nos anos 1990. A ideia de virada provém do filósofo americano Richard Rorty e foi usada para expressar uma mudança no contexto de uma disciplina do conhecimento, no caso na história da arte, porém com fortes reflexos em outras. Para Mitchell (1994, p. 12), a virada deve ser situada algures entre dois conceitos de Kuhn, "paradigma" e "anomalia", sendo o segundo um tópico principal de discussão nas ciências humanas. Em outras palavras, não se trata de uma mudança de paradigma, senão de um novo enquadramento disciplinar.

A centralidade da imagem como nova questão-chave, ou seja, novo objeto de estudo, em várias disciplinas é associada por Mitchell (1994) aos trabalhos de diversos pensadores ocidentais, entre eles os da Escola de Frankfurt, de Ludwig Wittgenstein, Charles Peirce, Nelson Goodman, Jacques Derrida e Michel Foucault. Além deles, a bibliografia nos estudos das artes costuma incluir como primeiros autores da virada icônica aqueles que politizaram o debate acerca da imagem, seja nas artes plásticas, seja na publicidade, na televisão, no cinema ou no vídeo. Engloba estudiosos que começaram a abordar questões relacionadas ao olhar e à recepção ótica em termos psicológicos, sociológicos ou ideológicos ao longo dos anos 1970. Figuras importantes são John Berger, que, em 1972, interrogou a centralidade da pintura a óleo europeia, Laura Mulvey, que, em 1975, pensou a scopofilia — o olhar masculino no cinema —, e John Fiske, que, em 1978 e 1985, começou a estudar a televisão como texto, ou seja, como mídia culturalmente relevante.

Refletindo sobre os estudos de Warburg, fica evidente que a virada icônica ou pictórica não se deu por um golpe. Absorveu e acompanhou o desenvolvimento de novas teorias, novas metodologias e de novos valores que surgiram de novos questionamentos, formulados não mais de acordo com as artes ou mídias, senão de acordo com a criação de novas áreas do conhecimento, elaborando novas epistemologias de teor sociopolítico, como os estudos feministas e femininos (*women's studies*) ou os estudos da representação e expressão de homossexuais, transexuais etc. — LGBTQIA+ — (*queer studies*), e mais recentemente dos estudos descoloniais e da introdução de cosmopercepções e epistemologias não hegemônicas de povos outrizados. Infelizmente, não terei espaço aqui para mostrar como participam da interrogação dos valores anteriormente defendidos pelas sociedades eurocêntricas e patriarcais, e como resultaram em novos cursos e departamentos acadêmicos.

Lembro apenas três autoras-chaves: Linda Nochlin (2017) e seu texto "Por que não houve grandes mulheres artistas?", de 1971, que mostra não ter havido condições para mulheres atuarem como artistas (embora tenha tido mais do que assumido na história da arte masculina-branca); e *Problemas de gênero*, da também americana Judith Butler (2003), de 1990, que sugere o gênero ser uma construção tanto social como performática. A opressão, mas também a emancipação, foram destacadas por ela. A nigeriana Oyeronke Oyewumi (2021) abriu uma perspectiva ainda mais empolgante em seu *A invenção das mulheres*, explicando que, entre o povo iorubá da atual Nigéria, a ideia ocidental de gênero nunca existiu porque sua visão de mundo não pressupõe a determinação biológica. A autora ressalta que há povos que não dividem as pessoas em categorias binárias. Em vez disso, para os iorubás, a senioridade é a razão base para ocupar papéis sociais.

Vou referir também, apenas brevemente, as publicações mais importantes no contexto da história da arte ou das novas disciplinas visuais que dizem respeito à imagem propriamente dita. Como já observado no segundo capítulo, isso não ajudou de fato a descolonizar os estudos, ou seja, a incluir outras epistemologias e visões de mundo. Foi mais uma questão de dar uma resposta ao fim da história da arte moldada no renascimento, sem entender que essa moldura e o entusiasmo pela antiguidade são, em última análise, parte do programa colonial-capitalista moderno. Embora a epistemologia dos estudos da imagem aborde ideias não europeias, como o poder da imagem, falta-lhes a compreensão histórica da colonialidade subjacente a todos os estudos ocidentais.

Em 1990, Hans Belting escreveu *Antropologia da imagem* (2014), em que desenvolveu, como indica o título, uma perspectiva sobretudo antropológica, defendendo, contudo, uma abordagem interdisciplinar em sua introdução. Belting critica primeiro a atitude recente da história da arte de declarar agora tudo como arte, e insiste depois na abolição das fronteiras construídas pelo conceito arte, o que tornaria necessário falar da imagem. Por ser especialista na arte do medievo, escolheu a imagem de culto como objeto de estudo e a analisou desde o surgimento do ícone no Sinai até o surgimento do retábulo de altar no medievo italiano. A ideia de culto, como já dito, não existe no contexto não hegemônico, pelo menos não como adoração. Sem levar isto em consideração, Belting acabou criando um grande panorama histórico acerca da relação entre arte, imagem e culto europeus. Seu intuito segue o passo de Warburg: desconstruir a periodização e as hierarquizações que sobreviveram como ciência normal na história da arte para eliminar a diferenciação entre era moderna e medievo.

No entanto, é possível verificar que o livro ainda está sob o efeito do paradigma época-estilo, procurando valorizar o medievo, embora defenda, ao mesmo tempo, que a imagem de culto seja trans-histórica. Jeffrey Hamburger (2013, p. 354) observa que *Antropologia da imagem* procura sobretudo questionar o renascimento como um ponto de virada e inauguração da modernidade. Essa tese é identificada por Hamburger como parte de uma tendência nostálgica para com o medievo e resultado da perda do imediatismo e da presença do metafísico. De fato, já encontramos essa ideia em autores tão diversos como Agamben, Didi-Huberman e Mâle.

Além do mais, Hamburger (2013, p. 356) alega que a redefinição da imagem beltiana separaria demais a palavra da imagem, insistindo assim na iconofobia dos teólogos, apesar de eles terem ignorado de forma soberana sua existência. O autor destaca ainda a pouca influência de Belting no mundo anglo-saxônico e realça a diferença entre a antropologia da imagem beltiana e as abordagens de estudiosos americanos como David Freedberg, autor de *The power of images* (O poder das imagens) (1989), ou W. J. T. Mitchell, que escreveu *Picture theory* (Teoria das imagens) (1994) e *What do pictures want?* (O que querem as imagens?) (2005) (Hamburger, 2013, p. 359).

Embora os três autores e seus livros tenham participado da virada icônica ou pictórica, haveria diferenças profundas entre eles. Belting criticaria sobretudo a teleologia da história da arte e o combate da disciplina à identificação da imagem com o corpo. Freedberg, por sua vez, encontraria um papel construtivo nos teólogos, considerando-os os primeiros a elaborar uma teoria psicológica da imagem, um dos principais interesses da virada pictórica americana e questão-chave para Aby Warburg. A grande diferença entre os americanos e Belting estaria no fato de que, nos Estados Unidos, o enfoque recairia sobre as mídias de massa e metodologias pós-linguísticas e pós-semióticas, enquanto Belting e o debate alemão focaria o problema do corpo como mídia (Hamburger, 2013, p. 360).

Seja como for, seria possível argumentar que também W. J. T. Mitchell compartilha de uma abordagem antropológica, apesar de aplicar teorias de cariz psicológica e filosofante acerca do desejo ao estudo da imagem. Assim como Belting, Mitchell questiona o uso da palavra imagem nos discursos das diferentes disciplinas, nomeadamente na teoria literária, na história da arte, na filosofia e na teologia. Investigando imagens como parte das práticas sociais e culturais, o autor propôs, já em 1984, que elas seriam mais do que códigos. De fato, Mitchell igualou-as ao próprio ser humano, elaborando assim as ideias de energia e pathos de Warburg. As imagens alcançariam, assim, um papel comparável ao de atores no palco da história. Lembrando também nisso Warburg e toda a tradição iluminista, o autor procurou destacar a importância da imagem na emancipação do ser humano ocidental de um suposto criador, tornando-se ele próprio, como já havia sugerido Vasari e mais tarde Schelling, entre outros, um criador:

> Imagens não são simplesmente um tipo de signo. Senão algo como atores no palco histórico, uma presença ou uma personagem que possui status lendário, uma história que possui paralelos e participa nas histórias que nós contamos uns aos outros sobre a nossa evolução de criaturas feitas à imagem de um criador para criaturas que se fazem a si mesmos e seu mundo à imagem de si próprios (Mitchell, 1984, p. 504).

A tese de Foucault de que o pensamento clássico ocidental é o resultado do desejo de se libertar da dependência de um criador também ecoa aqui. Ao lidar com a ideia corpórea da imagem, Mitchell presumiu que havia uma conexão forte, amorosa e recíproca entre nossos corpos e as imagens. Poderíamos dizer que isso é um reflexo da tradição cristã de venerar imagens como representantes diretos dos seres, de acordo com os *acheiropoieta*.

Em seu famoso livro sobre o que as imagens querem, Mitchell definiu a imagem factualmente como um ser com desejos. O ser humano possuiria com a imagem um relacionamento intenso, amoroso. Contudo, esse amor, ou *eros*, como desejo de vida deve ser entendido conforme a definição da psicanálise, ou seja, é sempre associado ao *thanatos*, o desejo de morte. Seja como for, de acordo com o autor, as imagens devem ser compreendidas em sua complexidade e paradoxalidade:

> Quando me pedem uma resposta rápida para a pergunta "O que querem as imagens?", sempre respondo que elas querem ser beijadas. Mas então surge a questão: o que é um beijo? E a resposta é que ele é um gesto de incorporação, de vontade de engolir o outro sem matá-lo — de "comê-lo vivo", como se diz. Então queremos assimilar a imagem a nossos corpos, e elas querem assimilar-nos aos delas. É um caso amoroso correspondido, mas um caso permeado tanto por perigo, violência e agressão quanto por afeição (Mitchell, 2009, p. 4).

Aqui temos novamente a visão ocidental negativa e violenta do mundo, que não conhece nenhuma conexão pacífica entre o ser humano e a imagem, o ser humano e a natureza, o ser humano e o ser humano.

Para Mitchell, a virada pictórica está, consequentemente, mais relacionada ao hibridismo e às formações mistas das imagens nas "mídias visuais" — ou seja, surge das novas relações estabelecidas entre som e imagem, texto e imagem — do que a um maior interesse pela imagem por parte das disciplinas acadêmicas. Em outras palavras, está ligada à história da cultura e ao surgimento de novas tecnologias de reprodução, aos novos conjuntos de imagens associados a movimentos sociais, políticos ou estéticos.

Como notado anteriormente, os estudos da imagem não são um novo paradigma, mas apenas uma extensão da escolha de objetos, com interesse especial em ícones, por um lado, e em novas tecnologias, por outro. Certamente, há algumas ideias interessantes que abrem novas maneiras de olhar para as imagens no Ocidente, destacando ainda seu poder intrínseco. No entanto, os estudos da imagem continuam muito ligadas à antropologização e à psicologização inerentes à epistemologia ocidental para que a virada icônica ou pictórica tenha realmente conseguido chegar a uma compreensão mais complexa do fenômeno da imagem.

▸ BREVE CONCLUSÃO

Para concluir as reflexões sobre como a arte é estudada como ciência, passo a resumir as maneiras como foi estudada na esfera acadêmica, tanto na história da arte como em outras disciplinas que estudam as artes, nomeadamente nos estudos de cinema, literários e da imagem.

1. De acordo com Kuhn, um paradigma é o resultado de um enigma que uma disciplina científica procura resolver. Formula um conjunto de três elementos: valores, teorias e metodologias. As soluções não levam a um desenvolvimento do conhecimento, uma vez que ele sempre possa ser questionado e não exista um ponto final. Não obstante, Kuhn usa o termo revolução quando um novo paradigma leva a uma mudança em uma visão de mundo, como a virada copernicana.
2. Em cosmopercepções não europeias ou hegemônicas, há uma agregação de conhecimentos e saberes que é transmitida pelos ancestrais ou provém da observação da natureza e do mundo. Portanto, nenhuma visão de mundo é descartada ou questionada por novos conhecimentos. Novos saberes são acrescentados. O conhecimento de um mundo heliocêntrico,

entre outros conhecimentos científicos supostamente ocidentais sobre o ciclo da natureza, as plantas medicinais, o mundo animal etc. existe há milênios, mas é compreendido pela ciência ocidental como novidades e revoluções no conhecimento.

3. A atitude bélica da epistemologia ocidental é exemplificada por Rancière, que acredita que as disciplinas nada mais fazem do que estabelecer fronteiras para iniciar uma guerra usando métodos como armas. Esses métodos são então usados para contar ficções que possuem pauta ideológica para fazer uma partilha do sensível. Isso também significa que os paradigmas são temporários e que a indisciplina é uma forma de chamar a atenção para as ficções disciplinares que tentam manter seu paradigma. Todavia, seguindo a tradição no pensamento ocidental, Rancière glorifica a filosofia e a vê como a única disciplina capaz de romper as fronteiras e ficções por meio do pensamento indisciplinar.
4. Embora as ciências humanas não possam ser comparadas com as ciências exatas e seus paradigmas, pois nas exatas ocorrem de fato revoluções quanto à visão de mundo ocidental, as humanas também procuram resolver os enigmas através de paradigmas. No caso da história da arte e disciplinas afins, percebemos que o paradigma é muito estável, focando na época-estilo, e nunca ocorreu uma revolução, somente alterações com relação aos valores, às teorias e às metodologias. No entanto, foram criadas novas disciplinas que estudam a imagem ou a cultura visual.
5. No caso das disciplinas acadêmicas que lidam com arte, época-estilo é o único paradigma. Existem apenas variações em relação ao valor, à teoria e aos métodos, como o estudo do artista e de seu estilo. Época-estilo serve como um elemento-chave para periodizações e análises formais. Encontramos isso pela primeira vez em Vasari em relação ao renascimento. Vasari escolheu biografias (método) de determinados artistas e estabeleceu a tese do aumento (teoria) da imitação da natureza (valor). Winckelmann depois desenvolveu o paradigma para a antiguidade grega de forma pré-científica, formulando a teoria cultural-científica da simplicidade nobre e grandeza serena, que estabeleceu como valor o equilíbrio na arte, na política (democracia, mas na verdade império colonialista) e

no clima (temperado). Vários estudiosos o seguiram, escolhendo diferentes períodos para seus estudos — antiguidade grega, gótico, renascimento, barroco, modernismo, pós-modernismo etc. — mudando seus valores e tentando refinar seus métodos.

6. O estudo formal para definir o estilo de uma época tornou-se metodologia central por meio do estudo comparativo (renascimento e barroco) desenvolvido por Wölfflin. Isso levou a um esvaziamento do conteúdo. A reivindicação de poder pelo barroco devido à contrarreforma, bem como seu envolvimento com a colonialidade não foram considerados. Muitos autores adotaram o estudo formal do estilo, e é por isso que ele pode ser considerado ficção padrão. Os estudos formais e a ideia de épocas e seus estilos, não fariam sentido na arte não europeia ou hegemônica, em que os elementos estilísticos são transmitidos de geração em geração. Eles podem ser variados e alterados dentro de certas regras. Os valores nos quais eles se baseiam habitualmente permanecem constantes, com pouca variação. Em geral, a época-estilo ocidental seguia uma agenda nacionalista e colonial-capitalista, afirmando a autoimagem europeia e sua suposta superioridade.
7. O paradigma época-estilo foi absorvido por outros estudos artísticos, nomeadamente pelos estudos literários e os estudos de cinema e das mídias. Para igualarem-se às artes mais antigas, sobretudo os estudos de cinema focaram a questão do estilo autoral nos anos 1950. Nos estudos literários, no entanto, o estilo autoral foi relativizado desde os anos 1940 por meio do dialogismo bakhtiano e, nos anos 1960, pela intertextualidade kristeviana, até a declaração da morte do autor por Barthes e a ideia do autor como função de Foucault, nos anos 1970. Nos estudos de cinema, o paradigma foi interrogado por meio da valorização do primeiro cinema e de sua estética de atrações por Gunning.
8. Na história da arte, o paradigma época-estilo conhece contestação a partir dos anos 1920, quando em Viena e em Hamburgo diversos estudiosos procuram abordagens inter e multidisciplinares. Esse processo foi interrompido pelo fascismo alemão e a Segunda Guerra Mundial e a consequente perseguição e o exílio dos estudiosos.
9. A iconologia surge nessa altura como uma tentativa metodológica de maior complexidade, que vá além do estudo formal por meio do estudo

do texto no qual uma imagem se baseia — sua iconografia —, bem como pelo estudo posterior através de outras áreas do conhecimento — antropologia, sociologia, psicologia etc. — para chegar a uma ideia sintética e intuitiva acerca de uma época. Seus representantes mais ilustres foram Aby Warburg e Erwin Panofsky.

10. Aby Warburg foi mais radical em seu estudo do enigma arte. Viu muito claramente as limitações da jovem disciplina história da arte e quis alargá-la não só para uma história social, como vários estudiosos inspirados pelo marxismo, mas para uma ciência da cultura. Entendeu as imagens — que deixaram de ser obras — como documentos e sintomas do desejo de emancipação, na tradição iluminista, do ser humano, e de seus medos perante o mundo. Sugeriu que a memória (*mnemosine*) contida nas imagens antigas (que se manifesta por meio de seu pathos ou energia) possibilitaria não só a criação de novas imagens (por meio de sua vida póstuma), mas também forneceria ao estudioso a possibilidade de compreender nelas (entendidas como engramas) a psicologia da história das expressões humanas, reduzidas, no entanto, ao mundo ocidental. Quando Warburg estudava uma época, sobretudo o renascimento, sempre a via não apenas em termos estilísticos, mas como diálogo com as épocas anteriores, seja com o medievo, seja com a antiguidade, descartando assim a ideia de época-estilo e abrindo mão das narrativas mestras teleológicas. Demonstrou, dessa forma, a visão de mundo compartilhada do Ocidente desde sua origem mítica na Grécia antiga. Warburg permaneceu eurocêntrico, insistindo na necessidade de emancipação da superstição e interpretando falsamente as cosmopercepções não europeias e suas expressões artísticas como expressões do medo da natureza.

11. A conceituação das imagens como documentos das mudanças e constâncias na expressão e no pensamento no Ocidente, postulada por Aby Warburg, levou mais tarde à reformulação da disciplina que as estuda e surgiram novas: ciência da imagem, estudos visuais, cultura visual. Não se trata de uma mudança de paradigma, senão do reenquadramento disciplinar do arquivo de imagens produzido pelo ser humano ao longo dos milênios, com especial atenção para as imagens criadas pelas mídias de massa e as novas tecnologias na contemporaneidade. Na América do

Norte, vêm ganhando atenção especial as mídias de massa e as imagens reprodutíveis. Entre os autores importantes na redefinição do poder e do desejo das imagens estão Belting e Mitchell. No entanto, ainda não foi elaborada uma perspectiva universal e certamente não existe uma perspectiva descolonial, mas sim uma concentração na produção do mundo da imagem pré-colonial do medievo e nas mídias de massa do mundo colonial-capitalista contemporâneo.

CAPÍTULO 8

O QUE É ARTE BRASILEIRA E COMO SE ESTUDA?

Este último capítulo é dedicado ao Brasil, seus estudos das artes e sua arte. O objetivo é mostrar como é difícil, mesmo, ou especialmente, em um país latino-americano, libertar-se do eurocentrismo e desenvolver uma perspectiva descolonial. Embora já existam algumas publicações que tentam desenvolver uma perspectiva descolonial para as histórias das artes no Brasil, a maioria delas são ainda declarações e não estudos. Há também um interesse crescente nas artes afro-brasileira e indígena, mas a epistemologia usada para analisá-las continua sendo a ocidental.

Minha intenção é, por isso, apresentar a situação dos estudos das artes brasileiras, da arte e de alguns autores descoloniais. Começo com reflexões sobre o status do Brasil como ex-colônia, depois descrevo as diferentes periodizações desenvolvidas para as artes brasileiras que seguem a perspectiva eurocêntrica do paradigma época-estilo, para então abordar os dois principais mitos fundadores nacionais. Em seguida, apresento várias teorias da arte que lidam com a história do Brasil como um país colonizado. Elas surgiram de um sentimento de inadequação em relação ao modelo europeu, negligenciando as artes indígena, africana e negra ou afro-brasileira, suas cosmologias e epistemologias. Incluo ainda algumas teorias da literatura e do cinema. Depois, contrasto essas perspectivas com as perspectivas indígenas e afrodiaspóricas. No final, apresento os primeiros manuais, resenhas de arte e histórias da arte e discuto brevemente a importância de algumas exposições nacionais e internacionais para o desenvolvimento da história da arte nacional.

DA CONDIÇÃO COLONIAL DO BRASIL

Já citei diversas vezes Vilém Flusser e sua ideia de que o Brasil, como a maioria dos países do nosso planeta, deve ser considerado um país a-histórico. Gostaria de sublinhar novamente que não se trata de uma falta de história propriamente dita, mas sim de uma visão de mundo, na qual o conhecimento é transmitido oralmente ou de forma pictórica, por meio de músicas e danças, e, em termos gerais, de forma acumulativa. No pensamento a-histórico não há espaço entre o significante e o significado que precisa ser preenchido com conhecimento histórico-analítico. Os critérios de hierarquização e a análise de aspectos formais ou iconológicos não fazem sentido nesse contexto. O conhecimento transmitido de forma sensível na arte é comunicado diretamente, e todos os participantes entendem os códigos visuais, orais ou sonoros. A arte está em harmonia com o ser humano, a natureza e as várias dimensões do universo, está entrelaçada com a vida cotidiana e é uma forma de entrar em contato com o outro mundo, para tornar visível o invisível. Embora as artes indígena, negra e/ou afrodiaspórica contemporâneas sejam frequentemente usadas para destacar problemas políticos como genocídio, culturcídio, racismo e invasões de territórios demarcados, elas continuam comprometidas com cosmopercepções não europeias.

O aspecto negativo da a-historicidade é a persistência da opressão colonial e a impossibilidade de exercer influência no cenário político. Como ex-colônia, o Brasil foi um local de intensa exploração e manteve sua estrutura feudal e patrimonialista mesmo após a independência em 1822. Graves problemas herdados do colonialismo, como a injustiça social apontada por Darcy Ribeiro (1995), a escravatura e o racismo descritos por Gilberto Freyre (1998), a cordialidade paternalista diagnosticada por Sérgio Buarque de Holanda (2004), a falsa democracia racial, o genocídio e culturcídio dos afrodescendentes denunciados por Abdias do Nascimento (2016), por Davi Kopenawa (2015) para os povos indígenas, a mentalidade escravocrata criticada por Caio Prado Júnior (1987), e a troca de favores lembrada por Roberto Schwarz (2014) impossibilitaram o desenvolvimento de um país nos moldes do liberalismo democrático europeu, embora este seja um resultado direto do colonialismo. Além do mais, todos esses elementos são perpetuados até hoje como mentalidades funcionais, como observa Muniz Sodré (2023).

No final do século 19, o mais famoso escritor afrodescendente, Machado de Assis (1839-1908), reclamava que no Brasil ainda "[...] domina o fato 'impolítico e abominável' da escravidão [...]" (Assis *apud* Schwarz, 2014, p. 47). Machado via isso pela lente eurocêntrica, alegando que o impacto do iluminismo, sua racionalidade, ciência e liberalismo ainda não se haviam implementados. De fato, universidades somente foram criadas no final do século 19 e no início do século 20. Também a industrialização veio tardiamente, levando a um capitalismo selvagem. Além disso, em contraste com outros países latino-americanos, no Brasil as universidades só foram fundadas no final do século 19 e início do século 20. A industrialização chegou tarde e, devido à administração deficiente da justiça, levou a um capitalismo selvagem no qual a corrupção era (e ainda é) aceitável. A longa ditatura, entre 1964 e 1985, prescreveu uma modernização radical para o país, reduzindo ao mínimo as possibilidades de engajamento civil.

Octavio Ianni (2000, p. 55) oferece uma visão panorâmica dos mitos e temas discutidos pelos mais diversos autores brasileiros. Realça que é uma singularidade do Brasil e atividade contínua procurar pensar o país de forma sistemática. Essas interpretações costumam priorizar certo setor da sociedade ou oferecer visões de conjunto, com o objetivo de apontar as "linhas mestras da história nacional" (Ianni, 2000, p. 55), razão pela qual haveria uma "[...] profusão de explicações, interpretações e teses que se multiplicam, sucedem, complementam e polemizam [...]" (Ianni, 2002, p. 55-56). Embora haja essa multiplicidade, Ianni (2000, p. 56) encontra alguns temas recorrentes que resume da seguinte forma:

> [...] centralismo e federalismo; estado forte e sociedade civil débil; história incruenta e revoluções brancas; conciliação e reforma; luso-tropicalismo e democracia racial; economia primária exportadora e industrialização substitutiva de importações; mercado emergente e neoliberalismo; além de outros temas também significativos.

No que diz respeito, por exemplo, ao Estado e ao poder estatal, Ianni (2000, p. 57) destaca que as interpretações variariam entre autoritárias ou reconhecendo o "[...] jogo das forças sociais subalternas", afirmando ainda que

> [...] a sociedade civil parece um subproduto da atividade demiúrgica do estado, [ela é] débil, pouco organizada, gelatinosa. As explicações dadas são as raízes coloniais e escravocratas [...] com tradições patrimoniais, coronelismo, caciquismos, políticas de campanário. Outras são abertamente evolucionistas [...] apelando para o racismo [...] uma europeização imaginária.

Ianni ressalta que a episteme de referência no Brasil foi sempre a europeia: "[...] tomam escritos europeus como se fossem expressões indiscutíveis da formação das nações europeias, modelos definitivos para as outras sociedades", ou seja, não levando em consideração que os europeus também idealizam. A tese mais antiga, porém, renovada, sugere que o Estado é autoritário, resultado de uma sociedade civil "[...] muito especial: três raças tristes, escravos e livres, índios, negros e brancos, imigrantes e nacionais [...]" (Ianni, 2000, p. 58). Essa mistura é considerada explosiva. Associada às raízes imperiais e coloniais, embora tenha sido adotado "[...] um modelo jurídico-político europeu de estado-nação com ingredientes norte-americanos [...]", pensa-se, por isso, que a coletividade precisa ser "[...] tutelada, de cima para baixo [...]" (Ianni 2000, p. 58). Predominaria, portanto, a ideia de uma missão civilizatória do Estado, como se evidenciou na ditadura militar.

O texto de Ianni é muito claro em sua análise das narrativas sobre o Brasil ao longo de sua história e demonstra bem quais as razões do surgimento de certas teses e estudos. De fato, na última parte discute justamente as interpretações do Brasil tidas como precursoras (de Euclides da Cunha, Alberto Torres, Joaquim Nabuco, Rui Barbosa, Sílvio Romero, José Veríssimo, Machado de Assis e Lima Barreto), que debatem a sociedade escravocrata; e as interpretações clássicas (de Jackson de Figueiredo, Oliveira Vianna, Gilberto Freyre, Sérgio Buarque de Holanda, Roberto C. Simonsen, Caio Prado Júnior e Eugênio Gudin), que debatem a questão nacional no contexto da vocação agrária do país. As novas interpretações surgiram depois dessa geração marcada pela época entre guerras e procurariam "[...] aprofundar a análise da tessitura da sociedade brasileira, em suas instituições e valores, classes e grupos sociais, história e tradições, formas de organização e condições de transformação, reforma e revolução [...]" (Ianni, 2000, p. 71). O autor cita muitos artistas e estudiosos nesse contexto (Mário de Andrade, Florestan Fernandes, Raimundo Faoro, Clóvis Moura, Jacob Gorender, Celso Furtado, Antonio Candido, Mário Pedrosa, Alfredo Bosi, Cândido Portinari, Graciliano Ramos e Oscar Niemeyer). O texto de Ianni (2000, p. 72), que chama o Brasil de uma "fábrica de explicações", que não deixa de ser uma "incógnita sem fim", propõe que se trata, tomando todas as teses em seu conjunto, de "[...] uma ampla e complexa narrativa sobre a formação e as transformações do Brasil [...]", assim como, bem no sentido de Rancière, "[...] uma ampla e complexa narrativa ficcional [...]" (Ianni, 2000, p. 72).

Vale lembrar que os autores citados são todos da elite branca brasileira e que, na maioria das vezes, não se afastam do eurocentrismo destacado. Trata-se de um problema complexo que vem sendo discutido apenas recentemente por meio do lugar de fala em relação à epistemologia brasileira:

> O *locus* de enunciação não é marcado unicamente por nossa localização geopolítico dentro do sistema mundial moderno/colonial, mas é também marcado pelas hierarquias raciais, de classe, gênero, sexuais etc. que incidem sobre o corpo (Bernardino-Costa; Grosfoguel, 2016, p. 19).

Embora as relações coloniais tenham sido repetidamente abordadas nos muitos estudos sobre o Brasil, os autores racializados e etnizados, de outras classes e gêneros foram, em sua maioria, deixados de fora. Não é coincidência o fato de que textos importantes como *O genocídio do negro brasileiro*, de Abdias Nascimento, publicado pela primeira vez na Nigéria em 1977, estejam ainda pouco presentes nas bibliografias de ciências humanas, ciências sociais e estudos das artes nas universidades brasileiras. A nova edição (Nascimento, 2016) dá esperança de que esse livro pioneiro, devido às suas percepções profundas e indiscutíveis sobre o racismo estrutural e institucional, e o genocídio da população africana e afrodiaspórica no Brasil, receba o lugar que merece nos próximos anos. Das importantes publicações que estão surgindo, merece igual destaque o livro *Fascismo da cor: Uma radiografia do racismo brasileiro* de Muniz Sodré (2023).

Em inúmeros textos citados por Ianni (2000), a condição de ex-colônia, que reproduz essas hierarquias, surge marcante para a sociedade atual. Embora não seja lembrada nos textos sobre artes que passo a referir agora, a consciência dessa condição permeia todos os discursos acerca delas.

▶ DA PERIODIZAÇÃO DA ARTE BRASILEIRA E DE SEUS MITOS DE ORIGEM

Como nos outros países do continente latino-americano, essa condição levou à imposição das narrativas mestras existentes e referidas nos capítulos anteriores, em vez da criação de epistemologias próprias. Por isso, a historiadora de arte argentina Andrea Giunta (*apud* Ferreira, 2011, p. 29) é da opinião de que, na verdade, "[...] a história da arte na América Latina é uma inscrição local da metodologia da história da arte ocidental, bem como de sua estabelecida narrativa". A importação e implementação de ideias de fora preocupou e ainda preocupa muitos estudiosos das artes, das mais diversas formas.

A influência do paradigma europeu época-estilo permeia toda a periodização da arte brasileira. De modo sumário, reflete-se na subdivisão em três momentos: arte pré-colonial (rupestre e ameríndia ou indígena), arte colonial e arte brasileira. O último é normalmente associado à chegada da famosa Missão Artística Francesa, que veio ao Brasil em 1816 com o objetivo de implementar uma escola das artes, a Academia Imperial de Belas Artes do Rio de Janeiro. Originalmente, o projeto abrangia também ciências e ofícios para introduzir no Brasil o progresso tecnológico e científico europeus. Trata-se, de fato, do mito de origem mais importante da história da arte brasileira.

Vale lembrar que a primeira academia desse tipo foi criada em Florença, em 1563, por Giorgio Vasari. Seguia dois objetivos: elevar o status do artista e melhorar seu treinamento. A direção coube a um aristocrata, o grão-duque Cosme de Médici, e a um artista, Michelangelo. Outro aspecto importante da profissionalização almejada foram as exposições na academia, que levaram a um maior interesse pelas artes na população urbana e impulsionaram também a crítica — uma vez que as academias se estabeleceram em outros países europeus. Essas exposições foram seguidas pouco tempo depois pela criação de museus, que tornaram públicas tanto as grandes coleções reais, como o

Musée du Louvre, em Paris, ou o Museo del Prado, em Madrid, quanto as de outros aristocratas ou personalidades, como The Ashmolean, em Oxford. Esses museus levaram a um maior estudo da produção artística acumulada e participariam da criação ou do questionamento de cânones conforme as obras colecionadas (Arnold, 2003).

O modelo europeu de estudar as artes e de as expor acabou sendo implementado no Brasil após a chegada da corte portuguesa, em 1808. A família real fugiu do imperador francês Napoleão e se estabeleceu como a única monarquia europeia em uma colônia. D. João VI não foi o responsável pelo convite à missão e que a academia — uma ironia da história — foi uma iniciativa dos franceses. De acordo com Elaine Dias (2015, p. 138), a vinda de um grupo de arquitetos e pintores, que defendiam a viagem para "promover o progresso artístico e científico", foi ideia de Joaquim Le Breton (1760-1819). De acordo com Dias (2015, p. 141), a iniciativa foi de um cortesão português, António Araújo e Azevedo, Conde da Barca (1754-1817), fato também relatado pelo artista Jean-Baptiste Debret (1768-1848) em seu famoso livro *Viagem pitoresca histórica ao Brasil*, de 1834.

Até essa data, mas também depois, as artes, sobretudo as visuais, não tinham encontrado terreno fértil no Brasil. Não só dependiam inicialmente da vontade política de potenciais colonizadores de países com mais tradição imagética do que Portugal — ou seja, da Holanda e da França, bem como da experiência de artistas estrangeiros trazidos por eles —, como também de uma inventividade ímpar, pois a coroa portuguesa nunca as apreciou. Na verdade, desde a sua colonização, o reino português zelava para camuflar a existência do Brasil. Por um lado, para não revelar os tesouros naturais que havia achado, e por outro, para determinar o discurso justificador da colonização. Este era desenvolvido de forma literária, desde a famosa carta de Pero Vaz de Caminha, escrita em 1500, elogiando o ímpeto civilizador do empreendimento, ao mesmo tempo que desenvolvia uma visão pejorativa e homogeneizadora dos nativos supostamente canibais que precisavam ser catequisados. Certa logofilia — a preferência dada à palavra para tecer esse discurso — aliada a certa iconofobia — a desconsideração da imagem — permeiam a história da arte brasileira desde a chegada dos portugueses. Aliaram-se rapidamente ao desprezo pelo trabalho manual dos artistas, associado sobretudo ao trabalho escravizado, como veremos mais adiante.

Não é nenhum exagero dizer que a produção imagética colonial se deu de forma bem mais demorada do que a produção de textos. Valeria Piccoli (2014, p. 63) fala na "[...] notável escassez de imagens, que se manteve dominante nos dois primeiros séculos da colonização do Brasil, notadamente no que diz respeito à representação de suas riquezas naturais [...]". As primeiras imagens da terra desconhecida pelos europeus encontram-se apenas em mapas, recurso indispensável para a conquista. Neles reduzia-se a exuberância tropical a "[...] pequenas vinhetas à maneira de iluminuras [...]" (Piccoli, 2014, p. 63), ameaçavam seres mitológicos do imaginário europeu nos mares e surpreendiam primeiras impressões dos nativos em suas atividades cotidianas, como no *Atlas Miller*. Vemos os indígenas cortando pau-brasil, objeto principal de desejo dos europeus recém-chegados e motivo da cartografia.

Figura 93

Atlas Miller, Pedro Reinel e Lopo Homem, 1519. Mapa em livro. Bibliotheque Nationale de France, Paris. (Fonte: Wikimedia Commons).

Gravuras e quadros a óleo surgiram somente a partir das tentativas de os franceses e holandeses reivindicarem uma parte do território chamado Brasil para fins coloniais. Eram trazidos artistas como André Thevet (1502-1590), Jean de Léry (1534-1611), Frans Post (1612-1680) e Albert Eckhout (1610-1666), cuja tarefa de retratar o país e seus habitantes tinha interesses geopolíticos e científicos. Além desses artistas criarem imagens e, assim, um imaginário dos locais ocupados, também estudavam e catalogaram os nativos, a flora e a fauna da terra. Os quadros da "pintura americana" são fortemente marcados pela tradição de paisagens topográficas, cujos esquemas compositivos seguiam a pintura holandesa da época (Piccoli, 2014, p. 65). Esse olhar estrangeiro foi dominante até o século 19, principalmente na pintura e no desenho. A paisagem do rio São Francisco, uma de sete pinturas sobreviventes de Frans Post, pode servir como exemplo da tradição paisagística flamenga. A capivara e os cactos se inserem naturalmente no esquema da pintura tradicional holandesa.

Figura 94

Rio São Francisco, Frans Post, 1639. Óleo sobre tela. Musée du Louvre, Paris, França. (Fonte: Wikimedia Commons).

Ao estabelecer uma ideia europeia de belas artes, a Academia manteve a tradição do olhar estrangeiro. Ela organizou sua primeira exposição em 1828, que durou apenas um dia. Uma exposição mais extensa foi realizada no ano seguinte. A Academia também deu início aos primeiros textos críticos, que inicialmente foram escritos exclusivamente por seus diretores e professores. Além disso, ela criou uma coleção própria, acessível ao público como museu somente a partir de 1880 (Migliaccio, 2015). Mas embora a história da Academia tenha sido escrita como de sucesso e progresso, devemos lembrar que seu impacto se deu de modo gradual e teve penetração mais reduzida na sociedade do que a ficção acerca dela tenta fazer acreditar.

Portanto, usar a fundação da Academia como um divisor de águas na historiografia brasileira da arte é, como alerta o historiador de arte Tadeu Chiarelli (2002), usual porém equivocado. O autor explica que foi Luiz Gonzaga Duque Estrada quem, em seu livro *A arte brasileira: Pintura e escultura* (1995), publicado em 1888, sistematizou pela primeira vez o fazer artístico no Brasil, dividindo-o em antes e depois da criação da Academia. Gonzaga Duque apresentou no seu livro um total de três períodos, cujos títulos demonstram o intuito evolutivo de sua historiografia: manifestação (período colonial até a chegada da Missão), movimento (1831-1870) e progresso (contemporaneidade do autor). As artes rupestres ou indígenas não foram contempladas, pois não eram vistas como tal. Gonzaga Duque seguiu o modelo biográfico clássico testado e aprovado por Vasari de listar e avaliar artistas sem identificar nenhum critério. Escreveu de forma anedótica e tratou da vida privada dos artistas, como o estado civil e o número de filhos. No final do livro, há dois capítulos sobre artistas amadores e sobre escultura.

O historiador de arte italiano Luciano Migliaccio (2015, p. 193), radicado no Brasil, procura estabelecer Gonzaga Duque como o pai fundador da história da arte brasileira. Ressalva, por isso, que Gonzaga Duque não queria enaltecer a Academia por meio dessa periodização. Pelo contrário, ele teria considerado já naquela altura a identificação entre arte nacional e produção acadêmica uma ficção, e a ligação entre a tradição importada da Missão Francesa e o surgimento da arte brasileira, uma ilusão. Migliaccio vê Gonzaga Duque como alguém lúcido com relação à especificidade da situação nacional:

> Uma arte brasileira ainda não existia porque inexistia um povo brasileiro: essa poderá surgir apenas da representação da realidade social, humana e natural do país. A crítica de Gonzaga Duque tornava-se porta-voz dos fermentos de renovação que buscavam espaço fora das instituições oficiais (Migliaccio, 2015, p. 193).

Assim, Migliaccio apresenta o mais prestigiado historiador e crítico de arte daquela época fora do viés nacionalista normalmente a ele atribuído.

No livro mais influente seguinte, *História geral da arte no Brasil*, organizado por Walter Zanini em 1983, Chiarelli (2002) encontra a manutenção "grosso modo" da periodização anterior. Mesmo assim, quase um século mais tarde, foram introduzidas questões que ainda não haviam sido abordadas nos círculos acadêmicos: a arte pré-colonial, a arte indígena, a *art nouveau*, a fotografia, a comunicação visual, a arte afro-brasileira, o artesanato, arte e educação, a arquitetura contemporânea, o século 17 e os pintores de Nassau. O capítulo histórico que ganhou destaque nesse trabalho colaborativo foi a mítica Semana de Arte Moderna de 1922. É integrado, desse modo, mais um ponto de viragem que serve como segundo mito de origem da historiografia da arte brasileira, essa vez da modernidade. Além do mais, Chiarelli (2002) critica a isolação das artes indígena, afro-brasileira e popular "[...] em relação às manifestações da arte de cunho 'europeia' [...]". Para ele, não houve realmente uma reescrita da história da arte brasileira, senão "[...] a proposta arquitetada para *História geral* manteve o mesmo caráter cronológico e, como a obra anterior, permaneceu centrada na supremacia das manifestações de origem europeia no país" (Chiarelli, 2002).

Em 2015 saiu o terceiro e mais recente livro panorâmico: *Sobre a arte brasileira: da pré-história aos anos 1960*, organizado por Fabiana Werneck Barcinski. Chama atenção a ausência de capítulos sobre artes indígena e afro-brasileira, sendo apenas contemplada a "arte popular". Contudo, o livro dá destaque ao século 20, dividindo-o nos capítulos "Modernismo", "Concretismo" e "Os anos 1960: Descobrir o corpo". Ou seja, o livro realça a importância do último século, embora mantenha a periodização usada no livro organizado por Zanini. Os capítulos levam os seguintes títulos: "Arte pré-histórica do Brasil: Da técnica ao objeto", "O olhar estrangeiro e a representação do Brasil", "Maneirismo, barroco e rococó na arte religiosa e seus antecedentes europeus", "Arte e academia entre política e natureza (1816 a 1857)", "A arte no Brasil entre o Segundo Reinado e a Belle Époque", além dos já citados.

Nenhum dos livros mencionados considera a história da arte brasileira fora da ideia eurocêntrica de época-estilo. O mais preocupante é a omissão das artes indígena, negra e/ou afro-brasileira no último livro. Se isso ainda pode ser explicado no caso de Gonzaga Duque para o ano de 1888, é surpreendente que, tendo pelo menos sido registradas em capítulos separados no livro de Zanini, elas agora tenham desaparecido completamente.

DA RELAÇÃO DA ARTE BRASILEIRA COM A EUROPA, A ÁFRICA, AS AMÉRICAS E A ÁSIA

Muitos historiadores da arte refletiram sobre a relação entre a Europa e o Brasil. Notavelmente, o número de textos que refletem sobre a presença e a influência das artes indígena, negra ou afrodiaspórica é muito menor. Apresentarei agora primeiro os textos clássicos eurocêntricos e, em seguida, passarei a palavra aos autores que refletem sobre o significado e a definição das artes indígena, negra e/ou afro-brasileira.

Um dos textos mais citados é da autoria do estudioso e crítico de cinema Paulo Emílio Salles Gomes, "Cinema: Trajetória no subdesenvolvimento", publicado em 1973. O autor discute o legado do colonialismo, o subdesenvolvimento e a interpretação dele não como momento histórico ou estágio, mas como "estado" (Gomes, 1980, p. 286), isto é, como status inalterável e permanente do Brasil. A arte brasileira não existiria sem algum tipo de diálogo com a Europa. Isso é especificado por meio de três elementos que, à primeira vista, não parecem ser muito simpáticos: uma sintomática mediocridade, o citado estado de subdesenvolvimento e uma "incompetência criativa em copiar", diagnosticados, por exemplo, para o cinema brasileiro.

Vale lembrar que Roberto Schwarz (2014, p. 30), em seu famoso texto "As ideias fora do lugar", coloca a situação do artista brasileiro de forma parecida, ou seja, a partir da diferença em relação à Europa, o que levaria a uma ambiguidade perpétua: "Portanto a própria diferença, a comparação e a distância fazem parte de sua definição. Trata-se de uma diferença interna [...] em que as razões nos aparecem ora nossas, ora alheias, a uma luz ambígua, de efeito incerto". Ao deslocar a ordem social e o pensamento europeus, os escritores estariam criando algo especial:

> Ao longo de sua reprodução social, incansavelmente o Brasil põe e repõe ideias europeias, sempre em sentido impróprio. É nesta qualidade que elas serão matéria e problema para a literatura. O escritor pode não saber disso, nem precisa, para usá-las. Mas só alcança uma ressonância profunda e afinada caso lhes sinta, registre e desdobre — ou evite — o descentramento e a desafinação (Schwarz, 2014, p. 62).

Diferentemente da ideia de dialogismo de Bakhtin ou da ideia de vida póstuma de Warburg, o foco aqui é o contexto diferente, que é percebido como deslocamento. Como resultado deste deslocamento, Schwarz atestou grande originalidade à cultura e à literatura brasileiras que soube criar algo novo.

Curiosamente, Salles e Schwarz chegaram a visões diferentes do relacionamento do Brasil com a Europa. Schwarz (2014, p. 48) viu o problema de forma bem-humorada, como uma "comédia ideológica", enquanto Salles Gomes o interpretou como uma tragédia hamletiana dentro da cultura acadêmica europeia:

> Não somos europeus nem americanos do norte, mas destituídos de cultura original, nada nos é estrangeiro, pois tudo o é. A penosa construção de nós mesmos se desenvolve na dialética rarefeita entre o não ser e a ser (Gomes, 1980, p. 77).

É importante lembrar que o motivo de sua frustração fora a suposta inexistência de uma cultura original. Se ele não tivesse excluído as artes indígena, africana, negra ou afro-brasileira, ou, em outras palavras, se ambos os autores tivessem pensado de forma crioula, a ideia da dialética ou do surgimento de algo novo por meio desse contato não teria sido relevante. Mas o eurocentrismo do pensamento acadêmico brasileiro da época não permitiu, muitas vezes, e ainda não permite isso.

Meio século antes de Salles Gomes, o escritor Oswald de Andrade havia formulado ironicamente o problema de ser ou não ser como "tupi ou não tupi" em seu famoso "Manifesto antropófago", de 1928, brincando com a famosa expressão de Hamlet. Entretanto, Andrade estava usando a cultura indígena apenas metaforicamente com sua referência a um dos maiores povos originários brasileiros. Ele não tinha interesse real na população indígena e em sua luta centenária contra o colonialismo. O falso mito do canibalismo foi por ele utilizado no manifesto, para que a elite artística branca pudesse elaborar uma teoria da arte contra a Europa. O matriarcado e outras peculiaridades socioculturais indígenas foram também lembrados, porém, no final, foram formalmente orientados para a vanguarda e o modernismo europeus. Escrito no contexto da Semana de Arte Moderna de 1922, durante a qual a arte brasileira foi renovada de acordo com as estéticas das vanguardas europeias, o texto ainda é considerado um marco na afirmação de uma identidade artística brasileira, ainda que nacionalista, e um importante precursor do tropicalismo, que na década de 1960 procurou uma perspectiva crítica sobre o consumismo ocidental e imperialismo norte-americano.

De um ponto de vista descolonial, o modernismo e o tropicalismo eram mais uma vez apenas formas burguesas de expressão da elite branca, com um interesse limitado. Com relação à Europa e aos EUA, afirmava-se uma originalidade tropical que abordava apenas superficialmente as raízes coloniais e permanecia comprometida com a cultura europeia e norte-americana em suas estratégias estéticas. Nesse contexto, vale a pena lembrar uma declaração de Edward Said (2011, p. 27) sobre o colonialismo, que, segundo ele, aproximou e uniu todas as culturas: "Em parte devido ao imperialismo, todas as culturas estão mutuamente imbricadas; nenhuma é pura e única, todas são híbridas, heterogêneas, extremamente diferenciadas, sem qualquer monolitismo". Said não mencionou que isso levou ao culturcídio. Ele também não tinha uma proposta sobre como incluir a arte não hegemônica. Seu interesse focava na desconstrução da literatura ocidental. Mesmo assim, seu comentário aponta para as dificuldades de como lidar com essa hibridez de ponto de vista da burguesia branca formada em um contexto eurocêntrico.

Quando se fala em arte negra ou afro-brasileira a ideia da dialética e da ambiguidade fica ainda mais complexa, pois entra uma terceira dimensão: a cultura de matriz africana. Nesse contexto, Emanoel Araújo (2000, p. 17) cita em sua coletânea *A mão afro-brasileira* o primeiro estudo antropológico, *Os africanos no Brasil*, de Nina Rodrigues, publicado em 1935, autor que "[...] foi quem primeiro chamou atenção para a arte dos colonos africanos [...]". Araújo não diz que o livro de Rodrigues é abertamente racista, referindo-se sem vergonha a alguns eugenistas europeus que influenciaram fortemente a ideologia nacionalista e supremacista brasileira na época, e não só. O termo colono, embora sugira a importância cultural e econômica dos africanos trazidos à força para o Brasil, é um eufemismo para sua condição de escravizados. Um dos poucos aspectos positivos do livro consiste na primeira sistematização não apenas da influência dos artistas escravizados da África, mas também a de seus descendentes brasileiros.

Quem realmente contribuiu para uma visão crítica a Nina Rodrigues e, mais ainda, para o reconhecimento e a compreensão das artes negras e afro-brasileiras foi Abdias do Nascimento (2016). Figura ímpar — artista, ativista, intelectual e deputado —, criou primeiro o Teatro Experimental do Negro, em 1944, e denunciou depois, nos mais variados espaços — acadêmico e político — o genocídio sofrido, bem como o culturcídio, pelos descendentes dos escravizados trazidos da África. A sua obra deveria ter muito mais atenção nos estudos das artes, visto que alerta para o apagamento, o branqueamento, a proibição e os enquadramentos errôneos — no contexto da etnografia e do folclore — da cultura e da arte negra brasileira.

Figura 95

Teatro Experimental do Negro, direção Abdias Nascimento. Ensaio, 1957.
(Fonte: Wikimedia Commons).

Nascimento explicou que, em razão da vontade de exploração material e humana, foi necessário criar uma ideologia de superioridade branca e europeia cujo ímpeto de desumanização ainda rege no Brasil: "De acordo com tal ideologia, o negro-africano não tem história, nunca teve cultura; sua existência 'natural' sempre careceu de arte, religião e sutileza" (Nascimento, 2016, p. 197). Ele alerta que dentro do pensamento eurocêntrico nunca houve nem haverá espaço para pensar a arte negra africana:

> Não é, por todas essas razões, de causar surpresa que, do ponto de vista da arte plástica, o negro seja quase inexistente no rol da produção elitista de uma arte chamada erudita. Representamos mais de 50% da população brasileira de cento e dez milhões de habitantes, o que significa pelo menos sessenta milhões de afro-brasileiros. Mas onde estão os artistas negros representativos, desde uma perspectiva cultural afro-brasileira? São apenas uns poucos. Mesmo assim, Roger Bastide pôde testemunhar a emergência de uma estética afro-brasileira: "a arte afro-brasileira é uma arte viva, não estereotipada. Mas na sua evolução até as últimas transformações, ela vem preservando as estruturas tanto mentais como puramente estéticas da África" (Nascimento, 2016, p. 201).

Esse texto, escrito em 1976, mesma época dos de Gomes e Schwarz, faz perguntar por que os dois autores não contemplaram essa questão. A resposta é óbvia: focavam apenas a relação com a Europa e, eventualmente, com os Estados Unidos.

Como as partes africana e indígena da cultura brasileira e sua existência independente não são valorizadas, sendo a cultura nacional brasileira entendida como branca — embora, é claro, o samba, o carnaval e outras festas sejam aceitos, mas apenas como folclóricos —, Salles Gomes e Schwarz perceberam certa originalidade, mas sempre com um olhar ligeiramente frustrado em relação à Europa.

Esse sentimento de inferioridade foi resumido em uma expressão do dramaturgo mais influente do país, Nelson Rodrigues (1912-1980). Na década de 1950, Rodrigues (*apud* Mariotti, s.d.) cunhou a famosa expressão "complexo de vira-lata", que expressa bem essa negatividade que provém de um sentimento de subalternidade, obviamente em relação ao mundo histórico e, assim, supostamente desenvolvido:

> Por "complexo de vira-lata" entendo eu a inferioridade em que o brasileiro se coloca, voluntariamente, em face do resto do mundo. O brasileiro é um narciso às avessas, que cospe na própria imagem. Eis a verdade: não encontramos pretextos pessoais ou históricos para a autoestima.

Dentro dessa lógica, o Brasil, como país colonizado, não tem referências históricas que possam dar orgulho, como os "descobrimentos" a Portugal, embora esses tenham sido uma conquista seguida por genocídio, mas mascarado de dádiva e ato civilizacional na produção cultural. Vale lembrar aqui outra observação de Edward Said (2011, p. 9) quanto à participação da arte, da filosofia e das ciências no colonialismo:

> Muitos humanistas de profissão são, em virtude disso, incapazes de estabelecer a conexão entre, de um lado, a longa e sórdida crueldade de práticas como a escravidão, a opressão racial e colonialista, o domínio imperial e, de outro, a poesia, a ficção e a filosofia da sociedade que adota tais práticas.

Por causa de sua atitude igualmente colonial, Nelson Rodrigues acabou não encontrando nada de que o Brasil pudesse se orgulhar. Na contramão dessa atitude branca, a socióloga negra Lélia Gonzalez (1935-1994) apontou para os grandes feitos produzidos no continente americano. Ela usou o termo "amefricano" para destacar o "gigantesco trabalho de dinamismo cultural" nas Américas (Gonzalez, 2020, p. 138). O conceito visa conscientizar sobre a contribuição dos povos indígenas, dos africanos escravizados e daqueles que surgiram do contato colonial.

Além de Abdias do Nascimento e Lélia Gonzalez, ainda não se fez esse tipo de análise da cultura colonial no Brasil, especialmente nos estudos das artes convencionais. A autocrítica em relação ao eurocentrismo da história da arte brasileira é difícil de ser encontrada entre os acadêmicos, com poucas exceções além do já citado Tadeu Chiarelli.

Antes de entrar em alguns estudos de historiadores da arte afrodescendente e artistas indígenas, a fim de destacar ainda mais o significado de sua arte, gostaria de apresentar outra perspectiva sobre o paradoxo da cultura europeia como referência para o Brasil, que pode ser observada em Schwarz e Salles Gomes. Muniz Sodré (2019) descreve a importação da forma social racista e da cultura europeia como um *tromp-l'oeil*, uma imagem que apresenta aos olhos algo que não corresponde à realidade. Mas, apesar de enganar os olhos, o *tromp-l'oeil* tem um potencial de reflexão com o qual o autor contradiz a ideia de deslocamento de Schwarz. Não se trata de transferência no lugar errado, mas de colocar uma máscara liberal que tenta tornar irreconhecíveis os verdadeiros mecanismos de manutenção da sociedade escravocrata:

> Nada, porém, está "fora do lugar", uma vez que o lugar próprio do que se pretende universal só pode ser a própria ubiquidade. Em território brasileiro, a cultura europeia achava-se, sim, em situação de "enganar os olhos", simulada, sem uma "constituição" totalizante (Sodré, 2019, p. 38).

No entanto, assim como o *trompe l'oeil* joga com a perspectiva expondo a sua pretensão de dar conta da verdade do espaço, a cultura burguesa transplantada para o Brasil (simulando uma verdade para todos, quando era adorno de uma minoria) ocultou atrás de uma fachada europeia o fingimento implícito de todo jogo liberal. Ficar ciente do *trompe l'oeil* significa denunciar o poder colonizador aqui incrustado. Deixa perceber, na verdade, que a cópia de esquemas intelectuais e espaciais europeus abria caminho para as modernizações, mas — sendo excludente da maioria, do povo — serviu como álibi para golpes militares, ditaduras personalistas, segregações de natureza cruel, e genocídios. Novas palavras ou noções (cultura, civilização), novos espaços construídos (palácios, monumentos, avenidas) justificaram sempre novas figurações do poder colonial (Sodré, 2019, p. 38-39).

Enquanto Schwarz via potencial artístico para a elite literária branca, Sodré reconhece um engano que busca desviar a atenção da exploração colonial após o fim da escravidão, mas que na verdade — quando reconhecido como *trompe l'oeil* — a torna visível. O problema central da cultura brasileira, consequentemente, é que a arte indígena e a arte afrodiaspórica, racializada e por conseguinte autodeclarada negra, nunca foram consideradas.

Fica evidente que o problema brasileiro de autoposicionamento nas reflexões teóricas sobre arte e cultura expressa apenas o dilema da classe média branca brasileira que se associa ao legado europeu. Gostaria de enfatizar que suas ficções sugerem que toda a produção artística brasileira deve ser vista e pensada exclusivamente em relação à Europa, independentemente de ser uma aproximação ou um distanciamento dela e sem citar elementos africanos e indígenas como matriz. É preciso deixar claro, mais uma vez, que sempre que os povos se encontram, há troca, assimilação, adição, mas, no contexto colonial, sobretudo dominação. O que está em jogo é a cosmopercepção sobre a qual os modos de viver e de fazer arte se constroem. Dialogismo, fórmula de pathos ou vida póstuma são os termos com os quais o Ocidente descreveu isso para seu contexto helenizado. Ao analisar a arte brasileira, devemos, portanto, prestar mais atenção à dinâmica da colonialidade para chegar a uma compreensão mais profunda e poder incluir as outras cosmopercepções além do cristianismo colonial.

Tentando encontrar um caminho diferente, Tadeu Chiarelli (2002, p. 12) é da opinião de que a arte popular abarca, justamente, as influências indígenas e africanas, mas também as portuguesas e de outros povos que vieram para o Brasil no final do século 19. Na arte popular se teria dado uma assimilação feliz por meio de hibridação. Para o autor, a arte erudita também não deveria ser desprezada, embora tenha seguido os padrões europeus mais de perto. Chiarelli (2002, p. 12) sugere que sua peculiaridade também consistiria na capacidade de absorver as posturas e os procedimentos da arte popular. Sendo assim, o autor não compreende a cultura brasileira nos moldes trágicos de Salles Gomes. Somente constata a mesma inaptidão criativa para copiar. Mas isso seria uma proeza, porque a arte erudita, apesar de ter tentado ser europeia, nunca teria conseguido sê-lo. Nessa incapacidade de alcançar ou imitar os parâmetros europeus estaria sua originalidade, pois a arte erudita nunca conseguiu ser europeia, apesar de tentar:

> [...] a arte brasileira não se enquadra muito bem nesses parâmetros, melhor seria afirmar então que ela apenas se pretende branca e masculina, e, portanto, não totalmente derivada da europeia. Não totalmente derivada da arte erudita europeia porque, no processo de absorção dos valores europeus dominantes, a produção local muitas vezes teve que integrar elementos oriundos das camadas populares de culturas não dominantes (vindas de outras etnias, mas também de outras culturas europeias não hegemônicas), e teve que absorver igualmente um significado contingente de produtores do sexo feminino (Chiarelli, 2002, p. 13).

Chiarelli oferece um modelo cordial de hibridismo que, por mais bonito que pareça, é, em última análise, novamente um *trompe l'oeil*, já que não nomeia a arte indígena e afrodiaspórica negra, mas a joga no caldeirão da arte popular. Encontramos aqui novamente a ideia hegeliana de síntese. Seria mais interessante pensar em amefricanidade e crioulidade. Mesmo que tanto a arte popular quanto a erudita tenham frequentemente — consciente ou inconscientemente

— resistido ao desejo de europeização, ainda temos de lidar com a opressão factual de artistas declarados como outros, negros ou indígenas.

A aplicação absurda da epistemologia europeia à arte indígena nos estudos de sua arte, na etnografia, antropologia e arqueologia, bem como a representação grotesca e subalternizante de povos e temas indígenas na arte brasileira, quando entendida como nacional, está sendo discutida por alguns artistas indígenas contemporâneos. Autores importantes são Daiara Tukano (2019), Denilson Baniwa (2021) e o falecido Jaider Esbell (2020; 2021), entre outros, em textos e em sua própria arte.

Figura 96

Hori, 2017, Daiara Tukano. Acrílico sobre tela.
(Fonte: Prêmio Pipa).

Embora, como mencionado acima, os artistas indígenas contemporâneos exponham dentro do sistema de arte contemporânea e usem técnicas e formas ocidentais, eles mantêm suas próprias epistemologias para expressá-las ou para lutar pelos direitos dos seus povos. Seus artistas não formulam teorias de arte, mas criticam os estudos das artes ocidentais, afirmando que "palavras como mito, arte e artesanato são prejudiciais" (Tukano, 2019). Sua abordagem não hegemônica baseia-se em uma compreensão comunitária que resulta do intercâmbio e da experiência de união.

Os privilégios do mundo da arte e de seu cânone não lhes interessam, e consideram absurda a forma como a arte indígena se tornou objeto de estudo.

A divisão de sua arte em áreas distintas, como arte plumária, cerâmica, cestaria, pintura corporal etc. (Ribeiro, 1957; Vidal, 1992), não faz sentido para eles. Isso também se aplica às subdivisões em regiões e épocas. Suas formas de expressão estão interconectadas como parte de uma percepção de mundo e forma de comunicação com o invisível, além de ser mediação de saberes e conhecimentos para e sobre o mundo visível. Vale lembrar que, embora existam diferenças entre os diferentes povos, eles se consideram parentes. Há uma crescente crítica acerca da exibição, categorização e catalogação de sua arte em museus etnográficos (Tukano, 2019). Acima de tudo, os povos originários veem o roubo e a apresentação de urnas contendo os restos mortais de seus antepassados com total incompreensão e profunda tristeza.

As teorias da arte indígena, como já apresentado, são provenientes sobretudo de antropólogos. Els Lagrou (2009, p. 35) resume o significado do trabalho artístico indígena e seu caráter de ação da seguinte forma:

> [...] não há distinção entre a beleza produtiva de uma panela para cozinhar alimentos, uma criança bem cuidada e decorada e um banco esculpido com esmero. Como afirmam os Piaroa (Venezuela), todos estes itens, desde pessoas a objetos, são frutos dos pensamentos (a'kwa) do seu produtor, além de terem capacidades agentivas próprias: são belas porque funcionam, não porque comunicam, mas porque agem.

Jaider Esbell (2021, p. 37) explicou a importância central da arte nas sociedades indígenas de uma forma ainda mais poética, enfatizando a relação simbiótica mencionada por Lagrou: "Os povos indígenas e a arte têm a mesma origem e são inseparáveis. Se você aceitar essa frase, terá entendido muita coisa." Em outras palavras, a arte não é apenas uma atividade central que molda profundamente a identidade das pessoas, porque, como Lagrou deixa claro, ela está presente em todos os detalhes da vida cotidiana e tem um caráter de ação. Além disso, as pessoas e a arte são iguais, pois ambas são criações. Assim como a natureza, elas são sujeitos. Na epistemologia ocidental, observamos a tentativa de equiparar os artistas ao criador. As culturas indígenas não precisam fazer isso, porque a conexão é natural. A criação não é uma onipotência, mas uma atividade evidente. As cosmopercepções são criativamente expressadas em sua arte, sem que seja necessário defender o papel de quem a faz porque seu poder nunca foi questionado. A helenização que levou à cosmofobia, por sua vez, fez com que o artista ocidental tivesse de ser defendido como novo criador em um sistema colonial-capitalista que o tornou refém desse mesmo papel.

O Brasil tem longa tradição de pesquisa e coleta das obras artísticas indígenas, tanto material como imaterial. Já mencionei o fascínio por ornamentos em cocares de penas e pinturas corporais. A cultura material e imaterial africana e afrodiaspórica, por outro lado, atraiu pouca atenção em razão da desumanização durante a escravidão. Citei o primeiro estudo antropológico, porém racista, de Nina Rodrigues (1988) sobre a arte africana. Contemporâneos a seu estudo, surgiram vários trabalhos do estudioso negro Manuel Querino (1911, 1913, 1916, 1918) sobre artistas africanos e afrodiaspóricos na Bahia. Em contraste com Rodrigues, que fez dos brasileiros racializados como negros um objeto de pesquisa e depois os retratou em sua arte como inferiores, Querino apontou as habilidades civilizatórias dos africanos escravizados e sua contribuição fundamental para o desenvolvimento do Brasil:

> Quem quer que compulse a nossa história certificar-se-á do valor e da contribuição do negro na defesa do território nacional, na agricultura, na mineração, como bandeirante, no movimento da independência, com as armas na mão, como elemento apreciável na família, e como o herói do trabalho em todas as aplicações úteis e proveitosas. Fora o braço propulsor do desenvolvimento manifestado no estado social do país, na cultura intelectual e nas grandes obras materiais, pois que, sem o dinheiro que tudo move, não haveria educadores nem educandos: feneceriam as aspirações mais brilhantes, dissipar-se-iam as tentativas mais valiosas (Querino, 1980, p. 30).

O trabalho de Querino sobre a arte baiana foi posteriormente criticado por se referir tanto a documentos quanto à tradição oral, sendo esta considerada não confiável. Seguiu-se uma geração de escritores brancos ou mestiços que desenvolveram uma visão paternalista da arte afro-brasileira. Arthur Ramos (1934) e Clarivaldo Valladares (1968) são os mais conhecidos. Tanto Rodrigues quanto Ramos basearam seus estudos em obras africanas e afrodiaspóricas confiscadas pela polícia, principalmente dos cultos de Candomblé ou Xangô e participaram em estabelecer ideias distorcidas. É importante observar que as primeiras coleções brasileiras que ainda hoje estão em museus e universidades foram criadas por meio desse tipo de apropriação violenta (Lody, 2005).

No livro de Zanini, há um capítulo bem pesquisado de Mariano Carneiro da Cunha (1983) que, como Querino, estudou a importância das populações afrodiaspóricas e sua arte e apontou a necessidade de reconhecê-las nas ciências sociais e humanas. Cunha identificou diversos problemas que devem ser considerados: os elementos afrodiaspóricos foram amplamente utilizados pela arte branca, mas as imagens e os temas africanos foram encobertos ou ocultados; a transição da arte africana para a afro-brasileira não recebeu atenção; a definição reduziu a arte à religiosidade e aos cultos; as epistemologias e cosmopercepções não eram conhecidas; os portugueses se apropriaram de grande parte dessa arte para seus próprios fins; os africanos escravizados foram proibidos de praticar sua arte (por exemplo, ourivesaria desde 1612); e os artistas afrodiaspóricos foram marginalizados após a abolição da escravidão.

Já mencionei brevemente as contribuições de Abdias Nascimentos e Emanuel Araújo na década de 1980. Devemos observar que Nascimento foi muito mais incisivo e direto sobre o genocídio, o culturcídio e o racismo. Araújo se movia nas águas do *establishment* branco e tentava inserir a arte afro-brasileira na história da arte eurocêntrica. Entre os autores contemporâneos mais recentes, encontramos, às vezes, uma tentativa pouco convicta de abrir uma visão geral da arte afro-brasileira (Conduro, 2007), mas também abordagens mais confrontacionais e críticas por parte de autores negros, como de Marcelo D'Salete Souza (2009), Renato Araújo da Silva (2016), Renata Felinto (2019) e Hélio Santos Menezes Neto (2018). Estes autores debatem o conceito de arte afro-brasileira para dar a ele um significado crítico.

Renata Felinto (2019), artista, pesquisadora e professora, faz uma observação importante sobre o multicolorido da história da arte brasileira, que foi reduzida a uma narrativa branca:

> A história das artes visuais no mundo e no Brasil não é pálida. A multiplicidade de cores transborda os limites dos objetos de arte, dos desenhos, pinturas, gravuras, esculturas, modelagens, fotografias, performances, vídeos, instalações, construções, o que quer que chamemos de obra de arte é imaginado e materializado por gente, e queremos saber e ver as cores de todas as gentes que têm se inscrito na história com suas existências e suas artes.

Para tornar os estudos das artes mais coloridos, são necessários os valores, termos e metodologias corretos. O estudo mais abrangente sobre essa questão é de Renato Araújo da Silva (2016). Nele, Silva oferece um histórico da gênese do termo arte afro-brasileira, introduzido por autores brancos na década de 1930 para promover a ideia de uma suposta democracia racial. No contexto acadêmico, ele só se tornou aceito nos últimos anos, embora esteja mudando para arte negra no momento em que escrevo. Antes disso, o termo que racializa artistas negros e arte negra era usado ou para falar de arte africana na Europa, como por exemplo por Einstein, ou como um instrumento político no Brasil, por exemplo, por Abdias Nascimento. Silva observa — como Esbell o faz com a arte indígena — que a exclusão da arte negra ou afro-brasileira praticada até hoje sempre foi absurda. Na verdade, ela deveria fazer parte da arte nacional:

> Assim, se a arte for mesmo uma manifestação humana e não garranchos de uma elite branca ou garranchos de uma ralé negra, sequer de uma massa mediana meio branca, meio negra ou mestiça, então não poderá haver Arte no país, sem que seja uma arte cujos sentidos mais profundos estejam numa correspondente sintonia com a realidade do país e que, de algum modo, estejam ligados ao seu tempo e ao seu "lugar" histórico, em sentido amplo, como que um status verdadeiro de "cidadania brasileira" (Silva, 2016, p. 12).

Silva está ciente de que é contraditório inscrever retroativamente artistas afro-brasileiros na história da arte. Ele ironicamente chama esse método de busca racializada de "quem negro foi, quem negro é" (Silva, 2016, p. 16). Dessa forma, uma história da arte colorida seria aquela que descreve a ascensão social de artistas negros (Silva, 2016, p. 14). Não obstante, o próprio Silva rastreia a presença de artistas afro-brasileiros e relembra as supervalorizações (no barroco) e as subvalorizações (artistas da Academia).

Em sua história crítica da arte afro-brasileira, Silva descreve quatro fases em que os artistas negros foram, como ele diz de forma um tanto irônica, apreciados (Silva, 2016, p. 24-39). No final do século 19, alguns artistas (Estevam Silva, Firmino Monteiro, Antônio Rafael Pinto Bandeira, João e Arthur Timótheo da Costa) foram populares entre os abolicionistas. No entanto, é preciso imaginar um clima muito conservador e paternalista. Nessa época, artistas brancos também se interessavam pela primeira vez por temas e figuras negras (Modesto Brocos, Lucilio de Albuquerque, Abigail de Andrade). A segunda fase deu origem ao conceito de arte afro-brasileira, que, no entanto, era para artistas brancos (Luiz Jardim, Di Cavalcanti, Noêmia Mourão, Manoel Bandeira, Santa Rosa, Tarsila do Amaral, Francisco Rebello, Lasar Segall, Cândido Portinari, Di Cavalcanti, Oswaldo Goeldi, Cecília Meirelles, Magalhães Corrêa e Ismailovitch), que retratavam a população marginalizada — negros, mestiços, trabalhadores — na arte e na literatura, e se interessavam pela arte popular e pela arte africana, como seus contemporâneos na Europa. Essa apreciação como tema idealizou e desindividualizou a população negra e mestiça, principalmente por meio de uma lente sociológica paternalista. Artistas afro-brasileiros, como Abdias Nascimento, Benedito José Tobias (1894-1963), Benedito José de Andrade (1906-1979) e Emanuel Zamor (1840-1917), se autodenominavam negros por motivos políticos. Jornais, congressos, instituições políticas e culturais também foram nomeados com esse termo racializante para se posicionarem no debate de forma antirracista.

A terceira fase começou com as comemorações da abolição da escravatura (1988: 100º aniversário) e do "descobrimento" do Brasil (2000: 500º aniversário). O conceito afro-brasileiro foi utilizado para os artistas Roberto Teixeira Leite, Sérgio Guimarães de Lima, Maria Lúcia Montes, Ulpiano Bezerra de Menezes, Raul Lody, Wagner Gonçalves, Dilma de Melo Silva, Marta Heloísa Leuba Salum) e fortemente discutido. Isso resultou em uma "patrulha da cor", ou seja, a partir de agora os artistas afro-brasileiros passaram a ser identificados principalmente pela cor de sua pele.

A quarta fase remonta à Lei n. 10.639/2003, que tornou obrigatório o ensino da história, arte e cultura indígenas, afro-brasileiras e africanas nas escolas brasileiras. A lei teve um efeito revolucionário e o resultado foi uma série de iniciativas e publicações culturais. A fundação do Museu AfroBrasil, em São Paulo, em 2004, também foi de fundamental importância nesse contexto.

Atualmente, a arte afro-brasileira é definida de várias maneiras. Ela pode ser entendida tematicamente como uma expressão da espiritualidade, identidade e descendência negra africana. Ou, dentro do paradigma de época-estilo, ela é vista formalmente como uma presença da arte africana importada. Isso muitas vezes coincide com uma interpretação afro-contundista que vê uma continuidade entre a estética e a identidade africana e a afro-brasileira. A explicação para essa linguagem formal é frequentemente espontaneísta, ou seja, é vista como uma solução espontânea ou inconsciente que os artistas afrodiaspóricos carregam em seus genes. Há sempre a questão de ser universalista ou cosmopolita. Em outras palavras, se se presta atenção na cor da pele ou não. Uma categoria própria hoje é a arte contemporânea afro-brasileira, que, assim como a arte indígena, se vê principalmente como ativista. *Bori*, de Ayrson Heráclito, de 2011, por exemplo, faz referência ao Candomblé, procurando, como em muitos trabalhos do artista, uma cura para os traumas da escravidão e da diáspora.

Figura 97

Bori, Ayrson Heráclito, 2011. Fotografia de performance. (Fonte: Itaú Cultural).

A arte afro-brasileira é possível devido às múltiplas e diversas experiências sociais negras que permitem que artistas, como Ayrson Heráclito, incluam enfaticamente elementos afrodiaspóricos em suas obras, possibilitando novas formulações e propostas estéticas. Sendo assim, muitos não se comprometem com nenhuma definição e veem o conceito sujeito a mudanças constantes. Para as últimas exposições, como *Os Brasis*, no Sesc Belenzinho de São Paulo, em 2023, usa-se arte negra em vez de arte afro-brasileira. A questão da inclusão da arte afro-brasileira ou negra no cânone brasileiro é, como observado, agora vista como uma necessidade política. Discute-se muito como fazer isso. Até agora, a seleção e a avaliação de obras e artistas têm seguido a epistemologia ocidental, que a mantém apartada como um capítulo secundário e separado.

Não há consenso se arte afro-brasileira deve se referir à cor da pele, ou se devem ser escolhidos critérios temáticos, epistemológicos, políticos e/ou formais.

A colonialidade geralmente não é considerada nessas reflexões sobre a afro-brasilidade ou arte negra. Tampouco as cosmopercepções africanas ou afrodiaspóricas. Até o momento, a noção positiva de Lélia Gonzalez sobre a amefricanidade também não foi considerada nos estudos das artes mas está mais presente nos discursos e nas exposições. Neste ponto, gostaria de expandir o debate a partir da pergunta se a arte afrodiaspórica é resultado da colonialidade e, portanto, deve sempre ser colocada em tensão com esse passado. A arte afrodiaspórica, negra ou afro-brasileira — dependendo se estamos falando do mundo, das Américas ou do Brasil — poderia então ser definida como a arte que, de alguma forma, lida com a história do deslocamento e com a identidade diaspórica que surgiu a partir dela. Hoje, ela ainda sofre com o racismo institucional e sistemático, bem como com a sua forma social (Sodré, 2023), e a subsequente marginalização social que evita uma inclusão dos afrodescendentes na identidade nacional brasileira de forma plena.

Trata-se de uma arte que traz em si uma consciência da colonialidade e a consequente necessidade de articular a descolonização. A descolonização significa, sobretudo, a inclusão das cosmopercepções trazidas ou das epistemologias diaspóricas, como novas formas de expressão que são muitas vezes associadas ao antirracismo. Isso não precisa significar que seja obrigatoriamente uma arte ativista, mas pode, devido à luta na qual ela está envolvida. Eu sugeriria que os rótulos de arte afrodiaspórica, afro-brasileira ou negra brasileira, que devem ser entendidos como políticos, poderiam ser dados às obras que carregam a história, as cosmologias e epistemologias da África e da colonialidade dentro delas, ou que tornam a opressão (contemporânea) baseada na origem, na cultura e na cor da pele e nos traços tangível de forma sensível. No entanto, dada a mestiçagem no Brasil, não deveria ser uma questão de cor da pele, mas sim uma questão cosmológica, epistemológica, identitária e política que se envolve com o passado, o presente e o futuro de quem luta pela igualdade.

▶ DA POUCA IMPORTÂNCIA DAS ARTES NO BRASIL

Já vimos que a chegada da Missão Francesa serviu como mito de origem e ponto de viragem, bem como para colocar a arte dentro de uma lógica historicizante europeia. Lembrar o pouco impacto da Academia e da arte por ela produzida significa abster-se da tentativa de inventar uma história da arte sólida nacional, enxergar o papel modesto da arte no Brasil da época e, com isso, compreender melhor os antagonismos que enfrentava. Isso nos leva também à pergunta se a arte ganhou mais expressividade social ao longo do século 20, ou se devemos ainda estar atentos às forças que as desvalorizam.

Por certo, Chiarelli (2002, p. 13) adverte que embora a Missão tenha instituído o artista como categoria no país, a profissão ainda não era vista como aceitável para homens brancos: "No Brasil daquela época, arte era um assunto de negros escravos, não de homens brancos livres". Citando Gonzaga Duque, o autor esclarece que as profissões letradas, aquelas que faziam dos jovens bacharéis e doutores, estavam em alta, mas que as artes se mantinham desprezíveis, apenas destino para as classes pobres que não podiam pagar uma educação aos seus filhos (Chiarelli, 2002, p. 13-14). Isso afetava também o estudo das artes, pois havia apenas a absorção das técnicas artísticas eurocêntricas ensinadas na Academia, enquanto a erudição, "[...] com que ele teoricamente poderia contribuir [...]" (Chiarelli, 2002, p. 14), não estava sendo oferecida.

A análise da Academia por Chiarelli relativiza, por um lado, o impacto dela e mostra, por outro, que, ao contrário dos centros urbanos europeus e norte-americanos, somente uma parcela muito pequena da sociedade interessava-se pelo fazer artístico no Brasil. A posição dessa parcela era, no entanto, conservadora e nacionalista, pois ela era apenas interessada "[...] numa produção que deveria enaltecer as glórias do Império ou os valores daquela classe social [...]" (Chiarelli, 2002, p. 14). Inventar uma narrativa de sucesso significou atribuir à arte retroativamente um papel que somente tiveram, e de forma dirigida, como arte oficial. A arte era no Brasil do século 19, tanto no Império como na Primeira República, uma atividade marginalizada e pouco respeitada, e os artistas que a praticavam eram vistos e trabalhavam majoritariamente como artesãos. Enquanto na Grécia antiga isso era comum, em solo brasileiro era uma desvantagem, porque prejudicava o desenvolvimento artístico como elemento estimulante para uma sociedade em vias de independência e autoafirmação.

Como resultado do reconhecimento limitado, a arte ficava dependente de artistas e influências estrangeiros. Chiarelli elenca uma longa lista de imigrantes que deram visibilidade à arte — do alemão Georg Grimm (1846-1887) ao italiano Alfredo Volpi (1896-1988) —, cujo papel não era único mas sobressaliente. Para o desenvolvimento de uma arte que pudesse participar na construção de uma jovem nação com histórico colonial isso era obviamente comprometedor.

Figura 98

A batalha de Avaí, Pedro Américo, 1868. Óleo sobre tela.
Museu Nacional de Belas Artes, Rio de Janeiro.
(Fonte: Wikimedia Commons).

Pinturas a óleo e monumentos eram encomendados pelo Estado, ao passo que a produção semioficial permanecia principalmente artesanal (Chiarelli, 2002, p. 14). Um exemplo famoso de arte oficial é *A batalha de Avaí*, uma pintura monumental de Pedro Américo (1843-1905) de 1868, encomendada para retratar a guerra no Paraguai.

Embora focado em um evento de importância nacional, segundo o historiador de arte Jorge Coli (2002), o quadro não ignora a violência da batalha. O autor argumenta que em vez de glorificar o evento, a pintura esvaziaria a figura do herói, oferecendo assim uma interpretação bem diversa da tradição europeia: "Na peleja violenta, tudo se mistura, tudo é arrebatado pela mesma correnteza. Nada da grande tradição presente no século 19, quando os quadros guerreiros se organizam para sublinhar os feitos dos protagonistas" Jorge Coli (2002, p. 116). Essa visão cordial é discutível e não é por acaso que a obra agora faz parte do cânone nacional. Ela também não lembra que milhares de pessoas escravizadas foram recrutadas para essa guerra, seja lutando em nome de seus proprietários ou porque foram libertadas para participar dela e, assim, aumentar o número de soldados. Em outras palavras, Coli não leva em conta a colonialidade da imagem, mas usa a composição para uma avaliação positiva que ignora o conteúdo — uma guerra brutal e de ímpeto colonial contra o estado vizinho na qual a população africana e afrodescendente brasileira funcionou como bucha de canhão.

DOS MANUAIS, DA CRÍTICA DE ARTE, DA HISTÓRIA DA ARTE E DO PAPEL DAS EXPOSIÇÕES

Apesar dos constrangimentos práticos e teóricos referenciados, foi dentro do contexto da Academia que surgiam os primeiros manuais e textos críticos sobre as artes plásticas e a literatura nacionais. Com relação aos manuais, trata-se sobretudo de traduções de textos europeus, sendo a primeira obra *Arte de pintar a óleo conforme a prática de Bardwell, baseada sobre o estudo e a imitação dos primeiros mestres das escolas italiana, inglesa e flamenga*, de 1836, seguida por *Epítome de anatomia relativa às belas-artes*, de 1837, um compêndio organizado por Félix-Émile Taunay. Muito claramente, o objetivo era tornar acessível o conhecimento acadêmico da época dentro dos parâmetros europeus e seus cânones.

As críticas de arte tomaram forma primeiro como palestras e artigos em jornais. Nelas misturava-se, como vimos nos casos europeus, avaliação, historiografia e teoria, e os autores brasileiros seguiam o exemplo de autores do outro lado do Atlântico. Inspirado no brasilianista francês Ferdinand Denis — que publicara um livro sobre as literaturas portuguesa e brasileira em 1826, intitulado *Résumé de l'histoire littéraire du Portugal, suivi du résumé de l'histoire littéraire du Brésil* (Resumo da história literária de Portugal, seguida pelo resumo da história literária do Brasil), no qual propõe que a literatura brasileira deveria procurar sua originalidade e independência —, foi publicado pelo escritor, pintor e professor da Academia Manuel de Araújo Porto-Alegre, em 1836, o texto *Resumé de l'histoire de la litterature, de la science et des arts au Brésil* (Resumo da história literária, da ciência e das artes no Brasil).

Porto-Alegre estava estudando em Paris, no Instituto Histórico, em cujo jornal o texto foi publicado pela primeira vez para depois ganhar edição no *Correio*

Oficial no Brasil. Algumas ideias particulares acerca da historiografia e teoria das artes brasileiras já se fazem notar nesse primeiro texto de Porto-Alegre: por um lado, ele exalta o papel da Academia, por outro, demonstra preocupação com a relação entre a arte brasileira e a europeia, entendendo as artes como ferramentas importantes na construção identitária da jovem nação.

Segundo Marcos Santos (2015), o texto procura estabelecer uma primeira história da arte brasileira, e, ciente dos hiatos estéticos e temporais quando comparada com a produção europeia, dignifica os artistas mestiços e escravizados brasileiros que trabalhavam durante o colonialismo. Mais tarde, isso levou ao mito de que havia muitos artistas africanos de grande influência durante o período denominado barroco. Embora ainda faltem estudos, deve-se observar que os projetos sempre foram liderados por arquitetos e artistas portugueses. As exceções foram Antônio Francisco Lisboa, o Aleijadinho (1738-1814), e Mestre Valentim (1745-1813), ambos filhos mestiços de pais mestres portugueses e mães ex-escravizadas. O trabalho entendido como artesanal era então realizado por pessoas escravizadas.

Porto-Alegre foi também ativo como crítico e editor em revistas que fundou em Paris, como *Nitheroy, Revista Brasiliense* e *Minerva Brasiliense*, e escreveu ainda alguns outros textos de estudos mais sistemáticos, com o intuito de resgatar o trabalho de artistas da produção colonial fluminense. Importante lembrar que a introdução da disciplina história da arte no currículo da Academia aconteceu somente após uma reforma, a Reforma Pedreira, quando Porto-Alegre tornou-se diretor da instituição (Dias, 2015, p. 163).

O estudioso literário brasileiro Alfredo Bosi (2012) não tinha ilusões sobre o fato de que a consciência da arte como um instrumento social inicialmente aderiu ao modelo europeu:

> No Estado-nação que se separava de Portugal, as letras e as artes pautaram-se pelo mesmo tardio neoclassicismo, conservando os clichês mitológicos e a retórica das palavras e imagens que se prolongou até o advento dos primeiros românticos (Bosi, 2021, p. 227).

Na literatura, foi inicialmente o indigenismo que procurou acrescentar uma camada nova para torná-la mais brasileira, porém em uma assimilação somente postiça. O estudioso Antônio Candido (1959, p. 67) resumiu o problema assim:

> [...] o escritor pretende inscrever-se naquelas balizas, que dão à nossa literatura, vista no conjunto, esse estranho caráter de nativismo e estrangeirismo; pieguice e realidade; utilitarismo e gratuidade [...].

Para o autor, a literatura colonial fazia evidentemente parte da portuguesa, dando somente "[...] sabor exótico, nunca [...] autonomia". A sugestão de Denis, de que na literatura nacional deveriam ser levados em consideração o clima, a natureza e as tradições brasileiras, não bastava, porque não se tratava de uma questão de cenário senão de "[...] visão do mundo, ao sentimento especial que transforma a natureza física numa vivência [...]" (Candido, 1959, p. 60). Ou seja, não bastava cantar a onça, o gaturama, a cobra, a mangueira, se isso significasse apenas seguir "[...] orientações estéticas e filosóficas, hauridas no exemplo europeu e enxertadas no arbusto frágil das tentativas literárias, que vinham se realizando, aqui, desde o primeiro século da colonização [...]" (Candido, 1959, p. 67). O problema era que não havia visão do mundo além da colonial-capitalista.

Por isso, a população indígena, mais do que suas tradições e arte, baseada em suas cosmopercepções, — que serão integradas, também apenas de forma metafórica, por meio dos conceitos "antropofagia" e "antropófago" a partir do Modernismo —, tornou-se peça-chave tanto nas artes plásticas como na literatura daquela época. A utilização de personagens indígenas seguia um objetivo duplo: de um lado, procurava resolver um problema — o da colonização —, mas acabou reprimindo-o, no mesmo passo. Isso porque, por outro lado, foram usadas soluções simplificadoras que criaram ficções culturais acerca da formação de uma nação, nas quais os indígenas sucumbem em uma assimilação supostamente feliz que era para eles, na verdade, trágica, porque letal, acompanhados por culturcídio, epistemicídio e genocídio.

Os escritores, como José de Alencar (1829-1877), autor de *Iracema*, de 1865, formulavam o projeto em prefácios e ensaios, seguindo os exemplos europeus que já conhecemos. Ciente de construir uma identidade nacional, Alencar intitulou os artistas "operários", porque participariam na tarefa de moldar a nação: "São estes os operários incumbidos de polir o talhe e as feições da individualidade que se vai esboçando no viver do povo" (Alencar, 1976, p. 497). Em outras palavras, a arte exercia uma função muito clara no contexto nacional: a de definir e construir sua identidade e especificidade, sem reprimir sua hibridez. Mas quando a arte finalmente começou a assumir o papel que Porto-Alegre desejara para ela, a tensão entre os aspectos colonizadores e nativos foi resolvida a favor do colonizador.

A morte de Iracema, indígena que supostamente trai seu povo e faz aliança por amor ao português Martim, dando-lhe um filho mestiço, anula, na verdade, a identidade indígena, entregando a liderança ao colono branco e o filho a um futuro incerto. De acordo com o estudioso britânico David Treece (2008, p. 213), procurou-se criar uma visão conciliadora, presente em todas as obras de Alencar:

> [...] [que] devem ser vistas coletivamente como a culminação madura dos esforços da *intelligentsia* imperial em desenvolver um modelo imaginário de integração social e política para a nação, uma mitologia de heroísmo multirracial, autossacrifício e reconciliação que pudesse prometer a sobrevivência do império em forma essencialmente inalterada para o futuro previsível.

Optou-se, assim, pelo mito fundador de que a nação tinha sido capaz de integrar o colonizador e o colonizado, embora erradicasse de forma brutal os habitantes originais. Isso foi um *trompe l'oeil* potente, pois disfarçou o fato de que o colonizador assumiu o papel de vencedor na literatura e na arte visual. Essa falsa narrativa, proposta pela arte e imposta pela política, buscava justificar a elite masculina branca no poder. Em seguida, ela se ancorou lentamente no inconsciente coletivo.

A teorização da literatura, como expressão nacional, e a importância do indígena como símbolo do país, ocorriam, como mencionado, nos prefácios e em textos-respostas dos próprios escritores. Outros autores da América Latina, como o poeta Andrés Bello (1781-1865), na Venezuela, seguiram o mesmo caminho. Seu ensaio "Método histórico", de 1848, explicou exatamente a falta de história do continente como razão para o emprego da literatura nessa tarefa (Sommer, 2004, p. 23). Logo, temos uma especificidade no continente sul-americano e em outros lugares colonizados: a historiografia era escrita na literatura e seus escritores teorizavam ainda essa historicização.

Mas também as artes plásticas eram lugares historicizantes e teorizantes, pois os pintores abordavam tanto questões históricas, em relação ao legado do colonialismo, como procuravam criar um imaginário para os jovens países. O quadro *Moema*, de Victor Meirelles (1832-1903), de 1866, é um exemplo do paralelismo do indigenismo literário na pintura. De acordo com Luigi

Migliaccio (2014, p. 182), o quadro toca "[...] um nervo sensível da imaginação do povo brasileiro [...]", porque revela no corpo feminino "a reflexão histórica acerca do destino de todo um povo e de uma cultura". Ao contrário de *Iracema*, cuja narrativa descreve uma falsa trégua ao impor uma identidade colonial, o autor sugere que a pintura mostraria uma melancolia que coexiste com a exploração do corpo feminino na tradição europeia. Contudo, se olharmos com atenção, perceberemos que não apenas o corpo feminino é oferecido ao olhar masculino na tradição erotizante europeia, mas também que se supõe que a morte do povo indígena é inevitável. Um *trompe l'oeil* que, se entendido como tal, evidencia que a população originaria não poderia, nem deveria, sobreviver ao projeto colonial. O corpo da mulher indígena é oferecido ao espectador (supostamente branco) para se deliciar com ele, tomando, metaforicamente, o lugar do país. Enquanto o rosto com traços indígenas está na sombra, sua morte já fora da atenção, o corpo lembra um corpo feminino branco, já domesticado desde as esculturas da antiguidade grega, mas, sobretudo, desde o renascimento objetivado pelos pintores e escultores.

Figura 99

Moema, Victor Meirelles, 1866. Óleo sobre tela. Museu Nacional de Belas Artes, Rio de Janeiro. (Fonte: Wikimedia Commons).

O papel dos artistas como teóricos, historiadores e críticos, que se debruçavam sobre o futuro do país, ganhou novo impacto durante e depois da Semana de Arte Moderna em 1922 quando um grupo de jovens artistas e críticos tentou revolucionar e renovar as artes brasileiras. Como observa Ana Paula Simioni (2014, p. 233), o modernismo brasileiro possui "[...] um reconhecimento ímpar em nosso país [...]", o que revela o impacto da canonização dessa época e de seu estilo no sistema da história da arte brasileira. Foi impulsionado por um "[...] adensamento institucional, balizado por uma elite agroexportadora [...]" — a inauguração do Teatro Municipal, em 1911, e a formação de grandes coleções privadas — que levou a um debate crítico "acentuado" (Simioni, 2014, p. 241).

Figura 100

A estudante, Anita Malfatti, 1915-16. Óleo sobre tela. Museu de Arte de São Paulo. (Fonte: Wikimedia Commons).

Um marco para tal desenvolvimento foi a discussão pública gerada acerca de uma exposição das pinturas de Anita Malfatti, em 1917, que resultou também na agregação do mencionado grupo de jovens artistas e críticos estreantes, entre eles Oswald de Andrade, Emiliano Di Cavalcanti (1897-1976), Guilherme de Almeida (1890-1969), Mário de Andrade (1893-1945), Rui Esteves Ribeiro de Almeida Couto (1898-1963), Sérgio Milliet (1898-1966),

Inácio da Costa Ferreira (1892-1958) e Gelásio Pimenta (1879-1924. Embora não coeso em termos estilísticos e ideológicos, o grupo obteve maior visibilidade de sua atuação a partir da Semana de 22 no Theatro Municipal de São Paulo, inaugurando um olhar novo acerca das artes que contestou o discurso conservador em curso.

O artigo do escritor e crítico de arte Monteiro Lobato (1917), "Paranoia ou mistificação", publicado em *O Estado de S. Paulo*, foi fundamental nesse desenvolvimento crítico, pois instigou um conflito entre uma perspectiva canônica e eurocêntrica sobre as artes, e ideias renovadoras que se inspiravam nas vanguardas históricas europeias — com todas as contradições que isso implica, referidas quando discutimos a interpretação delas por Clement Greenberg. O artigo acusou a artista de ter uma obra "[...] torcida na má direção [...]", apesar de ser talentosa, que ameaçaria o cânone europeu "[...] de Leonardo a Steves [...]". Essa posição foi logo questionada por Oswald de Andrade (1917), que defendeu a obra de Malfatti como sendo "[...] pessoal e moderna [...]" no *Jornal do Comércio*. Iniciou-se assim uma nova versão da comédia ideológica, lembrando a expressão de Roberto Schwarz. Como tantas vezes na Europa, por exemplo, no debate sobre a peça *El Cid*, tratava-se de uma renovação formal mas não de conteúdo ou de paradigma. E, como sempre acontece em um país colonizado, a Europa e suas vanguardas artísticas eram vistas como o parâmetro com o qual os inovadores defendiam uma nova arte nacional.

Alguns anos mais tarde, dois manifestos participariam da teorização da arte como genuinamente brasileira: *Manifesto do pau-Brasil*, de Oswald de Andrade, publicado no *Correio da Manhã* em 1924, e o já mencionado *Manifesto antropófago*, de 1928. Em ambos os casos, vale o que Antônio Candido disse sobre o modernismo de modo geral: "[...] nossas deficiências, supostas ou reais, são reinterpretadas como superioridades [...]" (Candido *apud* Simioni, 2014, p. 251). Foi um momento importante em que o complexo de vira-lata estava suspenso graças à sensação de superioridade sobre a Europa.

O estabelecimento de uma cena de arte brasileira por meio de outras exposições e a fundação de museus de arte moderna, bem como a implementação da Bienal em São Paulo, em 1951, foram acontecimentos relevantes para fomentar ainda mais o debate crítico acerca da arte (Ferreira, 2011, p. 28). Devido à condição de país periférico supostamente subdesenvolvido, exposições internacionais participaram igualmente na formação dos artistas e críticos no Brasil, bem como de seus discursos mantendo o olhar firmemente posto no Ocidente. O Museu de Arte Moderna de São Paulo (MASP) abriu, por exemplo, em 1949 com "Do figurativo ao abstracionismo", acontecimento que a historiadora de arte Glória Ferreira (2011, p. 31) avalia como tendo sido responsável por um intenso debate sobre a abstração num momento em que

> [...] surge uma nova crítica, distinta da realizada pelos poetas-críticos, que será decisiva para o deslocamento do debate artístico do terreno ideológico — no qual se conjugavam atualização artística e a exigência de fazer aflorar uma identidade própria — para o debate estético-formal.

Embora o debate sobre o modernismo tenha sido ainda levado a cabo sobretudo por artistas, nomeadamente por Ferreira Gullar (1930-2016), Lygia Clark (1920-1988), Lygia Pape (1927-2004), Amílcar de Castro (1920-2002), Franz Weissmann (1911-2005), Reynaldo Jardim (1926-2011), Sergio Camargo (1930-1990) e Theon Spanudis (1915-1986), em seu *Manifesto neoconcreto*, de 1959, suas obras e depoimentos passaram a ser também analisados por especialistas, sendo Mario Pedrosa, cuja produção crítica iniciara nos anos 1930, uma figura de destaque.

Avaliando a atualidade de seu método crítico, Otília Fiori Arantes (2004) ressaltou que Pedrosa não se restringia a pensar a diferença brasileira. Ou seja, a originalidade dele consistiria em sua capacidade de pensar o dentro e o fora de forma equilibrada. No entanto, é mais uma figura que se preocupava com a situação particular do Brasil, chegando a um "[...] ajuste entre tendências internacionais e realidade local (algo impensável ou sem sentido para um crítico europeu, pelo menos enquanto lhe for possível refletir sobre a tendência do seu material sem pô-lo à prova na câmara de decantação da periferia) [...]" (Arantes, 2004, p. 172-173). Segundo a autora, ao estudar, por exemplo, modernismo e concretismo, o autor permanecia fiel a "[...] nosso sistema cultural binário, que mandava regular um pelo outro, o particular-local e o universal-ocidental" (Arantes, 2004, p. 173). Pedrosa teria pensado essa "dimensão afirmativa do sistema cultural brasileiro" como uma relação intrínseca da arte e da política ao acreditar que à "[...] sensibilidade estética emancipada correspondesse uma sociedade economicamente moderna e integrada" (Arantes, 2004, p. 174). Poderíamos dizer que ele desenvolvia uma versão tropical da ideia schilleriana de uma educação estética.

Em parte, em consonância com Salles Gomes, Schwarz, Bosi e tantos outros autores preocupados com a dialética com a Europa, Pedrosa também não tinha olhos para o afrodiaspórico ou o indígena. Assim, apenas certas épocas estilísticas que surgiram na Europa — modernismo, concretismo e neoconcretismo — foram celebradas nos moldes da história da arte europeia e estudadas como tal nas décadas de 1970 e 1980, embora sempre através das lentes de uma "dialética rarefeita".

Na criação desse cânone participaram diversos textos, com destaque para a visão genérica da arte brasileira em "A querela do Brasil" (1974), de Carlos Zilio; o artigo "Na hora de fazer a avaliação" (1977), sobre a arte construtivista, de Mário Schenberg; a avaliação do neoconcretismo por Ronaldo Brito no catálogo/antologia *Projeto construtivo brasileiro na arte* (1950-1962) — uma exposição organizada pela historiadora e crítica Aracy Amaral e por Lygia Pape em 1977; e o já mencionado livro *História geral da arte no Brasil* (1983), organizado por Walter Zanini, diretor do Museu de Arte Contemporânea (MAC) de São Paulo, entre 1963 e 1978.

Vale lembrar nesse contexto, como o faz Aracy Amaral (1998, p. 11-12), estudiosa de outra artista modernista importante, Tarsila do Amaral (1886-1973), que a integração de mulheres no cânone do modernismo e da arte brasileira de um modo geral, em especial de Anita Malfatti e Tarsila do Amaral, mas também de Lygia Clarke e Lygia Pape, custaria mais do que a integração dos homens:

> [...] apesar do reconhecimento de seus contemporâneos, sempre nos pareceu estranho que Tarsila — quiçá pelo festejo oficial que gozava Portinari, e mesmo Di Cavalcanti — tivesse passado, como artista, desapercebida, quando em 1951 se organiza a I Bienal de São Paulo.

Já mencionamos que foi preciso o trabalho de historiadoras feministas de arte como Linda Nochlin, nos Estados Unidos, e depois em todo o mundo, para que se começasse, a partir dos anos 1970 e 1980, a levantar perguntas sobre por que não existiram grandes artistas mulheres (Nochlin, 2017), a fim de que fosse revertida essa situação.

No Brasil, a introdução ao livro *Elogio ao toque: Ou como falar de arte feminista à brasileira*, da artista e pesquisadora carioca Roberta Barros (2016), faz um bom resumo desse trabalho internacional e, seguindo a tradição, explica muito bem, como indica o subtítulo, as particularidades do contexto da história da arte no Brasil. Essa discrepância também pode ser observada nos estudos cinematográficos. Somente nos últimos cinco anos houve mais publicações sobre a participação feminina. Nos estudos literários, autoras como Clarice Lispector (1920-1977) e Rachel de Queiroz (1910-2003) são incontestáveis, mas são consideradas exceções e não necessariamente analisadas sob uma perspectiva feminista.

Ainda não foi realizado um estudo exaustivo da história da arte no Brasil que pudesse ofertar uma avaliação detalhada da absorção do paradigma época-estilo, e de outros conceitos europeus, ou da consciência da paradoxalidade e especificidade tanto da arte brasileira como de seus estudos, no que diz respeito à sua condição de país periférico, supostamente dialético. A importância das exposições e das bienais teria que ser levada em consideração nesse estudo. Mas também a produção nas periferias dos grandes centros urbanos e fora do eixo São Paulo-Rio de Janeiro, pois sua arte ainda não conseguiu uma penetração no meio acadêmico brasileiro em virtude da lógica que segue. A arte indígena, afrodiaspórica ou negra, e "popular", deve ser parte integrante disso e liberada da epistemologia ocidental, especialmente das falsas noções folclóricas, etnográficas e antropológicas. Em outras palavras, as múltiplas dinâmicas de silenciamento, incorporação, assimilação etc., mas também a autonomia da arte indígena, africana e afrodiaspórica deveriam ser estudados. As ciências sociais, especialmente a antropologia, são atualmente um lugar importante para estudar a cultura da periferia — seja o grafite, a palavra falada, os videoclipes, os videogames etc. Em geral, precisamos de novas perguntas e novas respostas para o enigma da arte e da cultura em território brasileiro, bem como uma nova escolha de objetos, especialmente em termos de sua descolonização. O estudo e a inclusão de outras cosmopercepções e de suas epistemologias são inevitáveis, bem como a compreensão do poder colonial na produção e no estudo das artes.

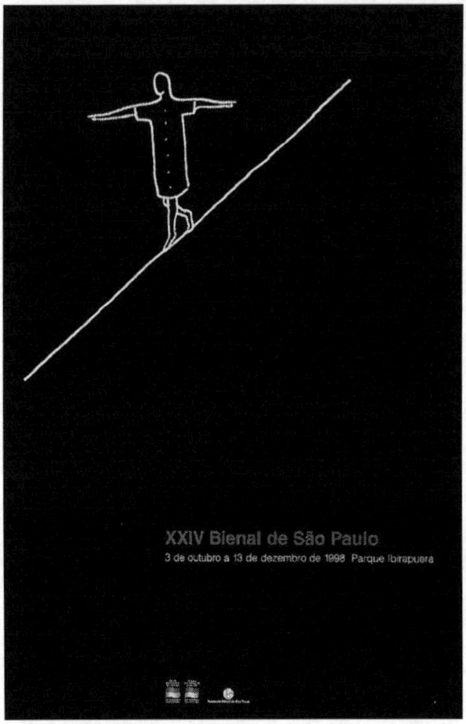

Figura 101

XXIV Bienal de São Paulo, Leonilson, Raul Loureiro e Rodrigo Cerviño, 1998. Cartaz. (Fonte: Bienal).

Nesse sentido, fecho com um comentário de Glória Ferreira (2011) acerca da notabilidade que ela atribui à XXIV Bienal de São Paulo de 1998, com curadoria de Paulo Herkenhoff, cujo tema foi “Um e/entre outro/s”, mais conhecida também como a “Bienal da Antropofagia”. Destacando o objetivo do curador de articular uma visão não eurocêntrica, a autora o cita para sublinhar seu papel de destaque em elaborar uma “‘história outra da arte’”, porque a bienal “[...] ‘toma sua posição frente à disciplina história da arte’, introduzindo, por meio da antropofagia, ‘uma lente da cultura brasileira para visitar a arte contemporânea e a história’ [...]” (Ferreira, 2011, p. 36). O cartaz com o Cristo Redentor se equilibrando denota bem a ironia que guiou o curador ao idealizar essa bienal fortemente focada na arte brasileira.

De uma perspectiva descolonial, a antropofagia só foi novamente usada pela elite branca como uma metáfora para se afirmar como independente na dialética com a Europa. O pôster revela a interpretação errônea do nacional. Embora o ato de equilíbrio tenha uma intenção crítica, a figura de Cristo foi fundamental para a opressão dos povos originários e a escravização da população africana.

Aqui, no entanto, ele é visto como um símbolo do brasileiro por excelência. Se formos honestos, tenta-se manter o quadro eurocêntrico, no sentido de sua visão de mundo e epistemologia, mesmo quando são incluídas as artes afrodiaspórica e/ou negra e indígena em exposições contemporâneas.

É importante perceber que os estudos das artes e o sistema de arte no Brasil nunca operaram fora da narrativa principal eurocêntrica. O oposto tem sido o caso, pois o poder colonial não tem sido levado em consideração. *Trompe l'oeils* são sempre os resultados. Tomar consciência das ficções existentes e elaborar outras — levando em conta a produção artística multiétnica, multirracial, multissocial e suas cosmologias e respectivas epistemologias — será o desafio dos futuros estudiosos das artes no Brasil. Gostaria de incentivá-los a desenvolver narrativas novas, inclusivas e não nacionalistas. Precisamos de uma teoria, história e crítica da arte não eurocêntrica senão pluriepistemológica que entende a arte como uma forma humana central de tornar o mundo e seus seres, visíveis e invisíveis, palpáveis, lembráveis e celebrados em sua complexidade e diversidade. Para tal, a colonialidade deve ser identificada e combatida, e as ficções descolonizadas e substituídas.

▶ BREVE CONCLUSÃO

Para concluir as reflexões sobre o que é arte brasileira e como a estudamos, gostaria de resumir as seguintes respostas:

1. No Brasil, após a independência em 1822, a maioria dos vícios do colonialismo permaneceu, como a injustiça social, o racismo, o genocídio, o culturcídio, o epistemicídio, a suposta cordialidade e a troca de favores (Ribeiro, Freyre, Holanda, Prado Júnior, Nascimento, Schwarz e Kopenawa). Apesar dessa conscientização nas ciências sociais, o eurocentrismo nunca foi superado. Isso também se aplica aos estudos das artes. Não houve interesse ou compreensão da arte indígena, africana, afrodiaspórica, afro-brasileira e/ou negra, apenas a adoção do paradigma-chave de época-estilo, e de outros valores e narrativas mestre europeus, seguidos por uma periodização da arte que distingue entre arte colonial e brasileira.
2. Muitos autores têm discutido o problema da dependência da Europa no contexto das artes após a construção da nação, concentrando sua atenção em uma suposta dialética entre o exterior (Europa) e o interior (Brasil).

Essa relação é vista como uma comédia (Schwarz) ou uma tragédia (Salles Gomes), mas sempre limitada às ideias de cópia (Salles Gomes e Schwarz), assimilação ou hibridismo (Flusser e Chiarelli) e apropriação feliz ou infeliz (Flusser, Gomes e Schwarz) do modelo europeu. Não existe a ideia de incluir outras cosmologias e suas epistemologias que não pensem dialeticamente, mas aditivamente. No entanto, não foram trazidas ideias que se encontram fora do lugar, mas criados *trompe l'oeils* cujo liberalismo tanto esconde como revela a ideologia ainda colonial e escravocrata subjacente (Sodré).

3. As artes indígena, africana e afrodiaspórica (afro-brasileira ou negra) foram pensadas como referência para a arte nacional brasileira apenas no contexto da arte popular (Chiarelli). E a arte indígena só foi estudada separadamente dentro da epistemologia ocidental por meio de gêneros específicos como arte plumária, cerâmica, cestaria, pintura corporal etc. (Ribeiro e Vidal). Seu contexto não foi levado em conta (Lagrou). Hoje, os artistas indígenas estão se manifestando cada vez mais a partir de uma perspectiva descolonial na arte indígena contemporânea. Eles criticam a representação dos povos indígenas e de sua cultura na arte brasileira, bem como a ideia de artesanato, e lançam luz sobre suas próprias cosmologias (Baniwa, Esbell e Tukano).
4. O termo arte afro-brasileira foi introduzido inicialmente por autores brancos e aplicado a artistas brancos que escolheram temas e personagens afrodiaspóricas. Os primeiros estudos eram ou abertamente racistas (Rodrigues) ou paternalistas (Ramos e Valladares). Poucos autores permitiram uma compreensão mais aprofundada da contribuição e do significado dos artistas africanos e afrodiaspóricos racializados como negros (Querino, Nascimento e Cunha). Nos últimos anos, a discussão se ampliou. Entretanto, o termo é difícil de definir e está sujeito a constantes mudanças (Araújo da Silva, Felinto, D'Salete Souza e Menezes Neto). Ele ainda tem um significado político importante e poderia estar mais intimamente ligado à questão da história colonial e aos problemas sociopolíticos contemporâneos, como a pobreza e o racismo. Também seria necessário envolver-se mais intensamente com as cosmologias e epistemologias africanas e afrodiaspóricas, e incluí-las nos estudos.

Em exposições recentes está cada vez mais em uso a expressão artistas negros em vez de artistas afro-brasileiros ou arte afro-brasileira, mas ambas estão ganhando terreno.

5. Inicialmente, a coroa portuguesa não queria produzir imagens do Brasil para manter seus tesouros invisíveis. Em vez disso, eles se basearam em um discurso civilizatório justificador. A produção de imagens dependeu dos pintores (André Thevet, Jean de Léry, Frans Post e Albert Eckhout) que acompanharam as campanhas de invasão dos franceses e holandeses na tentativa de colonizar partes do Brasil por um curto período. A importância dos imigrantes ou artistas estrangeiros permaneceu até o século 20 (Grimm, Volpi etc.), sobretudo através da Missão Francesa em 1816 que instaurou a Academia Imperial de Belas Artes no Rio de Janeiro aquando da mudança da corte portuguesa em 1808.
6. A periodização das artes plásticas na historiografia da arte no Brasil também seguiu inicialmente o modelo europeu, deixando de fora a arte produzida antes da colonização (Gonzaga Duque). A arte dos africanos escravizados e de seus descendentes foi registrada de forma breve no contexto da arte colonial (Porto-Alegre). A arte paleolítica, indígena, afro-brasileira/negra e popular só foi tratada em capítulos separados na década de 1980 (Zanini) e está completamente ausente da publicação panorâmica mais recente (Barcinski).
7. Os dois mitos de origem da história da arte brasileira são a Academia Imperial de Belas Artes do Rio de Janeiro, fundada por franceses, e a Semana de Arte Moderna de 1922, realizada pela burguesia branca abastada, vista como o início de uma arte nacional brasileira. Hoje se sabe que, dada a visão negativa geral da arte como trabalho manual associado à escravidão, a Academia teve pouco impacto na sociedade brasileira. O modernismo ainda é considerado fundamental, embora tenha sido um esforço nacionalista que capitalizou o uso puramente metafórico da cultura indígena para a elite. Sua principal preocupação era afirmar uma arte independente contra a Europa. Todavia, isso só foi conseguido usando mais uma vez a Europa como principal referência.
8. Apesar do reconhecimento da influência da mão afro-brasileira (Gonzaga Duque, Araújo e Chiarelli), as artes são estudadas até hoje quase sempre em

sua dialética com a Europa (Salles Gomes, Candido e Schwarz). Isso se deve ao "complexo de vira-lata", um sentimento de inferioridade brasileiro que surge da comparação com a arte e a cultura europeias (Rodrigues). Entretanto, a adoção mais ou menos original de modelos europeus é, em última análise, um *trompe l'oeil*, porque não se trata realmente de transferência, mas da aparência de liberalismo, que busca disfarçar os mecanismos de manutenção da sociedade escravagista mas também os revela (Sodré). A arte indígena e afrodiaspórica é ignorada em sua maior parte. Quando é lembrada, é apenas metaforicamente (Andrade) ou para integrar personagens como corpos sacrificados ao Estado-nação (Alencar).

9. A crítica das artes nacionais desenvolveu-se inicialmente como na Europa, em comentários dos próprios escritores e artistas (Porto-Alegre, Alencar). Tanto eles como os especialistas (Pedrosa) se debateram sempre com a questão particular do Brasil com relação à arte internacional. Sendo assim, a crítica participou tanto da historiografia do país (como em muitos países colonizados) como da teorização das artes, procurando estabelecer uma identidade nacional, porém com pouco impacto na sociedade.
10. As exposições de artistas internacionais e as bienais sempre foram importantes fóruns de discussão e locais envolvidos na teorização, historicização e no exercício da crítica, e, às vezes, se opõem a ficções estabelecidas ou criam novas ficções ou apenas parecem opor-se. Até agora, a arte indígena e afrodiaspórica permaneceu, em sua maior parte, alheia a eles.
11. Futuros estudos das artes no Brasil e em outros lugares devem questionar o discurso eurocêntrico e a colonialidade existentes e se envolver com cosmologias e suas epistemologias das produções artísticas indígenas e afrodiaspóricas para desenvolver uma perspectiva descolonial.

REFERÊNCIAS

ADICHIE, C. N. *Keynote speech*. Berlin: Humboldt Fórum, 2021. Disponível em: https://www.humboldtforum.org/en/programm/digitales-angebot/digital-en/keynote-spreech-by-chimamanda-adichie-32892/. Acesso em: 02 fev. 2022.

AGAMBEN, G. *A potência do pensamento.* Belo Horizonte: Autêntica, 2015.

AGAMBEN, G. *O homem sem conteúdo.* Belo Horizonte: Autêntica, 2012.

AGOSTINHO, S. *Confissões.* São Paulo. Abril Cultural, 1980.

ALENCAR, J. *Ficção completa e outros escritos.* Rio de Janeiro: Nova Aguilar, 1976.

ALPERS, S. *The art of describing.* Chicago: The University of Chicago Press, 1983.

AMARAL, A. *Artes plásticas na Semana de 22.* São Paulo: 34, 1998.

ANDRADE, M. de. *A arte religiosa no Brasil.* São Paulo: Experimento, 1993.

ANDRADE, O. A exposição Anita Malfatti. *Jornal do Commercio*, ed. de São Paulo, 11 de janeiro de 1918.

ANDRADE, O. *Pau-Brasil.* Paris: Sans Pareil, 1925.

ANDRADE, O. Manifesto antropófago, 1928. *Povos indígenas no Brasil*, 2024. Disponível em: https://pib.socioambiental.org/files/manifesto_antropofago.pdf. Acesso em: 20 maio 2024.

ANTAL, F. *Florentine painting and its social background: The Bourgeois Republic before Cosimo de' Medici's Advent to Power – XIV and Early XV Centuries.* Londres: Kegan Paul, 1948.

ARANTES, O. B. F. *Mário Pedrosa: Itinerário crítico.* 2. ed. São Paulo: Cosac Naify, 2004.

ARAÚJO, E. (org.). *A mão afro-brasileira.* v. I; II. São Paulo: Imprensa Oficial, 2000.

ARIÈS, P. *História social criança e da família.* Rio de Janeiro: Zahar, 1981 [1964].

ARIÈS, P. A história das mentalidades. In: LE GOFF, J. (org.). *A História Nova.* São Paulo: Martins Fontes, 1990, p.154-176.

ARISTÓTELES. *Da interpretação.* São Paulo: Unesp, 2013.

ARISTÓTELES. *Arte poética*. Disponível em: https://www.dominiopublico.gov.br/pesquisa/ PesquisaObraForm.do?select_action=&co_autor=144. Acesso em: 21 jan. 2016.

ARNOLD, D. *Introdução à história da arte*. São Paulo: Ática, 2003.

AUERBACH, E. *A novela no início do Renascimento: Itália e França*. São Paulo: Cosac Naify, 2013.

ÁVILA, A. *O lúdico e as projeções do mundo barroco*. São Paulo: Perspectiva, 1971.

BADIOU, A. *Pequeno manual de inestética*. São Paulo: Estação Liberdade, 2002.

BAKHTIN, M. *Estética da criação verbal*. São Paulo: Martins Fontes, 2010.

BAKHTIN, M. *Problemas da poética de Dostoiévski*. Rio de Janeiro: Forense Universitária, 2013.

BALLESTRIN, L. América Latina e o giro decolonial. *Revista Brasileira de Ciência Política*, n. 11, p. 89-117, 2013.

BANIWA, D. A arte em luto. *Jornalistas Livres*, 6 nov. 2021. Disponível em: https://jornalistaslivres.org/a-arte-em-luto/. Acesso em: 05 maio 2022.

BARCINSKI, F. W. (org.). *Sobre a arte brasileira*. São Paulo: Sesc Edições, 2015. p. 232-263.

BARROS, R. *Elogio ao toque: Ou como falar de arte feminista à brasileira*. Rio de Janeiro: Relacionarte, 2016.

BARTHES, R. A morte do autor. *In*: BARTHES, R. *O rumor da língua*. São Paulo: Martins Fontes, 2004. p. 57-64.

BATTISTONI FILHO, D. *Pequena história das artes no Brasil*. Campinas: Átomo, 2008.

BAZIN, A. *O Cinema: Ensaios*. São Paulo: Brasiliense, 1991.

BELTING, H. *O fim da história da arte: Uma revisão dez anos depois*. São Paulo: Cosac Naify, 2016.

BELTING, H. From world art to global art. View on a new panorama. *In*: BELTING, H.; BUDDENSIEG, A.; WEIBEL, P. (org.). *The global contemporary and the rise of new art worlds*, exhib. The Global Contemporary, Art Worlds after 1989, ZKM Center for Art and Media Karlsruhe. Cambridge: The MIT Press, 2013. p. 178-185.

BELTING, H. *A verdadeira imagem*. Lisboa: KKYM, 2012.

BELTING, H. *Antropologia da imagem*. Lisboa: KKYM, 2014.

BENJAMIN, W. *Der Ursprung des deutschen Trauerspiels*. Berlin: Ernst Rowolth, 1928.

BENJAMIN, W. Sobre o conceito de história. *In*: BENJAMIN, W. *Magia e técnica, arte e política: Ensaios sobre literatura e história da cultura. Obras Escolhidas. v. I*. São Paulo: Brasiliense, 1994.

BENNETT, T. *The birth of the museum: History, theory, politics*. Londres/Nova Iorque: Routledge, 1995.

BERGER, J. *Modos de ver*. Rio de Janeiro: Rocco, 1999.

BERNARDET, J.-C. *Historiografia clássica do cinema brasileiro*. 2. ed. São Paulo: Annablume, 2008.

BERNARDINO-COSTA, J.; MALDONADO-TORRES, N.; GROSFOGUEL, R. *Decolonialidade e pensamento afrodiaspórico*. Belo Horizonte: Autêntica, 2019.

BERNARDINO-COSTA, J.; GROSFOGUEL, R. Decolonialidade e perspectiva negra. *Revista Sociedade e Estado*, Brasília, v. 31, n. 1, p. 15-24, 2016.

BEZERRA, P. Prefácio. *In*: BAKHTIN, M. *Problemas da poética de Dostoiévski*. Rio de Janeiro: Forense Universitária, 2013. p. V-XXII.

BIALOSTOCKI, J. *Stil und Ikonographie*. Köln: Dumont, 1987.

BOEHM, G. Aquilo que se mostra. Sobre a diferença icônica. *In*: ALLOA, E. (org.). *Pensar a Imagem*. São Paulo: Autêntica, 2015. p. 23-53.

BOEHM, G. (ed.). *Was ist ein Bild?* München: Wilhelm Fink, 1994.

BORNHEIM, G. A. Introdução à leitura de Winckelmann. *Arte & Ensaios*, Rio de Janeiro, PPGAV-UFRJ, n. 19, p. 144-161, 2009. Disponível em: https:// www.ppgav.eba.ufrj.br/wp-content/uploads/2012/01/ae22_Gerd_Bornheim-.pdf. Acesso em: 24 maio 2016.

BOSI, A. Cultura. *In*: CARVALHO, J. M. de. (org.). *A construção nacional: 1830-1889*. São Paulo: Fundação Mapfre e Objetiva, 2012.

BRATTON, J. *New readings in theatre history*. Cambridge: Cambridge University Press, 2003.

BREDEKAMP, H. *Der Bildakt*. Berlin: Wagenbach, 2015.

BURCKHARDT, J. *A cultura do renascimento na Itália*. São Paulo: Companhia das Letras, 2009.

BURCKHARDT, J. *Der Cicerone*. Leipzig: E. A. Seemann, 1869. Disponível em: https:// archive. org/details/dercicernone01burcgoog. Acesso em: 07 abr. 2015.

BUTLER, J. *Problemas de gênero*. São Paulo: Civilização Brasileira, 2003.

CANDIDO, A. *Formação da literatura brasileira*. v. 1; 2. São Paulo: Martins Fontes, 1959.

CARLSON, M. *Teorias do teatro: Estudo histórico-crítico dos gregos à atualidade*. São Paulo: Unesp, 1995.

CARLSON, M. The theory of history. *In*: CASE, S-E.; REINELT, J. (org.). *The performance of power*. Iowa City: University of Iowa Press, 1991. p. 272-279.

CARR, E. H. *O que é história?* Rio de Janeiro: Paz e Terra, 1983.

CASTRO, E. V. de. *Metafísicas canibais: Elementos para uma antropologia pós-estrutural.* São Paulo: Cosac Naify, 2015.

CASTRO, E. V. de. Que temos nós com isso? *In*: AZEVEDO, B. *Antropofagia: Um palimpsesto selvagem.* São Paulo: Cosac Naify, 2016.

CÉSAIRE, A. *Discurso sobre o colonialismo.* São Paulo: Veneta, 2020. [1950; 1987].

CHIARELLI, T. *Arte internacional brasileira.* São Paulo: Lemos, 2002.

COCCIA, E. Física do sensível: Pensar a imagem no medievo. *In*: ALLOA, E. (org.). *Pensar a imagem.* São Paulo: Autêntica, 2015. p. 77-92.

COLI, J. O sentido da batalha: Avahy, de Pedro Américo. *Projeto História*, São Paulo, n. 24, p. 116, jun. 2002.

CONAWAY, J.; BONDANELLA, P. Introduction. *In*: VASARI, G. *The lives of the artists.* Oxford: Oxford University Press, 2006.

CONDURO, E. *Arte afro-brasileira.* Belo Horizonte: C/Arte, 2007.

CUSICANQUI, S. R. *Ch'Ixinakax Utxiwa: Una reflexión sobre prácticas y discursos descolonizadores.* Buenos Aires: Tinta Limón, 2010.

CUSICANQUI, S. R. *Sociología de la imagen: Ensayos.* Buenos Aires: Tinta Limón, 2015.

DACOSTA KAUFMANN, T.; DOSSIN, C.; JOYEUX-PRUNEL, B. *Circulations in the global history of art.* Londres/Nova Iorque: Routledge, 2016.

DANTO, A. C. *Após o fim da Arte: A arte contemporânea e os limites da história.* São Paulo: Edusp, 2006.

DAVIES, M. Flemish founding fathers. *Art News Review*, London, n. 53, 1954.

DE BRY, T. *Das vierdte Buch von der neuwen Welt.* Dortmund: Harenberg, 1594.

DÉLÉAGE, P. Les répertoires graphiques amazoniens. *Journal de la Societé des Américanistes*, Nanterre, v. 93, n. 1, p. 97-126, 2007.

DELEUZE, G. Plato and the simulacrum. *October*, Cambridge, n. 27, p. 52, 1983.

DELEUZE, G. *Le plis: Leibniz et le baroque.* Paris: Les Éditions de Minuit, 1988.

DELEUZE, G.; GUATTARI, F. *O que é a filosofia?* São Paulo: 34, 1992.

DIAS, E. Arte e academia entre política e natureza. In: BARCINSKI, F. W. Sobre a Arte Brasileira. São Paulo: Sesc Edições, 2015, p. 136-173.

DIDI-HUBERMAN, G. *Diante da imagem.* São Paulo: 34, 2013.

DIOP, C. A. *The african origin of civilization.* Chicago: Chicago Review Press, 2016. [1974].

DRESSER, M. Bristol and the transatlantic slave trade. *Bristol Museums Collections*, 2024. Disponível em: https://www.bristolmuseums.org.uk/stories/bristol-transatlantic--slave-trade. Acesso em: 22 maio 2024.

DUQUE ESTRADA, L. G. *A arte brasileira: Pintura e esculptura*. Rio de Janeiro: H. Lombaerts & Co., 1995. [1888].

DUSSEL, E. *Von der Erfindung Amerikas zur Entdeckung des Anderen*. Ein Projekt der Transmoderne. Düsseldorf: Patmos, 1993.

ECO, H. *A obra aberta*. São Paulo: Perspectiva, 1991.

EINSTEIN, C. *Negerplastik* [Escultura Negra]. São Carlos: EdUFSCar, 2011.

EISENWERTH, J. A. S. gen. Stilpluralismus statt Einheitszwang. *In*: NERDINGER, W.; SCHUBERT, D. *Epochengrenzen und Kontiunität*. München: Prestel, 1985. p. 11-30.

ELIADE, M. Methodological remarks on the study of religious symbolism. *In*: KITAGAWA, J.; ELIADE, M. (ed.). *The history of religions: Essays on methodology*. Chicago: University of Chicago Press, 1959.

ELKINS, J. *The poetics of perspective*. Ithaka/Londres: Cornell University Press, 1994.

ESBELL, J. *Tembetá: Jaider Esbell*. Rio de Janeiro: Azougue, 2021.

ESBELL, J. Arte indígena contemporânea e o grande mundo. *Revista Select*, São Paulo, n. 39, p. 98-103, 2018. Disponível em: http://www.jaideresbell.com.br/site/2018/06/14/territorios/. Acesso em: 06 jun. 2021.

ESBELL, J. Autocolonização: Uma pesquisa pessoal no além coletivo. *Galeria Jaider Esbell*, 09 ago. 2020. Disponível em: http://www.jaideresbell.com.br/site/2020/08/09/auto-decolonizacao-uma-pesquisa-pessoal-no-alem-coletivo/. Acesso em: 24 maio 2024.

ESBELL, J.; BERBERT, P. Aula inaugural – caminhos da arte indígena contemporânea. *MAM – Museu de Arte Moderna*. YouTube, 14 out. 2020, vídeo, 86 min. Disponível em: https://www.youtube.com/watch?v=Ph7E8qATQ7w. Acesso em: 06 jun. 2021.

FANON, F. *Pele negra, máscara branca*. Salvador: EdUFBA, 2008. [1952].

FANON, F. *Os condenados da terra*. Rio de Janeiro: Zahar, 2006. [1961].

FAURE, É. *Histoire de l'art. L'art medieval, l'art renaissant, l'art moderne*. Paris: Crés, 1921-1926.

FELINTO, R. A pálida história das artes visuais no Brasil: Onde estamos negras e negros? *Revista GEARTE*, Porto Alegre, v. 6, n. 2, p. 341-368, 2019.

FÉRAL, J. *Além dos limites: Teoria e prática do teatro*. São Paulo: Perspectiva, 2015.

FERREIRA, C. O. Incorporando o pensamento ocidental: Dramaturgos brasileiros nos anos noventa. *Latin American Theatre Review*, Lawrence, n. 34, p. 55-72, 2001.

FERREIRA DA SILVA, D. *A dívida impagável*. São Paulo: Oficina de Imaginação Política & Living Commons, 2019.

FERREIRA, G. História da arte brasileira x história brasileira da arte. *In*: BARROS, N. *et al.* *Uma História da Arte?* Recife, Fundação Joaquim Nabuco: Massangana, 2011. p. 25-42.

FLUSSER, V. *Fenomenologia do brasileiro*. Rio de Janeiro: EdUERJ, 1998. Disponível em: https://textosdevilemflusser.blogspot.com.br. Acesso em: 9 abr. 2015.

FLUSSER, V. *O mundo codificado: Por uma teoria do design e da comunicação*. São Paulo: Cosac Naify, 2007.

FOCILLON, H. *L'art des sculpteurs romans*. Paris: Librairie Ernest Leroux, 1932.

FOUCAULT, M. *Ceci n'est pas une pipe: Sur Magritte*. Paris: Fata Morgana, 1973.

FOUCAULT, M. *As palavras e as coisas: Uma arqueologia das ciências humanas*. São Paulo: Martins Fontes, 2000.

FREEDBERG, D. *The power of images: Studies in the history and theory of response*. Chicago: University of Chicago Press, 1989.

FREUD, S. *O mal-estar na civilização*. São Paulo: Penguin e Companhia das Letras, 2010.

FREYRE, G. *Casa-grande e senzala*. Rio de Janeiro: Record, 1998.

FU-KIAU, K. K. B. *African cosmology of the Bântu-Kôngo. Principles of life and living*. Brooklyn: Athelia Henrietta Press, 2001. [1980].

GAJEWSKI, A. Émile Mâle. *In*: SHONE, R.; STONARD, J.-P. (ed.). *The books that shaped art history: From Gombrich and Greenberg to Alpers and Krauss*. Londres: Thames & Hudson, 2013. p. 20-29.

GALDINO, L. *A astronomia indígena*. São Paulo: Nova Alexandrina, 2011.

GARDNER, L. Victory. *The Guardian*, 10 mar. 2009. Disponível em: https:// www.theguardian.com/stage/2009/mar/10/victory-arcola-london-review. Acesso em: 30 mar. 2015.

GELL, A. *Arte e agência*. São Paulo: bu editora, 2018.

GOMBRICH, E. H. *Arte e ilusão*. São Paulo: Martins Fontes, 1995.

GOMBRICH, E. H. *A história da arte*. São Paulo: LTC, 2000.

GOMES, P. E. S. *Cinema: Trajetória no subdesenvolvimento*. Rio de Janeiro: Paz e Terra, 1980.

GOLDBERG, R. L. *Performance: Live art, 1909 to the present*. Nova Iorque: E. P. Dutton, 1979.

GONZALEZ, L. *Por um feminismo afro-latino-americano*. Rio de Janeiro: Zahar, 2020.

GOETHE, J. W. *Berliner Ausgabe. Kunsttheoretische Schriften und Übersetzungen.* Berlin: Band 19, 1960.

GRAFTON, A. *Leon Battista Alberti: Master builder of the Italian renaissance.* Cambridge: Harvard University Press, 2001.

GREENBERG, C. Vanguard e kitsch. *In*: FERREIRA, G.; MELLO, C. C. *Clement Greenberg e o debate crítico.* Rio de Janeiro: Jorge Zahar, 1997, p. 27-44.

GREENBERG, C. *Art and culture: Critical essays.* Boston: Beacon Press, 1961.

GRIMAULT, J. *La révélation des pyramides.* Paris: Edition La Nouvelle Atlantide, 2018.

GROSFOGUEL, R. Para descolonizar os estudos de economia política e os estudos pós-coloniais: Transmodernidade, pensamento de fronteira e colonialidade global. *Revista Crítica de Ciências Sociais*, Coimbra, n. 80, p. 115-147, 2008.

GROYS, B. Clement Greenberg. *In*: SHONE, R.; STONARD, J.-P. (ed.). *The books that shaped art history: From Gombrich and Greenberg to Alpers and Krauss.* Londres: Thames & Hudson, 2013, p. 343-366.

GUNNING, T. The cinema of attraction: Early film, its spectator and the avant-garde. *Wide Angle*, Oxford, v. 8, n. 3-4, p. 63-70, 1986.

HAAR, M. *A obra de arte: Ensaios sobre a ontologia das obras.* Rio de Janeiro: Difel, 2000.

HALL, S. *Encoding and decoding in the television discourse*. Birmingham: Centre for Contemporary Cultural Studies, 1973.

HAMBURGER, J. Hans Belting. *In*: SHONE, R.; STONARD, J.-P. (ed.). *The books that shaped art history: From Gombrich and Greenberg to Alpers and Krauss.* Londres: Thames & Hudson, 2013, p. 343-366.

HAMANN, B. E. The mirrors of *Las meninas*: Cochineal, silver, and clay. *The Art Bulletin*, Nova Iorque, v. 92, n. 1/2, p. 6-35, 2010. Disponível em: http://www.jstor.org/stable/27801653. Acesso em: 20 set. 2021.

HASKELL, F. *Patrons and painters: A study in the relations between Italian art and society in the age of the baroque.* Londres: Chatto & Windus, 1963.

HAUSER, A. *Sozialgeschichte der Kunst und Literatur*. München: Beck'sche, 1958.

HEGEL, G. W. F. *Cursos de estética. Vol. I.* São Paulo: Edusp, 2001.

HEIDEGGER, M. *A origem da obra de arte.* Edição bilíngue. São Paulo: Almedina Brasil, Edições 70, 2007.

HEINRICH, K. *Arbeiten mit Ödipus: Begriff der Verdrängung in der Religionswissenschaft.*

Dahlemer Vorlesungen. Frankfurt und Basel: Band 3, 1993.

HIGBEE, W.; LIM, S. H. Concepts of transnational cinema: Towards a critical transnationalism in film studies. *Transnational Cinemas*, London, v. 1, n. 1, p. 7-21, 2010.

HERZOG, W. *A caverna dos sonhos esquecidos*. Werner Herzog Filmproduktion, 2010.

HOCKNEY, D. *O conhecimento secreto*. São Paulo: Cosac Naify, 2001.

HOCKNEY, D.; GAYFORD, M. *A history of pictures: From the cave to the computer screen*. Nova Iorque: Abrams, 2016.

HOLANDA, S. B. de. *Raízes do Brasil*. São Paulo: Companhia das Letras, 2004.

IANNI, O. Tendências do pensamento brasileiro. *Tempo Social*, São Paulo, v. 12, n. 2, p. 55-74, 2000.

JACKSON, J. G. *Ethiopia and the origin of civilization*. [*S.l.*]: Ravenio Books, 1939.

JACKSON, J. G. *Introduction to African civilizations*. Toronto: Citadel, 2001. [1974].

JACKSON, J. G. *Christianity before Christ*. Eastford: Martino Fine Books, 2015.

JACQUES, P. B. *Estética da ginga: a arquitetura das favelas através da obra de Hélio Oitici-ca*. Rio de Janeiro: Casa da Palavra, 2007.

JANSON, H. W. *A nova história da arte de Janson*. Lisboa: Fundação Calouste Gulbenkian, 2000.

JECUPÉ, K. W. *A terra dos mil povos*. São Paulo: Peirópolis, 1998.

KANDINSKY, W. *Über das Geistige in der Kunst: Insbesondere in der Malerei; mit acht Tafeln und zehn Originalholzschnitten*. München: R. Piper & Co., 1912.

KANT, I. *Crítica do julgamento*. São Paulo: Abril Cultural, 1983.

KAPROW, A. *Assemblages, environments & happenings*. Nova Iorque: Harry N. Abrams, 1966.

KAUP, M. *Neobaroque in the Americas: Alternative modernities in literature, visual art, and film*. Charlottesville: University of Virginia Press, 2012.

KILOMBA, G. *Memórias das plantações*. Rio de Janeiro: Cobogó, 2019.

KITTLER, F. *Mídias ópticas*. Rio de Janeiro: Contraponto, 2015.

KOPENAWA, D.; ALBERT, B. *A queda do céu: Palavras de um xamã Yanomami*. São Paulo: Companhia das Letras, 2015.

KOSUTH, J. A arte depois da filosofia. *In*: FERREIRA, G.; COTRIM, C. (org.). *Escritos de artistas: Anos 60/70*. Rio de Janeiro: Jorge Zahar, 2006. p. 210-234.

KRÄMER, S. Entre a escrita e a imagem: Entrevista a Sybille Krämer. *Interact - Revista Online de Arte, Cultura e Tecnologia*, Lisboa, 2016. Disponível em: https://revistainteract.pt/24/entrevista-a-sybille-kramer/. Acesso em: 21 maio 2024.

KRAUSS, R. *The originality of the avant-garde and other modernist myths*. Cambridge: MIT Press, 1986.

KRAUSS, S. *David Kaufmann: Eine Biographie*. Berlin: Calvary, 1901.

KRISTEVA, J. *Introdução à semanálise*. São Paulo: Perspectiva, 1969.

KRENAK, A. *Ideias para adiar o fim do mundo*. São Paulo: Companhia das Letras, 2019.

KUHN, T. S. *A estrutura das revoluções científicas*. 9. ed. São Paulo: Perspectiva, 2006.

KUNDERA, M. *Os testamentos traídos*. Rio de Janeiro: Nova Fronteira, 1994.

LAGROU, E. *Arte indígena no Brasil*. Belo Horizonte: C/Artes, 2009.

LE GOFF, J.; CHARTIER, R.; REVEL, J. (org.). *La nouvelle histoire*. Paris: Retz, 1978.

LE GOFF, J. As mentalidades: Uma história ambígua. In: LE GOFF, J. e NORA, P. (orgs.) *História: Novos objetos*. Rio de Janeiro: Francisco Alves, 1988, p.68-83.

LEHMANN, H.-T. *O teatro pós-dramático*. São Paulo: Cosac Naify, 2007.

LESSING, G. E. *Laocoonte ou sobre as fronteiras da pintura e da poesia*. São Paulo: Polen, 1998.

LÉVI-STRAUSS, C. *O pensamento selvagem*. Campinas: Papirus, 1990.

LICHTENSTEIN, J. (org.). *A pintura – v. 1: O mito da pintura*. São Paulo: 34, 2006.

LEVY, H. Modelos Europeus na pintura colonial. *Revista do Serviço do Patrimônio Histórico e Artístico Nacional*, Brasília, n. 8, p. 7-66, 1944.

LEVY, H. A Propósito de três teorias sobre o Barroco. *Revista do Serviço do Patrimônio Artístico Nacional*, Brasília, n. 5, p. 259-284, 1941.

LINGNA NAFAFÉ, J. *Colonial encounters: Issues of culture, hibridity and creolization*. Frankfurt a. M. e Nova Iorque: Peter Lang, 2007.

LINGNA NAFAFÉ, J. African orality in Iberian space: Critique of Barros and myth of racial discourse. *Portuguese Studies*, v. 28, n. 2, p. 126-142, 2012.

LINGNA NAFAFÉ, J. *Lourenço Mendonça da Silva: Black abolition movement in the seventeenth century*. Nova Iorque: Cambridge University, 2022.

LOBATO, M. A propósito da exposição Malfatti. *O Estado de S. Paulo*, 20 dez. 1917, s.p.

LODY, Raul. *O negro no museu brasileiro: Construindo identidades*. São Paulo: Bertrand Brasil, 2005.

LOVATT, A. Rosalind Krauss. *In*: SHONE, R.; STONARD, J.-P. (ed.). *The books that shaped art history: From Gombrich and Greenberg to Alpers and Krauss*. Londres: Thames & Hudson, 2013, p. 323-341.

MACHADO, L. G. *Barroco mineiro*. São Paulo: Perspectiva, 1978.

MAIR, V. H. Xie He's, six laws' of painting and their Indian parallels. *In*: KAI, Z.-qui. *Chinese aesthetics*. Honolulu: University of Hawai'i Press, 2004. p. 81-122.

MÂLE, É. *L'art religieux du XIIIe siècle en France: Étude sur l'iconographie du Moyen Âge et sur ses sources d'inspiration*. Paris: Ernest Leroux, 1898.

MANGUEL, A. *Uma história da leitura*. São Paulo: Companhia das Letras, 1997.

MARIOTTI, H. O complexo de inferioridade do brasileiro. *Revista BSP*, 2007. Disponível em: https://web.archive.org/web/20071225092632/http://www.revistabsp.com.br/0608/ensaio1.htm. Acesso em: 12 abr 2014.

MARTINS, A.; KOK, G. *Roteiros visuais no Brasil: Artes indígenas*. São Paulo: Claro Enigma, 2014.

MBEMBE, A. *Crítica da razão negra*. São Paulo: N-1 Edições, 2018.

MBEMBE, A. *Necropolitics*. Durham: Duke University Press, 2019.

MELDRUM, A. Stealing beauty, *The Guardian*, 15. março 2006. Disponível em: https://www.theguardian.com/artanddesign/2006/mar/15/art. Acesso em: 24 mar. 2016.

MENEZES NETO, H. *Entre o visível e o oculto: A construção do conceito de arte afro--brasileira*. Dissertação de Mestrado, USP, 2018. Disponível em: https://www.teses.usp.br/teses/disponiveis/8/8134/tde-07082018-164253/pt-br.php. Acesso em: 21 dec 2019.

MESKIN, A. Authorship. *In*: LIVINGSTON, P.; PLANTINGA, C. (ed.). *The Routledge companion to philosophy and film*. Londres/Nova Iorque: Routledge, 2008. p. 12-27.

MIGLIACCIO, L. A arte no Brasil entre o Segundo Reinado e a Belle Époque. *In*: BARCINSKI, F. W. *Sobre a arte brasileira*. São Paulo: Sesc Edições, 2015. p. 174-231.

MIGNOLO, W. *The darker side of Western modernity: Global futures, decolonial options*. Durham: Duke University Press, 2011.

MIGNOLO, W.; VAZQUEZ, R. Decolonial aestheSis: Colonial wounds/Decolonial healings. *Social Text*, 15 jul. 2013. Disponível em: https://socialtextjournal.org/periscope_article/decolonial-aesthesis-colonial-woundsdecolonial-healings/. Acesso em: 03 abr. 2021.

MITCHELL, W. J. T. What is an image? *New Literary History*, Baltimore, v. 15, n. 3, p. 503-537, Spring, 1984.

MITCHELL, W. J. T. *Picture theory: Essays on verbal and visual representation*. Chicago: University of Chicago Press, 1994.

MITCHELL, W. J. T. *What do pictures want? The lives and loves of images*. Chicago: University of Chicago Press, 2005.

MITCHELL, W. J. T. Como caçar (e ser caçado por) imagens: Entrevista com W. J. T. Mitchell (concedida a Daniel Portugal e Rose de Melo Rocha). *E-compós*, Brasília, v. 12, n. 1, jan./abr. 2009. Disponível em: https://www.compos.org.br/seer/index.php/e-compos/article/view/376/327. Acesso em: 03 out. 2015.

MONDZAIN, M.-J. A imagem entre proveniência e destinação. *In*: ALLOA, E. (org.). *Pensar a Imagem*. São Paulo: Autêntica, 2015. p. 39-54.

MORESCHI, B. et al. *História da _rt*, 2016. Disponível em: https://files.cargocollective.com/c41491/Historyof_rt_ING.pdf. Acesso em: 12 out. 2016.

MUDIMBE, V.-Y. *The invention of Africa: Gnosis, philosophy, and the order of knowledge*. Bloomington and Indianapolis: Indiana University Press, 1988.

MUNDURUKU, D. *O banquete dos deuses*. São Paulo: Global: 2009. [2000].

NASCIMENTO, A. *O genocídio do negro brasileiro*. São Paulo: Perspectiva, 2016.

NASH, S.E.P. *In*: SHONE, R.; STONARD, J.-P. (ed.). *The books that shaped art history: From Gombrich and Greenberg to Alpers and Krauss*. Londres: Thames & Hudson, 2013, p. 153-177.

NDALIANIS, A. *Neo-baroque aesthetics and contemporary entertainment*. Cambridge: The MIT Press, 2004.

NIETZSCHE, F. *A origem da tragédia: proveniente do espírito da música*. eBooks Brasil, 2006. Disponível em: https://www.ebooksbrasil.org/adobeebook/tragedia.pdf. Acesso em: 24 mar. 2016.

NIETZSCHE, F. *Humano, demasiado humano*. São Paulo: Companhia das Letras, 2008.

NIETZSCHE, F. *Genealogia da moral: Uma polêmica*. São Paulo: Companhia das Letras, 2009.

NKRUMAH, K. *Neo-colonialism, the last stage of imperialism*. Londres: Thomas Nelson & Sons, Ltd., 1965.

NOCHLIN, L. Por que não existiram grandes artistas mulheres? *In*: PEDROSA, A.; MESQUITA, A. *Histórias da sexualidade: Antologia*. São Paulo: Museu de Arte de São Paulo Assis Chateaubriand, 2017. p. 16-37.

NYERERE, J. *Freedom and Unity. A Selection from Writings and Speeches 1952-65*. [*s.l.*]: Dar es Salaam, 1966.

OGUIBE, O. O fardo do curador. *Concinnitas Virtual*, Rio de Janeiro, ano 5, n. 6, 2004. Disponível em: https://www.concinnitas.uerj.br/arquivo/revista6.htm. Acesso em: 06 jan. 2016.

OLIVEIRA, M. LUZ, A. A. da.; PEREIRA, S. G. (org.). *História da Arte no Brasil.* São Paulo: Martins Fontes, 2008.

OYEWUMI, O. *A invenção das mulheres.* Rio de Janeiro: Bazar do Tempo, 2021.

PAINTER, N. I. *The history of white people.* Nova Iorque: W. W. Norton & Company, 2010.

P'BITEK, O. *Decolonizing African religions.* Nova Iorque, DAP, 2011.

PÄCHT, O. Questões de método em história da arte. *In*: LICHTENSTEIN, J. (org.). *A Pintura – v. 1: O mito da pintura.* São Paulo: 34, 2006. p. 146-157.

PANOFSKY, E. *Significado nas artes visuais.* São Paulo: Perspectiva, 1979.

PESSIS, A.-M.; MARTIN, G. Arte pré-histórica do Brasil: Da técnica ao objeto. *In*: BARCINSKI, F. W. *Sobre a arte brasileira.* São Paulo: Sesc Edições, 2015. p. 22-61.

PICCOLI, V. O olhar estrangeiro e a representação do Brasil. *In*: BARCINSKI, F. W. *Sobre a arte brasileira.* São Paulo: Sesc Edições, 2014. p. 62-95.

PLÍNIO, o Velho. História natural. *In*: LICHTENSTEIN, J. (org.). *A pintura – V. 1: O mito da pintura.* São Paulo: 34, 2006.

POMA DE AYALA, F. Guamán. *El primer nueva corónica y buen gobierno.* 1615. Disponível em: https://poma.kb.dk/permalink/2006/poma/titlepage/es/text/?open=idm2. Acesso em: 02 Fevereiro 2020.

PORTO-ALEGRE, M. de A. Résumé de l'histoire de littérature, des sciences et des arts au Brésil, *Journal del'Institut Historique*, Paris, v. 1, n. 1, p. 47-53, 1834.

PORTO-ALEGRE, M. de A. Memórias sobre a Antiga Escola Fluminense de Pintura. *Revista do Instituto Histórico e Geográfico Brasileiro*, São Paulo, v. 3, p. 547-557, 1841.

PRADO JÚNIOR, C. *A formação do Brasil contemporâneo.* São Paulo: Brasiliense, 1987.

QUINTERO, P.; FIGUEIRA, P.; ELIZALDE, P. C. *Uma breve história dos estudos decoloniais.* São Paulo: Museu de Arte de São Paulo Assis Chateaubriand, 2019.

QUIJANO, A. Colonialidade do poder, eurocentrismo e América Latina. *CLACSO, Consejo Latinoamericano de Ciencias Sociales*, 2006. Disponível em: http://biblioteca.clacso.edu.ar/clacso/sur-sur/20100624103322/12_Quijano.pdf. Acesso em: 04 maio 2019.

RAMOS, A. *O negro brasileiro: Etnografia religiosa e psicanálise.* Rio de Janeiro: Civilização Brasileira, 1934.

RANCIÈRE, J. *A partilha do sensível: Estética e política.* São Paulo: 34, 2005.

RANCIÈRE, J. Thinking between disciplines: An aesthetics of knowledge. *Parrhesia*, [*s.l.*], n. 1, p. 1-12, 2006.

RANCIÈRE, J. *O espectador emancipado.* Coimbra: Orfeu Negro, 2010.

RIBEIRO, D. *O povo brasileiro.* São Paulo: Companhia das Letras, 1995.

RIBEIRO, D. e B. *Arte plumária dos índios Kaapor*. Rio de Janeiro: Civilização Brasileira, 1957.

RICHARDSON, J. *An essay on the theory of painting.* Londres: A. Bettesworth, 1725. Disponível em: https://archive.org/stream/essayontheoryofp00rich#page/ n1/mode/2up. Acesso em: 04 maio 2016.

RICHARDSON, J. *An essay on the whole art of criticism.* Londres: Black Swan, 1719.

RICE, L. Francis Haskell. *In*: SHONE, R.; STONARD, J.-P. (ed.). *The books that shaped art history: From Gombrich and Greenberg to Alpers and Krauss.* Londres: Thames & Hudson, 2013, p. 239-254.

RILEY, C. L.; KELLEY, C. J.; PENNINGTON, C. W.; RANDS, R. L. *Man across the sea.* Austin: University of Texas Press, 1976.

ROCHA, G. *Revisão crítica do cinema brasileiro.* São Paulo: Cosac Naify, 2003.

RODATZ, C. *Der Schnitt durch den Raum: Atmosphärische Wahrnehmung in und auflerhalb von Theaterräumen*. Bielefeld: Transcript, 2010.

RODNEY, W. Como a Europa subdesenvolveu a África. São Paulo: Boitempo, 2022.

RODRIGUES, N. *As raças humanas e a responsabilidade penal no Brazil.* Rio de Janeiro: Guanabara, 1957. [1894].

RODRIGUES, N. *Os africanos no Brasil.* Brasília: UnB, 1988. [1932].

ROGER, J. *A crítica literária.* Rio de Janeiro: Difel, 2002.

SAID, E. *Orientalismo: O Oriente como invenção do Ocidente.* São Paulo: Companhia das Letras, 1990.

SAID, E. *Cultura e imperialismo*. São Paulo: Companhia das Letras, 2011.

SAMAIN, E. (org.). *Como pensam as imagens.* Campinas: Unicamp, 2012.

SANTOS, A. B. dos. *A terra dá, a terra quer.* São Paulo: ubu, 2023.

SANTOS, B. de S. Entre Próspero e Caliban. *In*: RAMALHO, M. I.; RIBEIRO, A. S. (org.). *Entre ser e estar: Raízes, percursos e discursos de identidade.* Porto: Afrontamento, 2001. p. 23-85.

SANTOS, M. F. M. Manuel de Araújo Porto-Alegre e as origens institucionais da crítica de arte no Brasil, *19 & 20*, v. 10, n. 2 jul./dez. 2015. Disponível em: https://www.dezenovevinte.net/uah2/ mfms.htm. Acesso em: 24 mar. 2024.

SCHECHNER, R. *Performance studies: An introduction.* Nova Iorque: Routledge, 1993.

SCHECHNER, R. *Between theatre and anthropology.* Philadelphia: University of Pennsylvania Press, 1985.

SCHELLING, F. W. *Sobre a relação das artes plásticas com a natureza.* Belo Horizonte: UFMG, 2011.

SCHWARZ, R. *Ao vencedor as batatas: Forma literária e processo social nos inícios do romance brasileiro.* São Paulo: Duas Cidades, 1977.

SCHWARZ, R. *As ideias fora do lugar.* São Paulo: Penguin Companhia, 2014.

SEEL, M. Realismus und Anti-Realismus in der Theorie des Films. *In*: SEEL, M. *Die Macht des Erscheinens.* Frankfurt am Main: Suhrkamp, 2007.

SEEL, M. *Die Künste des Kinos.* Frankfurt: S. Fischer, 2013.

SEGATO, R. L. Gênero e colonialidade: Em busca de chaves de leitura e de um vocabulário estratégico descolonial. *E-cadernos CES*, Coimbra, v. 18, 2012. Disponível em: http://journals.openedition.org/eces/1533. Acesso em: 24 mar. 2020.

SENGHOR, L. S. *Botschaften und Anruf. Sämtliche Gedichte.* München: dtv, 1963.

SILVA, R. A. da. *Arte afro-brasileira: Altos e baixos de um conceito.* São Paulo: Ferreavox, 2016.

SIMIONI, A. P. C. Modernismo no Brasil: Campo de disputas. *In*: BARCINSKI, F. (org.). *Sobre a arte brasileira.* São Paulo: Martins Fontes, 2014.

SLIVE, S. *Frans Hals.* Londres: Phaidon, 2014.

SLOTERDIJK, P. *Der Denker auf der Bühne: Nietzsches Materialismus.* Frankfurt am Main: Suhrkamp, 1986.

SLOTERDIJK, P. *Der ästhetische Imperativ*. Berlin: Suhrkamp, 2014.

SMITHSON, R. A sedimentation of the mind: Earth project. *Artforum*, Nova Iorque, v. 7, n. 1, p. 44-50, 1968. Disponível em: https://monoskop.org/images/5/5c/ Smithson_Robert_1968_1979_A_Sedimentation_of_the_Mind_Earth_Projects.pdf. Acesso em: 24 mar. 2016.

SODRÉ, M. *Pensar nagô.* São Paulo: Vozes, 2017.

SODRÉ, M. *O terreiro e a cidade.* Rio de Janeiro: MauadX, 2019. [1988].

SODRÉ, M. *O fascismo da cor: Uma radiografia do racismo nacional.* São Paulo: Vozes, 2023.

SOMMER, D. *Ficções de fundação: Os romances nacionais da América Latina.* Belo Horizonte: UFMG, 2004.

SONTAG, S. *Contra a interpretação.* Porto Alegre: L&PM, 1987.

SOUZA, M. de S. *A configuração da curadoria de arte afro-brasileira de Emanoel Araujo.* 2009. Dissertação (Mestrado em História da Arte) – Universidade de São Paulo, São Paulo, 2009. Disponível em: http://www.dominiopublico.gov.br/pesquisa/DetalheObraForm.do?select_action=&co_obra=163471. Acesso em: 21 maio 2024.

SPIVAK, G. Can the subaltern speak? *In*: NELSON, C.; GROSSBER, L. *Marxism and the interpretation of culture.* Londres: Macmillan, 1988. p. 271-313.

SPIVAK, G. Scattered speculations on the subaltern and the popular. *Postcolonial Studies*, London, v. 8, n. 4, p. 475-86, 2005.

SZARKOWSKI, J. *The photographer's eye.* Nova Iorque: The Museum of Modern Art, 1966.

THÜRLEMANN, F. *Vom Bild Zum Raum: Beiträge Zu Einer Semiotischen Kunstwissenschaft.* Köln: Dumont, 1990.

TOBIN, R. The canon of Polykleitos. *American Journal of Archaeology*, Boston, v. 79, n. 4, p. 307-321, 1975.

TREECE, D. *Exilados, aliados, rebeldes: O movimento indianista, a política indigenista e o Estado-nação imperial.* São Paulo: Nankin/Edusp, 2008.

TROUILLOT, M-R. *Silencing the past: Power and the production of history.* Boston: Beacon, 1995.

TRUFFAUT, F. Uma certa tendência no cinema. *In*: TRUFFAUT, F. *O prazer dos olhos.* Rio de Janeiro: Jorge Zahar, 2005.

TUKANO, D. *MASP Seminários/Histórias indígenas.* YouTube, 23 jul. 2019, vídeo, 130 min. Disponível em: https://www.youtube.com/watch?v=CDKbOqnBNXA. Acesso em: 24 mar. 2020.

VALLADARES, C. d. P. O negro brasileiro nas artes plásticas. *Cadernos Brasileiros*, n. 47, 1968. p. 97-109.

VASALLO, L. Tecendo o romance. *Ipotesi*, Juiz de Fora, v. 5, n. 1, p. 71-78, 2011.

VASARI, G. *Vidas dos artistas.* São Paulo: WMF Martins Fontes, 2011.

VIDAL, L. (org.). *Grafismo indígena.* São Paulo: Studio Nobel/Edusp, 1992.

VIRILIO, P. *Guerra e cinema.* São Paulo: Boitempo, 2005.

VITRÚVIO POLIÃO, M. *Os dez livros de arquitetura.* Lisboa: Icisti, 1998.

WA THIONG'O, N. *Decolonising the mind: The politics of language in African literature.* Nairobi: East African Educational Publishers, 1986.

WARBURG, A. *Histórias de fantasmas para gente grande.* São Paulo: Companhia das Letras, 2015.

WELSCH, W. Philosophy and art: An ambiguous relationship. *In*: WELSCH, W. *Aesthetics and beyond.* Changchun: Jilin People's, 2007.

WILLET, F. *Arte africana.* São Paulo: Imprensa do Estado, 2017.

WINCKELMANN, J. J. *Geschichte der Kunst des Alterthums.* Dresden: Waltherische Hofbuchhandlung, 1764.

WINCKELMANN, J. J. *Gedanken über die Nachahmung der griechischen Werke in der Malerei und Bildhauerei.* Stuttgart: G.J. Göschen'sche Verlagshaus, 1885. [1755]

WIREDU, K. *Cultural universals and particulars: An African perspective.* Bloomington: Indiana University Press, 1996.

WÖLFFLIN, H. *Conceitos fundamentais da história da arte.* São Paulo: Martins Fontes, 2000.

ZANINI, W. *História geral da arte no Brasil.* v. 1; 2. Rio de Janeiro: IMS, 1983.